以狼性和重商主義崛起，如何橫掃歐亞非，
又為何從輝煌走向殞落？

羅馬帝國2〇〇年

水木森 著

羅馬帝國 2200 年

以狼性和重商主義崛起，如何橫掃歐亞非，又爲何從輝煌走向殞落？

作　　者　水木森
責任編輯　夏于翔
特約編輯　周書宇
內頁構成　周書宇
封面美術　江孟達

發 行 人　蘇拾平
總 編 輯　蘇拾平
副總編輯　王辰元
資深主編　夏于翔
主　　編　李明瑾
業　　務　王綬晨、邱紹溢、劉文雅
行　　銷　廖倚萱
出　　版　日出出版
地址：231030 新北市新店區北新路三段 207-3 號 5 樓
電話：02-8913-1005　傳真：02-8913-1056
網址：www.sunrisepress.com.tw
E-mail 信箱：sunrisepress@andbooks.com.tw
發　　行　大雁出版基地
地址：231030 新北市新店區北新路三段 207-3 號 5 樓
電話：02-8913-1005　傳真：02-8913-1056
讀者服務信箱 : andbooks@andbooks.com.tw
劃撥帳號 :19983379　戶名：大雁文化事業股份有限公司
印　　刷　中原造像股份有限公司
初版一刷　2025 年 8 月
定　　價　680 元
I S B N　978-626-7714-40-9

原簡體中文版：《羅馬帝國 2200 年》
作者：水木森
中文繁體版透過成都天鳶文化傳播有限公司代理，由北京天河世紀文化傳媒有限公司授予日出出版·大雁文化事業股份有限公司獨家出版發行，非經書面同意，不得以任何形式複製轉載。

國家圖書館出版品預行編目 (CIP) 資料

羅馬帝國 2200 年 : 以狼性和重商主義崛起 , 如何橫掃歐亞非 , 又為何從輝煌走向殞落？ / 水木森著 . -- 初版 . -- 新北市 : 日出出版 : 大雁出版基地發行 , 2025.08 , 448 面 ; 17x23 公分
原簡體版題名 : 罗马帝国 2200 年
ISBN 978-626-7714-40-9(平裝)

1.CST: 歷史 2.CST: 羅馬帝國

740.222　　114010779

圖書許可發行核准字號：文化部部版臺陸字第 114113 號
出版說明：本書由簡體版圖書《羅馬帝國 2200 年》以中文正體字在臺灣重製發行。

目錄

16
Chapter XVI 君士坦丁堡的運氣……373

17
Chapter XVII 帝國殘陽如血……407

一前言一

羅馬不是一天造成的

羅馬帝國（Roman Empire）是一個對世界具有深遠影響的偉大帝國，橫跨歐亞非三大洲，承襲古希臘文明，創造出融合東西方特色的羅馬文明。在長達兩千多年的歷史洪流中，羅馬曾是西方文明的中心，代表整個歐洲文化的巔峰，其在政治、經濟與文化等各方面都有傑出的成就，至今仍深刻影響著世界。

從西元前七五三年羅馬城建立，到一四五三年君士坦丁堡（Constantinople）淪陷，羅馬歷經千年興衰，前後延續達兩千兩百年。相同時期的華夏歷史，從東周平王十八年（西元前七五三年）至明朝景泰四年（一四五三年），橫跨多個朝代。眾所皆知，在這數千年間，華夏民族經歷了奴隸制度的瓦解、封建社會的形成與高度發展，最終建立起一個統一的民族共同體。獨特且完整的政治治理體系，孕育出以儒家為核心、諸子百家共存的思想文化系統，以及儒釋道三教並立的宗教格局，並形成政教分離、世俗化的社會傳統。

與以農耕文明為基礎的華夏文明不同，羅馬文明的演變路徑截然相異。羅馬文明的基因中充滿了「狼性」與重商主義（mercantilism），對外擴張與利益最大化是其基本特徵。羅馬並非一日造成的，早期羅馬人與外族合作對外擴張，聯合盟友擊敗一個又一個敵人，依靠強大穩定的政治體制征服東地中海霸主希臘與西地中海霸主迦太基（Carthage），並占領西亞，使地中海幾乎成為其「內海」。羅馬帝國統治時期的最大版圖，超過五百萬平方公里。

羅馬在對外擴張的同時逐漸崛起，但隨之而來的是內部利益分配不均與衝突不斷，例如：盟邦之間的爭執、元老院（Senate）與民主派的對抗、奴隸起義，以及夾雜其中的對外戰爭，迫使羅馬持續進行改革與調整。無論在共和時期或帝國時期，羅馬的統治核心始終建立在奴隸制度之上，這使得羅馬雖然融合許多被征服民族的文化，卻始終未能形成統一的民族文化。

進入帝國時期後，羅馬面臨來自亞洲文明的競爭與北方蠻族的侵擾。猶太人在反抗羅馬統治的過程中創立了基督教（Christianity）；數世紀後，基督教的影響力空前強大，迫使羅馬將其確立為國教。基督教內部的兩大對立派別——羅馬公教（Roman Catholicism）與東正教（Eastern Orthodoxy）分別在拉丁語區與希臘語區占據主導地位。隨後，羅馬帝國在生存壓力下實施分治，到了西方民族大遷徙時期（Migration Period），羅馬正式分裂為西羅馬帝國（Western Roman Empire）與東羅馬帝國（Eastern Roman Empire）。

西羅馬僅延續了八十多年，便遭到蠻族入侵而瓦解。蠻族雖然皈依西羅馬主流的天主教，卻無法重現西羅馬的盛世。西羅馬的故地及其影響範圍，日後發展為教宗國（Papal States）及眾多王國、公國彼此爭戰又相互依存的局面，成為近代歐洲的雛形。

東羅馬皇帝同時身兼東正教最高領袖，打著復興羅馬帝國的旗號，然而，它不僅遭到西羅馬故地民眾的排斥，也頻繁受到新興大帝國的攻擊。東羅馬先後擊敗了波斯的薩珊王朝（Sasanian Persia）、阿拉伯帝國（Arab Empire）、塞爾柱突厥（Seljuk Turks）、諾曼第王朝（House of Normandy），但最終仍在一四五三年被鄂圖曼帝國（Otoman Empire）所滅。

在東羅馬滅亡之前，唯一的皇室血脈逃往俄羅斯。雖然羅馬文明與帝國精神在斯拉夫（Slavs）民族之間得以延續，但無法掩蓋羅馬帝國壽終正寢的歷史事實。儘管羅馬帝國在諸多領域取得卓越成就，但後期的政治腐敗、社會不平等、軍事壓力與宗教衝突等問題，終究導致其走向衰亡。這段歷史，是興衰更迭的複雜進程。

相較之下，華夏文明即使遭遇衰落，隔一段時間仍能再度復興，因而擁有數千年連續不斷的歷史傳承與文化延續。反觀羅馬文明，則隨著帝國滅亡而逐漸消失，其根本原因究竟為何？讀完本書，你將找到完美的答案。

是以為序！

Chapter I

走出羅馬城

狼性的基因與重商的特質，注定了羅馬擁有擴張的本性，
以及在權力與競爭中靈活多變的手段。

羅馬，是這樣誕生的

亞洲、歐洲、非洲等許多國家在編寫本國歷史教材時，都無一例外地寫到羅馬，因為羅馬歷史是他們的「歷史之母」——它們不是歷史上曾經屬於羅馬，就是在歷史上深受羅馬影響。

羅馬歷史影響歐亞非三大洲的歷史，在世界史中有獨一無二的地位。羅馬帝國橫跨歐、亞、非，它在強盛時期的領土東起中亞幼發拉底河（Euphrates River）上游，西臨大西洋（Atlantic Ocean），南抵非洲撒哈拉沙漠（Sahara），北至不列顛（Britain）、萊茵河（Rhine River）、多瑙河（Danube River）一線。

羅馬前後存續兩千多年，繼承古希臘文明，又創造了融貫東西的羅馬文明。羅馬文明的魅力強大，在中世紀時，歐洲很多國家都以羅馬帝國的繼承人自居，歐洲文藝復興也以復興羅馬文藝為目標。為什麼羅馬帝國可以強大且長久？祕訣在哪裡？答案就在羅馬的歷史之中。

羅馬帝國的起點是羅馬城。西元前七五三年，羅馬建城。羅馬人以這一年作為紀元。不過，在羅馬城修建以前，有一段精彩的傳說，揭示了羅馬人的性格和文化基因。這也是羅馬人能戰勝各種對手，走向強大，創建世界帝國的原動力。

在台伯河（Tiber River）左岸離海不遠處的小山上，羅穆盧斯（Romulus）和瑞摩斯（Remus）兩兄弟修建了羅馬城。羅馬城的誕生伴隨著一個淒美故事。

相傳，在特洛伊城（Troy）陷落時，特洛伊王子艾尼亞斯（Aineías）僥倖逃走。他歷經千難萬險，來到當時荒無人煙的亞平寧半島（Apennine Peninsula）的拉丁地區，並且住了下來。在拉丁地區，艾尼亞斯的兒子修建了亞爾巴龍伽城（Alba Longa），創建了一個小城邦。

多年後，亞爾巴龍伽城發生內訌。時任亞爾巴龍伽王被弟弟阿穆留斯（Amulius）篡奪王位，並被祕密流放到偏遠鄉村。為防止哥哥的後代報仇，阿穆留斯殺死所有王子，並強迫公主做祭司，因為按照規定，祭司不能結婚。阿穆留斯認為，不能結婚的人，自然就沒有後代，也不用擔心其後代報仇。

然而，不被允許結婚的人未必不會生孩子。其中一位公主雖然被迫做祭司、不被允許結婚，卻悄悄生下一對雙胞胎兒子。她懷的是誰的孩子？依照當時的認知水準，阿穆留斯不明白其中原因，便歸結於神的力量在暗中幫助祭司。

阿穆留斯又恨又怕，於是命人殺死公主，但卻不敢殺死雙胞胎嬰兒，而是把嬰兒扔到河裡。他相信有神靈，認為將嬰兒丟到河裡比較穩妥，因為如果真的有神靈保護，自己也不至於因殺死嬰兒而觸怒神靈；如果沒有神靈保護，嬰兒早就被餵魚了，他擔心的事也就永遠不會發生。

一個奴隸奉令將嬰兒丟到台伯河裡。奴隸也認為女祭司未婚生子是神奇的事，應該是有神靈保佑，因此也不敢直接將雙胞胎嬰兒丟進河水裡，而是將籃子放在河邊。奴隸回去交差，說已經將嬰兒丟到河裡了——畢竟是丟到河水裡，還是丟到河邊，阿穆留斯下令時並沒明說，奴隸回報時自然也沒明說。

阿穆留斯和奴隸都擔心有神靈存在，而神靈貌似還真的出現了。河水漲起來，裝著雙胞胎嬰兒的籃子沒沉下去，而是緩緩地漂向岸邊，掛在貼近水面的樹枝上。河水洶湧澎湃，卻無法捲走掛在樹枝上的籃子。

籃子裡的雙胞胎嬰兒餓得哇哇大哭，淒慘的聲音傳得很遠。恐懼於阿穆留斯的淫威，沒人敢去哺餵那對雙胞胎嬰兒。突然，一隻母狼聞聲從遠處跑過來，只見牠嗅了嗅籃子，將雙胞胎嬰兒叼出來，同時，奇蹟發生了，牠竟然用自己的奶來哺餵他們……。

一個牧人從遠處看到這神奇的景象，感到十分驚訝，相信是有神靈在護佑這對雙胞胎嬰兒。於是，到了晚上他悄悄把雙胞胎嬰兒帶回家撫養，並給他們取名為羅穆盧斯和瑞摩斯。牧人堅信是神靈讓他來保護這對雙胞胎嬰兒，因此對此事守口如瓶、細心餵養他們，還傳授他們武藝。

一晃十幾年過去，羅穆盧斯和瑞摩斯長大了。他們得知身世後，決心為母親和舅父報仇，除掉阿穆留斯，並找回被流放到偏僻鄉村的外公，將政權交還給他。阿穆留斯根本不知道還存在兩個小仇人。不久後，羅穆盧斯和瑞摩斯順利地如願復仇。

亞爾巴龍伽城是羅穆盧斯和瑞摩斯的傷心之地，他們不想再留在這裡，於是，決定在牧人養育他們的地方，也就是台伯河左岸、離海不遠處的小山上修建新城。

西元前七五三年，新城建好，他兄弟倆都想用自己的名字為其命名，互不相讓。一怒之下，羅穆盧斯殺死瑞摩斯，成為新城最高統治者。新城被命名為羅穆盧斯，又譯為羅馬（Roma）。羅馬人將西元前七五三年當作羅馬建城起點，也將母狼當作其圖騰。

所謂「羅馬城不是一天造成的」，誰也不知道羅馬出現居民的確切時間，也不知道誰是最早的羅馬城居民，只知道一群人移居台伯河流域後，在受希臘文明影響和有狼性基因的羅穆盧斯和瑞摩斯的領導下，建立了最早的羅馬城。

羅馬之所以能發展壯大，有很多因素。在希臘文明強勢時，希臘人將發展重心放在遙遠的東方，並未將亞平寧半島殖民化，完全納入統治範圍內。在希臘文明衰落後，希臘各城邦之間內鬥不止，同時防範重點也是來自東方的塞琉古王國（Seleucid Empire）。而另一個強敵迦太基，尚未強大到有能力殖民羅馬的程度。羅馬緊鄰強大且先進的文明，最終逃脫被併吞的命運，甚至有後來居上的機會。

羅馬城的地理位置也非常好。它位於可以通航的台伯河岸邊，離海很近，從海上沿台伯河進來是重要的貿易通道，因為用海水製成的鹽可以沿著這條通道輸往內陸。位於通商要道的羅馬城坐落在岸邊小山上。這座山很陡，易守難攻；小山周圍是肥沃的火山岩土壤，非常適合農業種植。這裡的交通、軍事和農業都具有得天獨厚的條件。

羅馬人有天生成為強者的基因，有歷史給他們擴張崛起的機會，又占有得天獨厚的地理環境，他們也充分發揮優勢，奮力擴張兼併，頻頻取勝，愈來愈強大。

西元前十世紀至前九世紀時，羅馬城所在地的小山上出現居民，也出現了一些獨立部落。西元前八世紀至前七世紀，這些部落融合成一族，形成帶有狼性基因和商業基因的羅馬城邦，分為三個氏族部落。

自此，羅馬進入王政時期。

以財富多寡決定社會地位

王政時期的羅馬正在從原始社會轉變成階級社會。由於不斷擴張、兼併，使得羅馬人口愈來愈多、統治範圍愈來愈大、實力愈來愈強、人與人之間的貧富差距愈來愈大，貧者和富者以及被征服者和征服者之間的矛盾，也愈來愈激烈。到了王政時期的第六代君王塞爾維烏斯·圖利烏斯（Servius Tullius）時，羅馬的各種矛盾不斷激化，因而不得不進行改革，尤其是改革社會的組織制度。

羅馬人的狼性基因和商業基因，使其本能地武力擴張，追求利益。他們不斷擴張、不斷獲得勝利，被征服的人愈來愈多、被征服的土地愈來愈多，主動前來歸附的部落也愈來愈多。那麼，如何安置那些人？如何管理那些土地？要是將新成員安置在原有的三個以血緣為紐帶的氏族部落中，會改變和同化羅馬人，進而稀釋掉羅馬人的特權；要是將他們殺死或趕走，會逼迫他們誓死抗爭，或者投靠敵對力量，給羅馬人造成危害；要是將他們看管起來，既增加危險又浪費人力物力，且羅馬人根本無力做到。

被征服的人太多了，人數遠遠超過原有的羅馬人。如何安置好那些人，決定了羅馬是走向強大，還是被那些人給同化掉。想來想去，羅馬人決定將非羅馬人中的菁英，亦即有資產者，按照資產多寡劃分等級，將等級高的人納為羅馬公民，以保護自身的最大利益。

羅馬王塞爾維烏斯・圖利烏斯認為，讓資產多的人享有權利、承擔責任，能化解內部矛盾，增強凝聚力，還能有效擴編軍隊，提高羅馬人的戰鬥能力。**財富與社會地位掛鉤，成爲羅馬社會改革的基本方針。**

塞爾維烏斯・圖利烏斯下令，建立地域部落作為行政管理單位，代替原本按血緣關係組織的氏族部落。他把羅馬城分為四個城區部落，並以所在地區的山崗命名，分別是：帕拉丁（Palatium）、蘇布拉（Suburra）、奎里納（Quirinal）、厄斯奎林（Esquilinus）；將羅馬鄉村分為幾個鄉村部落，依次為艾米利亞（Aemilia）、卡米利（Camilia）、克勞狄（Claudia）、科爾尼利亞（Cornelia）、法比亞（Fabia）、赫拉西（Horatia）、羅米利亞（Romilia）、塞爾吉亞（Sergia）、維圖里亞（Voturia）和帕皮里亞（Papiria）。新建的地域部落設置管理機構，負責公民身分登記、徵兵、徵稅和攤派徭役等。在地域部落登記入冊的自由民都擁有公民權，且都必須承擔服軍役和賦稅等義務。

這次改革加強了羅馬的行政管理，擴大了羅馬公社的基礎。從此，羅馬公民權不再取決於血統或出身，而是取決於個人居住地以及財產多寡。大量從事手工業和商業的伊特魯里亞人

（Etruria）和其他外來移民成為羅馬公民。另外，也有一部分被釋放的奴隸，甚至是被征服者，成為羅馬公民。

當然，羅馬人這次改革的目的，不是與非羅馬血統的人分享權力，而是為了維護統治，讓他們承擔更多責任，增強對外擴張的軍事能力，擴大社會的統治基礎。

塞爾維烏斯·圖利烏斯下令普查全體公民財產，並按照公民財產的多寡將公民分為五個等級，分別是：擁有十萬阿斯（as）[1]及以上財產的公民為第一等級；擁有七·五萬至十萬阿斯的為第二等級；擁有五萬至七·五萬阿斯的為第三等級；擁有二·五萬至五萬阿斯的為第四等級；擁有一·二五萬至二·五萬阿斯的為第五等級。至於財產低於一·二五萬阿斯的為等外人，即無產者。

劃分財產等級的目的，是為讓徵收稅更為便利，同時，也是為了分配軍事權利和義務。各等級分別組成數量不等的森都利亞（centuriata）[2]。第一等級組建八十個森都利亞；第二、三、四等級各組建二十個森都利亞；第五等級組建三十個森都利亞。各個等級的森都利亞，分別是一半由十七歲至四十六歲壯年人組成，另一半由四十七歲至六十歲中老年人組成。在第一等級中，富裕公民另組成十八個騎兵森都利亞。另外，還有五個非戰鬥性質的森都利亞，分別是工匠組成兩個森都利亞、樂師和號手組成兩個森都利亞，以及無產者中較為機靈的人，組成一個森都利亞。當時，羅馬共有一百九十三個森都利亞，即一萬九千三百人，其涵蓋了各階級的菁英。

根據當時的法令，各等級森都利亞都自備武器裝備。第一等級森都利亞配備全套武裝，其他等級森都利亞的裝備則漸次減少；第四等級森都利亞為輕裝步兵，第五等級森都利亞的武器，只有擲石器。等級愈高的森都利亞，其裝備愈好，因此在戰爭中活下來，以及最終分得戰利品的機會就愈多。反之，等級低的森都利亞不僅裝備差，且往往被安排在衝鋒前隊或最為危險的位置。

各等級森都利亞都分為年輕者和年長者兩部分；各等級森都利亞配置不同的武器裝備，具有明顯軍事目的。即使是工匠和樂師、號手組成的森都利亞，也有軍事任務，即在戰爭期間分派到各個軍隊擔負專門性任務，其角色類似後來的工兵。

羅馬公民數量大大超過軍隊數量，每個森都利亞實際上也遠遠多於一百人。森都利亞不僅是軍事訓練和作戰單位，也是徵兵組織、各部落的核心部門，集中了各部的精銳人才。

塞爾維烏斯·圖利烏斯的改革，可說是對羅馬各階級權益的一次重新分配，也是對羅馬未來進一步發展的制度安排。他之所以能獲得各個階級的認可、順利進行改革，不僅在於他設計的制度符合羅馬進一步對外擴張的需要，也在於他的改革再次強化了既得利益者——即羅馬原來三個

1 古羅馬錢幣的基本單位。

2 又稱百人團大會，以百人隊（centuries）爲單位，按軍事組織的方式組成，負責制定法律、選舉執政官、宣戰、議和、判決刑事案件。此處特指百人軍團。

氏族部落的利益。

改革前，羅馬原來三個部落有三千名步兵和三百名騎兵。改革後，他們的武器裝備更新，步兵增至六十個森都利亞（至少六千人），騎兵增加到十八個騎兵森都利亞（至少一千八百人）。按照規定，只有投奔羅馬的那些極少數富人才有資格進入第一等級。由此可見，羅馬原來三個部落的人，也就是擁有羅馬血統的人，依然是羅馬的統治核心，且力量得到進一步加強。

塞爾維烏斯·圖利烏斯打破氏族制度限制，不論貴族和平民，不分原是羅馬公社成員，還是置身於公社以外的自由民，將所有自由民按財產多寡劃分等級，以此確定其相應政治權力和軍事義務。在新的地域原則和財產資格基礎上，大批外來移民進入羅馬公社，從而摧毀了人種和血緣的藩籬，促使羅馬公社的內、外自由民融合，形成新的公民公社。這種公民公社是在羅馬社會階級分化和等級劃分後，有產者重新組合起來和實行統治的組織形式。改革後，羅馬變成由貴族奴隸主、平民和奴隸所構成的奴隸制城邦國家。

塞爾維烏斯·圖利烏斯改革的基礎是財產多寡，雖然一部分有資產平民得到好處，但沒資產平民的政治訴求依舊沒得到滿足，換言之，他們與貴族之間的矛盾依然存在。第七代君王塔克文（Lucius Tarquinius Superbus）繼任後，專斷暴虐，引起貴族與平民的不滿，於是他們聯合推翻塔克文。羅馬王政時期結束，奴隸制共和國逐漸建立。

與此同時，此前一直掩蓋著的平民與貴族的矛盾，又激化了起來。

共和國的主人

塞爾維烏斯．圖利烏斯的改革，解決了少數羅馬人與多數非羅馬人之間的矛盾，卻無法解決富者和貧者之間的矛盾，甚至以制度形式強化了富者的特權，剝奪了貧者的某些權利。

當社會地位與財富掛鉤之後，貴族利益不斷得到強化，與此同時，絕大部分平民的利益則遭到嚴重的損害。改革後，貴族和平民之間的矛盾進一步激化。他們時而抗爭時而妥協，持續了近兩百年，而這時期，也是羅馬奴隸制共和政治體制的形成時期。

羅馬貴族並不是戰功彪炳的人，而是出身優渥的人。他們起源於早期公社和各部落中的顯貴世家。在羅穆盧斯時代，羅馬從拉丁顯貴的世家中選出一百個「賢能者」組成元老院，後來，又讓不斷吸收兼併而來的部落顯貴進入元老院。選入元老院的人稱為元老或父老，他們的家族和後代則被稱為父族或貴族。

羅馬平民人數眾多，來源非常複雜，有早期羅馬公社和各氏族部落中的非顯貴世家、脫離保護關係的依附民、零散遷居羅馬的外邦人，以及較早被羅馬征服的拉丁人（Latins）、後來被羅馬征服的人口，和主動移居羅馬的外邦人。此前已編入庫里亞（comitia）[3]的平民，隨著時代發展

3 編注：全名爲庫里亞大會或區會議（comitia curiata）是古代羅馬王政時期重要的管理機構。早期，羅馬人根據氏族分爲三十個庫里亞，該群體被稱爲「羅馬公民」。後來，森都利亞大會取代了以血緣關係爲基礎的庫里亞大會。

也有所分化，有些變成貴族的依附民，有些與新來平民會合在一起，加入平民等級。

在王政時期，羅馬社會兩極分化的情形非常嚴重。貴族擁有大量土地和財富，在政治、軍事和宗教上享有特權，把持各種公職，掌握國家權力。與此相對，平民的社會和政治地位低下，他們擁有權利，但不充分也不全面，舉例而言，平民有產者有權參加公民大會、參軍服役，但不能進入元老院和擔任其他要職。

在城市平民中，只有少數人經營工商業而發達致富，大多數人生活比較困難，甚至非常貧困。鄉村平民缺少土地或沒有土地，以致不得不向貴族租佃土地、借貸財物，被迫接受壓榨和剝削，甚至被奴役。塞爾維烏斯．圖利烏斯的改革提高了平民有產者地位，但無產或者財產稀少的平民，其生活情況卻是愈來愈糟糕。

西元前五一〇年，羅馬人推翻「傲慢王」塔克文[4]，結束王政時期，建立了共和國。不過，**所謂的共和，是貴族之間的共和，平民根本沒有參與的資格。**貴族掌握政權後，全力鞏固特權。為擴大政治和經濟方面的特權，羅馬貴族實行內部聯姻，完全阻止了階級流動，逐漸發展成為一種「排他性」的階級，導致貴族與平民之間的隔閡與對立愈來愈嚴重，平民和貴族的矛盾與衝突日益激烈。

平民在政治上受到貴族排擠，在經濟上則日漸貧困化。羅馬對外擴張頻頻獲勝，兼併的土地和俘獲的戰利品不少。平民是羅馬軍的主力，因此按常理來說，應該不會太貧困，但事實上，大部分土地和戰利品都被貴族侵占，以致平民很少能分得土地或其他戰利品。平民英勇作戰，卻得不到應有的待遇。

連年戰爭加重了平民的兵役和捐稅負擔。因敵人蹂躪鄉村田地以及遭受天災人禍，不少平民負債累累，甚至家破人亡。他們或成為貴族依附民，或被迫承受高利息向貴族借貸錢糧以維持生計，而一旦還不了債務，就會被強迫為奴。羅馬的平民變成對外擴張戰爭的受害者，即使僥倖活下來，也只是為人作嫁，給貴族撈好處。

因此，平民在經濟上，以爭取土地和取消債務奴役制為主訴求展開抗爭；在政治上，則強烈要求提高地位，保障人身自由和相關的合法權益，並要求平等地參與政權，實現真正的共和。

西元前四九四年，不堪忍受債務奴役的平民，在羅馬軍即將出征之際，紛紛起身抗議。他們不願意再為人作嫁，而是要求貴族滿足他們的要求，否則不去打仗。迫於形勢緊張，為平息平民的義憤，時任羅馬執政官塞維利烏斯（Servilius）頒布法令，禁止債主出售服役軍士的財產和子女，以滿足平民的部分訴求。

平民姑且相信這條法令，不再抗議，又繼續隨軍出征。不過，戰爭勝利後，另一名執政官克勞狄（Claudius）拒絕執行這條法令，執意放任債務人受債主的擺布。

執政者言而無信，參加過出征的平民群情激憤，集體撤到阿涅內河（Aniene River）對岸離

4 全名盧修斯・塔克文・蘇佩布（?至西元前四九六年），也稱小塔克文，他是羅馬王政時期的第七任君主，在位期間西元前五三五至西元前五〇九年。

城五萬公里的聖山上，宣稱要與羅馬徹底脫離關係，再也不替羅馬打仗。貴族派使者與平民代表進行談判，最終做出讓步，並取得和解。根據和解協議，平民取得推選官員的權利，每年可以從平民中選出兩位護民官。護民官的人身權不可侵犯，其職責是保護平民不受貴族或官員的橫暴侵犯。在護民官產生的同時或稍晚之後，羅馬又設置了兩名平民市政官，負責祭祀阿文提諾山（Aventine Hill）上的平民神廟、保管檔案等，爾後，市政官的權力也有所擴大。

西元前四八六年，執政官斯普里烏斯．卡西烏斯（Spurius Cassius）提出土地改革法案，把從赫爾尼克人（Hernici）那裡奪來的一半土地分給平民，並收回貴族非法占有的公有地，與新獲得的土地一起進行重新分配，解決平民缺少土地的問題。對此，貴族強烈反對，斯普里烏斯．卡西烏斯也因此喪命。然而，平民爭取利益的抗爭並未因此停止。

此後連續十幾年，護民官每年都會提出有利於平民的土地改革法案，但無一例外的都被否決。直到西元前四五六年，羅馬元老院才通過護民官伊啟里烏斯（Lucius Icilius）提議的一項法令[5]，把阿文提諾山上的土地分給平民。平民終於爭取到一點權益。

西元前五世紀末到前四世紀初，因對外戰爭接連不斷，平民和貴族暫停抗爭，團結對抗外敵。戰後，平民與貴族又爆發激烈衝突，迫使貴族做出讓步。西元前三六七年，羅馬元老院通過護民官李錫尼（Gaius Licinius Stolo）和綏克斯圖斯（Lucius Sextius Lateranus）提出的法案[6]，包括：已付債息一律作為償還本金計算，未償還部分則分三年歸還；占有公有地最高限額為五百尤格（jugerum）[7]；取消軍政官，重選執政官，且兩位執政官的其中一人，必須由平民擔任。**西元前三六六年，綏克斯圖斯成爲第一位平民出身的執政官，自此平民開始在羅馬政治舞臺上發揮重要作用。**

後來，其他官職也陸續對平民開放。西元前三六六年，從執政官職權中分出審判權交給新設的行政長官。起初，只有貴族有資格擔任行政長官，到西元前三三七年，平民也取得任職資格。西元前三四二年，羅馬元老院通過《蓋努克優斯法》（Lex Genucia），規定可以同時由兩名平民擔任執政官，使得平民的權利進一步擴大。

西元前三三九年，平民出身的獨裁官披羅（Publilius Philo）頒布三項法律，史稱《披羅法》（Publilian laws）：

一、兩名監察官的其中一人，必須由平民擔任。

二、將原本由元老院批准公民大會決議的制度，改為高級長官在將議案提交給公民大會表決前，須先經過元老院審議。

---

5 編注：也就是《伊啟里烏斯法》（Lex Icilia de Aventino publicando）。

6 編注：也就是《李錫尼—綏克斯圖斯法》（Licino-Sextian Law）。

7 古羅馬丈量土地的單位，相當於現代英畝的二分之一多一點，即等於二百四十英尺乘以一百二十英尺。

三、重申平民的決定具有法律效力。

平民在政治鬥爭中取得勝利，鞏固了他們的地位，有利於他們進行相關的社會和經濟活動。西元前三二六年，通過《波提利烏斯法案》（Lex Poetelia Papiria），該法案禁止以人身抵債，廢除債務奴役。此後，羅馬平民免除了淪為債務奴隸的威脅，人身自由得到保障。

西元前三〇四年，市政官弗拉維烏斯（Gnaeus Flavius）把訴訟程序和法庭術語彙編成冊，公之於眾，並公布開庭日和不開庭日。羅馬貴族失去了對法律和曆法知識的壟斷，保證了平民在法律方面享有平等的權利。

西元前三〇〇年，羅馬元老院通過《瓦萊里烏斯法》（Lex Valeria de provocatione），重申公民對包括獨裁官在內高級官員的判決，有上訴公民大會的權利；還通過《歐古爾尼烏斯兄弟法案》（Lex Ogulnia），把大祭司和占兆官分別從四人增到九人，而所有的增加人數都是從平民中選出。在羅馬，宗教職務被認為是神聖的，一直為貴族所把持，不過《歐古爾尼烏斯兄弟法案》規定，平民也有資格擔任宗教職務。至此，平民和貴族在擔任國家公職上，已無明顯區別。

經過兩百餘年的抗爭中，平民在政治、社會和經濟方面都取得不同程度的成果。全體平民在政治和法律上爭取到與貴族平等的權利，他們有權擔任國家公職，可以參加公民大會，行使政治權力，在法理上成為共和國的主人。

透過不斷結盟，向外擴張

為了爭取權利，平民和貴族之間抗爭了數個世紀，但羅馬並沒有因此陷入危機之中，反而愈來愈強大。為什麼？羅馬一直處在戰爭狀態，且對外戰爭不斷勝利。實際上，平民和貴族的矛盾本質上是瓜分戰利品的不均，但在對外戰爭方面，他們的利益是一致的。

更重要的原因是，羅馬人有締結同盟、共同侵略擴張的習慣；他們善於結盟，懂得利用同盟力量，先分化敵人，再一一將敵人擊敗。在羅馬人眼裡，為實現更大利益，結盟向外擴張，借助他人兵力來打敗單憑自身實力無法打敗的對手，是以最小代價實現目標的方法。

羅馬最初只是台伯河東岸拉丁地區的一個小城邦，受到伊特魯里亞人[8]的統治。西元前五一〇年，羅馬人驅逐伊特魯里亞的末代君王「傲慢王」塔克文，在第二年建立共和國。伊特魯里亞人不甘心放棄，率軍進攻羅馬，不過很快就遭到挫敗。

羅馬成功保衛了獨立，但處境依舊非常艱困，因為：北方有強大的伊特魯里亞城邦，東部和南部有經常進攻他們的薩賓（Sabine）、埃奎（Aequi）和沃爾西（Volsci）等山地部落；鄰近的拉丁城市也不承認羅馬一度取得的領導地位，從而掉轉矛頭指向羅馬。面對這樣的時局，羅馬人

8 根據古希臘歷史學家希羅多德（Herodotus）的記載，呂底亞（Lydia）王子帶領半數公民出外逃荒，渡海來到義大利的溫布利亞（Umbria），這些人被稱爲伊特魯里亞人。伊特魯里亞人語言並不屬於印歐語系，且他們的某些風俗習慣與古代東方民族相似。

唯有分化敵人，爭取同盟者，透過戰爭擴張才得以生存。

對周邊各部落或城邦進行一一分析後，羅馬人發現，山地部落是他們和拉丁城邦的共同敵人，換言之，拉丁城邦是潛在同盟者。因此，羅馬決定先打敗拉丁城邦，然後說服他們結盟，實現化敵為友、壯大自身的目標。

西元前四九六年，在里吉洛斯湖戰役（Battle of Lake Regillus）中，羅馬人集中全力擊敗拉丁城邦。羅馬人及時伸出橄欖枝，告訴拉丁人他們的共同敵人是山地部落，所以彼此必須結盟，團結合作，一起對付山地部落，不然雙方都會被山地部落併吞。對此，拉丁人內部吵鬧了三年，才決定跟羅馬人結盟。西元前四九三年，以羅馬為一方，以三十個拉丁城邦為一方，雙方締結《卡西烏斯條約》（Foedus Cassianum）。從此，為了共同利益，羅馬人和拉丁人並肩戰鬥，征服了一個又一個的敵人。

與拉丁人結盟後，羅馬人表現得相當靈活，只要結盟是對自身有利的，哪怕對方是敵人，也願意與之結盟。他們比誰都懂得結盟的價值，比誰都善於透過結盟為自己贏得利益。

薩賓人從東北方襲擊羅馬，埃奎人從東邊進攻羅馬，沃爾西人從利瑞斯河谷（Liris Valley）發展到拉丁姆（Latium）[9]南半部沿海，經常進攻阿爾班丘陵（Alban Hills）以南的地區——羅馬人面臨山地部落的夾攻。為了應對山地部落的攻擊，西元前四八六年，羅馬人與居住在埃奎人和沃爾西人之間的赫爾尼克人結盟。與赫爾尼克人結盟後，羅馬人集中力量對付沃爾西人。他們在拉丁城邦和沃爾西邊界建立諾爾巴（Norba）、柯拉（Cora）、西哥尼亞（Signia）和維里特萊

（Velitrae）等殖民城市，並指派羅馬人和拉丁同盟成員前去鎮守。

建立殖民地，是羅馬統治被征服地區的常見作法。羅馬和拉丁同盟派去的殖民者在殖民地分得土地，便代表羅馬和拉丁同盟統治了那裡。建立拉丁殖民地的作法，是將新征服的地方分給拉丁人，讓他們派人去管理；建立羅馬殖民地的作法，則是將新征服地分給羅馬公民，派他們去管理。在位置非常重要的地方，羅馬人才會建立羅馬殖民地，至於其他地方大多建立為拉丁殖民地，好用來拉攏拉丁同盟者。

與拉丁人共同行動，從而使得羅馬人的戰鬥力大幅提升，並在鄰近山地部落的對抗中，逐漸取得優勢。西元前四三一年，在阿吉杜斯山（Mount Algidus），羅馬人擊潰埃奎人，同時也打敗沃爾西人。解決埃奎人和沃爾西人的威脅之後，羅馬人又進攻伊特魯里亞的維伊（Weii）城邦。他們攻占維伊城並將其洗劫一空，把當地居民屠殺或販賣為奴，土地則沒收為羅馬公有地。

羅馬人對外戰爭也並非百戰百勝，他們也遭遇過不少危機，甚至還發生過同盟者背叛的危機。在西元前四世紀初，高盧人（Gauls）進攻羅馬，使得羅馬的局勢急劇惡化。故敵伊特魯里亞

9 編注：所謂的拉丁姆，即拉丁人之地。爲今日義大利中部拉吉歐（Lazio）大區的古地名。

人、埃奎人和沃爾西人趁機向羅馬宣戰；故友赫爾尼克人和某些拉丁城邦也趁機反抗羅馬。

羅馬人先攻打伊特魯里亞諸邦，但此舉使得伊特魯里亞人更團結。塔爾奎尼（Tarquinii）和法列里（Falerii）結盟，夾攻羅馬人，伊特魯里亞聯盟全力支持他們。羅馬人頂著巨大壓力，依然堅持作戰，力圖打敗對手。經過多年戰爭，到了西元前三五一年，羅馬打敗塔爾奎尼人和法列里人的聯盟。幾年後，羅馬恢復在南伊特魯里亞的盟主地位。

高盧人進攻羅馬時，山地部落也趁機襲擊羅馬。沃爾西人向羅馬進攻，攻到拉丁姆的中心拉努維烏姆（Lanuvium）時，被羅馬人打敗。西元前三八六年，沃爾西人、拉丁人與赫爾尼克人結盟，一起向羅馬發起攻擊，但在薩特里庫姆（Satricum）被羅馬軍隊擊敗。第二年，在拉丁人和赫爾尼克人的支持下，沃爾西人再次發動進攻，但又失敗了。羅馬人在薩特里庫姆建立羅馬殖民地。西元前三七九年，在薩特里庫姆附近，沃爾西人再次被羅馬人打敗。第二年，羅馬軍攻入沃爾西境內，殘酷劫掠。又過了一年，在薩特里庫姆附近，沃爾西人又一次被打敗，羅馬人將他們驅逐到了安提烏姆（Antium）。此時，沃爾西人和拉丁人之間產生了矛盾，因為鎮守安提烏姆的沃爾西人投降羅馬，而拉丁人則選擇繼續與羅馬人作戰。

經過多次戰爭，羅馬軍一一擊敗強敵，實力愈來愈堅強。大部分的拉丁城邦，如：圖斯庫魯姆（Tusculum）、阿德亞（Ardea）、阿里西亞（Aricia）、拉努維烏姆、拉維尼姆（Lavinium）和諾爾巴等，仍忠於與羅馬訂立的同盟條約。徹底打敗沃爾西人後，羅馬人恢復了在拉丁人中的盟主地位，繼續推行侵略政策。

羅馬人在征服同樣擁有擴張野心與商業基因的薩貝利部族（Sabellian）時，更是將「聯盟對敵、瓦解敵盟」的策略發揮得淋漓盡致。其中，實力最強的薩莫奈人（Samnite），曾是亞平寧半島中部城邦的霸主。羅馬人和薩莫奈人曾因共同抵禦高盧人進攻，締結過聯盟條約。然而，最終薩莫奈人拉攏拉丁人、奧倫奇人（Aurunci）、沃爾西人和坎帕尼亞（Campania）地區的居民，共同對付羅馬。

羅馬人先和拉丁人展開決戰。羅馬人最終獲勝，拉丁同盟被迫解散。靠近羅馬的拉丁城邦被併入羅馬，居民享有與羅馬人同等的權利；其他拉丁人，除了在公民大會中沒有投票權之外，也給予和羅馬人同等的公民權。

在與拉丁人作戰期間，羅馬人與薩莫奈人保持友好關係。戰後，羅馬人完全控制拉丁諸城邦，趁機加緊控制了坎帕尼亞。後來，羅馬人與薩莫奈人的關係緊張起來。數次贏得戰爭的羅馬人決定先發制人，在西元前三二七年占領希臘移民城市尼亞波利（Neapolis）後[10]，引爆羅馬人與薩莫奈人之間的戰爭。羅馬人初期獲得一些勝利後，乘勝前進，追擊薩莫奈人。羅馬軍追到薩莫奈人所在的山區後，薩莫奈人利用地形優勢進行反擊，最終，羅馬人慘敗。

羅馬人低估了薩莫奈人的戰鬥力，且未從這次慘敗中吸取教訓，甚至不肯善罷甘休，決定尋找機會給薩莫奈人致命一擊。西元前三二一年，羅馬執政官率領兩萬人，從坎帕尼亞穿過薩莫奈

10 編注：即爲今日義大利南部的第一大城那不勒斯（Naples，又可根據義大利文 Napoli 音譯爲拿坡里）。

山脈，直接攻擊薩莫奈人的後方和糧食基地普利亞（Apulia）。戰爭結局出乎所有人意料，在林木叢生的考狄烏姆峽谷（Caudine Forks）中，羅馬人遭到薩莫奈伏兵的狙擊，被團團包圍。由於逃脫無路，羅馬人只好談判求和。

薩莫奈人開出的議和條件，是要羅馬人撤離薩姆尼烏姆（Samnium）[11]地區、取消弗列吉雷（Fregellae）等殖民地，並保證不再發動戰爭。為保證履行議和條件，羅馬人要以六百名騎兵作為人質。羅馬人走投無路，只好答應議和條件，放下武器，身著短裝，排成單行，在勝利者的嘲笑聲中，一個個地從軛門下走過。

羅馬兩萬大軍出征，卻落個從未有過的慘烈敗局。羅馬元老院被迫承認和約，但羅馬人發誓要報仇，消滅薩莫奈人。西元前三一五年，一支羅馬軍進入普利亞地區，另一支羅馬軍則進攻薩姆尼烏姆西南的薩提庫拉城（Saticula），並在蘇埃薩（Suessa Pometia）建立拉丁殖民地。薩莫奈人趁機進入利瑞斯河流域，建立進攻羅馬城的基地。眼見薩莫奈人欲背後襲擊，羅馬人不得不集結軍隊前往抵抗。

在塔拉齊納城（Tarracina）附近，雙方軍隊遭遇，進行大決戰。決戰的結果是，羅馬軍被打敗。趁此機會，薩莫奈人占領奧倫奇地區和坎帕尼亞地區。卡普阿（Capua）陷入危機，隨時可能得投降薩莫奈人。面對異常危急的形勢，羅馬人咬緊牙關，集中全力與薩莫奈人決一死戰。

為了方便行軍和利於統治，西元前三一二年，羅馬監察官阿庇烏斯・克勞狄（Appius Claudius Caecus）主持修建阿庇亞大道（Via Appia）[12]。這條大道連接羅馬和坎帕尼亞，為羅馬向亞平寧半島南部的進一步擴張提供了便利性。就在這時，薩莫奈人串通羅馬的舊日同盟赫爾尼克人和埃奎人，一起結盟反抗羅馬。

此時的羅馬已經更為強大，因而從北、西、南三個方向包圍薩莫奈人。羅馬人聯合馬魯奇尼人（Marrucini）、佩利尼人（Peligni）、維斯提尼人（Vestini）與盧卡尼亞人（Lucani）進行反擊。經過多次戰爭，西元前三〇四年，羅馬取得決定性的勝利。根據所訂和約，羅馬得到坎帕尼亞等土地，薩莫奈人仍保持獨立。

西元前二九八年，羅馬軍進攻薩姆尼烏姆，占領波維亞努姆城（Bovianum）。第二年，羅馬軍繼續向薩姆尼烏姆進攻。薩莫奈人面臨滅亡危機。為了戰勝羅馬人，薩莫奈人與伊特魯里亞人、溫布利亞人、高盧人等，聯合起來共同抗敵。

西元前二九五年，在溫布利亞的卡美利努姆（Camerinum），羅馬軍和薩莫奈、高盧等聯軍進行決戰。決戰結果是——羅馬人被打敗。為扭轉不利局面，羅馬軍迅速擴充，號召退伍士兵、釋放奴隸入伍參戰。在伊特魯里亞和溫布利亞邊界上的森提努姆（Sentinum）附近，雙方再次發

11 編注：也可譯作薩莫奈，但爲了方便和薩莫奈人有所區別，故當地名使用時譯作「薩姆尼烏姆」。

12 此爲古羅馬道路，是第一條從羅馬通往坎帕尼亞和義大利南部的道路。這條道路的第一段，於西元前三一二年由監察官阿庇烏斯．克勞狄主持修建，長兩百一十二公里，從羅馬沿東南偏南的方向修到坎帕尼亞區的卡普阿；第二段約修築於西元前二四四年，在第一段的基礎上又向東南延伸了三百七十公里，至位於亞平寧半島南部亞得里亞海（Adriatic Sea）沿岸的布倫迪西姆（Brundisium，今名布林迪西（Brindisi））。

生激烈戰鬥。戰爭極其殘酷，羅馬軍猛烈打擊聯軍，摧毀當地城池和房屋，最終取得勝利。

到了西元前二九〇年，羅馬人又一次打敗薩莫奈人。這次，薩莫奈人輸得徹底，只保留了波維亞努姆城周邊的一小塊領土，同時，被迫成為羅馬的同盟者。羅馬人寬恕了薩莫奈人，將他們綁在自己的戰車上，充當進一步擴張的力量。

這時，羅馬人勢力北至波河（Po River）流域，南到盧卡尼亞（Lucania）[13]的北境，已經將亞平寧半島中部全部劃入勢力範圍。藉由不斷的結盟合作，羅馬人贏得單憑自身不可能贏得的戰爭，而透過迫使戰敗的對手成為同盟者，他們又進一步增強了對外擴張的能力。

13 編注：為今日巴西利卡塔（Basilicata）的古地名。

Chapter II

稱霸地中海

羅馬人占領亞平寧半島南部後發現，
若要實現稱霸陸權的目標，
當務之急就是擊敗當時主宰西地中海的迦太基人。
為了達成這個目標，羅馬人與迦太基人
展開了一場你死我活的激烈對抗。

亞平寧半島只屬於羅馬

羅馬人生而好戰，喜歡對外擴張。在征服亞平寧半島中部各城邦之後，他們將目光瞄準北部的高盧人和南部的諸希臘移民城市。當時，亞平寧半島北部和南部被一些強大勢力給占領，尤其是亞平寧半島南部諸城邦，是希臘人經營多年的殖民地。

西元前二八二年，盧卡尼亞人襲擊希臘移民城邦圖里依（Thurii）。圖里依人打不過盧卡尼亞人，被團團包圍了；在危急之中，他們向羅馬人求援。羅馬執政官答應了這一請求，親自率軍前去救援圖里依人。

圖里依人和羅馬人聯合起來，內外夾擊，將包圍圖里依的盧卡尼亞人擊潰。事後，圖里依人準備酬謝禮品，並請求羅馬人撤軍。但羅馬人賴著不走，藉口要防備盧卡尼亞人再次攻擊，堅決不撤軍。羅馬軍常駐不走，圖里依人這才發現請神容易送神難，羅馬人和盧卡尼亞人一樣，都有侵略他們的野心。於是，他們向其他希臘城邦尋求幫助，想以此迫使羅馬人撤軍。

塔蘭托人（Tarentines）對羅馬軍占領圖里依城的行為感到相當不滿，於是，當羅馬艦隊駛進塔蘭托（Tarentum）[1]海灣時，塔蘭托人毫無預兆地襲擊羅馬艦隊。羅馬人絲毫沒有準備，其艦隊的戰鬥力也遠遠不如塔蘭托艦隊，只能在慌忙之中迎戰，最終遭到空前慘敗。羅馬艦隊司令官戰死。被俘的羅馬船員一部分被殺死，一部分被賣為奴隸。

羅馬人從未遭到這種野蠻且殘酷的襲擊，於是，羅馬元老院派一個使團到塔蘭托談判，要求塔蘭托人做出解釋，並對羅馬進行賠償。塔蘭托人根本不將羅馬人放在眼裡，理都不理，而這激起了羅馬人的憤怒，迫使他們選擇以武力的方式報復。

西元前二八一年，羅馬人向塔蘭托人宣戰，派軍進攻塔蘭托城。塔蘭托人遭羅馬軍進攻，形勢危急，他們預估自己打不過羅馬軍，於是請求伊庇魯斯（Epirus）[2]國王皮洛士（Pyrrhus）[3]的援助。

伊庇魯斯國王皮洛士有才能、有野心，還喜歡冒險。他幻想在地中海西部建立一個帝國，因此積極打擊任何可能構成威脅的城邦。羅馬人已統治亞平寧半島中部，而這成為他實現夢想的最大障礙。塔蘭托人的求援，給他發兵西進提供了藉口。就這樣，在羅馬人向塔蘭托人復仇時，皮洛士率軍攻打而來。

西元前二八〇年春，皮洛士率兩百二十萬名步兵、三千名騎兵和二十頭戰象，登陸義大利，

---

1 編注：塔蘭托位在義大利南部，不同時期的英文拼法不同。古希臘城邦時期爲 Taras，古羅馬時期爲 Tarentum；現今則爲 Taranto。

2 伊庇魯斯是希臘城邦中實力較爲強大的一個，伊庇魯斯在今希臘西北部和阿爾巴尼亞南部，臨愛奧尼亞海（Ionian Sea），是希臘最多山的地區。伊庇魯斯最早是由科林斯人（Corinthians）統治，西元前四世紀曾與雅典（Athens）結盟。西元前四世紀末，伊庇魯斯國王爲皮洛士。

3 皮洛士（西元前三一九年至西元前二七二年），他一生多災多難，幼年國內發生政變，避難於伊利里亞（Illyria）。西元前三〇七年，他借助外力奪得王位，但在西元前三〇三年被推翻，後來，又在西元前二九七年返國復位。西元前二七二年，他率軍進攻阿爾戈斯（Argos）時戰死。

參與對羅馬人的作戰。面對如此強大的對手，羅馬人硬著頭皮迎戰，即使實力遠遠不如伊庇魯斯人，也必須全力抗擊他們，否則，亞平寧半島將成為他們的殖民地，羅馬也在劫難逃。

在距離塔蘭托海灣沿岸不遠的赫拉克利亞城（Heraclea）附近，羅馬軍和皮洛士所率的伊庇魯斯大軍進行了第一次會戰。雙方實力非常懸殊，羅馬軍被伊庇魯斯軍輕易擊潰。隨後，皮洛士率伊庇魯斯軍乘勝追擊，橫掃亞平寧半島南部各城邦，幾乎快追到羅馬城。

羅馬人又一次面臨滅國危機。他們採用非常手段應付非常之事。他們緊急從伊特魯里亞調來增援軍隊，還徵發羅馬無產者以及各階級的青壯年參軍；無論那些人有沒有公民權，都先將他們編入軍隊，以全力保衛羅馬城。不僅如此，與羅馬站在同一陣線的城邦、羅馬的同盟者，也幾乎全民武裝起來，全力抗擊伊庇魯斯軍的進攻。

在羅馬人準備拚命時，伊庇魯斯國王皮洛士外強中乾的本性流露而出。他認為，此時跟羅馬人決戰，時機不成熟，於是，下令伊庇魯斯軍撤到普利亞，等到有利時機再發動攻擊。伊庇魯斯軍未戰先退，給了羅馬人戰勝他們的信心。羅馬人不僅不再畏懼，且骨子裡還立下了徹底將他們趕出亞平寧半島的決心。

西元前二七九年春，在普利亞地區阿斯庫路姆城（Asculum）附近，羅馬軍再次與皮洛士所率的伊庇魯斯軍會戰。雖然重挫了伊庇魯斯軍，羅馬軍仍戰敗，但羅馬人這一戰，雖敗猶榮，士氣高漲。反觀伊庇魯斯軍損失慘重，面對羅馬軍感到膽寒，因此在慶祝勝利時，伊庇魯斯國王皮洛士說：「如果我們和羅馬人的戰爭再取得這樣一次的慘勝，我們的軍隊就要覆滅了。」

伊庇魯斯國王皮洛士內心害怕打仗，因此主動派西尼阿斯（Cineas）[4]出使羅馬城，提出建立和平、友誼和同盟的協定，還給羅馬元老院中有權勢的元老獻上大量禮品。羅馬元老院進行激烈爭論後，最終拒絕和談。羅馬之所以拒絕和談，與迦太基[5]派來的使節有關。皮洛士率軍進攻亞平寧半島時，迦太基人也正在進攻亞平寧半島下方的西西里島（Sicily），而西西里島上的一些希臘城邦，正請求皮洛士率軍到西西里島，幫助他們抵抗迦太基人。

迦太基人希望羅馬人把皮洛士的軍隊拖在亞平寧半島，以便他們能順利吞併西西里島希臘城邦。為阻止皮洛士率軍去西西里島，迦太基人派使者到羅馬，請求締結反皮洛士同盟。

羅馬處於戰敗一方，卻拒絕接受議和建議，對此，伊庇魯斯國王皮洛士覺得十分可笑，決定不理會羅馬人，在西元前二七八年率軍離開亞平寧半島，改去西西里支援希臘城邦同胞。

皮洛士率軍在西西里島和迦太基人進行了三年的戰爭，卻未取得任何成果。希臘人和迦太基人兩大軍事力量惡鬥，羅馬人卻趁機在亞平寧半島壯大起來——羅馬占領亞平寧半島南部許多希臘城邦，又征服皮洛士的同盟者盧卡尼亞人和薩莫奈人。

---

4 編注：古希臘人，爲伊庇魯斯國王皮洛士的重要謀士與外交官。

5 迦太基，西元前八世紀至西元前一四六年位於今北非突尼西亞（Tunisia）北部的奴隸制國家。迦太基臨突尼斯灣（Gulf of Tunis），爲東西地中海要衝，是當時西地中海的霸主。西元前九世紀末，腓尼基人（Phoenicians）在此建立殖民城邦，首都爲迦太基城。西元前三世紀七〇年代，羅馬對外擴張，與強敵迦太基遭遇。後來，羅馬滅了迦太基，稱霸西地中海，跨出成爲世界帝國的關鍵一步。

西元前二七五年，伊庇魯斯國王皮洛士得知盟友薩莫奈人遭到羅馬軍圍攻，又率軍回到亞平寧半島，在薩姆尼烏姆境內抗擊羅馬軍。此時，羅馬軍無論是人數還是戰鬥力，都大幅提升了。在薩姆尼烏姆的貝內文托城（Beneventum）附近，皮洛士率軍和羅馬軍展開決戰。皮洛士的軍隊被徹底擊潰，羅馬軍贏得勝利。

西元前二七五年秋，在不得已的情況下，皮洛士率領殘兵敗將退回伊庇魯斯。羅馬人成為亞平寧半島抗擊外敵進攻的英雄，再也沒有強大的敵人能干涉他們在亞平寧半島上的行動。他們乘勝追擊，繼續征服義大利南部的各個希臘城邦。皮洛士曾經的盟友，如：薩莫奈人、盧卡尼亞人、布魯提伊人（Bruttians）和普利亞人等，也一一被羅馬人降服。羅馬人成為亞平寧半島南部的新霸主。除了波河流域仍為高盧人占領外，亞平寧半島的其餘地區，全被羅馬人征服。

搶奪西西里——第一次布匿戰爭[6]

經過幾百年的不斷發展，羅馬小城邦變成亞平寧半島的霸主，迫使亞平寧半島上所有城邦或公社都成為他的同盟者[7]。隨後，羅馬人將目光瞄向迦太基人的勢力範圍——西地中海。因為西地中海霸主迦太基人已經殖民到西西里島，離亞平寧半島非常接近了。

歷史上，羅馬人和迦太基人早有接觸，且雙方一直非常友好。在西元前六世紀末，他們還簽訂過友好條約；西元前三四八年，他們又續訂條約，進一步調整兩國關係。

羅馬人在亞平寧半島上擴張得比較順暢，沒有遭遇希臘人的強力攻擊；但事實上，戰勝希臘強邦伊庇魯斯，多多少少與迦太基人有關。迦太基人從西地中海向東地中海不斷進攻，與希臘人打得你死我活，以致希臘人的注意力都放在迦太基身上，無法全力抵抗羅馬人。可見，在當時，羅馬和迦太基是戰略上的盟友——羅馬人在亞平寧半島擴張，迦太基人全力爭奪西西里。但是，當羅馬人將下一個目標瞄準西西里，西地中海霸主迦太基也將下一個目標瞄準亞平寧半島，雙方的戰略性矛盾無法調和，最終變成勢不兩立的死對頭。

西西里島是地中海上最大的島，位於地中海中部，東北方隔著約三公里寬的墨西拿海峽（Messina）與亞平寧半島相望。西西里島多丘陵，土地富饒肥沃，適合穀物生長，是天然的農業基地。同時，它又是從地中海到非洲的重要轉運地，無論是對外擴張，還是從事海上貿易，都是兵家必爭之地。

為了占領西西里島，西地中海霸主迦太基人和東地中海霸主希臘人爭鬥了數百年。皮洛士率部撤走後，羅馬人征服亞平寧半島南部，和西西里島只隔著墨西拿海峽相望。他們既擔心迦太基人打過來，也想趁機搶占西西里島。

---

6 編注：西元前二六四年至西元前一四六年，迦太基與羅馬發生了三次戰爭，史稱布匿戰爭（Punic Wars）。

7 羅馬同盟者分爲五個等級，分別是：（一）擁有羅馬公民權的自治市；（二）擁有半公民權的公社或城市；（三）拉丁殖民地；（四）同盟者；（五）投降者。

西西里島的東北角上，有座墨西拿城。西元前二八九年，西西里島東部霸主——希臘城邦敘拉古（Syracuse）的君王阿加索克利斯（Agathocles）死後，他原先在坎帕尼亞招募的傭兵占領了墨西拿城，建立政權。阿加索克利斯的繼承人率領敘拉古的軍隊攻打他們，將他們擊潰，並在西元前二六五年包圍墨西拿城。被圍在墨西拿城內的坎帕尼亞人處境危急，決定向外求援。有些人提議請求迦太基人保護，也有些人建議與羅馬結盟。然而，雙方誰也說服不了誰，因此決定同時向迦太基人和羅馬人求救，共同對付敘拉古軍。

在墨西拿海峽巡邏的迦太基軍隊一接到求救消息，就立即趕往墨西拿城，而敘拉古軍預計打不過迦太基軍，於是還沒開打就撤退了。迦太基人成為墨西拿城內坎帕尼亞人的大救星，從而名正言順地進駐墨西拿城。

羅馬人接到求救訊號後，未迅速做出決策。然而，羅馬人不願意讓墨西拿城落入迦太基人手中，進而控制整個西西里島、封閉西地中海。話雖如此，羅馬也深知迦太基人財力雄厚、軍力強大，尤其是海軍，非常強大。倘若羅馬出兵墨西拿，就等同於與迦太基人開戰，但羅馬海軍與迦太基海軍的實力相差甚遠，羅馬人沒有把握能取勝。

於是，羅馬元老院組織百人團大會討論。經過充分討論後，百人團大會做出出兵西西里島的決定。不過，此時敘拉古已經撤軍，迦太基人也已進駐墨西拿城。羅馬軍要獲得西西里島的立足之地，就必須克服困難，從迦太基人手中奪取墨西拿城。

西元前二六四年，羅馬軍渡過墨西拿海峽，揭開爭霸西地中海的戰幕。羅馬人強悍的戰鬥力爆發，戰事進展順利，迫使迦太基軍後撤，羅馬人成功占領墨西拿城。隨後，羅馬軍又沿著西西里島東海岸南下，直抵敘拉古城下。

敘拉古人與羅馬人沒什麼仇恨，反觀迦太基人一直侵占著西西里島，以致包括敘拉古人在內的希臘人，一直與迦太基人敵對。在大軍壓境的情勢下，敘拉古人選擇和羅馬結盟，成為羅馬人爭霸西地中海的同盟者；將迦太基人趕出西西里島，成為羅馬人和敘拉古人的共同目標。

敘拉古與羅馬結盟，爲羅馬在西西里島進一步的軍事行動提供了極大的便利。有敘拉古人做嚮導和共同作戰，羅馬軍就不會有地形不熟悉的問題。於是，羅馬人在西西里島東南部一路勢如破竹，迅速控制西西里的東部和東南部。

西元前二六二年夏，羅馬軍攻下迦太基人在西西里南岸的主要據點阿格里真托（Agrigentum），羅馬人贏得對外擴張以來的最大勝利。進城後，他們大肆劫掠財物，抓獲兩萬名俘虜，將他們賣為奴隸，獲得一大筆錢財。

羅馬軍取得勝利，但迦太基人位在西西里島的艦隊仍完好無損，戰鬥力極強，對羅馬人具有壓倒性的優勢。換言之，迦太基人可以用海軍回擊羅馬軍，封鎖西西里島和亞平寧半島海岸，斷絕羅馬軍的後勤補給，置他們於斷糧的絕境。

因此，要占領西西里島，羅馬人必須打敗迦太基艦隊，而要打敗迦太基艦隊，羅馬人必須迅速建立強大的艦隊。但現實是，羅馬人長期在陸地上征戰，沒什麼海戰經驗，自從艦隊被塔蘭托人襲擊、全軍覆沒後，至今仍沒有辦法重建艦隊。

不過，這難不倒羅馬人。他們的新同盟者敘拉古人是希臘人的一部分。希臘人擅長海戰和海軍建設。在敘拉古人的指導下，羅馬人迅速建立起一支艦隊。按照當時常規戰法，在機動性和作戰經驗方面，羅馬艦隊都遠不如迦太基艦隊，根本不可能打敗迦太基艦隊。為了獲得海戰勝利，羅馬人截長補短，搞了一項「新科技」，讓其艦隊的戰鬥力一下子就超越了迦太基艦隊。

原來，為了彌補自身不足，羅馬人同時發揮步兵的戰鬥力，發明新的海戰戰術，即：在艦首安裝前端裝有鉤子、兩側裝有欄杆的吊橋。前進時可將吊橋豎起，以阻擋敵人投擲武器攻擊；在接近敵人時將吊橋放下，利用它前端的鉤子鉤住敵艦甲板，便於步兵如履平地從上面衝過去，與敵人展開短兵相接的戰鬥。這樣一來，羅馬人原來的短處變成優勢，而對手的海軍則因為沒有受過陸戰訓練，使得優勢變成短處。

西元前二六〇年，羅馬艦隊與迦太基艦隊在西西里島北面的邁列海岬（Mylae）展開大規模海戰。羅馬人的新戰術發揮了神效，讓迦太基人毫無招架之力。戰爭的結果是，占據優勢、信心滿滿的迦太基艦隊慘敗，且多艘軍艦被羅馬人繳獲。隨後，羅馬艦隊趁機進攻科西嘉島（Corsica）和薩丁尼亞島（Sardinia）。西元前二五九年，羅馬艦隊在薩丁尼亞島附近再次擊敗迦太基艦隊。

迦太基人接連吞敗後，改變戰術，退到西西里島西部，憑藉該處的海軍要塞固守，想拖延一下羅馬軍，挫一挫他們的銳氣，同時等待迦太基本土的援兵到來，伺機與羅馬軍再次開戰。

戰場出現相持局面。羅馬人沒本錢跟迦太基人一直耗下去，於是暫時放下西西里島，直接越過地中海，進攻迦太基本土。

經過三年備戰，西元前二五六年，羅馬執政官雷古盧斯（Marcus Atilius Regulus）和曼利烏斯（Lucius Manlius Vulso）率由三百三十艘船組成的艦隊，載著四萬名羅馬兵，遠征非洲迦太基的本土。羅馬艦隊從墨西拿出發沒多久，迦太基人就識破了羅馬軍的企圖。在西西里島南岸埃克諾穆斯角（Cape Ecnomus）附近，以三百五十艘船組成的迦太基艦隊，與三百三十艘船組成的羅馬艦隊展開決戰。

一場規模空前的大海戰爆發。羅馬人的新戰術，再次讓迦太基人挨打。迦太基人雖然很勇敢，船艦也多了二十艘，但根本擋不住羅馬艦隊的攻勢。羅馬的橋艦再次發揮威力——羅馬艦隊再次擊敗迦太基艦隊，成功衝破迦太基艦隊的圍堵，攻向迦太基的本土。此戰，迦太基艦隊損失了一百艘船，而羅馬艦隊只損失了二十四艘。羅馬艦隊衝破迦太基艦隊的阻攔，順利穿越地中海，並在迦太基的東面克盧佩亞（Clupea）成功登陸。隨後，羅馬海軍和陸軍相互配合，多次打敗阻擊的迦太基軍，一直到離迦太基城不遠的地方。

羅馬人突破層層阻擋，遠端襲擊迦太基本土。迦太基人阻擋不了羅馬軍的前進步伐，見形勢危急，只好請求議和。此時，自負且缺乏遠見的羅馬執政官雷古盧斯高估羅馬軍的實力，提出了令迦太基人無法接受的污辱性條件，將和談之門堵死。

求和不成，迦太基人只能拚命反抗。迦太基迅速徵集傭兵，成功偷襲並打敗羅馬軍。雷古盧斯本人被俘，只有兩千名羅馬人僥倖潰逃至克盧佩亞。西元前二五五年，在被逼無奈的情況下，羅馬艦隊載著殘餘將士返回羅馬，而回程途中，他們又遭風暴襲擊——羅馬四萬名遠征軍，幾乎全部覆沒。羅馬人不放棄，又出鉅資重建艦隊，同時轉而將重點重新放在西西里島。西元前二五一年，羅馬人攻下西西里島北岸的城邦巴勒摩（Palermo）。趁此次勝利，羅馬人又把迦太基人擠到西西里島西部的利利拜姆（Lilybaeum）[8]和德雷帕納（Drepana）。

西元前二四七年，西西里島的迦太基軍改由哈米爾．巴卡（Hamilcar Barca）指揮。哈米爾．巴卡率領迦太基軍在西西里島陸地上向羅馬軍展開反擊，同時，派出海軍從海上騷擾亞平寧半島，讓羅馬人的後方也不得安寧。對此，羅馬人不得不抽調兵力去防衛亞平寧半島的沿海城市，而這也使得迦太基人在西西里島的處境，暫時有所緩解。

然而，羅馬人占領西西里島的決心絲毫沒有動搖。他們花費幾年時間重建再次被風暴摧毀的艦隊後，又發起進攻。羅馬陸軍攻占迦太基人在西西里島的最後據點——利利拜姆和德雷帕納。西元前二四一年，羅馬艦隊又在西西里島西部埃加迪群島（Aegates Islands）附近的海戰中，打敗迦太基艦隊。此役之後，羅馬人基本上已將迦太基人趕出了西西里島。

連續二十三年的戰爭讓迦太基人精疲力竭。戰敗的迦太基人授權哈米爾．巴卡與羅馬人談判議和。此時，經過長期戰爭，羅馬財匱力乏，所以沒有多餘的選擇，也只有談判講和，且條件不能過於苛刻。經過一番談判，羅馬與迦太基簽訂和約。按和約規定，迦太基要割讓西西里島及其與亞平寧半島之間的其他島嶼給羅馬，並在十年內向羅馬賠款三千兩百他連得（talents）[9]白銀。

自此，西西里島成為羅馬的第一個行省。羅馬人與迦太基人開戰的目的已達到，在爭霸西地中海的戰爭中取得初步的勝利。西元前二三八年，迦太基爆發傭兵和奴隸起義，羅馬人趁機占領科西嘉島和薩丁尼亞島，並分別建立行省。爾後，在西地中海，羅馬已經占據一定優勢。

千里奔襲羅馬——第二次布匿戰爭

羅馬人占領西西里島、科西嘉島和薩丁尼亞島，並獲得鉅額戰爭賠款，但尚未完全控制西地中海。迦太基雖然戰敗，但它的經濟政治力量並沒有被徹底摧毀。迦太基擁有大量殖民地、資源豐富，且擅長商業活動，累積許多財富，因此，輕鬆償付了戰爭賠款，迅速從戰爭災難中復原過來，又開始準備戰爭。

西元前二三七年，在平定迦太基國內的傭兵和奴隸起義後，哈米爾·巴卡率軍前往西班牙，恢復和擴大地盤，為進攻羅馬做準備。西元前二二八年，哈米爾·巴卡過世後，他的女婿哈斯德

8 編注：今位在西西里島西部海岸馬爾薩拉（Marsala）的古地名。
9 古羅馬的重量單位，一他連得大約等於二十六公斤。

魯巴・費爾（Hasdrubal Pulcher）成為駐西班牙迦太基軍的最高統帥。哈斯德魯巴・費爾積極擴張，他在西班牙東南海岸建立新迦太基城（New Carthage），作為攻守據點，同時監督和控制附近的銀礦基地，以保障財政來源。

哈斯德魯巴・費爾在西班牙搞得有聲有色，讓羅馬人十分不安，因為與此同時，亞平寧半島北部的高盧人正準備南犯，羅馬面臨的形勢十分緊張，根本沒有精力再派軍隊遠征西班牙，打擊迦太基人。西元前二二六年，羅馬派遣使團到西班牙，要求迦太基人不要越過厄波羅河（Ebro River），此舉，等於承認迦太基人在西班牙的既得勢力範圍。哈斯德魯巴・費爾十分爽快地答應了，他認為，羅馬承認其占領範圍，是沒有花費任何代價所得來的勝利，相當划算。

不過，有些迦太基將領不同意，認為答應羅馬人的要求是一種屈辱——迦太基人在西班牙的殖民活動無須羅馬人的同意。因此，西元前二二一年，哈斯德魯巴・費爾被刺殺。後來，由哈米爾・巴卡長子、年僅二十五歲的漢尼拔（Hannibal Barca）成為駐西班牙迦太基軍的最高統帥。

漢尼拔出身迦太基將領世家。他的父親哈米爾・巴卡曾率領駐守在西西里島的迦太基軍攻打羅馬，但被羅馬人打敗且被迫簽訂屈辱和約。對此，漢尼拔立下誓言，終身與羅馬為敵。他率軍迅速征服厄波羅河以西的地區，完成對羅馬人開戰的準備。

薩貢圖姆（Saguntum）[10]是厄波羅河以西唯一沒有被迦太基人征服的城邦。西元前二二六年，薩貢圖姆與羅馬結盟。漢尼拔一當上軍事統帥，就決定拿薩貢圖姆人立威。經過兩年多的準備，西元前二一九年春，漢尼拔親自率領迦太基軍圍攻薩貢圖姆城。薩貢圖姆人奮起抵抗，堅守了八個月，但最終仍被迦太基人攻下。

迦太基軍攻下薩貢圖姆城後，在西元前二一八年春，羅馬派使團前去迦太基交涉，要求迦太基人撤出薩貢圖姆城。迦太基人拒絕了羅馬人的要求。事實上，羅馬人也料想到迦太基人會拒絕，因此事先也做好了作戰的準備。他們計畫由兩位執政官分別率軍進攻，分別是：一路以西西里為基地，攻擊迦太基本土；一路進軍西班牙，鉗制漢尼拔統率的迦太基軍。

不過，羅馬人低估了漢尼拔的軍事才能。漢尼拔對迦太基和羅馬的優劣勢看得非常清楚，早已制定針對性戰略，即：迦太基軍以西班牙為基地，以避開羅馬軍的海上優勢，改由陸路進軍，翻越阿爾卑斯山（Alps），出其不意地出現在亞平寧半島。迦太基軍藉由一連串的軍事勝利，迫使受制於羅馬的同盟解體，從而釜底抽薪，打敗羅馬人。這一戰略正中羅馬人的要害。羅馬要想對外擴張，那些同盟者是不可或缺的重要力量。藉由軍事攻擊，漢尼拔讓那些同盟者歸順迦太基，遠離羅馬，進而削弱了羅馬的軍事力量。

西元前二一八年春，漢尼拔親率由九萬名步兵、一千兩百萬名騎兵和幾十隻戰象所組成的軍隊，從新迦太基城出發，大規模遠征亞平寧半島。迦太基軍沿著西班牙的東部往東北方前進，渡過厄波羅河，穿過庇里牛斯山（Pyrenees），再沿著高盧南部的海岸繼續前進。他想透過陸地戰爭，避開海軍劣勢，向羅馬本土進攻。

10 編注：今西班牙東部城市薩貢托（Sagunto）的古名。

漢尼拔的軍事思想超越了羅馬人的認知。羅馬統帥普布利烏斯・科爾內利烏斯・大西庇阿（Publius Cornelius Scipio，後簡稱大西庇阿）率領羅馬軍從海路到達隆河口（Rhône River）時，漢尼拔已率軍先到那裡。漢尼拔迅速渡河，然後溯河北上，巧妙躲過羅馬軍的攔截，使得迦太基軍一下子就攻入亞平寧半島境內。得知消息後，大西庇阿立即派弟弟格奈烏斯・科爾內利烏斯・西庇阿（Gnaeus Cornelius Scipio）率軍繼續征戰西班牙，自己則親率一部分軍隊從海路趕回亞平寧半島，並派人加急通知各城邦和同盟者準備迎戰迦太基軍。

羅馬人曾經出奇兵，跨海攻擊迦太基本土。這次，換漢尼拔也出奇兵，從殖民地率軍，躲過羅馬軍的阻擊，選擇小路，直奔羅馬本土而去。不過，從西班牙到亞平寧半島的路實在太難走。當年九月初，迦太基軍經過長途跋涉，才到達阿爾卑斯山麓。

到達阿爾卑斯山時，迦太基軍只剩下兩萬名步兵和六千名騎兵，幾十隻戰象則都死亡了。儘管損失慘重，但基本上實現預期目標，準備好突襲羅馬的條件。到了山南高盧（Gallia Cisalpina）後，漢尼拔下令大軍停下來休整，補充兵員和給養。過了一段時間，漢尼拔親自為軍隊發表出征演說，鼓舞士兵們以飽滿的精神，攻打亞平寧半島上的各城邦，以戰勝羅馬軍，為迦太基在西西里島的失敗，以及羅馬對迦太基本土的攻擊，一雪前恥。

眼見迦太基人為了避免與羅馬展開海戰，選擇從陸路長途跋涉進攻亞平寧半島，羅馬人不敢掉以輕心。畢竟，亞平寧半島是羅馬本土及其同盟城邦的所在地，一旦有任何差池，羅馬將承受巨大壓力與損失。

羅馬元老院經過討論，決定派遣羅馬統帥大西庇阿率軍前往波河流域，攔截正從阿爾卑斯山南下的迦太基軍。同時，命令原本準備從西西里島進攻迦太基本土的另一位執政官率軍返回，與大西庇阿會師，集中兵力與漢尼拔所率的迦太基軍決戰。

羅馬人認為，他們的優勢其實是陸軍；所謂的海軍優勢，只不過是軍艦裝備略勝一籌，最終的成敗關鍵仍是陸戰能力。換言之，他們並不畏懼迦太基軍從陸路進攻。然而，羅馬人低估了迦太基人的復仇決心、數十年臥薪嚐膽所鍛鍊出的戰鬥力，更低估了漢尼拔的軍事才能。在漢尼拔的指揮下，迦太基士兵士氣高昂、奮不顧身。迦太基軍在提基努斯河（Ticinus River）與特雷比亞河（Trebia River）流域接連重創羅馬軍，取得重大勝利。原本信心滿滿的羅馬軍，連續兩戰皆大敗，震驚全國。雪上加霜的是，高盧人趁機發動對抗羅馬的起義，山外高盧倒向迦太基，成為其盟友。原本孤軍遠征的迦太基軍，瞬間擁有同盟軍助陣，漢尼拔分化羅馬同盟者的策略初見成效，他得意地命令大軍稍作休整，以便繼續在亞平寧半島展開征戰。

接連失利後，羅馬人驚覺情勢不妙，開始深刻反思。他們認為徹底將迦太基人趕出亞平寧半島已不切實際，只能改為保衛中部羅馬領土及其附近的同盟城邦，阻止漢尼拔率軍繼續南進。羅馬兩位執政官據此制定新戰略，分兵東西兩路攔截迦太基軍。

然而，羅馬人雖然調整戰略方向，卻調整錯了方向。漢尼拔一眼看破其意圖，繼續避免與羅馬軍正面交鋒。他出奇兵，率軍穿越伊特魯里亞，採用迂迴戰術，繞過羅馬軍營，花了四天三夜的跋涉穿過阿努斯河（Arnus River）下游的沼澤地，出現在羅馬軍後方。

羅馬軍發現自己被包圍，急忙改變進軍方向，卻在特拉西美諾湖（Lake Trasimene）北岸，一處三面環山、一面臨水的谷地中，遭到漢尼拔的伏擊。迦太基軍大勝，羅馬軍陣亡一萬五千人，數千人被俘。

羅馬城一片緊張，擔心漢尼拔會直取首都，於是緊急進行動員、加強城防，並任命費邊（Quintus Fabius Maximus Verrucosus）為獨裁官，統一指揮軍隊。不過這次，羅馬人再次誤判。漢尼拔並未因勝利而貿然進攻羅馬城，他冷靜分析後認為自己兵力有限，無法急襲或圍城，反而應繼續在亞平寧半島上遊走、損耗羅馬戰力，同時分化同盟，孤立羅馬。於是他率軍穿越溫布利亞，進入皮切納姆（Picenum），抵達亞得里亞海沿岸，在那裡補充給養後再南下，進入普利亞地區。

漢尼拔未進攻羅馬城，反而給了羅馬人喘息的機會。獨裁官費邊冷靜分析情勢，發現漢尼拔軍的士氣高昂，尤其是騎兵實力遠勝於羅馬軍。若直接交鋒，羅馬軍極可能遭側翼包圍，導致全軍覆沒。不過，漢尼拔是孤軍深入敵境，後援補給困難，且急於求勝；相反，羅馬軍在本土作戰，人力與補給相對充足，時間與地利都對羅馬軍有利。

於是，**費邊採取「拖延戰術」**（Fabian strategy），**率領四個軍團與漢尼拔接觸後，堅守不戰，任憑敵軍如何挑釁，皆不應戰。**駐紮時，選擇不利於騎兵活動的山區；行軍時，則尾隨漢尼拔軍，伺機騷擾。然而，此策略也帶來負面效果。羅馬與亞平寧半島諸城邦是同盟關係，羅馬若不積極抗擊，等於默許迦太基蹂躪同盟。許多城邦為此感到非常不滿，因而不再出兵出力，甚至倒向迦太基，使羅馬失去重要的人力和物力支援。

眼見羅馬人遲遲不戰，漢尼拔轉而四處侵擾亞平寧半島上的諸邦。羅馬軍雖暫時安全，但同盟城市卻陷入劫難。同盟城邦的市民與農民強烈不滿費邊的策略，部分羅馬人也開始反對拖延戰術。其中，羅馬的騎兵長官米努基烏斯．盧福斯（Minucius Rufus）堅決反對拖延戰術。他趁著費邊暫時離營時，擅自命令軍隊進攻迦太基軍。這次羅馬軍小勝，使得要求主動出擊的呼聲更高。

隨後，米努基烏斯．盧福斯再次率軍出擊。漢尼拔預料到羅馬軍會再次出擊，於是設下埋伏，將羅馬軍隊團團包圍，企圖一舉殲滅。費邊獲報後，發現事態嚴重，立刻率留守部隊前往救援，正好趕上盧福斯軍隊陷入重圍。他奮力拼殺，才救出米努基烏斯．盧福斯，使羅馬軍免於全軍覆沒。事後，費邊嚴正整肅軍紀，強化命令執行拖延戰術。羅馬將士雖然感到困惑，卻不敢再違命出擊。就這樣，雙方於普利亞地區陷入長期對峙。

失誤的代價——第三次布匿戰爭

西元前二一九年末，獨裁官費邊官任期屆滿，不得不交出統帥權。羅馬人要求與迦太基決戰的呼聲日益高漲。新任獨裁官不得不順應民意，於是改變拖延戰術，準備與迦太基一決死戰。

西元前二一六年夏，在亞平寧半島南部的坎尼（Cannae），羅馬軍與迦太基軍展開正面對決。羅馬軍投入八萬名步兵和六千名騎兵；漢尼拔也高度重視這場決戰，集結四萬名步兵和一萬名騎兵。雖然迦太基軍隊的總兵力較羅馬軍隊弱，但騎兵卻占有優勢。在冷兵器時代，騎兵是戰略性兵種，只要運用得當，迦太基軍取勝的希望依然較大。這次決戰是一場正面交鋒的陣地戰，展現雙方各自的軍事風格。兩支軍隊沿奧菲都杜河（Aufidus River）[11]列陣。羅馬軍隊將密集的重裝步兵部署在軍陣中心，騎兵配置在兩翼，試圖發揮羅馬方陣的優勢，以強大步兵猛攻敵方。這種軍陣分工明確，步兵負責進攻，騎兵負責防守，著力於正面突破敵方軍陣。

與此相對，迦太基的軍陣風格完全不同，他們將步兵列於軍陣中心，排成半月形，凸面朝向敵人，騎兵則放在兩側。這種軍陣的分工是步兵負責防守，騎兵尋找機會展開側翼進攻。之所以如此，是因為迦太基騎兵相對於羅馬騎兵占有優勢。

開戰後，羅馬重裝步兵主動向迦太基的軍陣中心發起強攻。迦太基步兵抵擋不住，開始有組織地向後撤退，將半月形凸面逐漸變成凹面。羅馬重裝步兵趁機向前推進。不久，戰線愈拉愈長，羅馬軍不知不覺陷入迦太基步兵和騎兵的包圍之中。抓準時機後，漢尼拔命令兩翼的迦太基步兵發起反擊，騎兵則向羅馬騎兵衝殺過去。迦太基步兵的戰鬥力不如羅馬步兵，反擊僅僅是為了將對手拖住，給騎兵製造集中兵力打擊羅馬騎兵的機會。

一萬名英勇善戰的迦太基騎兵，很快就擊敗了羅馬的六千名騎兵，然後，轉身包抄到羅馬重裝步兵後方，與迦太基步兵一起形成包圍圈。占人數優勢的羅馬軍一下子就陷入迦太基軍的包圍之中。羅馬將士們驚慌失措，軍陣開始混亂，士兵愈擠愈緊，密集得使迦太基軍隊「槍無虛發，石無虛投」。這次大決戰很快轉變成一次屠殺。羅馬軍大部分陣亡，有萬餘人被俘，僥倖逃走的人非常少。反觀迦太基軍，一共才損失六千人。

坎尼之戰（Battle of Cannae）慘敗，羅馬遭受空前打擊。前線羅馬軍全軍覆沒，羅馬人擔心漢尼拔會率領迦太基軍直撲羅馬城，於是提前做好準備，徵召十七歲以上的男性公民入伍，並由國家出資贖買奴隸，組成兩個軍團，以加強羅馬城的防衛力量。然而，漢尼拔並未按照羅馬人的預期行動，依然沒有向羅馬城進軍。他認為，羅馬的力量尚未從根本上被摧毀，當務之急是將羅馬的同盟者分化，並拉攏他們加入迦太基這邊。趁著坎尼決戰勝利的機會，漢尼拔派人前去說服羅馬的同盟者歸順，以爭取更多的反羅馬盟友。

最終，漢尼拔成功爭取到亞平寧半島南部的大部分城邦，以及中部的部分城邦。羅馬的原有同盟者紛紛表示支持迦太基。西元前二一六年秋，坎帕尼亞地區中的最大城邦卡普阿背離羅馬，歸順迦太基。不僅如此，受到坎尼戰役勝利的影響，在漢尼拔靈活外交的爭取下，希臘的馬其頓（Macedonia）國王腓力五世（Philip V of Macedon）與迦太基結盟，並向羅馬宣戰。除此之外，希臘城邦敘拉古——作為羅馬的同盟者，也背離了羅馬，使得羅馬幾乎喪失了對整個西西里島的控制。迦太基聯合東地中海的希臘強權，對羅馬完成戰略包圍，形成夾擊之勢。

若不及時遏止局勢惡化，羅馬人將失去近半世紀以來的軍事擴張成果，甚至面臨被滅亡的危機。在這殘酷現實下，羅馬人深刻反思並記取教訓，認為應採行拖延戰術，謹慎應對，避免與迦

11 編注：義大利南部的一條河流，爲古河流名稱，今名爲奧凡托河（Ofanto）。

太基軍隊發生正面決戰，以致力於保衛現存領土、支援仍忠於羅馬的城邦或同盟，同時，懲罰倒向漢尼拔的勢力，並破壞迦太基軍隊的後勤補給，以削弱其戰力。這是費邊拖延戰術的進一步升級，其充分考量同盟者的利益。無論是經歷深度反思的羅馬人，還是堅守與羅馬同盟的城邦，都堅決支持此一策略。各個同盟隨時提供充足人力與物資，成為羅馬能夠撐過危機的根本支柱。

此次羅馬軍所採行的拖延戰術，並非被動防守，而是試圖在其他戰場上削弱迦太基的勢力，好壯大自身實力。羅馬派遣軍隊遠征西班牙，以阻止迦太基軍自當地獲得的軍事補給；同時，出動海軍進攻西西里島上的希臘城邦敘拉古，切斷來自地中海的迦太基援軍與補給。西元前二一三年，羅馬軍攻陷敘拉古城，重新掌控西西里島。

當羅馬軍從周邊對迦太基軍展開打擊時，漢尼拔的處境卻日漸惡化。迦太基統治者對漢尼拔心存猜忌，始終未給予實質支援，甚至切斷軍隊的補給來源。亞平寧半島上原來的羅馬同盟者都在觀望，觀察局勢一段時間後，多數城邦逐漸轉而支持羅馬，畢竟迦太基人終究是外來者，而羅馬數百年來的擴張，也確實帶給他們不少實質的利益。

在人力與物資無法及時補充的情況下，漢尼拔孤軍深入敵境的弱點日益顯現，其戰略主動權的地位逐漸喪失，被迫轉為防守的一方。西元前二一二年，羅馬軍開始由守轉攻，集中兵力圍攻卡普阿，並藉此誘敵來援。漢尼拔率迦太基軍兩度救援卡普阿，但均未能成功解圍。為了轉移羅馬軍的注意力，漢尼拔率軍北上進攻羅馬城。羅馬方面早已預料迦太基軍可能來襲，已預先做好防備。當漢尼拔抵達城下，羅馬城內軍民閉門堅守，拒絕應戰，而圍攻卡普阿的羅馬軍也未撤軍。漢尼拔的策略，未能奏效。

關鍵時刻，漢尼拔做出了誤判——既未強攻羅馬城，也未回軍支援其同盟城邦。他自知兵力有限，無法攻克羅馬城，在城外駐紮一段時間後，率軍撤回坎帕尼亞地區，不久，又退至亞平寧半島南部。失去迦太基軍保護的卡普阿只得向羅馬投降。羅馬軍趁勢攻占坎帕尼亞地區的多數城邦，並持續向南推進。西元前二〇九年，羅馬軍攻占南部的重要城邦塔蘭托，讓原本支持迦太基的城邦紛紛倒戈，重新效忠羅馬。**漢尼拔在關鍵時刻的指揮失誤，加上迦太基統治者的拖延支援，無形中爲羅馬創造了反攻的契機。**雖然情勢艱困，漢尼拔仍堅信留在西班牙的兩位弟弟會前來支援。然而，羅馬人已將其兩位弟弟視為主要攻擊目標了。

西元前二〇八年，漢尼拔的大弟弟哈斯德魯巴・巴卡（Hasdrubal Barca）率援軍甩開羅馬軍追擊，自西班牙進軍亞平寧半島。不幸的是，羅馬人預判了他的行軍路線，提前設伏。在溫布利亞地區的梅陶羅河（Metaurus River）畔，迦太基援軍遭到伏擊，全軍覆沒，哈斯德魯巴戰死。漢尼拔自此失去從西班牙獲得援軍的希望，只能率軍退至半島南端的布魯提伊（Bruttium）。

漢尼拔的另一位弟弟——馬戈・巴卡（Mago Barca）的情勢也不樂觀。為削弱迦太基在另一戰線的力量，羅馬早在西元前二一〇年底就派遣大西庇阿率軍前往西班牙，伺機殲滅當地的迦太基軍。西元前二〇九年，大西庇阿攻陷新迦太基城。在哈斯德魯巴．巴卡離開西班牙後，大西庇阿又於西元前二〇七年，擊敗漢尼拔之弟馬戈，結束了迦太基在西班牙的殖民統治。

漢尼拔尚未在亞平寧半島上扭轉戰局，迦太基本土即遭受攻擊。羅馬人奪回西西里島後，便積極準備對迦太基本土發動攻勢。西元前二〇四年春，大西庇阿率軍自西西里島的利利拜姆出發，登陸迦太基北部的烏提卡（Utica）附近，接著，獲得東努米底亞（Numidia）支援的羅馬軍，連戰皆捷。情勢危急之下，迦太基國王下令召回漢尼拔率領的遠征軍。漢尼拔不得不承認遠征失敗，黯然結束在亞平寧半島上長達十五年的征戰。

西元前二〇二年，大西庇阿率領的羅馬軍，與漢尼拔率領的迦太基軍於迦太基南部的扎馬（Zama）展開決戰。雙方步兵勢均力敵，但東努米底亞國王瑪西尼薩（Masinissa）所率的騎兵援軍，成為勝負關鍵。羅馬軍最終獲勝，迦太基被迫向羅馬求和，並於次年簽訂和約。

和約規定，迦太基僅能保留其在非洲的本土，且不得在未經羅馬的允許下對鄰國發動戰爭；除保留十艘戰艦防禦海盜外，須交出所有艦船與戰象；另外，需交出一百名貴族子弟作為人質，並在五十年內向羅馬賠償一萬他連得白銀。

自此，羅馬成為西地中海最強大的國家，成為該地區真正的霸主。

Chapter III

擊敗舊霸主

羅馬人擊敗迦太基人後，引發希臘世界的恐慌。
希臘城邦的盟主馬其頓再也無法坐視不管。
馬其頓試圖擊敗羅馬，以鞏固自身的霸主地位，
然而，馬其頓最終陷入內部分裂與盟友離心的困境，
戰力大減，被羅馬輕易擊敗。
至此，無論是東地中海的霸主，還是西地中海的霸主，
都成爲羅馬的手下敗將。

亞歷山大東征

漢尼拔率領的迦太基軍在亞平寧半島上所向披靡，使羅馬軍連戰連敗。一些不滿羅馬的同盟者投降迦太基，其中，希臘馬其頓國王腓力五世也趁機與迦太基結盟，並於西元前二一五年向羅馬宣戰。

馬其頓是希臘眾城邦的盟主，但許多城邦對其領導並不服從。當伊庇魯斯國王皮洛士率軍進攻亞平寧半島時，馬其頓尚未鞏固霸主地位，因此並未參與戰事。皮洛士的軍隊在與羅馬作戰中敗北，黯然撤離亞平寧半島與西西里島；此後，羅馬與迦太基長期處於交戰狀態。後來，實力增強的腓力五世認為皮洛士讓希臘蒙羞，一直想伺機教訓羅馬人。當迦太基派遣使者來結盟時，腓力五世便與之結盟，向羅馬宣戰。

希臘是一個歷史悠久的重商文明，曾經創造輝煌成就，馬其頓人更曾將希臘文明推向頂峰。希臘人自古就積極進行對外貿易與殖民活動，其拓展重點始終在東方。他們習慣與東方民族從事商貿，以尋求更大利潤與通往東方的貿易路線。他們甚至透過斯基泰（Scythia）的黃金毛皮之路，遠達天山西麓與阿爾泰山北麓。

雖然亞平寧半島與希臘西部隔海相望，距離不遠，但在當時亞平寧半島相對落後，希臘人對這個地方沒有太大的興趣。因此，儘管希臘人在此地建立了一些殖民城邦，卻從未將其作為重點發展區域，也沒有把羅馬視為主要的對手或威脅。換言之，在羅馬征服亞平寧半島的過程中，希臘人並未多加關注，而是專注於東方的開拓。西元前三三四年春，全希臘城邦代表在科林斯（Corinth）召開大會，確立馬其頓國王亞歷山大（Alexander the Great）為希臘盟主。隨後，亞歷山大率領希臘—馬其頓聯軍自歐洲出發，征服波斯，爭奪通往東方的商路。

希臘—馬其頓聯軍渡過赫勒斯滂海峽（Hellespont）[1]後，在格拉尼卡斯河畔（Granicus River）與波斯軍交戰。亞歷山大親自率軍衝鋒，與波斯軍短兵相接，取得格拉尼卡斯戰役（Battle of the Granicus）的大勝。此後，亞歷山大的東征之路順利推進，他沿著商路進軍，攻向城防堅固的薩第斯（Sardis）。當他的軍隊抵達薩第斯十三公里外時，波斯守軍便主動投降，獻出城池和財寶。隨後，在愛琴海（Aegean Sea）艦隊的配合下，亞歷山大轉戰小亞細亞（Asia Minor）西南海岸。希臘—馬其頓聯軍來勢洶洶，多數希臘裔城邦見到同族部隊，紛紛歸附；少數拒絕歸順的，則被亞歷山大軍消滅。

亞歷山大下令將海軍併入陸軍，自龐菲利亞（Pamphylia）沿海北上，深入小亞細亞腹地。他們直接攻占安塞拉（Ancyra）[2]，再順著哈里斯河（Halys River）[3]南下，進入卡帕多奇亞（Cappadocia），接著，不到半年即占領整個小亞細亞。

任命完小亞細亞的地方總督後，亞歷山大率軍南下奇里乞亞山口（Cilician Gates）。他率

1 編注：爲今日達達尼爾海峽（Dardanéllia）的古名。
2 編注：爲今日土耳其首都安卡拉（Ankara）的古名。
3 編注：爲今日土耳其境內最長河流克澤爾河（Kizilırmak River）的古名。

領少數近衛隊趁夜突襲關隘，一舉成功。波斯守軍潰逃，希臘—馬其頓聯軍則通過山口，占領麥辛（Mersin）與伊斯肯德倫灣（Iskenderun Bay）周邊多座濱海城市。接著，渡過皮拉馬斯河（Pyramus River）[4]，沿海南下直抵敘利亞（Syria）海岸。

亞歷山大軍進入敘利亞後，在伊蘇斯平原（Plain of Issus）與波斯國王大流士三世（Darius III）的大軍對峙。西元前三三三年十一月，雙方展開伊蘇斯戰役（Battle of Issus）。亞歷山大率領騎兵猛攻波斯中軍，大流士三世膽怯，不敢迎戰，在驚慌失措之下，駕戰車逃亡。

大流士三世的逃跑，嚴重打擊了波斯軍的士氣，軍隊無力還擊，隨即潰散。亞歷山大軍大獲全勝，波斯疆域由此大半淪陷，敘利亞、腓尼基（Phoenicia）、巴勒斯坦（Palestine）與埃及相繼淪為其囊中之物。

亞歷山大率軍繼續沿著地中海東岸南下，各地波斯守軍聞風而降；他接受比布羅斯（Byblos）、賽達（Sidon）等沿海城市波斯守軍的投降，幾乎未經戰鬥，就掌控了腓尼基。駐紮於賽普勒斯島（Cyprus）的波斯艦隊，其中約一百二十艘戰艦也主動歸順亞歷山大。

不久，希臘—馬其頓聯軍攻入今黎巴嫩境內的泰爾城（Tyre）城內，並趁勢進入其港口，一舉摧毀波斯的海上勢力。敘利亞與巴勒斯坦其餘地區的波斯駐軍相繼投降，僅有加薩（Gaza）守軍頑強抵抗。最終，希臘—馬其頓聯軍仍成功攻克加薩城。

希臘—馬其頓聯軍隨後沿著地中海岸與蘇伊士地峽（Isthmus of Suez）水陸並進，挺進埃及。大軍抵達尼羅河三角洲東口貝魯西亞（Pelusium）時，波斯帝國駐埃及總督親自迎接希臘軍入城。亞歷山大率水陸兩軍沿尼羅河逆流而上，抵達孟菲斯（Memphis），並在當地舉行隆重的祭神儀式，宣告自己兼任埃及法老。

隨後，希臘—馬其頓聯軍沿河而下。亞歷山大將埃及劃分為兩個行省，任命軍政長官，並派遣總督統轄利比亞（Libya）與西奈地區（Sinai Peninsula）。西元前三三一年春，亞歷山大再度啟程，循原路返回西亞，以泰爾為出發點，展開新一輪東征，意圖掌握通往東方商道的控制權。

亞歷山大率軍抵達幼發拉底河河畔，經過卡萊（Carrhae）[5]、尼西比斯（Nisibis）[6]，順利渡過底格里斯河（Tigris River），沿著河的東岸南下，一路攻至尼尼微（Nineveh）。

大流士三世在高加米拉（Gaugamela）附近的廣闊平原上集結大軍，準備決戰。戰鬥中，他命兩百輛裝有利刃的刀輪戰車，衝向馬其頓方陣，企圖以此破陣，打擊對手士氣。然而，希臘—馬其頓聯軍訓練有素、機動靈活，方陣變化自如。他們讓出通道，讓戰車通過，再由標槍手集體射殺車伕並砍殺戰馬，使得刀輪戰車未能發揮應有戰力。波斯軍頓時從攻勢轉為守勢，成為對手砍

4 編注：爲今日土耳其境內傑伊漢河（Ceyhan River）的古名。
5 編注：爲今日土耳其境內哈蘭（Harran）的古名。
6 編注：爲今日土耳其境內努賽賓（Nusaybin）的古名。

殺的對象。

亞歷山大把握時機，親率楔形突擊隊直撲波斯軍的中央主力部隊，大流士三世眼見戰局不利、刀輪戰車失效、敵軍直攻而來，再度掉轉馬頭，率親信逃亡。波斯軍潰敗，希臘—馬其頓聯軍趁勢猛攻，此役，大流士僅率少數隨從逃走。

亞歷山大率軍沿美索不達米亞（Mesopotamia）平原的商道南下，在俄庇斯（Opis）附近渡過底格里斯河。巴比倫城（Babylon）不戰而降，波斯顯貴與宗教人士紛紛獻出要塞與財寶，迎接亞歷山大入城。亞歷山大留下一部分守軍，並任命總督和稅收官，接著率軍攻打蘇薩（Susa）。亞歷山大的一路遠征如同秋風掃落葉，在波斯境內不斷攻城掠地，而波斯各地守軍大多不願意抵抗，聞風而降。

西元前三三一年初冬，亞歷山大自蘇薩率軍翻越札格羅斯山（Zagros Mountains），於嚴寒大雪中通過山區，趕赴波斯山口（Persian Gates）。波斯軍於山口築牆抵禦，亞歷山大趁夜從兩側包抄，一舉突破防線，占領法斯（Fars）平原上的波斯波利斯（Persepolis）與帕薩爾加德（Pasargadae）。

西元前三三〇年春，亞歷山大北上進攻埃克巴坦那（Ecbatana），他們從伊朗高原西南方，直奔伊朗高原西北方，來到高寒地區。大流士三世則逃往裏海（Caspian Sea）南岸的馬贊達蘭（Mazandaran）。不久亞歷山大得知，大流士三世遭巴克特里亞（Bactria）總督貝蘇斯（Bessus）等人劫持、囚在篷車中，並遭其篡位。亞歷山大遂以「討伐叛逆」與「為大流士三世報仇」為名，率軍持續追擊。

經過十一天的強行軍，希臘—馬其頓聯軍來到拉格斯（Rhagae），然後向東南走了一天，通過裏海山口（Caspian Gates）後，進入伊朗高原東北的帕提亞（Parthia），發動攻擊。他們一路追到達姆甘（Damghan）附近，發現大流士三世的遺體，亞歷山大命人將其運往帕薩爾加德安葬，並繼續東征。軍隊於希爾卡尼亞（Hyrcania）[7]短暫休整後，穿越帕提亞北部，繼續東進，途中經過數個地點，最終抵達穆爾加布河（Murghab River）。

在進軍途中，亞歷山大收到阿里亞（Aria）總督叛變的消息，決定放棄原先進軍巴克特里亞的計畫，揮師南下，先去鎮壓阿里亞叛軍；平息叛亂之後，他率軍繼續南下，進入德蘭吉亞那（Drangiana），占領普洛夫達西亞（Prophthasia）。

西元前三三〇至西元前三二九年冬，在錫斯坦（Sistan）短暫整軍休息後，亞歷山大沿著赫爾曼德河谷（Helmand River Valley），向東北方向進軍，進入阿拉霍西亞（Arachosia），接著轉而北上直趨喀布爾（Kabul）。

此時，在巴克特里亞自立為波斯國王的貝蘇斯，企圖征服所有東伊朗人，建立新波斯。

西元前三二九年春，亞歷山大北上翻越興都庫什山（Hindu Kush），攻下帕魯帕米蘇斯（Paropamisus）與阿姆河（Amu Darya）以南的巴克特里亞等城鎮。貝蘇斯眼見抵擋不住，率軍

7 編注：位在裏海東南部的位置，約爲今日的伊朗。

渡河焚船，逃往索格底亞那（Sogdiana）。阿姆河以南地區相繼歸順。希臘—馬其頓聯軍也渡過阿姆河，後來，河中地區（Transoxiana）[8]的索格底亞那人捆綁貝蘇斯，獻給亞歷山大。

亞歷山大率軍沿澤拉夫尚河谷（Zarafshon Valley）[9]，逆流而上，進軍索格底亞那。希臘—馬其頓聯軍占領馬拉坎達（Maracanda）[10]，以及河谷中若干富庶的城鎮，進一步征服整個河中地區。隨後，亞歷山大橫渡錫爾河（Syr Darya），直達塔什干一帶（Tashkent），推進其對中亞地區的掌控。

西元前三二九至西元前三二八年冬，亞歷山大在巴克特里亞接見斯基泰使者和柯拉尼西亞國王。柯拉尼西亞國王建議亞歷山大北上征服黑海草原地區，並願意為其做嚮導和籌辦軍餉，但遭到亞歷山大的拒絕，因為他正在考慮攻打印度。

西元前三二七年春末，亞歷山大親自率軍進攻印度，他先翻越興都庫什山，再至高加索的亞歷山卓城（Alexandria in the Caucasus），經喀布爾河（Kabul River）東進，穿越開伯爾山口（Khyber Pass）進入印度河流域。

印度各地小邦林立，彼此為敵，亞歷山大率軍一路勢如破竹，逐一擊破。印度西北商業和文化中心及婆羅門教聖地塔克西拉城（Taxila）城，也望風而降。亞歷山大率軍接著自塔克西拉南下，征服整個旁遮普（Punjab），先後渡過印度河五支流中的四條，分別是：希達斯庇斯河（Hydaspes，今傑赫勒姆河〔Jhelum〕）、阿塞西尼斯河（Acesines，今奇納布河〔Chenab〕）、希德拉歐泰斯河（Hydraotes，今拉維河〔Ravi〕）、希發西斯河（Hyphasis，今比亞斯河〔Beas〕）。亞歷山大本想率軍渡過最後一條河，進入恆河流域，但是軍隊精疲力竭，拒絕再東進，於是，亞歷山大回師到希達斯庇斯河，然後沿河而下，直到大海。

一段時間後，亞歷山大率領船隊順印度河而下，直到三角洲頂端的帕塔拉城（Patala）。在考察印度河入海口一帶後，亞歷山大派海軍將領尼阿卡斯（Nearchus）率船隊，沿著莫克蘭海岸（Makran Coast）西航，前往考察阿曼海（Sea of Oman）和波斯灣（Persian Gulf），並將陸軍分為兩路。他本人率領主力軍沿莫克蘭海岸穿行格德羅西亞（Gedrosia）；另一路則北上阿拉霍西亞，通過波倫山口（Bolān Pass）進入伊朗高原，沿著伊朗南道直赴波斯波利斯。

經歷兩個月艱苦行軍，亞歷山大率軍到荷姆茲海峽（Strait of Hormuz）以北的卡爾曼尼亞（Carmania），與尼阿卡斯在阿納米斯海口（Anamis River）會師。休整一段時間後，亞歷山大命令海軍進入波斯灣，繼續北上入卡倫河（Karun River），陸軍則進攻蘇西安那（Susiana）。

西元前三二四年初，三軍於蘇薩會師，遠征結束。亞歷山大移師到巴比倫，並定都於此，長

8 編注：所謂的河中，是指中亞錫爾河、阿姆河流域和澤拉夫尚河流域，即今烏茲別克全境和哈薩克西南部。
9 編注：位在今日塔吉克和烏茲別克境內。
10 編注：即爲今日烏茲別克境內的撒馬爾罕（Samarkand）。

住下來。西元前三二三年，亞歷山大病逝，年僅三十二歲。其後各地將領擁兵割據，歷經兩世紀爭戰，最終形成三大希臘化王國，分別是：位在巴爾幹半島的馬其頓王國、位在埃及的托勒密王國（Ptolemaic Empire），以及位在亞洲的塞琉古王國。三個國家之間始終不和，相互爭奪誰是「正統」。

塞琉古王國與托勒密王國實力相當，長期對戰；馬其頓王國則全力征服其他不服的同盟者，整合力量，準備復興。在此期間，西邊亞平寧半島上的羅馬崛起了。

馬其頓王國到了腓力五世時，為保住希臘人在東地中海的霸權、強化對希臘諸邦的統治，以及為先前敗給羅馬人的希臘城邦雪恥，決定趁羅馬與迦太基交戰的不利之際，向羅馬宣戰。

羅馬雖內外交迫，但他們沒有任何選擇，唯有反擊，於是立刻派艦隊防守亞得里亞海。當時，馬其頓擁有強大陸軍，但海軍力量不足，缺少船隻，無法渡海將陸軍送上岸作戰。雙方交戰數年未分勝負，一直隔海對峙。

於是，羅馬藉由希臘城邦的內部矛盾，拉攏盟友，在馬其頓周圍組成「反腓力五世」的勢力。西元前二一二年與埃托利亞同盟（Aetolian League）結盟，聯手牽制馬其頓。由於反馬其頓聲勢浩大，腓力五世不敢貿然率軍進攻亞平寧半島，不得不全力化解他與其他希臘城邦之間的矛盾。直到西元前二〇六年，馬其頓才和埃托利亞同盟和解，也才有足夠精力來對付羅馬。

此時，羅馬正準備遠征非洲迦太基本土，無意也無法兩線作戰，於是在西元前二〇五年，與馬其頓締結停戰協議，暫時罷兵。

腓力五世眾叛親離

腓力五世既難以應付，又不講信義。即便羅馬人同意締結和約，腓力五世也深知其戰略意圖，因此並沒有打算遵守條約。西元前二〇四年，羅馬軍隊遠征非洲迦太基本土。翌年，腓力五世就派遣艦隊於愛琴海發動攻勢，趁機襲擊羅馬人後方。

此時，羅馬面臨兩難選擇——是從非洲戰場撤軍，回防本土迎戰馬其頓？還是繼續冒險進攻迦太基？若同時兩線作戰，勢必兵力分散，無法應對，最壞結果將是喪失領土，甚至亡國。然而，命運之神偏向羅馬。馬其頓國王腓力五世與塞琉古國王安條克三世（Antiochus III）發生衝突，雙方爆發戰爭。同時，愛琴海沿岸諸多希臘城邦也聯合起來反對腓力五世。腓力五世不得不全力應對國內外的反對勢力，力圖維持馬其頓在希臘城邦的領導地位。

腓力五世不得人心，運氣也非常不好。西元前二〇一年，馬其頓艦隊被羅德島（Rhodes）和帕加馬（Pergamon）[11]聯合艦隊打敗。羅馬戰勝迦太基之後，隨即東進擴張，以「保衛希臘」為

11 帕加馬是位於安納托力亞（Anatolia）西北部的希臘殖民城邦。亞歷山大東征後，地中海地區進入希臘化時代，而帕加馬則逐漸發展成由獨立王公統治的王國。在眾多希臘化國家中，帕加馬王國成爲羅馬最主要的盟友。在第一次馬其頓戰爭（First Macedonian War）和第二次馬其頓戰爭（Second Macedonian War）中，帕加馬與羅馬結盟，共同對抗馬其頓國王腓力五世；在第三次馬其頓戰爭（Third Macedonian War）中，帕加馬再次支持羅馬，反對馬其頓國王珀爾修斯（Perseus）。

名對馬其頓宣戰。長期不滿馬其頓霸權的希臘城邦群起響應，使馬其頓四面楚歌。

馬其頓一方面渴望恢復亞歷山大大帝時期的輝煌，另一方面卻缺乏足夠威望領導希臘諸邦，反而長期與鄰國為敵，意圖吞併各城邦，進而引起普遍的反感。許多希臘人對馬其頓的憎惡，遠甚於對羅馬的態度。

儘管馬其頓仍為希臘城邦中最強大的，卻陷於孤立，幾乎遭到四周鄰邦的聯合圍攻。對羅馬而言，若要征服整個希臘、擴張領土，先擊敗馬其頓是關鍵。

西元前二〇〇年，羅馬執政官提圖斯・昆克修斯・弗拉米尼努斯（T. Quinctius Flamininus）率兩個羅馬軍團橫渡亞得里亞海，抵達希臘西部。

與此同時，羅馬積極展開外交，爭取埃托利亞同盟[12]與亞該亞同盟[13]的支持，並設法確保塞琉古王國保持中立。由於塞琉古與馬其頓隔海相望，關係一直很緊張，羅馬擔心若其加入對馬其頓的戰爭，會對羅馬構成威脅，甚至挑戰羅馬在希臘的領導地位，因此提前與塞琉古王國協商，以防變局。

腓力五世自信馬其頓的軍事實力雄厚，對塞琉古的中立與希臘城邦聯軍的實力不以為意。西元前一九七年，他親自率軍迎戰羅馬以及眾希臘城邦聯軍，雙方於庫諾斯克法萊（Cynoscephalae）[14]交戰。馬其頓軍約兩萬五千萬人，羅馬與盟軍約兩萬人，前者兵力上略占優勢。不過，戰事爆發當日，幸運之神幫了羅馬一把。天空突然起了大霧，導致馬其頓所仰賴的方陣戰術（Phalanx）無法發揮。羅馬與盟軍乘勢發起猛攻，最終馬其頓潰敗。

戰爭結束後，羅馬與馬其頓締結和約。馬其頓軍需撤離希臘北部，並賠償鉅款。條約限制馬其頓僅可保有五千兵力與五艘戰船，且未經羅馬許可不得對鄰邦發動戰爭。此約實則將馬其頓淪為羅馬的保護國。戰後，羅馬自詡為希臘城邦的解放者，自居為保護者。然而，多數希臘人未料羅馬會藉此控制希臘城邦，更沒想到「反馬其頓」竟然會引狼入室。部分希臘城邦對羅馬的強勢作為感到相當不滿。

羅馬與馬其頓締結和約的初衷，是希望藉此促使希臘持久分裂，使各城邦之間維持平衡。然而，和約簽訂不久便出現裂痕。帕加馬的阿塔羅斯王歐邁尼斯二世（Eumenes II of Pergamon, King Attalus dynasty）先是與比提尼亞王普魯西阿斯一世（Prusias I of Bithynia）交惡，後來，又與馬其頓王腓力五世爆發衝突，戰爭一觸即發。羅馬認為歐邁尼斯二世野心勃勃，遂轉而支持普魯西阿斯一世以牽制他。

---

12 埃托利亞同盟是古希臘諸城邦的聯盟之一，其核心成員爲希臘中西部的埃托利亞（Aetolia）。自西元前四世紀後期起，該同盟就積極抗衡馬其頓勢力，並在持續的反馬其頓對抗中逐漸壯大。至西元前三世紀，其勢力達到顛峰，範圍涵蓋希臘中部多個城邦，還包括色薩利（Thessaly）與伯羅奔尼撒半島（Peloponnese）的部分地區。西元前二三九年至西元前二二九年間，埃托利亞同盟曾與亞該亞同盟（Achaean League）聯手對抗馬其頓王國。

13 亞該亞同盟亦爲希臘城邦聯盟之一，由伯羅奔尼撒半島北部的亞該亞人（Achaeans）所建立。西元前四世紀時曾爲馬其頓所征服，至西元前二八〇年在希臘重建，科林斯、阿爾戈斯、西錫安（Sicyon）、邁加洛波利斯（Megalopolis）等城邦陸續加入。至西元前三世紀下半葉，亞該亞同盟已涵蓋伯羅奔尼撒半島及希臘中部多數城邦。

14 編注：位在今日希臘半島中部的一座古城。

馬其頓戰敗後，埃托利亞同盟內部各城邦不斷爭執，亞該亞同盟亦屢起內鬨。各城邦頻繁派使者前往羅馬，請求仲裁。希臘城邦之間的利益糾葛已延續數百年，彼此衝突不斷。曾主導希臘數世紀的馬其頓尚無法解決，剛取得主導地位的羅馬也無能為力。羅馬雖屢次派遣使節與代表團前往希臘調查並試圖調解，卻少有結果。

見羅馬在希臘難以施展權威，馬其頓王腓力五世判斷羅馬在希臘城邦中失去威信，影響力減弱，認為馬其頓東山再起的時機已到。西元前一八七年，腓力五世派兵占領色雷斯（Thrace）海岸的艾諾斯（Aenus）與馬羅尼亞（Maroneia），試圖切斷羅馬通往亞洲的戰略通道赫勒斯滂海峽。對此，歐邁尼斯二世大感不安，遂派使者前往羅馬元老院請求仲裁。西元前一八五年，羅馬派遣代表團前往調查並撰寫報告，最終裁決要求腓力五世撤軍。腓力五世大為震怒，無奈尚未準備開戰，只得強忍怒火撤兵，並派遣王子德米特里（Demetrius）赴羅馬訴苦，控訴歐邁尼斯二世的侵略行為。

羅馬並不希望希臘城邦間爆發兼併戰爭，而是更樂於擔任仲裁者。雖然刻意打壓馬其頓，但也不希望與馬其頓結仇，也不希望其他希臘城邦，例如，帕加馬的歐邁尼斯二世之流坐大。

為了分化馬其頓王室並拉攏親羅馬勢力，當德米特里抵達羅馬時，受到元老院的熱烈歡迎。執政官弗拉米尼努斯更親自設宴款待，甚至阿諛奉承，屢次暗示羅馬將支持他繼承馬其頓王位。德米特里向元老院陳情時，羅馬元老們紛紛表示同情，承諾將充分顧及馬其頓的利益。

德米特里返回馬其頓後，受到國人熱烈擁戴。馬其頓民眾比較德米特里與腓力五世後，普遍認為腓力五世昏庸且易受讒言誤導，致使馬其頓陷入戰爭，反觀德米特里足智多謀、力求和平，讓國家重獲安寧。一時之間，德米特里成為軍民心中的英雄、馬其頓未來的希望。

腓力五世之子珀爾修斯因忌妒弟弟德米特里，偽造羅馬執政官弗拉米尼努斯的來信，誣陷德米特里圖謀與羅馬勾結篡位，暗中下令逮捕德米特里，並將他毒死。不久，腓力五世識破了這個陰謀，但已無力回天，朝政早被珀爾修斯掌控了。

西元前一七九年，腓力五世突然去世，珀爾修斯繼承王位。他延續對羅馬的敵對政策，表面上卻主張與羅馬續訂同盟條約，羅馬亦予同意。**珀爾修斯便在尊羅馬爲盟主的幌子下，暗中積極從事反羅馬的活動。**

珀爾修斯強化對色雷斯的控制，積極吸收一切反羅馬勢力。他招攬因政治或債務等原因流亡海外的希臘人，允諾恢復其地位與財產。無論敵友，只要反羅馬，皆予以庇護。於是，馬其頓成為希臘反羅馬人士的避風港。

在希臘設行省

西元前一七二年，阿塔羅斯王歐邁尼斯二世來到羅馬，於元老院中陳述馬其頓王珀爾修斯的侵略企圖，請求羅馬出兵懲治珀爾修斯。最終元老院決議，出兵應對。

羅馬司法官西西里烏斯（Gnaeus Sicinius）前往伊利里亞，並在阿波羅尼亞（Apollonia）[15]建立基地，作為羅馬軍進攻馬其頓前的戰略據點。然而，局勢對羅馬而言並不樂觀。珀爾修斯擁有約三萬九千名步兵與四千名騎兵，且馬其頓的國庫儲備充足，可支撐現有軍隊及額外增募一萬名傭兵持續作戰長達十年；儲糧也足以供應十年之需，兵器裝備的儲備，甚至足以供三倍於現有兵力之使用。

倘若羅馬發動攻勢，珀爾修斯只要採取持久戰策略，堅守不戰、截斷羅馬輜重補給線，以及分化並收買羅馬盟友，羅馬便有潰敗之虞。然而，珀爾修斯未能正確瞭解局勢，也缺乏主動出擊的膽識。他倚賴充足的糧秣供應，僅採取消極防禦的策略，使馬其頓未能充分發揮自身優勢。

西元前一七一年仲夏，羅馬執政官普布利烏斯・李錫尼・克拉蘇（Publius Licinius Crassus）[16]率領羅馬軍自布倫迪西姆橫渡亞得里亞海，登陸阿波羅尼亞。這支羅馬遠征軍總人數不足三萬，包括兩個軍團及羅馬盟邦所派遣的聯軍。每一個羅馬軍團的編制為六千名步兵與三百名騎兵；盟軍則提供了一萬六千名步兵與六百名騎兵。為了配合羅馬軍行動，阿塔羅斯王歐邁尼斯二世也動員步兵及艦隊，整軍備戰。

克拉蘇留下部分羅馬軍隊駐守伊利里亞，以防馬其頓軍由西面發起攻勢，並率主力部隊翻越山脈，自阿波羅尼亞進入色薩利，抵達拉里薩（Larissa）。在卡利基努斯丘陵（Mount Callicinus）附近，羅馬聯軍與馬其頓軍交鋒。馬其頓軍在此次交戰中發揮出強大戰力，羅馬聯軍不敵，損失慘重，步兵陣亡兩千人，騎兵兩百人被殺，另有兩百人被俘。

克拉蘇急忙收攏敗兵，撤退至皮尼奧斯河（Peneus River）對岸，以回避馬其頓軍的兵鋒。珀爾修斯仍墨守其防禦戰略，並未率軍追擊擴大勝果，反而派遣使者前往羅馬商議和平條件。他雖已戰勝羅馬聯軍、有條件再戰，卻主動求和。羅馬方面察覺珀爾修斯外強中乾，甚至不如其亡父腓力五世。因此，儘管戰敗，羅馬並未因此罷兵。他們給出的回應是：唯一可以考慮的條件，是馬其頓無條件投降。

羅馬之所以態度強硬，並非羅馬軍戰力卓絕，而是因為馬其頓國王的態度軟弱。當時羅馬軍紀律渙散、士氣低落，甚至虐待盟友，將同盟軍視為被征服的敵人。羅馬方面察覺自身問題，於是拒絕和談後，更換指揮官、重整軍紀，以提升羅馬軍的戰鬥力。

西元前一七〇年，曼西努斯（Aulus Hostilius Mancinus）接替克拉蘇指揮軍務，但他亦平庸無能，率軍對馬其頓發動攻勢時遭遇慘敗，於是，羅馬再度更換指揮官。西元前一六九年，由菲利普斯（Quintus Marcius Philippus）接任，他雖然雄心勃勃，但實力仍與前任相去不遠。菲利普斯率軍自拉帕索斯隘口（Pass of Lapathus）翻越奧林匹斯山（Mount Olympus），抵達赫拉克勒烏姆（Heracleum）時，才驚覺軍中補給嚴重不足。

珀爾修斯膽怯無能，得知羅馬軍進入馬其頓的領地後，以為大勢已去，沒有做任何抵抗便率

15 編注：爲馬其頓其靠地中海的一座城市。

16 編注：古羅馬經常有同名同姓者，而這位恰好與前三頭同盟克拉蘇的兒子同名，特此說明。

軍撤退至彼得那（Pydna），下令焚毀戰船，將財物沉入水中。羅馬聯軍續行四天，但實在是無法解決補給困難的問題，於是菲利普斯下令撤退。

珀爾修斯得知羅馬軍撤退後，才逐漸冷靜下來，率軍由彼得那南下，在迪烏姆（Dium）以南、伊爾皮烏斯河（Elpeus River）畔設防，防禦羅馬軍再度進攻。菲利普斯得知後，竟也下令停止攻擊馬其頓軍。珀爾修斯同樣未趁機追擊，白白錯失徹底打擊羅馬聲威、爭取擺脫壓迫的良機。就這樣，這場戰事以戲劇性的方式無疾而終。

事後，珀爾修斯未曾反省，羅馬方面則進行深刻檢討。元老院將菲利普斯免職，改選保盧斯（Lucius Aemilius Paullus）為執政官，並於西元前一六八年將對戰馬其頓的軍事指揮權，完全交予他。

保盧斯的父親曾擔任羅馬的執政官，並於坎尼戰役中率軍陣亡。保盧斯能拒絕金錢誘惑，作戰對他而言，並非為了牟利，因此從不縱容部下掠奪。他對戰爭的態度極為審慎，要求元老院派遣使節團前往當地調查希臘局勢，並堅持由他親自挑選使節成員。元老院同意他的請求，因此，保盧斯派遣格奈烏斯・奧克塔維烏斯（Gnaeus Octavius）等三人前往希臘，並依據他事先擬定的問題執行社會調查。

奧克塔維烏斯等三人返回羅馬後，向元老院如實回報希臘當地情況。元老院聽取報告後，對保盧斯刮目相看，並授權他親自挑選所轄兩個軍團的護民官，讓他統率由羅馬公民與拉丁同盟所組成的步兵一萬四千人與騎兵一千兩百人。

此外，元老院還另派兩個軍團，每軍團包含五千名步兵與兩百名騎兵，交由司法官加盧斯（Lucius Anicius Gallus）指揮，前往支援駐守伊利里亞的羅馬軍隊。

西元前一六八年初春，保盧斯啟程前往希臘前線。他日夜兼程，自布倫迪西姆出發五天後抵達德爾斐（Delphi）；在當地祭神後，再用五天的時間，行軍至伊爾皮烏斯河畔的羅馬軍營。與此同時，加盧斯也率領兩個軍團出發，前往伊利里亞提供支援。

保盧斯抵達軍營後，立即整肅軍紀，召集軍官開會，要求他們提出各自的作戰意見。他聽取報告後未下任何結論，宣布散會，並私下擬定作戰計畫。他確定羅馬聯軍的下一步戰略為：陸軍正面牽制馬其頓軍，同時派遣羅馬艦隊威脅其北方交通線，以分散珀爾修斯的注意力；再另遣一支精銳部隊，向西越過奧林匹斯山的南坡，經佩修姆（Pythium）與佩特拉（Petra），突襲迪烏姆，直達馬其頓軍營的後方。

保盧斯邀請兩名希臘商人擔任嚮導，並命司法官屋大維努斯（Lucius Octavius）將羅馬艦隊集中於赫拉克利翁，預備十日糧草供一千人使用。隨後，他指派納西卡（Scipio Nasica）率領一支精兵，包含八千名步兵與兩百名騎兵，同赴赫拉克利翁。此舉目的，是在誘使珀爾修斯誤判羅馬軍將於該地登船，企圖從海上繞過馬其頓陣地。保盧斯僅將實際戰略意圖告知納西卡，其他將士皆不知行軍目的。為了轉移敵軍的注意力，使納西卡部隊的行動不致暴露，保盧斯告訴納西卡，他本人將率軍正面攻擊馬其頓前哨陣地，以作掩護。

納西卡出發後的第二日清晨，保盧斯命令羅馬軍向設於伊爾皮烏斯河中央的敵軍前哨發起攻擊。交戰期間，珀爾修斯與保盧斯分別於兩側督戰，激勵部隊士氣。

遠距離交火對馬其頓軍較為有利，因為他們可以投擲石塊；但一旦進入近戰，則羅馬軍占據優勢，因為每位士兵均配備盾牌，防禦周全。差不多到中午時分，保盧斯發出收兵信號，羅馬軍迅速撤退。珀爾修斯依然未派軍追擊。這一天的戰事至此結束。

次日，戰事如前重演。至第三日，保盧斯不再發動攻擊，改派一支部隊沿著河岸向下游走，佯作欲渡河之態，進一步吸引馬其頓軍注意，為納西卡部隊迂迴作戰製造機會。當晚，納西卡利用黑夜掩護，率軍自赫拉克利翁向西進軍。途中，一名克里特（Crete）籍士兵逃脫，前往馬其頓軍營，將羅馬軍迂迴行動的機密告知珀爾修斯。珀爾修斯驚慌失措，派遣部下率一萬名傭兵與兩千名馬其頓士兵前往截擊納西卡的部隊。

保盧斯察覺馬其頓軍的部分調動後，立刻判斷可能發生變故，隨即親率部隊前往接應納西卡。兩軍於迪烏姆北方會合。納西卡擔心珀爾修斯趁夜再度撤退，主張即刻發動攻擊。保盧斯更有作戰經驗，並未採納他的建議，而是命令部隊築營就地防守。

在修築營地時，保盧斯向士兵們宣布：「明天夜間將發生月食，時間約在第二時[17]至第四時之間。」為了消除士兵心中的恐懼，保盧斯說明這只是單純的自然現象，並進行相關解釋。當預告的時段到來，月食果然發生。羅馬士兵因而深信保盧斯具有通曉天象的智慧，對戰勝馬其頓軍充滿了信心。

月食出現時，馬其頓軍隊的士兵也目睹了這一現象，他們因此陷入極大的心理恐慌，認為月食是王國滅亡、民族毀滅的預兆。整個馬其頓軍營陷入一片騷動，直到月亮恢復原貌，喧鬧才逐漸平息。

月食出現的那天下午，羅馬軍中有一匹馬脫韁衝向對岸馬其頓的軍營。有三個羅馬士兵緊追其後，涉水過河。馬其頓軍營也看到這一幕，有兩個色雷斯籍士兵試圖去搶奪那匹馬，結果其中一人被三名羅馬士兵擊斃。結果，在馬其頓軍中約八百名的色雷斯籍士兵被激怒，全數出營，要為死去的同伴報仇。羅馬軍不甘示弱，也出動一支部隊應對，眼看雙方衝突一觸爆發。

喧鬧聲驚動了保盧斯。他走出帳篷，認為若爆發戰鬥，事後要收兵既困難又危險，倒不如趁士兵士氣旺盛之際，將偶發事件轉化為勝機。他並未責怪擅自出戰的羅馬軍官，反而立即下令全

17 古羅馬人採用十二小時計時法，也就是把一天二十四小時分爲中午和下午兩個時段，而每個時段再分別用數字十二、一、二、三、四、五、六、七、八、九、十、十一表示。上午時段由午夜到中午，下午時段由中午到午夜。

軍出營，準備向馬其頓軍發起攻擊。此時，剛參與小規模衝突的納西卡返回，向保盧斯報告，馬其頓王珀爾修斯已率軍出營，正在布陣，準備決戰。一次偶然事件遂演變為雙方大規模決戰。保盧斯只得下令各部將領，即刻應戰。

決戰爆發後，馬其頓軍出其不意地迅速發動攻勢，迅速渡過勞卡斯河，向丘陵地帶前進。馬其頓軍陣前密集伸出的長矛宛如刺蝟一般，讓保盧斯驚訝不已，但他很快就鎮定下來，甚至未戴頭盔、未穿鎧甲，就登上高臺，指揮羅馬軍迎戰。

首先發動反擊的，是駐於羅馬軍右翼的皮里格尼亞人（Pelgnians）軍團，他們無法突破馬其頓方陣的長矛牆。危急之際，羅馬軍官薩維努斯（Savinus）奮力將一面軍旗擲入敵陣，皮里格尼亞士兵遂向旗幟方向衝鋒，陷入激戰。

馬其頓軍迅速重組方陣，反擊皮里格尼亞人，並將其擊潰。皮里格尼亞軍團潰退，混亂中逃向山麓地帶。見此情景，羅馬全軍士氣動搖，有意退回山坡，以致軍陣出現巨大缺口。此時，珀爾修斯的低劣軍事素質再次顯現——他僅命令方陣緩慢向山坡推進，並未乘勝追擊已經動搖的敵軍。保盧斯大為驚訝，但仍迅速應對，下令軍隊分散、突入馬其頓軍陣中的一切縫隙與破口，展開近身戰。軍令由軍官層層傳達至士兵。羅馬軍成功衝入敵陣，從側翼及後方發起攻擊，使馬其頓軍的盾陣無法發揮效用。馬其頓軍陣的力量和優勢完全喪失，終被擊潰。

眼見敗局已定，珀爾修斯率領幾乎毫無損失的騎兵逃回培拉（Pella），再退至安菲波利斯（Amphipolis）。羅馬軍乘勝追擊，斬殺馬其頓士兵兩萬人，俘虜六千人，追擊中再擄獲五千人。與此相對，羅馬軍僅損失約一百人，多為皮里格尼亞人，且多為輕傷。

珀爾修斯逃至安菲波利斯後，失去與羅馬繼續作戰的勇氣，於是主動投降。**羅馬元老院藉馬其頓投降之機，決心把希臘所有城邦，無論敵友，都一勞永逸地解決掉，使他們永遠喪失叛變能力。**他們宣布廢除馬其頓王國的國號，再將其原有領土重組為四個共和式聯邦，並禁止聯邦間通婚及在國外置產。所有希臘城邦都被解除武裝，一切小康以上階級者，包括全體官吏，均被押送至亞平寧半島當俘虜。

羅馬人全面清算「叛逆者」，不僅馬其頓人，凡曾在馬其頓軍中服役的各城邦人士也不例外。伊庇魯斯諸城邦因為是馬其頓的附庸，遭受最為慘重的懲罰。羅馬執政官下令洗劫伊庇魯斯共七十座城鎮，摧毀其所有政權，並將十五萬名伊庇魯斯人俘虜為奴。在肅清敵對勢力後，羅馬轉而併吞原本的同盟國。亞該亞同盟諸城邦共一萬名菁英被送至亞平寧半島，未經審訊便被囚禁長達十七年；歐邁尼斯二世被迫交出全部領土；羅德島人也遭同樣對待，被迫割讓所有領地；其他同盟城邦即使對羅馬有功，也必須將所有領土交由羅馬支配。

透過這一連串調整，羅馬徹底摧毀希臘原有的政治體制，強化了對希臘的控制。西元前一五二年，覬覦馬其頓王位的安德里斯庫斯（Andriscus）企圖復辟馬其頓王國，不過最終被羅馬軍強力鎮壓。不久，又有兩人假冒珀爾修斯之子，先後發動反抗羅馬的行動，但均被鎮壓。最終，羅馬徹底廢除四個共和邦，在原馬其頓地區設立馬其頓行省（Province of Macedonia），正式建立直接統治。經過長期征服後，羅馬人終於統治了希臘，他們的自信達到前所未有的高點——整個地中海都是羅馬的勢力範圍，不容許任何其他國家存在，無論是希臘城邦，還是迦太基，皆無例外。

摧毀迦太基城

羅馬人徹底征服希臘，成為東地中海的霸主。整個東地中海地區，不論曾是敵人還是盟友，最終皆淪為羅馬的臣屬。羅馬躍升為地中海無可匹敵的軍事強權，各地城邦若不是直接受其統治，便是臣服聽命，或者成為名義上的同盟者。

然而，羅馬人尚未來得及慶祝勝利，就發現西地中海的迦太基人已悄然復甦。趁羅馬遠征希臘之際，迦太基雖失去所有海外殖民地，卻致力發展本土農業，憑藉內部的土地資源，成功從戰敗的創傷中恢復過來。迦太基城再次成為一座繁榮的都市，商業活動日益興盛。他們不僅與周邊部落頻繁往來，也重新建立起與埃及、本都（Pontus）等國的廣泛貿易聯繫。

羅馬利用東地中海各希臘城邦之間的矛盾，展開東方擴張之路。羅馬軍先後征服馬其頓、希臘諸城邦與敘利亞[18]等地，將東地中海沿岸納入版圖，確立對整個地中海區域的主導權。然而，就在東方強權被一一擊潰之際，西地中海的舊敵卻重新崛起——東地中海的巨人雖已傾倒，西地中海卻又有一頭巨人重新站起。對羅馬而言，這是絕不可容忍的威脅。

迦太基的復甦，使得羅馬人心中充滿了忌恨與不安。與對外貿易密切相關的騎士階級及某些新興貴族，絕不允許迦太基人妨礙他們在海外的利益，也不允許迦太基人成為貿易競爭對手。

西元前一五三年，老加圖（Cato the Elder）[19]率使團前往非洲，負責調解迦太基人與東努米底亞人之間的糾紛，並調查迦太基的社會經濟情況。老加圖目睹迦太基的繁榮景象，回到羅馬後，每次在元老院發表演說時，總會加上一句：「我認為，迦太基必須摧毀！」他認為，迦太基的經濟繁榮是羅馬稱霸地中海的潛在威脅。

老加圖等人經常在元老院煽風點火，主戰派的聲音占了上風。在羅馬人的挑撥下，野心勃勃的東努米底亞首領瑪西尼薩企圖吞併迦太基領土，並經常與迦太基人發生糾紛。如果迦太基人請求羅馬調解，羅馬人便偏向東努米底亞；若迦太基人與東努米底亞開戰，羅馬則趁機介入，派兵支持東努米底亞。

西元前一五〇年，瑪西尼薩再次下令東努米底亞軍對迦太基人發起挑釁。迦太基人忍無可忍，被迫進行抵抗，並成功擊敗東努米底亞軍。羅馬遂找到了挑起戰爭的藉口，宣稱迦太基違反了西元前二〇一年簽訂的和約，並於西元前一四九年向迦太基宣戰。

羅馬派出八萬步兵、四千名騎兵及由六百艘艦船所組成的艦隊，在兩位執政官的率領下，浩

18 西元前一九二至西元前一八八年，羅馬軍和塞琉古王國在希臘、愛琴海和小亞細亞間發生軍事衝突，並贏得戰爭。塞琉古王國被迫簽下《阿帕米亞和約》（Treaty of Apamea），割讓小亞細亞給羅馬，承認羅馬在敘利亞的特權，以及羅馬在希臘的霸權，使羅馬成爲地中海唯一的頭號強國。

19 編注：西元前一九五年羅馬共和時期的執政官，全名爲馬爾庫斯・波爾基烏斯・加圖（Marcus Porcius Cato）。

浩蕩蕩地跨越西地中海，攻打迦太基城。迦太基人見到如此強大的羅馬軍隊，深感恐懼，在尚未開戰前就向羅馬求和。羅馬元老院接受了迦太基的求和請求，要求迦太基交出三百名人質，並遵從羅馬執政官發出的所有命令。

羅馬執政官要求迦太基交出所有武器與軍事裝備，而迦太基人毫不猶豫地照辦了。這讓羅馬執政官感到有些驚訝，因為他們原本認為這是極其苛刻的要求。羅馬人的目的不僅僅是征服迦太基，而是要徹底摧毀這個國家。如果迦太基人答應這些條件並交出武器，然後羅馬軍撤退，這樣的戰略目標就無法達成。因此，羅馬執政官提出了更加苛刻的要求——命令迦太基自毀迦太基城，在距海不少於十五公里的內地，另建立新的聚居地。

要求一個國家親手摧毀自己的首都，並放棄作為海洋民族的身分，改成為陸地民族，這無疑是將迦太基人逼入絕境。迦太基人被激怒之下，處決了主張向羅馬投降的元老，決定以武裝保衛迦太基城，反正羅馬人不讓他們安生，他們寧願拼死一搏，或許還能有一線生機。

迦太基城的居民日夜趕工製造武器、修築防禦工事、儲存糧食，婦女甚至剪下頭髮做成繩索，以供防禦羅馬軍使用。當羅馬軍隊抵達迦太基城下時，城牆已經設防完備。

原本已向羅馬投降並交出所有武器的迦太基人，轉眼間變成誓死抵抗羅馬的軍隊。羅馬軍隊包圍了迦太基城，但城內有充足的糧食儲備，城外有部分野戰軍仍可支援，海岸線也沒完全被封鎖住，這使得迦太基人有足夠的條件進行持久戰。迦太基人誓死捍衛首都，羅馬軍隊連續圍攻了兩年，卻始終未能攻下迦太基城。

儘管羅馬軍的規模前所未有，但為何花了兩年時間，依然無法攻陷迦太基城呢？羅馬人進行深入反思，決心徹底攻克迦太基城。首先，他們切斷迦太基與外界的所有聯繫，然後將迦太基人拖入缺乏糧草的困境，最後發動全面強攻。

西元前一四七年，西庇阿・埃米利安努斯（Scipio Aemilianus）當選為羅馬執政官，被羅馬人稱為「小西庇阿」[20]。

小西庇阿親自率領援軍來到非洲，統一指揮攻打迦太基城的羅馬軍隊。他整頓軍紀，下令對迦太基城實行嚴密的海陸封鎖，切斷迦太基與外界的所有聯繫。不久後，迦太基城內爆發了饑荒與瘟疫，嚴重摧毀其抵抗力量。西元前一四六年春，羅馬軍隊發起了對迦太基城的最後攻擊。歷經長期圍困、彈盡糧絕的迦太基人進行殊死抵抗，雙方的巷戰持續了六天六夜。迦太基王最終帶領軍隊退守衛城[21]，並放火焚燒衛城內的神廟，決心與羅馬同歸於盡。

西地中海的強國迦太基，在迦太基王自焚後滅亡了。接著，羅馬軍隊對迦太基採取了毀滅性

20 編注：他的父親是在馬其頓戰爭中擊敗馬其頓國王珀爾修斯的羅馬執政官保盧斯，母親則是大西庇阿的女兒。後來他過繼給大西庇阿之子，因此被稱爲小西庇阿。

21 編注：希臘文的衛城（akros polis）直譯爲「最高的城」，因此這裡指的衛城是迦太基城中的高地畢爾莎（Byrsa）。

的措施。根據元老院命令，五萬名被俘的迦太基人被賣為奴隸。迦太基城被徹底摧毀，火焰燃燒了整整十五天。隨後，羅馬人將火燒後的迦太基城夷為平地，並用犁耕出溝來，禁止任何人在該地居住。迦太基的遺跡也被完全摧毀，迦太基文明就此消失。

殘存的迦太基人永遠失去了復國的希望。那些在戰爭中支持迦太基的其他非洲城邦，也遭遇相同的命運——人口被賣為奴隸，城市被徹底摧毀。

羅馬元老院隨後下令設立「阿非利加行省」（Africa Province），將迦太基故土納入其中，並由羅馬直接統治。羅馬最終實現了稱霸地中海的願望，將整個地中海變成羅馬的「內海」。

Chapter IV

爭奪小亞細亞

羅馬成為地中海霸主後，將目標瞄準小亞細亞；
與此同時，本都國也將勢力範圍伸向小亞細亞。
本都王主動向羅馬發起挑戰，
最終，羅馬克服重重危機，成功降服本都。

天上掉下來的帕加馬

羅馬成為地中海霸主之後，將目標瞄準東方，進軍亞洲。要實現這一目標，羅馬必須先占領帕加馬。在某種意義上，羅馬吞併帕加馬並不算是一場戰爭，而是一場以非和平手段、失敗的「遺產接收」。帕加馬勢力小，當時的統治者仰慕羅馬，曾堅定支持羅馬對希臘—馬其頓的戰爭。

帕加馬位於小亞細亞西北部，最初是亞歷山大的部將利西馬科斯（Lysimachus）領地的一部分，後來成為塞琉古王國的一部分。到了西元前三世紀，帕加馬脫離塞琉古王國，成為獨立的王國。帕加馬極盛時的領土，北至赫勒斯滂海和普羅龐提斯海（Propontis）[1]，南至地中海，東鄰比提尼亞（Bithynia）、加拉太（Galatia）等地。儘管帕加馬國小，卻非常富庶，擁有豐富的資源、肥沃的土地和良好的牧場。帕加馬城是希臘化時期商業、手工業和文化中心，城內擁有寬闊的街道、富麗堂皇的大理石宮殿和神廟。

帕加馬的鄰國有比提尼亞、加拉太、卡帕多奇亞和本都等小國，也有塞琉古、托勒密、馬其頓和羅馬等大國。帕加馬在這些強國之間靈活地進行外交政策，以尋求生存和發展。

羅馬是帕加馬的重要盟友。雖然帕加馬是希臘城邦，但在羅馬進攻馬其頓時，帕加馬並未支持希臘城邦盟主馬其頓，反而毫不猶豫地支持羅馬。同樣地，當羅馬對塞琉古王國發動戰爭時，帕加馬也全力支持羅馬，對此，羅馬甚至將一部分塞琉古王國的領土賜給帕加馬。

然而，當帕加馬與比提尼亞和色雷斯作戰時，羅馬卻並未提供支援。儘管帕加馬最終戰勝了比提尼亞人和色雷斯人，卻損失大量實力，無力再對抗羅馬軍隊，最終逐漸成為羅馬的附庸國，無論是內政或外交都受到羅馬的全面干涉。

在阿塔羅斯三世（Attalus III）[2]的統治下，帕加馬的統治階級與羅馬關係密切。這段時期，帕加馬內部的奴隸以及貧民，對統治階級的壓迫和剝削感到不滿。羅馬西西里奴隸大起義的波及，使帕加馬的下層人民也開始醞釀起義。

阿塔羅斯三世面對國內外的壓力無力應對，爲了保住貴族階級的利益，他最終選擇將帕加馬的領土交給羅馬。西元前一三三年，阿塔羅斯三世死於中暑，並在遺囑中將帕加馬贈送給羅馬，而這正好迎合了羅馬貴族的利益。西元前一三二年，羅馬元老院派遣使團前往帕加馬接收「遺產」。然而，對於這塊「天上掉下來的領土」，羅馬並未選擇和平接收，而是以繼承遺產為名，吞併了帕加馬。對此，阿里斯東尼克（Aristonicus）——阿塔羅斯三世同父異母的弟弟，發動了起義。

阿里斯東尼克的母親是以弗所（Ephesus）的女奴。阿塔羅斯三世在位時，對阿里斯東尼克百般冷落，甚至欺凌他。阿里斯東尼克遠離王宮，與貧民和奴隸生活在一起，在帕加馬的中下層人民之間結下了良好的關係。

---

1 編注：馬爾馬拉海（Sea of Marmara）其古希羅時期的舊名，是亞洲小亞細亞半島和歐洲巴爾幹半島之間的內海。

2 編注：帕加馬王國的最後一個國王（西元前一三八年至西元前一三三年在位），他是帕加馬國王歐邁尼斯二世之子，在他的叔叔阿塔羅斯二世（Attalus II Philadelphus）去世後繼承王位。

帕加馬被贈送給羅馬後，這雖然符合帕加馬統治階級的利益，卻傷害了廣大中下層人民的利益，也使阿里斯東尼克的王位繼承權遭到剝奪。許多奴隸、農民和手工業者紛紛投向阿里斯東尼克，同時，也有部分帕加馬軍隊和艦隊轉而支持他。阿里斯東尼克宣布自己為帕加馬國王，並率軍占領了距帕加馬城約八十公里的沿海城市萊卡（Leucae）。

為了吸引更多帕加馬人參與起義，阿里斯東尼克提出了一套社會改革主張，構想建立一個名為「太陽城」（Heliopolis）的新社會。他描繪出一個沒有私有財產、沒有暴力、沒有剝削和奴役的社會，人們在太陽神的恩澤下共同勞動，並均分勞動成果，過著自由、平等、快樂的生活。

阿里斯東尼克的主張是一種理想化的烏托邦，是針對當時的階級壓迫和羅馬統治所提出的，代表了奴隸和貧民的共同理想。帕加馬及小亞細亞其他地區的奴隸和貧民大眾深受其吸引，紛紛加入起義軍。隨著支持者的增多，起義軍的力量也迅速壯大。

小亞細亞各國的統治階級對此感到極度震驚，認為帕加馬起義軍對他們的財產與地位造成嚴重威脅。位於小亞細亞西岸的希臘城邦以弗所率先作出回應，他們派遣強大的商船隊與艦隊自海上進攻帕加馬起義軍。由於缺乏相關經驗，帕加馬起義軍在與以弗所人交戰時，於海戰中失利。

為求生存，起義軍轉向帕加馬內陸地區發展。小亞細亞各地的奴隸突破重重封鎖，前往加入帕加馬起義軍，許多農民、工匠與城市貧民也紛紛投入起義行列。這場起義行動迅速席捲帕加馬，並蔓延至其他希臘城邦，例如：推雅推喇（Thyateira）與阿波羅尼斯（Apollonis）都被起義軍占領。

小亞細亞南部的城邦，例如：卡里亞（Caria）與哈利卡那索斯（Halicarnassus）的奴隸，也開始密謀起事，呼應帕加馬的行動；勒比都（Lebedos）、科洛封（Colophon）等沿海城邦的奴隸與貧民，在殺害原有的奴隸主後，也加入帕加馬起義軍；赫勒斯滂對岸的色雷斯也表達對帕加馬起義的支持。這些奴隸雖來自不同城邦，但多為同族人，處境相似，因此彼此呼應。短時間內，帕加馬起義已波及小亞細亞多個地區。

為撲滅這場奴隸起義的烈火，帕加馬上層階級與羅馬及其鄰近國家的統治者勾結，共同出兵鎮壓。比提尼亞、卡帕多奇亞、帕夫拉戈尼亞（Paphlagonia）與本都等國，紛紛派兵進攻帕加馬。他們此舉不僅是為了消除對自身的潛在威脅、援助帕加馬統治階級，也意在討好羅馬。本都國王米特里達梯五世（Mithridates V）表現得最為積極，親自率軍直攻帕加馬城，歷經激戰攻破城池，屠殺起義軍成員。

當時羅馬正因西西里爆發奴隸起義而焦頭爛額，暫時無力顧及帕加馬的戰局。然而，隨著帕加馬起義軍的聲勢日益壯大，當地統治階級束手無策，羅馬終於決定出兵。西元前一三一年，羅馬執政官克拉蘇斯・狄維斯・穆齊阿努斯（Publius Licinius Crassus Dives Mucianus，後簡稱克拉蘇斯）率領一支訓練精良、裝備充足的軍隊前往小亞細亞鎮壓起義軍。

克拉蘇斯率軍登陸小亞細亞後，隨即包圍起義軍據守的萊卡城。然而，他的軍事才能有限，圍城長達半年未能攻克。最終，他下令撤軍，卻遭起義軍趁機反擊，全軍覆滅，克拉蘇斯本人也被俘並遭到處決。

羅馬原以爲帕加馬起義只是地方不滿的情緒反應，一旦羅馬軍到來，起義軍很快就會被鎮壓——羅馬方面誤判了起義軍的戰力。元老院對克拉蘇斯的慘敗深感震驚，決定加強懲戒行動。西元前一三〇年，執政官馬庫斯．佩爾佩爾納（Marcus Perperna）再度率軍東征。他們認定既然無法和平接收帕加馬這份「遺產」，便要以武力征服。羅馬已決意將帕加馬納入統治範圍。

羅馬軍再次登陸帕加馬，比提尼亞與卡帕多奇亞也出兵配合。羅馬聯軍無論在人數或裝備上均占優勢，因此，即便帕加馬起義軍奮力抵抗，最終仍遭到擊敗。起義軍領袖阿里斯東尼克命令部隊南撤至斯特拉多尼克（Stratonikeia）。佩爾佩爾納隨即率軍追擊，圍困斯特拉多尼克，切斷城中一切的對外聯繫。

不久後，斯特拉多尼克城內彈盡糧絕，儘管如此，起義軍仍在阿里斯東尼克的指揮下堅持抵抗。羅馬軍輪番攻城，最終攻破城池。大部分的起義軍戰死沙場，阿里斯東尼克則遭到俘虜，後來被押解至羅馬，在獄中被絞殺。

儘管主力遭殲滅，帕加馬起義軍殘部仍持續戰鬥，然而，佩爾佩爾納未能完成鎮壓任務，便突然去世。西元前一二九年，執政官馬尼烏斯．阿基利烏斯（Manius Aquillius）接續率軍征戰帕加馬。他為求得勝利不擇手段，擔心軍事行動無法奏效，竟在泉水與井水中投毒，企圖斷絕「太陽城」居民的水源，導致大批起義軍中毒身亡。最終，羅馬取得全面勝利，帕加馬起義徹底被鎮壓消滅。

羅馬成功兼併帕加馬，並於其境內設置「亞細亞行省」（Provincia Asia），此地遂成為羅馬奴隸主、放高利貸者與包稅商攫取利益的重鎮，也是羅馬向東方擴張的重要據點。憑藉這個亞洲基地，羅馬對亞洲的干預與侵略行動變得更加便利。

本都王國虎口奪食

併吞帕加馬之後，羅馬在小亞細亞的霸權無人能敵。然而，羅馬此時也陷入內部權力與利益分配的政爭中，因此對外擴張的步伐暫時中止。

就在羅馬對外行動停滯之際，一個國家主動向其發起挑戰，企圖奪取小亞細亞的主導權。這位主動挑戰羅馬的統治者，是黑海南岸的本都國王米特里達梯六世（Mithridates VI）。

本都國是黑海南岸新興的希臘化王國。米特里達梯六世天資聰穎、思維敏捷，自幼接受良好教育，熱愛希臘文化與藝術，通曉二十二種語言。他在十一歲時即位為本都國王，但因年幼，由其母后攝政。為了逃避母后的迫害，他出走宮廷，在山林中度過七年的隱居生活。在這段動盪與危機交織的時期，他鍛鍊出強健的體魄，性格也變得多疑狡猾、殘酷果決且堅韌不拔。

西元前一一五年，年僅十八歲的米特里達梯六世突然返回宮廷，發動政變，囚禁母后，誅殺親兄弟，獨攬大權。他掌握政權後，立即培植親信、擴充軍隊，積極展開對外擴張，企圖建立一個橫跨黑海沿岸與小亞細亞的大帝國。然而，小亞細亞此時早已成為羅馬的行省。若要實現他的宏大構想，米特里達梯六世就必須從羅馬手中奪取這片關鍵地區，而這可說是與虎爭食。

本都曾是羅馬的盟友，在鎮壓帕加馬反對羅馬併吞的起義中表現積極，因而受到羅馬的肯定，未遭到進一步併吞。為了實現建立大帝國的夢想，本都國王米特里達梯六世決定放手一搏。他先後併吞小亞美尼亞（Lesser Armenia）和科爾喀斯（Colchis），又以協助當地人驅逐斯基泰人為名，迫使黑海北岸的希臘城邦以及博斯普魯斯王國（Bosporan Kingdom）歸附於本都。同時，他也積極向黑海西北岸地區擴展勢力。

隨著國力日益增強，米特里達梯六世開始試圖清除羅馬在小亞細亞的影響，將羅馬勢力驅逐出這一地區。原本已幾乎停止對外擴張的羅馬，與這位積極擴張的後起之秀本都爆發衝突——兩者皆靠擴張壯大，且都企圖獨霸小亞細亞。

西元前一〇六年，米特里達梯六世與比提尼亞國王尼科美德二世（Nicomedes II of Bithynia）聯手，瓜分帕夫拉戈尼亞與加拉太。然而，事後兩人在卡帕多奇亞王位繼承問題上發生矛盾，互相爭奪主導權，暗中較勁，誰也不肯讓步。爭執無法化解，於是兩人向羅馬元老院請求仲裁。

事實上，羅馬人早已對米特里達梯六世心存疑慮。米特里達梯六世與尼科美德二世希望羅馬主持公道，但羅馬元老院對「公道」並不感興趣，而是對卡帕多奇亞王位感興趣。最終，元老院既不支持米特里達梯六世，也不支持尼科美德二世，而是扶植了親羅馬的阿里阿拉特九世（Ariarathes IX）擔任卡帕多奇亞的國王。

這一決定讓志在必得的米特里達梯六世大為震怒。他發誓要以武力教訓羅馬，並扶植自己的代理人登上卡帕多奇亞王位。為了對抗羅馬、爭奪卡帕多奇亞，他與亞美尼亞（Armenia）國王提格蘭二世（Tigranes II）結成聯姻同盟。

西元前九三年，提格蘭二世率軍攻入卡帕多奇亞，將羅馬所支持的阿里阿拉特九世驅逐出境，而此舉等同於向羅馬宣戰。羅馬旋即派兵討伐亞美尼亞。亞美尼亞軍在羅馬軍面前不堪一擊，迅速潰敗。羅馬軍遂乘勢進攻幼發拉底河流域，進一步擴展其在亞洲的勢力範圍。

羅馬軍進攻亞美尼亞時，米特里達梯六世按兵不動，待羅馬軍恢復阿里阿拉特九世的王位並撤軍後，米特里達梯六世立刻出兵將其驅逐，進一步干預卡帕多奇亞的王位繼承問題[3]，趕走比提尼亞國王尼科美德三世（Nicomedes III of Bithynia），改立自己扶持的傀儡為王。

羅馬元老院派遣馬尼烏斯·阿基利烏斯前去協助亞細亞行省總督魯基烏斯處理局勢。魯基烏斯與馬尼烏斯·阿基利烏斯首先恢復了阿里阿拉特九世與尼科美德三世的王位，隨後促使他們出兵攻打本都，以報復米特里達梯六世。阿里阿拉特九世與尼科美德三世本就對米特里達梯六世懷有怨恨，因此獲得羅馬的支持後，立即出兵進攻本都。

3 此時尼科美德二世已經去世。

米特里達梯六世早已意識到，若要實現建立龐大帝國的目標，終將與羅馬一戰。對此，他對羅馬採取表面順從，實則備戰的策略，暗中與斯基泰人、色雷斯人、薩馬提亞人（Sarmatians）等部族結盟。米特里達梯六世得知羅馬內部矛盾重重，且小亞細亞居民對羅馬暴政極為不滿，尤其是同盟者戰爭尚未平息，他認為時機已成熟，便向羅馬宣戰。

由於長期備戰，本都軍在戰爭初期占絕對優勢，其陸軍擁有二十五萬步兵、四萬騎兵、一百三十輛戰車；海軍則有三百艘裝甲艦船與一百艘雙列槳船。至於羅馬，在小亞細亞的駐軍包括十二萬步兵、一千兩百萬騎兵，另有一支駐守在黑海出海口的小型艦隊。此外，羅馬盟友尼科美德三世的軍隊有五萬步兵與六千騎兵。

雙方在阿姆尼亞斯河畔的平原，展開大規模決戰，史稱阿姆尼亞斯河戰役（Battle of the River Ammias）。開戰初期，本都軍在爭奪一座小山的混戰中失利，本都將領阿基勞斯（Archelaus）率軍撤退至平原，誘敵深入，以發揮戰車優勢。尼科美德三世誤判形勢，認為有機可乘，率軍追擊。當他的軍隊進入平原後，本都軍發動反攻，使用裝有鐮刀的戰車衝擊敵軍，造成重大傷亡。在本都軍的圍攻下，尼科美德三世的軍隊大敗而逃。

本都軍士氣高昂，米特里達梯六世乘勝向羅馬軍發動進攻。儘管羅馬將領魯基烏斯與阿基利烏斯奮力抵抗，終因兵力不足而潰敗。本都軍勢如破竹，占領比提尼亞，並於西元前八八年攻入羅馬的亞細亞行省。在本都軍進攻期間，對羅馬統治感到不滿的亞細亞行省居民趁機起義。許多城市將米特里達梯六世視為解放者，在以弗所甚至舉行盛大慶典，歡迎本都軍。羅馬軍節節敗退，除了西南一隅外，小亞細亞幾乎全境落入米特里達梯六世的控制之下。

為削弱羅馬的影響力並爭取民心，米特里達梯六世宣布小亞細亞的希臘化城市獨立、釋放奴隸，並在五年內免除一切賦稅；同時，他下令屠殺各城市的羅馬與義大利居民。據記載，死亡人數超過八萬人，其中以婦女與兒童居多。隨後，米特里達梯六世將卡帕多奇亞、佛里幾亞（Phrygia）與比提尼亞併入本都國，並將首都由錫諾普（Sinop）遷至帕加馬，同時命令軍隊進軍歐洲，占領馬其頓，控制愛琴海上的大多數島嶼。在這種情勢下，雅典也發生反羅馬起義，宣布脫離羅馬，接著，希臘諸城紛紛響應。西元前八七年，羅馬在東方的屬地幾乎全部喪失，面臨了被趕回亞平寧半島的危機。這情形彷彿當年羅馬征服馬其頓的重演，只是這次潰敗的是羅馬，而乘勝前進的是本都。面對如此危局，羅馬能否扭轉乾坤？

蘇拉征服本都

羅馬軍在東方戰線迅速潰敗，使元老院驚慌失措。經過長時間的爭論後，最終決定派遣路西烏斯・科爾涅利烏斯・蘇拉（Lucius Cornelius Sulla）[4]擔任統帥，率軍前往小亞細亞對抗本都軍。西元前八七年，蘇拉率領羅馬軍在希臘伊庇魯斯登陸，全力維護羅馬在東方的統治地位。

蘇拉是當時羅馬政壇的新貴。西元前一三八年，蘇拉出身於一個衰敗的貴族家庭，自幼家道中落，生活貧困，無以為生。他曾靠演戲與擔任滑稽角色維生，並因此小有名氣。成名之後，他首先娶了富家女子尼科玻里斯（Nicopolis），得以晉身富裕階級；之後又再婚，迎娶了羅馬大祭司之女麥特拉（Metella），藉此重返貴族行列。

西元前一一一年，羅馬屬國努米底亞爆發朱古達戰爭（Jugurthine War）。蘇拉隨蓋烏斯・馬略（Gaius Marius）出征，並憑藉著機智成功策反努米底亞國王博庫斯一世（Bocchus I），最終俘獲叛亂首領朱古達（Jugurtha），因而聲名大噪，成為羅馬人心目中的英雄。

當本都國王米特里達梯六世幾乎控制了小亞細亞、希臘、馬其頓及愛琴海後，羅馬便將重任交付蘇拉，命其率軍東征。當時，蘇拉麾下僅有三萬名步騎兵，既無海軍，也缺乏糧餉。他分析局勢後認為，羅馬軍難以與本都軍長期對峙，唯有速戰速決，消滅本都軍主力才能取勝。

為挽回頹勢，蘇拉精心策劃一場決戰，期望以勝利提振羅馬軍民士氣，並震懾那些搖擺不定的希臘城邦。

蘇拉率軍登陸後不久，就在維歐提亞地區（Boeotia）與本都—雅典聯軍交戰。米特里達梯六世一路連勝，不將年輕的蘇拉放在眼裡。然而，歷史再次給予蘇拉證明自己軍事才能的機會。在他的指揮下，羅馬軍一掃頹勢，戰力大增，出其不意地擊潰聯軍。

隨後，蘇拉率軍乘勝進攻希臘諸城邦，在羅馬軍強大的攻勢下，除了雅典外，希臘諸城邦皆投降羅馬。羅馬軍威震東方，於是，蘇拉又趁機率軍圍攻雅典。然而，羅馬軍多次進攻，都被雅典軍擊退。因久攻不下，蘇拉下令將雅典城緊緊包圍，嚴密封鎖，切斷其對外的一切聯繫，待城內儲糧耗盡，再尋找機會發起攻擊。西元前八六年三月一日，蘇拉下令總攻，成功攻入彈盡糧絕的雅典城。城內遭到羅馬軍大肆屠殺與掠奪，雅典蒙受空前浩劫。

攻下雅典後，蘇拉率領四萬羅馬軍向北推進，在喀羅尼亞（Chaeronea）遭遇本都統帥阿基勞斯（Archelaus）所率領的十二萬援軍。羅馬軍在數量上處於劣勢，而本都軍則仗著人數優勢，多次向羅馬軍挑戰。蘇拉見地形不利、兵力懸殊，就下令高掛免戰牌，避免與本都軍交鋒，以靜制動，尋找最佳時機反攻。

阿基勞斯性格怯懦，見求戰無果後決定撤軍。蘇拉率軍祕密跟蹤，伺機反擊。沒多久，阿基勞斯的無能為蘇拉創造了一個絕佳機會——一個以少勝多、一舉消滅十二萬本都軍的機會。

本都軍在一處多岩地形紮營，此地不利於集結部隊與撤退，形同自陷死地。因此，蘇拉果斷命令部隊占領鄰近平原，排兵布陣，向本都軍發起突襲。阿基勞斯見狀匆促應戰，但受到地形限制，無法有效部署軍隊。雖然以騎兵與戰車輪番進攻，卻屢遭擊退。蘇拉趁敵軍立足未穩，全軍

4 蘇拉（西元前一三八至西元前七八年），古羅馬著名統帥，第一位終身獨裁官。他開創軍事獨裁先河，是羅馬共和末期極具影響力的政治家與軍事將領，爲保守的元老派代表人物之一，後來更首度以獨裁官的身分掌握國家權力，爲羅馬帝國的建立奠定基礎。

出擊，親率前鋒猛攻兩翼，迅速扭轉戰局。見戰場形勢不利，兵力三倍於羅馬軍的阿基勞斯竟然沒意識到只剩下一條路，就是置之死地而後生，利用本都軍的人數優勢與羅馬軍拼命，尚有慘勝的機會，反之要是撤退，必將全線潰敗。沒想到，他下達了一個讓米特里達梯六世恨不得將他淩遲處死的命令——撤退。

本都軍在接獲撤退命令後，陷入混亂，潰不成軍。蘇拉乘勢追擊，使得擁擠在山谷中的本都軍遭到無情屠殺，只有少數人四散奔逃而去。戰後統計，本都軍十一萬人被屠殺，僅一萬人逃出去，而羅馬軍只損傷十五人。此役使一路戰敗的羅馬軍士氣大振，因此隨後又在奧爾科墨諾斯（Orchomenus）獲勝，迫使本都軍撤出希臘。

蘇拉意氣風發，率羅馬軍三戰三勝，準備進軍小亞細亞。不過此時，羅馬國內的民主派勢力掌權，將蘇拉列為「公敵」，並派遣弗拉庫斯（Lucius Valerius Flaccus）前往接替其職。弗拉庫斯率兩個軍團在希臘登陸，但不久後就因內訌身亡。後來，改由費姆布里亞（Gaius Flavius Fimbria）接任，率軍進入小亞細亞，占領帕加馬。

小亞細亞人民無法忍受戰爭的重擔，反感情緒日漸高漲。在親羅馬貴族的煽動下，西元前八六年，以弗所爆發反本都起義。他們發現，原來羅馬人的殘酷與本都人的壓迫，同樣令人難以承受。

米特里達梯六世認為戰爭形勢正逐漸朝對羅馬有利的方向發展。為了保全自身地位與實力，他主動向擊敗本都軍的蘇拉求和[5]。由於無力徹底消滅本都，且急於率軍返國爭奪政權，於是蘇拉同意與本都國議和。

西元前八四年，蘇拉與米特里達梯六世會晤，締結和約。條約規定，雙方停戰，維持和平；米特里達梯六世放棄戰爭期間所占領的所有領土、交出艦隊，並支付三千他連得的戰爭賠款。和約簽訂後，米特里達梯六世未依約將整個卡帕多奇亞歸還給阿里阿拉特九世。他之所以違約，是因為不久便得知蘇拉已返回羅馬，自忖違約的行為，不致引發蘇拉再度出征。

然而，米特里達梯六世未完全履行和約的行為，給予羅馬內部反對議和者再度開戰的藉口。當時駐守小亞細亞的蘇拉副將穆雷納（Lucius Licinius Murena）原本就不贊同議和，得知米特里達梯六世違約後，立即以此為由發動進攻，率軍攻擊本都。米特里達梯六世不願再戰，遂派使節向羅馬元老院提出抗議，卻未獲回應。迫於無奈，他只得再度出兵應戰。

雙方在哈里斯河展開激戰。出乎意料地，缺乏蘇拉指揮的羅馬軍隊一擊即潰，本都軍全殲敵軍，穆雷納則隻身逃離。此次勝利後，米特里達梯六世認為，先前戰敗並非羅馬軍力突然提升，而是因為其將領阿基勞斯無能。他此次親自指揮，果然扭轉戰局。不過，他無意持續戰事，因為

5 雖然此時蘇拉已遭到撤換，但米特里達梯六世只承認他是羅馬軍主帥，只信服他。

數次慘敗已嚴重損耗本都國力，遂將此役勝利作為談判籌碼，爭取時間以重建實力。

西元前八一年，蘇拉派人調停，促成米特里達梯六世與阿里阿拉特九世的和解。米特里達梯六世不僅給足蘇拉面子，也獲得實質利益——透過與阿里阿拉特王族聯姻，得以保有卡帕多奇亞的部分地區。與此相對，這場戰爭並沒有給羅馬帶來實質利益，反而使米特里達梯六世擴張領土、提升威望，進一步鞏固他在小亞細亞的地位，而這也預示了他將再度挑戰羅馬霸權。

平定國內動亂後，米特里達梯六世積極備戰，大量囤積糧草、招募蠻族兵，並仿效羅馬軍制，組建十四萬名步兵與一萬六千名騎兵的本都軍。同時，他積極展開外交，除了擴展與鄰國的聯盟外，還與西班牙行省總督塞多留（Quintus Sertorius）及奇里乞亞海盜（Cilician pirates）[6]締結同盟，意圖共同對抗羅馬。

西元前七四年，比提尼亞國王尼科美德三世去世，在遺詔中，他將王國遺贈羅馬。米特里達梯六世為阻止羅馬勢力逼近，以「保衛王位」為名進軍比提尼亞，並正式對羅馬宣戰，他也再次親自統軍出征。

本都軍展開海陸聯合進攻，在迦克墩戰役（Battle of Chalcedon）中殲滅三千名羅馬士兵，擊敗駐比提尼亞的羅馬總督科塔（Marcus Aurelius Cotta）。隨後，本都軍進攻羅馬的亞細亞行省，占領赫勒斯滂海沿岸的大片土地。

羅馬方面，派遣盧基烏斯·李錫尼·盧庫魯斯（Lucius Licinius Lucullus）率領三萬名步兵與一千六百名騎兵迎戰，駐紮於基齊庫斯（Cyzicus）。米特里達梯六世乘勝圍攻該城，卻犯下致命錯誤，導致功敗垂成。他輕率地將大營設於地勢封閉、交通不便之處。盧庫魯斯洞悉戰機，派兵切斷敵方的補給線，實施反包圍，並成功擊退多次的突圍攻勢。就這樣，本都軍被羅馬軍團團包圍。不久，寒冬將至，本都軍除了須忍受嚴寒，更因斷糧爆發飢荒。無數士兵活活餓死，活著的人甚至以野草與人肉果腹，導致瘟疫也隨之蔓延。

見大勢已去，西元前七三年，米特里達梯六世棄軍潛逃。羅馬將領盧庫魯斯趁機反攻，本都軍主力潰滅。羅馬軍以少勝多，再度獲勝，隨即收復亞細亞行省與比提尼亞，並攻入本都的國境之內。

米特里達梯六世並未從此次慘敗中汲取教訓，仍未放棄雄圖。西元前七一年春，他重整殘兵，集結四萬名步兵與四千名騎兵，發起反攻，卻再度遭盧庫魯斯擊潰，被迫逃往亞美尼亞。盧庫魯斯率軍窮追不捨。亞美尼亞國王提格蘭二世拒絕交出米特里達梯六世，於是，羅馬軍攻入亞美尼亞，並擊敗亞美尼亞軍。米特里達梯六世與提格蘭二世被迫倉皇逃逸。

然而，長期遠征與嚴厲軍紀，引發羅馬軍隊的不滿，士兵拒絕再戰。為防內亂，盧庫魯斯被迫中止軍事行動。幾乎同時，羅馬的民主派在政局中得勢，於是元老院命令解除盧庫魯斯的職務。米特里達梯六世趁勢反攻，奪回本都，以致羅馬方才占領的亞美尼亞與本都領土，隨即失

6 編注：從西元前二世紀開始，奇里乞亞海盜一直統治著地中海，由於小亞細亞（今土耳其）南部海岸的奇里乞亞是惡名昭彰的海盜據點，因此「奇里乞亞」一詞長期以來被用來泛指地中海地區的海盜。

陷。盧庫魯斯多年征戰所得化為烏有。

西元前六六年，羅馬元老院授權龐培（Gnaeus Pompeius Magnus）[7]統帥十二萬名步兵與四千名騎兵，於剿滅海盜後再進攻本都。龐培率軍進攻本都時，拿出羅馬人最擅長的戰術——斷敵糧道。由於缺乏糧食，米特里達梯六世被迫率本都軍突圍；龐培揮軍追擊，大敗本都軍。

米特里達梯六世再度逃往亞美尼亞，卻遭提格蘭二世拒絕。他只好經科爾喀斯逃往至博斯普魯斯（Bosporus）；在當地，他將主張投降羅馬的兒子馬卡雷斯（Machares）處死。

米特里達梯六世仍企圖聯合蠻族，穿越阿爾卑斯山，進軍義大利，直逼羅馬城。為籌備遠征，他橫徵暴斂，導致各地反抗不斷。西元前六三年，其子法爾納克二世（Pharnaces II of Pontus）發動兵變。六十九歲的米特里達梯六世眾叛親離，為免遭羅馬俘虜，自盡身亡。

法爾納克二世將米特里達梯六世的遺體交予龐培，並向羅馬投降。本都臣服羅馬，成為羅馬的屬國。

7 編注：這位就是前三頭同盟（First Triumvirate）之一的龐培（西元前一〇六年至西元前四八年）。

Chapter V

畜奴的社會問題

羅馬進行侵略與擴張的直接動機是掠奪財富。
將戰俘販賣爲奴，是羅馬人獲取財富的主要手段。
隨著奴隸數量的激增，社會管理的壓力日益加重，
貧富差距持續擴大，階級衝突也愈來愈激烈。

奴隸就是財富

西元前三世紀初，羅馬統一亞平寧半島後，開始走上海外擴張的道路。經歷對迦太基的戰爭與馬其頓戰爭等一連串衝突後，羅馬接連戰勝諸多強敵，確立其在地中海的霸權地位。隨著對外擴張的勝利，羅馬獲得大量財富，侵占大片土地，俘獲眾多奴隸，為經濟發展與繁榮創造了有利條件。

奴隸，是羅馬經濟的基礎，也是對外擴張的直接動力來源。羅馬長期進行對外征戰，戰俘遂成為奴隸的主要來源[1]。每當羅馬獲勝，便將俘虜販賣為奴，以獎勵有戰功者並補充軍費。

由於戰俘被販賣為奴隸，可轉化為財富，因此，對參與軍事行動的羅馬公民而言，對外戰爭不僅是效忠國家的方式，也是致富的機會——只要能在戰爭中活下來並取得勝利，就可按軍功分得戰利品，包括土地與奴隸，藉此獲得相對優渥的生活條件與較高的社會地位。

由於軍隊不便長期看管戰俘，所以戰事結束後，軍方通常會儘快將其出售，因此，戰俘是奴隸的主要來源。隨著羅馬在對外戰爭中屢屢獲勝，奴隸貿易迅速發展和興盛起來。許多城市設有奴隸市場，隨時隨地進行著大宗奴隸交易。位在愛琴海上的提洛島（Delos）成為當時的奴隸貿易中心，在高峰時期，一日成交的奴隸數量可達一萬人之多。

隨著大量奴隸湧入，羅馬社會獲得了充足且廉價的勞動力，奴隸制度下的經濟迅速擴張。奴隸主以極低的成本運用奴隸從事生產活動，藉此累積財富。他們因為擁有大量奴隸，得以從事許多平民難以負擔或無力承擔的經濟活動，使得兩者之間的財富差距日益擴大。至西元前二世紀中期，奴隸勞動在羅馬生產體系中已占據主導地位，奴隸成為主要的生產者，而平民則逐漸被邊緣化，在社會中所能發揮的影響力愈來愈小。

奴隸主成為財富的主要擁有者，奴隸則是財富的主要生產者，在農牧業、採礦業、手工業與服務業[2]等方面都占據絕大多數。奴隸主普遍擁有大量土地，他們利用奴隸在莊園、果園、牧場中進行生產，再將產品銷售給軍隊，以保障其後勤補給，然後，再從軍隊手中購買新的戰俘以補充奴隸來源。

在累積大量財富後，羅馬奴隸主受到希臘與東方文明的影響，迅速形成追求奢侈享樂的風氣。為提升個人生活品味，他們需要眾多奴隸擔任家內僕役，如：門衛、廚師、馬伕、侍從、理髮師，甚至教師、樂師與醫生等。此外，為滿足奢侈生活的需求，奴隸主動用大量奴隸修建豪華住宅、娛樂場所與墓地等，促使大量奴隸從事採礦業與建築業等勞力工作。

奴隸的地位極為低下。在法律上，奴隸被視為主人的財產，而非具有人格的個體。他們被稱為「會說話的工具」，與牲畜和其他財物無異。奴隸主對奴隸擁有絕對的控制權，包括任意鞭打、虐待，甚至生殺之權。奴隸不享有財產權、家庭權與婚姻權；男女奴隸同居所生的子女，亦

---

1 羅馬人的奴隸來源還有：奴隸生育的子女、一些受高利貸重利盤剝淪爲債奴的人，以及在地中海經商時被海盜搶掠押送至奴隸市場兜售的人。

2 此處指的是在奴隸主家中從事僕役。

屬於奴隸主的財產，也歸奴隸主所有。

奴隸遭受殘酷的壓迫與剝削，生活極為悲慘。奴隸主會盡可能增加奴隸的勞動量，將其生活水準壓低至僅能維持生存的程度，以榨取最大的勞動價值。一旦奴隸生病或年老體衰，就可能被販賣或遺棄。另外，奴隸主懲罰奴隸的手段極為殘酷，常用的刑具包括：木棍、鞭子、烙鐵、腳鐐手銬與十字架等。家內奴隸的待遇稍好，但必須絕對服從，否則輕則遭鞭打，重則被處死。

殘酷的奴隸制度給奴隸帶來無盡的苦難，激起他們的反抗。奴隸的反抗形式多樣，包括：破壞工具與牲畜、消極怠工、逃亡、殺害主人，甚至集體起義。自西元前二世紀起，羅馬奴隸暴動與起義事件就已頻繁發生。

除了大量使用廉價奴隸外，奴隸主所擁有的大量土地，也是其財富來源之一。在對外戰爭中，擔任軍官或總督的羅馬貴族經常利用權勢攫取鉅額財富與大片土地。他們侵吞國家公地，並以各種手段霸占鄰近自由農的土地。**大量土地、資金與奴隸勞動力，是羅馬奴隸制大莊園經濟的基礎**。

未親自參與戰爭的富人，也可以透過購買來增加自身的土地擁有量。戰爭結束後，一些無法親自經營的軍人常將分得的土地出售，而富人會趁低價時購買。西元前三世紀，亞平寧半島與西西里島出現大莊園；至西元前二世紀末至西元一世紀，北非、高盧與西班牙等行省也出現大莊園，這些皆為土地買賣發展而來的結果。

羅馬大莊園的規模不一，大者擁有數千尤格土地，小者也有一、兩百尤格；使用奴隸人數則從十餘人至上千人不等。各大莊園的經營重點各異，有的以種植葡萄為主，有的種植蔬菜或橄欖，也有以畜牧業為主。生產穀物的大莊園通常規模較大，多集中於西西里島與北非地區。大莊園所生產的產品，除了供奴隸主自用外，大多作為商品出售，成為羅馬人創造財富的另一途徑。

為了最大限度榨取奴隸的剩餘勞動，貴族奴隸主精心研究莊園的勞動組織與管理方式。一年到頭，奴隸僅在年底與年初享有兩天休假，其餘時間都必須辛勤工作，即使在下雨天或宗教節日也不得閒。這種極度的剩餘價值榨取，使羅馬大莊園主與奴隸主累積了大量財富。

大莊園的生產活動，為羅馬社會提供了大量糧食與其他各式農產品，促進經濟發展。換言之，奴隸流血流汗、辛勤勞動，動推著羅馬物質文明的進步。

然而，大莊園經濟對廣大自由農而言，無疑是一場災難，它的發展是以犧牲自由農的利益為前提。戰亂、沉重賦稅與土地兼併，迫使缺乏競爭力的自由農破產。**由於奴隸市場充斥著源源不絕、價格低廉的勞動力，奴隸的勞動取代了自由農，使後者在破產後難以重新謀生。**除了少數人能以臨時雇工的身分於大莊園中勉強立足，多數破產的農民只能流入城市，淪為無業遊民，依賴國家救濟與富人的施捨維生。這些失去生產能力的無產者長期脫離勞動，只能依附於貴族，擔任門客與政治上的支持者，逐漸形成一個龐大的寄生階層，進一步加劇社會的不安與動盪。

自西元二世紀起，羅馬對外擴張已達極限，掠奪戰爭不像過去那樣頻繁，以致奴隸來源大幅減少，奴隸價格也日益高昂。同時，奴隸的反抗與逃亡事件持續不斷，不僅削弱了勞動生產率，還增加了管理難度，導致勞動力短缺與田地荒蕪。奴隸制大莊園的經營，因此逐漸失去利潤，難以持續，走上衰敗之路。在這種情勢下，一些莊園主與奴隸主開始釋放奴隸，讓他們獲得小塊土地耕種，以換取地租，轉向佃農制的過渡形式。

羅馬奴隸制經濟之所以能走向繁榮，本質上是建立在對外不斷擴張、接連打勝戰的基礎上，其背後依賴的，是穩定且充足的戰俘奴隸來源，而非透過改善生產關係或提升勞動生產力所達成。奴隸是戰爭賜給羅馬人的財富，沒有戰爭，羅馬就無法保持繁榮，各種社會矛盾就會隨之爆發，進而出現許多社會問題。因此，對羅馬而言，唯一能維持現狀的生存之道，就是持續發動對外擴張戰爭並取得勝利。

西西里的奴隸起義

羅馬長期對外發動戰爭並屢次獲勝，確保了廉價奴隸的穩定來源，從而推動大莊園經濟的迅速發展。然而，奴隸制經濟的高速擴張與大規模奴隸的使用，也伴隨著嚴重的社會問題。這些問題長期無法解決，最終導致社會動盪不安。

大莊園經濟的快速發展，是建立在對奴隸極度剝削與壓榨的基礎上。這些奴隸多為戰俘，其中不乏敵軍將領與歷經戰場的老兵，他們都具備相當的組織能力與戰鬥經驗，因此一旦剝削超越其忍耐限度，便有可能發起反抗，甚至組織武裝暴動。

西西里島素有「羅馬穀倉」之稱，為大莊園制度發展最早的地區之一，聚集大量從事農業勞作的奴隸。在某些大莊園中，奴隸數以千計，且多來自同一民族或城邦，擁有共同的語言與情感。有些奴隸出身貴族或軍官，具有豐富的組織經驗與強大的領導能力，這為他們策劃與發動反抗鬥爭提供了天然優勢。

奴隸主對奴隸的壓迫與剝削極為殘酷，往往對奴隸的死活毫不關心，也未曾意識到奴隸反抗可能引發的嚴重後果。

在西西里島的恩納城（Enna）內，有位莊園主名叫德摩菲洛斯（Damophilus），他與其妻加麗達（Megallis）都殘忍無道。他們不僅剝奪奴隸最基本的衣食，還強迫奴隸搶劫過往行人，並要求將所得的一半上繳。他們強逼奴隸淪為盜賊，使得奴隸內心積壓的憤怒不斷升高。

西元前一三七年夏季，德摩菲洛斯再次命奴隸外出搶掠，一部分奴隸卻無所獲。德摩菲洛斯惱羞成怒，命人將這些奴隸的衣服剝光，於烈日下曝曬。奴隸苦苦哀求德摩菲洛斯給他們衣物穿，沒想到，德摩菲洛斯卻更加暴怒，當場點火焚燒他們原來穿的破衣，並將他們綁在柱上施以鞭笞。至此，奴隸們終於無法再忍，決意起義，發誓要殺死奴隸主，拯救同胞。

一名敘利亞籍奴隸攸努斯（Eunus）聯絡二十餘名勇敢機警的奴隸，祕密避開德摩菲洛斯的監視，前往一處牧場聚會，商討起義行動。牧羊奴隸積極響應，不久更爭取到德摩菲洛斯莊園內約四百名奴隸的支持。他們默默組織，莊園主夫婦尚渾然不覺。

夏收之際，奴隸們正忙於田間勞作，攸努斯一聲號令，奴隸們手持鋤頭、鐮刀、斧頭與木棒等農具，即刻武裝起來，襲擊恩納城。在城內奴隸的呼應下，起義軍迅速攻占恩納城，將德摩菲洛斯與其妻抓起來處決。

為了有組織地展開對抗羅馬的戰爭，起義軍入城後在劇場集會，宣布建立新政權，以奴隸的故鄉為名，定國號為「新敘利亞王國」。攸努斯被擁立為國王，取國號為「安條克」（Antiochus），並設立平民會議與公民法庭，由才智過人的奴隸出任官員。三日之內，起義軍便組建出一支六千人的軍隊，由奴隸出任將領。至此，這支由敘利亞奴隸所領導的政權在西西里島宣告誕生，並展開對抗羅馬共和國之路。

西西里島其他地區的奴隸聞訊後，紛紛響應。在西南部的阿格里真托地區，一位橄欖園主的馬伕克里昂（Cleon）因長期不滿主人殘酷壓榨，早已與夥伴密謀起事。當攸努斯發動起義的消息傳來，克里昂率領約五千名奴隸起而響應，並派人與新敘利亞王攸努斯聯絡，表達合併兩支起義軍的意願。

為了共同的目標，克里昂服從於攸努斯的指揮，自願擔任他的助手。隨著各地奴隸陸續響應，西西里島東部與中部的多座城市，包括：墨西拿、陶爾米納（Taormina）、卡塔尼亞（Catania）、倫蒂尼（Lentini）等，皆落入起義軍的掌控之中。起義規模迅速擴大，參與者人數一度高達二十萬人之多。

這場起義的主要對象是大莊園的奴隸主。起義軍所經之地，往往摧毀大型莊園，處決奴隸主，但對小型莊園、小農經濟及手工業者則予以保護。由於這樣的策略，起義軍獲得不少自由農的同情與支持。手工業者，尤其是武器製造者，持續生產以供應起義軍所需。為削弱敵對力量，起義軍也寬容對待那些曾以較為寬厚態度對待奴隸的莊園主，不對其加以殺害或羞辱。

起義爆發後，羅馬當局數度派兵鎮壓，但皆遭到起義軍的擊退。初期，盧基烏斯·許皮西烏斯（Lucius Hypsaeus）率領八千名裝備精良的羅馬軍隊赴西西里島鎮壓，結果慘敗；西元前一三四年，羅馬元老弗爾維烏斯·弗拉庫斯（Fulvius Flaccus）親自領軍鎮壓，也被擊敗；隔年，卡爾普爾尼烏斯·皮索（Gaius Calpurnius Piso）再度出兵，仍無功而返。

羅馬軍接連三次鎮壓失利，讓奴隸主深感震驚與憤怒，施壓元老院，要求動員更強大的兵力平亂。西元前一三二年，普布里烏斯·魯庇里烏斯（Publius Rupilius）率大軍強勢出擊，奪下起義軍的重要據點摩根蒂娜（Morgantina）。接著，魯庇里烏斯收買叛徒，攻陷陶爾米納。一些起義軍被俘後遭羅馬軍嚴刑拷問，最後被推下懸崖，場面極為慘烈。魯庇里烏斯隨後包圍恩納城，試圖截斷補給線，以迫使起義軍投降。

在突圍過程中，羅馬軍趁機發動猛烈攻勢，造成起義軍的重大傷亡。克里昂英勇陣亡，約兩萬名奴隸戰死。另外，約一千名衛隊拼死護衛新敘利亞王攸努斯，但最終仍抵擋不住，攸努斯遭俘。得知其被俘後，一部分起義軍選擇以刀劍自盡；攸努斯則被囚禁，最終死於酷刑折磨。

攻陷恩納城後，魯庇里烏斯下令繼續追擊殘餘的起義軍，對西西里島展開大規模血腥鎮壓。在殘酷清剿下，這場西西里奴隸起義終告失敗，此後，奴隸們的處境反而更加艱難。然而，奴隸的反抗意志並未就此熄滅。三十多年後，西西里島再次爆發大規模奴隸起義，這次起因於西西里總督涅爾瓦（Marcus Cocceius Nerva）中止釋放奴隸的措施。

西元前一一三年，朱古達在王位繼承戰中擊敗對手，成為努米底亞的國王。努米底亞是羅馬的盟邦，換言之，其王位繼承須經羅馬同意。羅馬元老院拒絕承認朱古達的王位，引發長達數年的戰爭。戰爭不久後，辛布里人（Cimbri）與條頓人（Teutones）[3]自北方進攻羅馬。由於羅馬長年對外征戰，急需大量兵源，但許多行省及同盟國的自由民因負債而淪為奴隸，無法提供軍力。內部的社會矛盾，已經惡化到無法再支撐羅馬的對外擴張了。

當羅馬元老院要求各地提供支援時，比提尼亞國王尼科美德回覆表示，為了滿足羅馬包稅商的敲詐勒索，其國內大多數的青壯年男性都已被賣為奴隸；其他同盟國也做出類似的回應。元老院無計可施，只得命令各行省總督調查奴隸身分，凡出身自由民家庭者，一律釋放，好讓他們能加入羅馬的軍隊效力。

這道命令原意為緩和社會矛盾、解決兵源不足，卻意外成為激化矛盾的導火線。西西里行省總督涅爾瓦接獲命令後，最初釋放了八百名奴隸；然而，之後他受奴隸主賄賂，停止進行審查，也不再釋放符合條件的奴隸。渴望自由的奴隸得知此事後憤怒不已，於是揭竿起義。

西元前一〇四年，在西西里島西部赫拉克利亞附近，奴隸首領薩爾維烏斯（Salvius）率領約八十人發動起義。薩爾維烏斯是知名的占卜師，具有強大的號召力。許多奴隸紛紛響應，起義軍迅速擴大。他率軍駐紮於卡普里恩山（Mount Caprianus），修築防禦工事，建立根據地，並成功擊退涅爾瓦派來鎮壓的羅馬軍。

不久，在利利拜姆附近，另一位奴隸領袖雅典尼昂（Athenion）也發動起義，其部隊迅速發展至一萬多人。為了對抗共同敵人，兩支起義軍於特里奧卡拉（Triocala）[4]會師，合併為一支強大軍隊。當時，更有大批農民加入，使起義的力量不斷擴大。起義軍在特里奧卡拉建立政權，共同推舉薩爾維烏斯為王，尊號為「特里豐」（Tryphon），並推舉雅典尼昂為起義軍總司令，設立議會作為集體決策機構。他們還在王宮旁設置廣場作為群眾集會場所，因為重大決策須經公開討

3 辛布里人與條頓人都是北方的日耳曼部族。
4 編注：今西西里島卡爾塔貝洛塔（Caltabellotta）的古名。

論後方能定案。

為了提升戰鬥力，薩爾維烏斯命令從起義軍中挑選強壯者組成部隊，最終建立起兩萬名步兵與兩千名騎兵的軍隊。軍隊分為三支，由三位司令分別領軍於西西里各地作戰，並在指定地點與時間會合，策劃下一步軍事行動。此戰術成效顯著，讓奴隸主惶恐不安。

起義軍深入農村發展勢力，打擊大莊園主，保障農民與手工業者的利益。涅爾瓦無力鎮壓，於是向羅馬元老院求援。西元前一〇三年，儘管日耳曼部族仍對北方造成威脅，元老院仍決定授權執政官李錫尼．盧庫魯斯率領一萬七千名士兵前往西西里，全力鎮壓。然而，盧庫魯斯的部隊在起義軍面前節節敗退，不久即戰敗，他被召回羅馬並送交法庭審判，最終遭到流放。隔年，元老院改派蓋烏斯．塞爾維利烏斯（Gaius Servilius）領軍赴西西里，同樣落得敗績。

起義軍四處出擊，摧毀大莊園，攻擊軍政機構與驛站，切斷西西里各地的交通，導致城市與鄉村的聯繫中斷，使得羅馬軍難以行動。可惜的是，擊敗塞爾維利烏斯不久，起義首領薩爾維烏斯因病去世。同時，起義軍也面臨了日益嚴重的糧食短缺問題。

局勢開始轉向對羅馬有利的一面。羅馬在北方成功擊敗辛布里人與條頓人之後，重新將兵力集中對付西西里奴隸起義。西元前一〇一年，羅馬執政官曼尼烏斯．阿奎利烏斯（Manius Aquilius）率軍再次進攻起義軍。

兩軍在墨西拿附近展開激戰。戰鬥中，雅典尼昂與阿奎利烏斯單挑對決，這場罕見的單人決鬥最終以雅典尼昂陣亡告終，起義軍士氣大受打擊，最終敗北。

殘餘起義軍撤退至特里奧卡拉，羅馬軍乘勝追擊並圍攻該城。不久後，特里奧卡拉陷落，大批奴隸被俘，遭釘死於十字架上。大約只有一千名戰士逃脫，並在沙提魯斯（Sathyrus）的領導下持續抵抗。其後，阿奎利烏斯謊稱將赦免起義軍，誘使其投降，結果這些人被賣至羅馬城成為角鬥士。得知受騙後，這些起義戰士不願自相殘殺以供奴隸主取樂，在上競技場之前相互砍死。西西里島反抗奴隸主的起義，就這樣悲壯地消失在歷史中。

格拉古兄弟的改革

羅馬在對外戰爭中接連獲勝，使得奴隸源源不斷，大莊園經濟迅速發展，奴隸主與大莊園主成為主要受益者，而自由農與普通市民卻從戰爭中獲益甚少，甚至利益大受損害。奴隸主與大莊園主大多不需親自服役，即使參軍，通常也是擔任軍官或高階士兵，風險相對較低；反之，自由農與市民需冒生命危險參與戰爭，卻經常無法自戰事中得到實質回報，甚至不得不借債度日，最終因還不起高利貸，淪落為社會無產遊民或奴隸。

奴隸對奴隸主與莊園主深惡痛絕，自由農與市民也感到強烈不滿。另外，只要羅馬軍事稍有失利，就會面臨招募士兵的困境，而這種困境日益惡化，最終迫使國家不得不進行改革。

格拉古兄弟（Gracchi brothers）的改革，對羅馬歷史發展產生深遠影響。提比略・格拉古

（Tiberius Gracchus）與蓋約・格拉古（Gaius Gracchus）是西班牙行省總督老提比略・格拉古（Tiberius Sempronius Gracchus）的兒子。兄弟倆自幼喪父，由母親科涅莉婭（Cornelia）撫養長大，受到希臘文化與民主思想的薰陶，勤奮研習文學、哲學與雄辯術，具備出色的演說才能。此外，他們家族中亦有多人身居高位要職。

年輕時，提比略・格拉古曾服役於軍隊，參與對迦太基的遠征，並在摧毀該城的最後一戰中立下戰功。西元前一三七年，他獲任命為財務官，率軍轉戰西班牙。征途中，他親眼目睹大批奴隸耕作田地，卻難見自耕農的身影，於是察覺自耕農階級正在快速衰退。

戰爭中羅馬軍團兵源短缺，無法獲得補充。提比略調查後發現，自耕農因失去土地而流離失所，以致自由農數量銳減，土地與財富集中於少數奴隸主手中。他認為，為了羅馬的長遠安定，勢必要推動改革。因此，他由原先的元老派轉而支持改革派，積極籌劃改革。

在改革派的支持與平民的擁戴下，提比略於西元前一三三年當選護民官。就任後，他立即推動由時任執政官（也是他的岳父）阿庇烏斯・克勞狄烏斯・普爾喀（Appius Claudius Pulcher）等人提出的土地改革法案。該法案規定，每戶家長可占有最多五百尤格公地，如有子嗣，則長子與次子各可再得兩百五十尤格，但全戶總額不得超過一千尤格。這些公地可永久保有且免繳租金。對於超出限額的土地，國家可在補償地價後收回，再劃分成每份三十尤格，分配給貧農。所分土地雖需繳納少額租金，卻可世襲持有，但不得轉賣或轉讓。土地分配由每年選舉一次的「三人委員會」負責執行。但是，坎帕尼亞肥沃的土地，則不包含在土地改革的法案範圍內。

提比略未事先徵詢元老院的意見，逕行將法案提交公民大會表決。他在大會上發表慷慨激昂的演說，動之以情，獲得廣大的民意支持，法案因而受到百姓的強烈擁護。

儘管法案內容屬溫和改革，但它觸及奴隸主與大莊園主的既得利益，遭到貴族與元老院保守派的強烈反對。反對派誣稱提比略意圖煽動混亂，並遊說另一位護民官馬庫斯·奧克塔維烏斯（Marcus Octavius）動用否決權，阻止法案通過。

奧克塔維烏斯本人擁有大片公地，既重私利，又禁不起貴族利誘，無視輿情與提比略的多次勸說，堅持動用否決權，迫使公民大會中止審議。

反對派的破壞與群眾的支持，促使提比略·格拉古採取果斷且激烈的手段。他下令奴隸主無償交出違法占有的公有土地，並頒布政令，規定在法案表決前，禁止所有行政官處理政務，並封閉存放國庫的農神廟（Temple of Saturn），以中止國家機構的正常運作。

儘管如此，提比略·格拉古仍對反對派懷有一絲幻想，試圖以補償的方式爭取同僚奧克塔維烏斯的支持，卻以失敗告終。於是，他召集公民大會，提出是否應罷黜違背公民利益的護民官，並交付表決。結果一致通過罷黜奧克塔維烏斯，並正式通過土地改革法案。公民大會同時選出提比略、阿庇烏斯·克勞狄烏斯·普爾喀與蓋約·格拉古組成三人委員會，負責執行分地計畫。

然而，土地改革推行困難重重，因為許多公地情況多年未清查，奴隸主遂將公地化為私產、虛報隱瞞，加上部分農民無力購置農具、種子等生產資源，即使獲得土地也難以耕作。反對派以大祭司納西卡（Publius Cornelius Scipio Nasica）為首，百般阻撓，不但拒絕核准提比略．格拉古執行改革所需的經費，甚至煽動流氓誣控他罷黜奧克塔維烏斯，侵犯護民官神聖不可侵犯的權利。

西元前一三三年夏，帕加馬國王阿塔羅斯三世的臨終遺囑，是將王國遺贈羅馬，而此舉在羅馬引發激烈爭論。爭議並非是否接受遺贈，而是如何瓜分這塊「從天而降的肥肉」。提比略．格拉古作為改革派代表與元老院展開激烈對峙，卻遭受猛烈攻擊。

提比略不甘退讓，決定競選下一任護民官，提出一系列新法案，包括：縮短兵役期限、賦予公民上訴審判權，以及讓騎士階級與元老院成員同等比例擔任法官，藉此削弱元老院的壟斷權力，擴大改革派的基礎。然而，根據西元前一八〇年通過的《維利烏斯法》（Lex Villia Annalis），一人不得連續兩年擔任高級政務官。反對派藉「連任護民官違反常規」之名，大肆鼓吹提比略將實施暴政，並暗中策劃挑起騷亂。

此時，由於提比略擴大改革內容，反而讓城市平民的熱情下降，農民則忙於農收，無暇進城參與投票，局勢逐漸對他不利。選舉當日，反對派混入群眾中製造騷亂，導致投票被迫中止。隔日，公民再次集會，元老們則於忠誠女神廟（Temple of Fides）聚會。大祭司納西卡率眾元老、門客與家僕闖入會場，手持椅凳等器物毆打提比略。

提比略及其三百多名支持者當場被打死。事後，反對派不顧其弟蓋約．格拉古要求領回遺體的請求，就在夜間將提比略與其他死難者遺體棄於台伯河。隨後，在執政官波庇利烏斯（Publius Popillius Laenas）的主持下，改革派遭受嚴重迫害，或被放逐、或遭處死，甚至有人被關入投放毒蛇的籠中處決。

儘管改革派人士英勇犧牲，改革運動卻並未因此止步。西元前一二四年十二月十日，蓋約．格拉古當選護民官。他時常懷悲憤情緒發表演說、回顧兄長的慘死，藉此譴責貴族違背祖法，殘殺護民官，以此鼓舞民心、準備改革。為清算殺害其兄的主謀，他在公民大會上彈劾波庇利烏斯，最終使其遭到放逐。

蓋約．格拉古的改革，是針對三大問題：土地問題、政治民主化，以及給予義大利盟邦居民羅馬公民權。他將三者結合，並於西元前一二三年起，在兩任護民官任期內分階段推動多項法案，包括：土地法、平價糧食法、審判制度改革法、軍事法、修築道路法、限制卸任執政官治理行省法，以及亞細亞行省包稅法等。這些法案一方面改善自由民的權益，一方面限制貴族的特權，他的改革範圍與深度遠超越其兄提比略．格拉古時期。

西元前一二二年，蓋約再度當選護民官，並提出兩項更進一步的法案：殖民法與公民權法。殖民法作為土地改革的延伸，是針對殖民地的設立、土地權屬與利益分配等所作出的明文規範。

公民權法則分為兩部分，分別是：賦予拉丁同盟羅馬公民權，以及賦予義大利同盟拉丁公民權。

這兩項法案順應歷史趨勢，卻遭部分羅馬公民反對，主因是他們既懷念故鄉，又不願放棄自身特權。因此，反對派趁機策動另一護民官馬庫斯・李維・德魯蘇斯（Marcus Livius Drusus），提出表面上更為激進的法案，藉以收買民心、打擊蓋約的聲望。

德魯蘇斯提出在義大利設立十二個殖民地，並在每個殖民地遷入三千名貧民，同時免除分得土地者的租金；但是，義大利早無可供殖民之地。至於公民權問題，他僅提出禁止軍官用棍棒毆打拉丁人，刻意迴避核心議題。然而，部分公民受其迷惑，轉而對蓋約產生疑慮與不滿。

西元前一二二年春，蓋約與另一名護民官弗拉庫斯（Marcus Fulvius Flaccus）被派往迦太基遺址籌建殖民地。他們主張在當地安置六千名公民，且每人至多分得兩百尤格的土地。反對派趁機散播謠言，同時在蓋約外出期間安排執政官人選，密謀終止改革。

蓋約在當地停留七十天，完成規劃，將新殖民地命名為「朱諾尼亞」（Junonia），隨即返回羅馬。返回羅馬後，蓋約・格拉古提出更為激進的公民權法案，主張授予義大利同盟羅馬公民權，從而使得大量義大利人湧入羅馬支持他。這時，元老院授權執政官盧修斯・奧庇米烏斯（Lucius Opimius），派兵將所有非羅馬人驅逐出城，並下令義大利同盟者在會議期間，不得出現在距羅馬城四十斯塔狄昂（stadia）[5]內，更禁止他們進入城內。

蓋約・格拉古無力應對，法案最終遭否決，導致他的聲望大受打擊。加上反對派在選舉中舞弊，他在第三次競選護民官時落選。與此相對，他的政敵盧修斯・奧庇米烏斯於西元前一二一年當選執政官，並著手推翻蓋約先前推行的各項法案。

反對派藉著討論在迦太基設立殖民地一事為契機，製造衝突。一名曾參與殖民計畫的羅馬政治人物庫爾提烏斯．魯福斯（Quintus Curtius Rufus）提出廢除建立殖民地的法案，對此，羅馬在卡庇托林山（Capitoline Hill）召開公民大會。會議期間，反對派中有人辱罵「格拉古派是無賴」，並做出侮辱手勢，意圖激怒改革派。憤怒之下，蓋約的支持者刺殺了該名挑釁者。

元老們隨即借機營造悲情，將屍體陳列於廣場上，並舉行遊行示威。執政官奧庇米烏斯以「拯救羅馬、鎮壓僭主」為名，下令元老、騎士與其門客武裝占領卡庇托林山。隔日清晨，改革派也攻占了阿文提諾山。

蓋約．格拉古仍希冀以和平的方式解決紛爭，拒絕動武，於是他派人前往元老院談判。然而，奧庇米烏斯背棄信義，拘禁使者，並下令軍隊進攻阿文提諾山。改革派無法抵擋有組織的武裝襲擊，迅速潰散。蓋約逃往台伯河對岸，但敵軍緊追不捨。他不願被俘，下令隨從奴隸將自己殺死，而奴隸在殺死他之後也自刎而亡。

格拉古兄弟為了羅馬的社會改革，先後被反對派殺害。然而，歷史的洪流終究難以阻擋。雖然以自由與民主為訴求的改革宣告失敗，但那些權利意識已然覺醒的義大利同盟者，最終將繼續爭取他們的權益。

5 約七公里。

Chapter VI

誰能擁有羅馬公民權？

羅馬的公民權不僅是一種身分認同，
更是一項實質的權力，附帶豐厚的資源與法律保障。
隨著羅馬勢力日益擴張、統治人口急遽增加，
愈來愈多人開始重視獲得羅馬公民權的意義。
無論是貴族、平民、義大利同盟者，甚至奴隸，
皆為爭取自身的權益而展開激烈的抗爭。

爭取羅馬公民權

羅馬擴張的關鍵在於聯盟合作，亦即：每當擊敗敵人後，便迫使對方簽訂條約，成為盟邦或附屬國，這是羅馬屢次戰勝外敵的制勝法寶。至於羅馬用來管理盟邦的手段，則是「分而治之」。

在兩百多年中，透過政治與法律的滲透，以及經濟與文化的交流，亞平寧半島上的各個城邦逐漸走向拉丁化與羅馬化。不過在社會地位上，這些盟邦居民與羅馬公民，仍明顯屬於不同等級。雖然盟邦居民付出性命與鮮血，幫助羅馬對外征戰、開疆拓土，卻無法分得一尤格的公有土地，也無權參與羅馬的政治事務，更無資格競逐任何官職。他們長期受到羅馬人的歧視與壓迫。

盟邦人民普遍認為，導致這些不平等待遇的根本原因，就是他們沒有羅馬公民權。當羅馬仍是一個小城邦時，其他城邦居民對羅馬公民權並不特別熱衷，而羅馬也常以授予公民權為手段，籠絡盟友，以共同對外擴張。但在征服亞平寧半島並稱霸地中海後，盟邦地位轉為從屬，羅馬公民權的價值也水漲船高，羅馬人因而變得極為吝於分享這項權利。

羅馬公民權能帶來可觀的政治與經濟利益。許多同樣在戰爭中出過力的盟邦居民，開始迫切要求獲得這項權利。但羅馬人將公民權視為特權，堅決拒絕與盟邦共享。

於是，許多盟邦居民設法以非法手段獲取公民權，導致所謂「非法移民」的問題日益嚴重。對此，羅馬也採取措施防範。例如，在西元前二八六年，監察官查出約有一萬兩千名非法移民，並將他們全部驅逐出境。此後在西元前一八七年、前一七七年、前一七二年與前一六八年，羅馬都曾頒布限制外來移民的命令。到了西元前一二六年，更實施了《潘努斯法》，明令將所有來自盟邦的移民驅逐出羅馬城。

這類排外政策引起盟邦居民的強烈不滿，促使他們轉而公開要求羅馬公民權。部分有遠見的民主派領袖主張，應向盟邦居民授予公民權，藉以擴大統治基礎，鞏固羅馬的統一與穩定。然而元老派堅決反對。**在民主派與元老派的政治對抗中，是否應擴大公民權給盟邦人民，也逐漸成爲關鍵議題之一。**

西元前一二五年，護民官弗爾維烏斯．弗拉庫斯首次提出授予盟邦公民權的法案。保守派堅決反對，法案最終未獲通過。此消息激起盟邦的強烈憤怒，在弗列吉雷甚至爆發叛變，隨後遭元老院派軍殘酷鎮壓。西元前一二二年，民主派領袖、護民官蓋約．格拉古再度提出類似的法案，使得大批盟邦人民湧入羅馬支持，但遭執政官奧庇米烏斯動用武力驅逐，議案再度被否決。

西元前一〇〇年，護民官薩圖爾尼努斯（Lucius Appuleius Saturninus）與軍事強人蓋烏斯．馬略結盟，強行通過共同起草的土地改革法案。該法案規劃將非洲與納磅高盧（Gallia Narbonensis）[1]等行省的公有地分配給「馬略老兵」[2]，其中也包括來自羅馬盟邦的士兵。這項措施，等於變相將羅馬公民權授予這些同盟者。

1 編注：起初稱爲山北高盧，藉此與義大利北部的山南高盧相應。

2 此處指的是堅決支持馬略的軍人或退伍軍人。

然而，薩圖爾尼努斯的改革最終以失敗告終，同盟者的希望再次破滅。到了西元前九五年，保守派推動通過了嚴苛的《李錫尼—穆西亞法》（Lex Licinia Mucia），專門針對那些「非法」取得公民權的同盟者，不但撤銷其公民資格，還將他們驅逐出羅馬城。

民主派領袖的接連失敗與遇害，使同盟者心灰意冷。儘管如此，他們仍不願放棄希望，寄望於羅馬貴族中出現的同情者——護民官馬庫斯·李維·德魯蘇斯。

西元前九一年，李維·德魯蘇斯提出一系列試圖調和貴族與平民、羅馬公民與盟邦利益的法案，包括：將司法權歸還元老院，並新增三百名騎士階級為元老院議員；提供貧民低價糧食；分配坎帕尼亞與西西里的剩餘公地；以及，最具爭議性的，提案授予同盟者羅馬公民權。

然而，事與願違，這份議案招致羅馬人的普遍反對——貴族不滿平民得利，平民不願與同盟者分享特權。在法案即將表決之際，李維·德魯蘇斯被一名身分不明的刺客暗殺。同盟者透過和平手段爭取羅馬公民權的最後希望，也就此破滅。

失望至極的同盟者決定訴諸武力。以馬爾西人（Marsi）為首，皮切納姆人（Picentes）、佩利格尼人（Paeligni）、維斯提尼人、馬魯奇尼人、薩莫奈人、盧卡尼亞人與普利亞人等族群，祕密組成反羅馬同盟。他們互派人質，以協調行動，同時發動起義。

西元前九一年年底，羅馬大法官昆圖斯·塞維利烏斯·卡皮奧（Quintus Servilius Caepio）得知阿斯庫路姆正在與鄰近城邦互換人質，立即前往當地，並在市民集會中發表威脅性演說，沒想到激起民憤，當場被群眾殺害。隨後，阿斯庫路姆的行政長官尤達西略（Gaius Judacilius）下令關閉城門，屠殺城內所有羅馬人。阿斯庫路姆起義正式爆發，並迅速蔓延至周邊地區。

以馬爾西人為首的同盟者聯軍正式對羅馬宣戰，絕大多數亞平寧半島的盟邦城邦、公社皆響應起義，只有伊特魯里亞與溫布利亞仍效忠羅馬。即使到了這個局勢，同盟者仍派代表團向羅馬元老院陳情，但羅馬拒絕接受「用劍逼來的請求」，堅決要求他們放下武器。結果，一場全面的「同盟者戰爭」（Social War）不可避免地爆發了。

既然與羅馬斷絕關係，各城邦便不再祈求獲得公民權，而是組建起新的聯盟國家，命名為「義大利」（Italia），以佩利格尼人的城市科爾菲尼奧（Corfinium）為首都。新國家仿效羅馬政制，設立五百人元老院作為最高統治機構；由起義各城邦推舉兩名執政官與十二名大法官，掌管軍事、行政與司法；另設有市民大會，預定在首都召集；同時，薩貝利諸族通行的奧斯坎語（Oscan）與拉丁語（Latin）並列為官方語言。

這個新國家的軍力達十萬人，無論在將領素質、士兵訓練或武器裝備方面，皆不遜於羅馬軍團。長年作為羅馬輔助部隊作戰的同盟者，對羅馬的軍制與戰術熟暗深知，再加上起義核心地區距離羅馬甚近，對其安全構成直接威脅。

雖然起義區域廣闊，但其中仍散布不少效忠於羅馬的要塞與據點，使得起義軍不得不一邊包圍這些據點，一邊防守自身領土。羅馬方面也無法迅速鎮壓起義，雙方陷入持久戰。同盟者無力集中兵力進攻羅馬本城，而羅馬則無法迅速剿滅敵軍，使得戰爭陷入僵局。

同盟者起義軍分為南、北兩個戰區，使得羅馬方面也被迫分兵應對。北方戰區自皮切納姆與阿布魯佐河（Abruzzo River）延伸至坎帕尼亞北界，由說拉丁語的城邦組成。起義軍統帥為昆圖斯．波帕迪烏斯．西洛（Quintus Poppaedius Silo，後簡稱西洛），羅馬方面，則派出執政官普布利烏斯．魯提利烏斯．盧普斯（Publius Rutilius Lupus）負責鎮壓。南方戰區涵蓋坎帕尼亞、薩姆尼烏姆、盧卡尼亞與普利亞地區。起義軍由蓋烏斯．帕皮烏斯．穆提盧斯（Gaius Papius Mutilus）領導，羅馬方面的統帥，則是路西烏斯．科爾涅利烏斯．蘇拉。

整個亞平寧半島陷入同盟者戰爭中，羅馬幾乎動員所有能夠出征的將領。每位羅馬將領皆配有副將，負責指揮特定戰區的軍事行動。依照羅馬傳統，兩位執政官為名義上的最高統帥，其餘如蓋烏斯．馬略、格涅烏斯．龐培．斯特拉波（Gnaeus Pompeius Strabo）[3]與路西烏斯．科爾涅利烏斯．蘇拉等著名羅馬名將，則以副將的身分參戰。

西元前九〇年，戰爭的第一年，同盟者在南北兩個戰區皆取得顯著優勢。他們集中兵力攻打羅馬境內的要塞，並在多處突破羅馬的防線。

在南方戰區，起義軍將領斯卡托（Titus Vettius Scato）擊敗蘇拉所率領的羅馬軍隊，攻占維納弗倫（Venafrum），使得駐守在埃克拉努姆（Aeclanum）的羅馬軍隨即投降。穆提盧斯率領活躍於盧卡尼亞的起義軍，重創普布里烏斯．克拉蘇斯（Publius Crassus）的軍隊，攻占要塞格魯門圖姆（Grumentum）。昆圖斯．波帕迪烏斯．西洛擊敗佩爾佩爾納所率領的羅馬軍，攻陷坎帕尼亞，使得諾拉（Nola）、龐貝（Pompeii）等城，紛紛投降。大量羅馬士兵在陣前倒戈，被解放的奴隸也紛紛加入起義軍。

在北方戰區，尤達西略率領的一路起義軍，和拉夫倫（Lafrenius）率領的一支起義軍，共同擊敗了龐培．斯特拉波的部隊，並將其圍困於費爾姆（Firmum）。隨後，北方起義軍調撥部分兵力南下支援。尤達西略率軍突入普利亞，卡努西姆（Canusium）、維努西亞（Venusia）等地相繼倒戈。隨著一連串勝利，同盟者的氣勢日盛。原本忠於羅馬的伊特魯里亞人與溫布利亞人開始動搖，有些公社甚至投向起義軍，更多則保持觀望。同盟者方面也派遣使節，向本都國王米特里達梯六世尋求援助。

羅馬此時面臨內外交困的局勢。元老院意識到情勢嚴重，宣布全境進入緊急狀態。在重新評估戰局後，廣泛徵用蓋烏斯．馬略軍制改革後建立的募兵制度，雇募無產階級及大量以軍餉和掠奪為誘因的閒散之徒，甚至破例招募已獲自由的奴隸，同時也將諸多蠻族人納入軍隊。

然而，**將蠻族人編入羅馬軍團，無異於飲鴆止渴，爲日後的軍事危機乃至亡國埋下伏筆**。這些同盟者曾是羅馬開疆拓土的骨幹，以「外族之力」對抗「昔日盟友」，勢必將動搖羅馬的道德與政治正當性。

---

3 編注：他的兒子即是前三頭同盟之一的龐培。

在持續強化軍事鎮壓的同時，羅馬元老院也被迫對同盟者採取讓步策略。西元前九〇年底，執政官盧修斯・尤利烏斯・凱撒（Lucius Julius Caesar）[4]提出議案，授予所有仍忠於羅馬的同盟者羅馬公民權，此議案後稱《尤利烏斯法》（Lex Julia），並在亞平寧半島各地公布。對尚未參與起義的城邦而言，此法堪稱平息戰爭的根本之策，但對已起義者而言，則是一記釜底抽薪。**《尤利烏斯法》有效阻止了戰爭進一步擴大，使忠於羅馬者更加堅定、觀望者明確立場，至於反叛者的情緒也有所緩和。**始終效忠羅馬的伊特魯里亞人與溫布利亞人率先獲得羅馬公民權。

西元前八九年初，羅馬元老院再次頒布《普勞提烏斯・帕皮利烏斯法》（Lex Plautia Papiria）。該法案宣布，凡是在六十天內放下武器，並向羅馬長官登記申請的同盟者，都可以獲得羅馬公民權。此舉旨在瓦解起義軍陣營。

在招撫投降者的同時，羅馬軍也對頑抗的起義軍進行更為殘酷的鎮壓。得到大量補充的羅馬軍調整戰線，在南北戰區同時進攻，奪取戰爭主動權。在北方戰區，伊特魯里亞人和溫布利亞人奉命伏擊了馬爾西人所組成的一萬五千人起義軍。

羅馬執政官盧基烏斯・波爾基烏斯・加圖（Lucius Porcius Cato）率羅馬軍進一步進攻馬爾西人。馬爾西人奮起抵抗。在富齊諾湖戰役（Battle of Fucine Lake）中，波爾基烏斯・加圖陣亡。龐培・斯特拉波統一指揮北方戰區的羅馬軍。經過一番調整後，羅馬軍再度與起義軍在阿斯庫路姆周邊展開大戰。轉戰至普利亞時，尤達西略率皮切納姆軍回防。在阿斯庫路姆城下的戰鬥中，起義軍損失慘重。尤達西略率少數隊伍衝進城內，而羅馬軍圍攻阿斯庫路姆城。在堅守數月後，尤達西略見局勢無望，遂下令處死親羅馬分子，然後自盡。

羅馬軍占領放棄抵抗的阿斯庫路姆城後，將守城將領和堅定反羅馬的市民全部處死，並沒收他們的財產，再將其餘居民驅趕出城。阿斯庫路姆是同盟者在北方的堡壘，它的陷落使亞平寧半島中部的起義軍全線崩潰。

羅馬護民官普布利烏斯・蘇爾皮基烏斯・魯弗斯（Publius Sulpicius Rufus，後簡稱魯弗斯）率羅馬軍降服馬魯奇尼人，並進一步降服馬爾西人；維斯提尼人和佩利格尼人則投降於龐培・斯特拉波。起義者的首都「義大利」再次改名為科爾菲尼奧，而同盟者的領袖機關在西元前八八年初，遷到薩姆尼烏姆的愛塞爾尼亞。成功鎮壓亞平寧半島中部起義軍後，龐培・斯特拉波在羅馬城舉行盛大凱旋式。

蘇拉接替尤利烏斯・凱撒統率南方戰區的羅馬軍。蘇拉率羅馬軍進入坎帕尼亞，相繼攻下斯塔比亞（Stabiae）、赫庫蘭尼姆（Herculaneum）和龐貝等城。在諾拉城下，蘇拉率羅馬軍取得一場勝利。不久，他又率羅馬軍擊潰以善戰著稱的薩莫奈軍主力，並攻下薩莫奈軍的首府波維亞努姆。與此同時，普利亞也被羅馬軍攻占。

西元前八八年初，羅馬僅剩下亞平寧半島南部的戰事尚未結束，但坎帕尼亞、諾拉、普利

4 編注：凱撒（西元前一三四年至西元前八七年），這位是羅馬共和時代史稱凱撒大帝（Gaius Julius Caesar）的同族長輩，順帶一提，凱撒與其父親同名，都爲 Gaius Julius Caesar。

亞、維努西亞等重要城市，都已經掌握在羅馬人手中。此外，羅馬人切斷了薩莫奈和盧卡尼亞－布魯提伊之間的聯繫。

同盟者起義的「靈魂人物」是馬爾西人的首領西洛。北方戰區的起義被鎮壓後，西洛撤到薩姆尼烏姆，與穆提盧斯共同領導起義軍，以愛塞爾尼亞為中心，堅持抗擊羅馬人。西洛號召全亞平寧半島的奴隸起義，並敦促本都王米特里達梯六世出兵救援。西洛率起義軍一度收復波維亞努姆，甚至模仿羅馬人舉行盛大的凱旋儀式。不幸的是，西洛在普利亞的一次血戰中戰死。在薩莫奈和盧卡尼亞－布魯提伊等地，零星的起義軍一直堅持戰鬥，直到西元前八二年。

諸多義大利城邦發動的反羅馬同盟者戰爭，具有劃時代的意義。戰爭結束後，羅馬的政治面貌與制度發生重大變革，**羅馬成爲統一整個亞平寧半島的單一國家**。各城邦被降格為一般的自治市，而羅馬城則成為全國的首都。這一轉變，大幅擴展了羅馬的統治基礎。

元老院與民主派之爭

在同盟者戰爭期間，無論是代表元老院利益的貴族派，還是代表自由民的民主派，雙方在根本利益上其實並無本質衝突，然而彼此之間的政治矛盾，卻始終未曾消失。隨著戰事進入尾聲，關於誰將出任對抗本都王米特里達梯六世的統帥一職，元老院與民主派之間的對立再度浮上檯面。

本都軍對羅馬構成嚴重威脅。為了對抗本都軍，羅馬推動一項附帶條件的法律，即允許授予義大利同盟者羅馬公民權，其目的是分化並瓦解同盟者起義軍，進而加以剿滅。當同盟者勢力日漸衰退時，元老院決定出兵對抗本都王國，不過，在出任統帥的人選上，元老院與民主派之間的衝突與爭執愈演愈烈。

元老院的貴族派支持由路西烏斯・科爾涅利烏斯・蘇拉出任統帥。蘇拉性格殘酷而狡詐，並堅定擁護貴族統治。然而，騎士階級、新公民以及城市平民普遍反對由蘇拉領軍，他們一致推舉蓋烏斯・馬略出任統帥。雙方都極力爭取讓自己所支持的人擔任軍隊指揮官。最終，在元老院貴族派的支持下，蘇拉當選執政官，並獲得軍隊統率權。對此，隨著蘇拉一同出征的騎士、新公民及城市群眾都感到相當不滿。

西元前八八年，蘇拉一離開羅馬前往坎帕尼亞後，護民官魯弗斯便立刻提出法案，主張將新公民分配進三十五個「特里布斯」（tribus，即部族區）[5]，並將東征的軍隊指揮權交由蓋烏斯・馬略。魯弗斯無視元老院的各種阻撓，憑藉新公民與馬略退伍老兵的支持，強行通過該法案。

蘇拉得知消息後，立即率軍返回羅馬。在埃斯奎利諾門（Porta Esquilina）廣場附近，雙方爆發激烈衝突。經過一番戰鬥，蘇拉率軍攻占羅馬城。蓋烏斯・馬略及其黨羽潰敗，逃往努米底亞。護民官魯弗斯被殺，而他的頭顱被懸掛在他曾發表演說的演講臺上。**羅馬軍闖入城中，殺害**

5 特里布斯是羅馬早期的公民大會，後來指的是羅馬地方組織單位。

合法當選的護民官，這是羅馬歷史上首次由將領率軍進攻，並征服城內護民官，爲日後軍人干政開下惡例。正如古代歷史學家所言：「從此以後，廉恥、法律、制度與國家，都無法再對暴力行為加以約束。[6]」

蘇拉控制羅馬城後，宣布魯弗斯任內所通過的法案無效，並強迫公民大會通過一系列旨在恢復舊制的法令，包括：恢復由貴族主導的百人團大會；從大地主中選出三百人補入元老院，並規定任何法案若未經元老院同意，不得提交百人團大會審議；同時取消護民官的否決權。這些措施旨在恢復元老院的主導地位，鞏固貴族與豪門勢力，從根本上削弱平民歷經數百年爭取而來的政治權利，也意圖打壓剛取得參政權的新公民，為日後社會矛盾的加劇，埋下了伏筆。

穩定局勢後，蘇拉再度出征本都。與此同時，敗逃的民主派伺機在城中活動，從暗殺發展為公開暴動，但最終仍遭元老院的殘酷鎮壓。

儘管如此，城中的動盪並未平息，平民的不滿情緒持續升高。西元前八七年，在平民與騎士階級的支持下，蘇拉的政敵秦納（Lucius Cornelius Cinna）當選執政官。秦納為民主派代表，在平民中頗具聲望。執政後，他提出改革措施，包括：將新公民編入三十五個特里布斯，並大赦在蘇拉政變期間被宣布為「公敵」的人。

在公民大會表決這些法案時，民主派與元老派爆發衝突，造成約一萬人死亡，幾乎相當於一場中型戰爭的死傷規模，充分顯示羅馬的投票表決已成為另一種形式的戰爭。

為了更有效地對抗元老派，秦納以執政官身分前往卡普阿及其他同盟城市，徵募兵力與資金。這些城邦居民剛取得羅馬公民權，因此對蘇拉推行的保守政策極為不滿。於是，在秦納的動員下，他們踴躍提供人力與財力，讓秦納迅速組成一支由同盟者組成的軍隊，並籌得大量軍費。

流亡北非的蓋烏斯．馬略得知秦納募軍消息後，帶著同黨與五百名奴隸乘船抵達伊特魯里亞，並在當地集結起約六千人的軍隊。之後，蓋烏斯．馬略率軍與秦納的部隊會合。

兩軍會師後，採取三路包圍戰術，圍攻羅馬城，並切斷其糧食供應。秦納派人在城外散發宣傳，承諾願意投降的奴隸可獲自由。許多奴隸得知消息，紛紛前來歸附，投奔蓋烏斯．馬略陣營，使其軍隊實力大增。元老派貴族眼見戰局無望，又面臨城內糧荒，只能被迫屈服。

西元前八七年六月，蓋烏斯．馬略率軍進入羅馬城。蘇拉的追隨者及部分元老院貴族紛紛逃離，而來不及逃走的，則多遭殺害。

蘇拉被元老院宣布為「公敵」，他的住宅被拆除，財產遭到沒收。蓋烏斯．馬略掌控元老院後，宣布恢復魯弗斯的法案，減免部分債務，並擴大糧食分配。亞平寧半島上的新公民被編入三十五個特里布斯，各城邦也按照羅馬的制度重新整編。西元前八六年，蓋烏斯．馬略去世；西元前八四年，秦納辭世。民主派的核心領袖相繼離世。

羅馬與本都的戰爭，在本都王米特里達梯六世以自盡的方式而結束。西元前八三年，蘇拉率

6 根據阿庇安（Appianus Alexandrinus）《羅馬史》（*Roman History*）所述（見《羅馬史》下卷，中國商務印書館，一九七六年版）。

領三萬名步兵、六千名騎兵與大量戰艦，自東南部的布倫迪西姆登陸。許多失勢的貴族陸續投奔蘇拉，其中包括梅特盧斯（Quintus Caecilius Metellus Pius）、龐培與克拉蘇（Marcus Licinius Crassus），皆率軍與蘇拉會合。

蘇拉即將回師羅馬的消息傳來，使蓋烏斯・馬略派的成員驚恐不已。執政官蓋烏斯・諾巴努斯（Gaius Norbanus）與盧基烏斯・科爾內利烏斯・西庇阿（Lucius Cornelius Scipio）[7]急忙向各地徵召軍隊與軍餉。在城鄉平民的支持下，他們集結了約十萬大軍，再加上原有兵力，總兵力達二十萬人。然而，這些軍隊多為臨時招募，士兵素質低落、裝備簡陋、組織鬆散、紀律不彰，難以與蘇拉麾下久經征戰的老兵抗衡。經過數次交戰，蓋烏斯・馬略派的軍隊屢戰屢敗。

同年（西元前八三年），蘇拉所率支持元老派的羅馬軍，與諾巴努斯所率支持民主派的羅馬軍在卡西利農（位於義大利中部）爆發決戰。諾巴努斯的部隊在面對蘇拉老兵時潰不成軍，戰役中約有六千名士兵陣亡，而蘇拉方面僅傷亡七十人。

隨後，蘇拉與梅特盧斯率軍進攻特勒西亞（Telesia）。此時，西庇阿也率領另一支民主派軍隊前往迎戰。然而，西庇阿的部隊普遍抗拒內戰，轉而要求與蘇拉議和。蘇拉利用對方軍心渙散，巧妙地派人滲透敵營、分化瓦解，最終使西庇阿所率軍隊全數投降。蘇拉軍一路取得勝利，使得戰事不斷向前推進。

西元前八二年，卡爾波（Gnaeus Papirius Carbo）與蓋烏斯．馬略一同當選為執政官。這位蓋烏斯．馬略是前執政官馬略的兒子，常被稱為小馬略（Gaius Marius the Younger）。小馬略年僅二十歲，勇敢果決，深受民主派及其父親舊部的擁護。他積極準備作戰，決意將對抗蘇拉的戰爭進行到底，直到徹底擊敗支持元老派的軍隊為止。

西元前八二年春季，卡爾波率領支持民主派的軍隊，在伊西斯河畔與梅特盧斯所率的元老派軍隊爆發激戰。民主派大敗潰逃，沿岸村鎮也紛紛倒戈，轉而支持梅特盧斯。與此同時，小馬略率領另一支軍隊，在一處名為聖湖的地點與蘇拉部隊相遇，交戰初始即潰不成軍。五個步兵大隊與兩個騎兵大隊向蘇拉投降。小馬略率殘部逃入普雷內斯特城（Praeneste）[8]，蘇拉大軍緊追不捨。為防蘇拉軍乘勢破城，守軍緊閉城門，以繩索將小馬略拉上城牆，而其留在城外的部屬則被屠殺殆盡；其中，薩莫奈人向來拒絕服從羅馬的統治，因此，更是遭到蘇拉軍的全數誅殺。清除周邊殘敵後，蘇拉完成對普雷內斯特城的包圍。

小馬略自知突圍無望，又得知羅馬城也即將陷落，便祕密寫信給城內的馬略支持者。消息走漏後，城中許多貴族被捕並遭處決，屍體被投於台伯河。

7 編注：這位是小西庇阿的叔父。

8 編注：此爲古地名，今名爲帕萊斯特里納（Palestrina），位在義大利中部地區。

蘇拉得知消息後非常震怒。為了挽救羅馬城裡的親信，蘇拉留下一支軍隊繼續圍攻普雷內斯特，他則親自率軍急速向羅馬城進攻。沿途城鎮皆不戰而降，蘇拉率軍馬不停蹄，終於趕到羅馬城。羅馬元老院惶恐不安，一見到蘇拉的軍隊，就立刻開城門，而馬略派的殘部則潰散逃逸。

蘇拉率軍進城後，召開公民大會，說明自己率軍進城的目的是要穩定秩序，請公民不要擔心受怕。此舉旨在穩定民心，解除後顧之憂。安撫完畢，蘇拉隨即離開羅馬城，又率軍前去攻打普雷內斯特城。

同年秋，執政官卡爾波派馬庫斯．蘭波尼烏斯（Marcus Lamponius）率領八個軍團[9]前往援救普雷內斯特，在途中遭龐培伏擊，除一個軍團投降外，其餘皆覆沒，馬庫斯則隻身逃走。不久，薩莫奈人與盧卡尼亞人等部族的七萬聯軍，也試圖營救小馬略，卻被蘇拉軍攔阻於外。

支持民主派的軍隊接連失利後，卡爾波灰心喪志，逃往阿非利加行省。薩莫奈人見救援無望，轉而西進，意圖攻取羅馬。蘇拉聞訊，立即率軍尾隨。

西元前八二年十一月一日晚，雙方在羅馬科麗納門（Porta Collina）外激戰。這場戰役中，雙方皆為自身理想與政治派別殊死搏鬥，短短一夜，死傷達五萬人。最終，由支持元老派的蘇拉軍勝出。蘇拉下令將馬庫斯與卡里納斯（Gaius Carrinas）的首級懸掛於普雷內斯特城牆。守軍見狀，知援軍已潰，便開城投降。小馬略藏身於地道，不久就在絕望中自盡。

至此，蘇拉與馬略派之間的內戰結束。儘管戰事歷時不長，然而其殘酷程度卻是空前的。估計死亡人數達十萬，亞平寧半島血流成河，田地荒蕪，民生困頓，對羅馬社會造成極大的創傷。

戰後，**蘇拉以平民與奴隸的鮮血爲代價，建立了個人的獨裁政權**，掌握全國軍政與司法大權，成為羅馬歷史上首位無任期限制的獨裁官，**此舉代表共和政體的基本原則已被終結。**

角鬥士的造反

自羅馬將地中海變為「內海」以後，對外擴張的戰爭逐漸減少，新奴隸的來源也隨之銳減，使得原有奴隸遭受更嚴重的剝削。羅馬內部的權力鬥爭接連不斷，民主派與元老派之爭、同盟者戰爭等造成國力嚴重消耗。一些奴隸也趁機發動武裝反抗，其中最著名的一位叫做斯巴達克斯（Spartacus）。

斯巴達克斯是色雷斯人。他大約是在西元前八〇年，在色雷斯與羅馬交戰期間被俘。最初，他被編入羅馬輔助軍服役，但因多次逃亡遭到懲罰，最終被賣作奴隸。

斯巴達克斯身材高大、相貌英俊、臂力過人，因此被送往卡普阿的一所角鬥士訓練學校，成為「角鬥士」。角鬥士所受的待遇極為殘酷，羅馬人視他們為取樂工具，以觀賞角鬥士相互殘殺為娛樂。斯巴達克斯與其他角鬥士對此深感憤慨，因此下定決心逃離囚牢。

9 羅馬軍隊的每個軍團約四千五百人到六千人。

斯巴達克斯對他的同伴說：「與其在競技場上賭命，不如為自由而冒險。」在他的鼓舞下，約兩百名角鬥士願意參與起事。然而，由於計畫走漏風聲，斯巴達克斯果斷提早發動行動，於西元前七三年春末，率領約七十名角鬥士，手持廚具與簡陋兵器，突襲殺死守衛後逃離城市，退入維蘇威山（Mount Vesuvius）。起義者推舉斯巴達克斯為領袖，高盧人克雷斯（Crixus）與日耳曼人恩諾馬烏斯（Oenomaus）為副將，組成起義軍。

起初，羅馬元老院並未將這場奴隸起義視為嚴重威脅，因為奴隸逃亡事件屢見不鮮。當時正值內外動盪之際，元老院無暇分兵鎮壓。就這樣，起義軍憑藉地利與時機迅速壯大。他們奪取當地駐軍的武器，又從附近莊園與城市補充物資。紀律嚴明的行軍風格使起義軍贏得眾多奴隸與貧苦民眾的支持，起義軍規模迅速擴張至萬人以上。

隨著勢力日增，奴隸主階級開始惶恐不安，於是元老院決議派軍剿滅。西元前七二年春，羅馬派克勞狄烏斯（Gaius Claudius Glaber）率領約三千名軍隊前往維蘇威山。克勞狄烏斯企圖切斷起義軍退路，將其困於懸崖之上，逼迫他們投降。斯巴達克斯等人因地制宜，以山中野葡萄藤編成繩梯，沿山而下，繞至羅馬軍背後突襲，成功擊潰對手。此役不僅重挫羅馬軍士氣，更提升起義軍的信心，展現斯巴達克斯出色的軍事指揮能力。

斯巴達克斯見機擴充兵力，吸納來自坎帕尼亞地區的逃奴與破產農民，並將軍隊組編為投槍兵、主力兵、後備兵與騎兵等單位。同年秋，斯巴達克斯率軍自坎帕尼亞北上，意圖挺進亞得里亞海沿岸。元老院聞訊，急派瓦里尼烏斯（Publius Varinius）率領約一千兩百萬名臨時徵集的軍隊阻擊。斯巴達克斯採取分進合擊的戰術，運籌帷幄，尋找羅馬軍防守較弱之處，集中精兵逐一擊破。

戰事展開後，斯巴達克斯先以主力擊潰瓦里尼烏斯的副將弗里烏斯（Lucius Furius）所率的兩千名兵力之後，隨即轉而攻擊另一名副將科西尼烏斯（Lucius Cossinius），再次大獲全勝。科西尼烏斯的軍隊全部覆沒，他本人也葬身沙場。

瓦里尼烏斯見形勢不利，立即改變戰術，收縮兵力，將起義軍逼入人煙罕至、山勢險峻之地；同時，他命部隊在前方築壘掘壕，企圖困死斯巴達克斯軍。這時，起義軍因連番征戰而筋疲力竭，兵器殘損，糧盡天寒，形勢十分危急。儘管如此，士兵仍堅決表示「寧肯死於刀劍，也不死於饑餓」，積極籌謀突圍。

斯巴達克斯深知敵強我弱，若強攻必敗，便巧施計謀。某夜，他命軍中如常升起營火，製造宿營假象，實則率部悄然沿山路突圍。翌日清晨，瓦里尼烏斯才驚覺起義軍已脫困，急忙率軍追擊。然而，斯巴達克斯早料及此舉，事先命起義軍選擇有利地形，設下埋伏，成功奇襲瓦里尼烏斯軍。羅馬軍潰不成軍，瓦里尼烏斯本人也險些被俘。元老院原本想讓瓦里尼烏斯率羅馬軍挽回維蘇威失利之恥，以壯軍威，結果卻適得其反，損兵折將。

儘管瓦里尼烏斯敗退，起義軍內部卻在戰略方向上出現了分歧。斯巴達克斯主張立刻率軍北上，翻越阿爾卑斯山出境，以求自由；克雷斯則堅持應繼續與羅馬軍作戰。雙方各執己見，最終分道揚鑣。

起義軍內部分裂，不僅削弱戰力，也動搖軍心，使羅馬軍得以趁虛而入。西元前七二年冬，倫圖魯斯（Gnaeus Cornelius Lentulus Clodianus）與格利烏斯（Lucius Gellius）分別率領羅馬軍圍堵起義軍。在亞平寧半島南部普利亞地區的加爾加諾山（Mount Garganus）一帶，格利烏斯的羅馬軍圍攻由克雷斯率領的起義軍。雖然克雷斯及其部下頑強抵抗，最終仍因寡不敵眾而敗北，約三分之二的起義軍戰士壯烈犧牲，僅有少數人突圍北上，與前來援救的斯巴達克斯軍會合。

斯巴達克斯率領起義軍自東南方向繞行，計畫穿越亞平寧山脈北上，打開通往阿爾卑斯山的道路。他下令焚毀所有無用物資、處決戰俘、宰殺馱獸，以輕裝前進。途中，前方有倫圖魯斯在溫布利亞集結的數萬羅馬軍試圖截擊，後方則有格利烏斯的羅馬軍自薩姆尼烏姆山區尾隨，企圖切斷退路，起義軍陷入腹背受敵的困境。

斯巴達克斯靈活機動地指揮起義軍，在亞平寧山脈間穿梭行軍，成功擺脫羅馬軍的追擊。他集中兵力，對倫圖魯斯的軍隊發動猛烈攻擊，粉碎了敵方的截擊計畫。接著，立即轉兵反攻格利烏斯的軍隊，出其不意，將其擊潰，成功扭轉戰局。

起義軍隨後進行短暫的整補與擴軍，人數增至約十二萬，他們沿著亞得里亞海岸向北推進。經過二十天的急行軍，抵達山南高盧。該地總督豐泰烏斯（Marcus Fonteius）企圖利用穆提納城

（Mutina）[10]堅固的防線與手下萬名精兵攔阻，但起義軍勢如破竹，在兩面夾擊之下，攻陷穆提納城。越過穆提納之後，阿爾卑斯山終於出現在眼前。此時沒有羅馬軍阻截，只要翻越高山，起義軍成員便可返回各自的家鄉，實現北上計畫。然而，卻在此關鍵時刻，斯巴達克斯忽然放棄出境，命令焚毀所有多餘物資與馬匹，率軍折返南下，揮師攻打義大利本土的城市。

在南下途中，起義軍在皮切納姆遭遇倫圖魯斯與格利烏斯聯軍的攔截。激戰之後，羅馬軍潰敗，起義軍乘勢向南推進。元老院擔心敵方直搗羅馬，宣布全國進入緊急狀態。

為了保衛羅馬城，克拉蘇率軍迅速抵達皮切納姆，扼守通往羅馬的咽喉要道。斯巴達克斯判斷尚無法攻取羅馬，因此轉而計畫渡海至西西里，聯合當地奴隸繼續反抗。於是，他率軍加速往亞平寧半島的南端前進。

克拉蘇派副將穆米烏斯（Mummius）率兩個軍團尾隨追擊。穆米烏斯急於求戰，行動冒進。斯巴達克斯抓住穆米烏斯的弱點，將計就計在亞平寧峽谷設下埋伏。結果，起義軍擊敗穆米烏斯麾下的兩個羅馬軍團，殲敵七千餘人，迅速穿越薩姆尼烏姆與盧卡尼亞，挺進至南部海濱。

為重整軍紀，克拉蘇動用「十一抽殺律」（decimatio）[11]，處決軍中近四千人。同時，元老

10 編注：位在義大利中部，此爲拉丁古名，今名爲摩德納（Modena）。

11 這是羅馬軍團用來懲罰叛變，或大規模臨陣脫逃部隊的集體懲戒手段。遭到處罰的部隊會被分成每十人一組，進行抽籤，每組抽出一人處決。處決方式通常是以石頭砸死或以棍棒活活打死。倖存者則被迫在營地外過夜，不得接受羅馬軍隊的保護；同時，他們的口糧也會從小麥降級爲通常用來餵養牲畜的大麥。

院下令徵兵，使克拉蘇的兵力迅速增至十萬人。

斯巴達克斯率軍日夜兼程，抵達墨西拿海峽，計畫渡海至西西里。為解決運輸問題，起義軍與西西里海盜達成協議，租用其船隻。對此，西西里行省總督維雷斯（Gaius Verres）收買海盜，致使起義軍無法獲得船隻。斯巴達克斯曾嘗試搭木筏橫渡，但因風浪過大失敗，以致起義軍被困於半島南端。

南下出境計畫徹底失敗，斯巴達克斯被迫率軍北上。事實上，在起義軍南下時，克拉蘇早已制定將其困死於半島南端的計畫。他下令士兵在布魯提伊最狹窄的地帶挖掘長約五十公里、深寬各四百五十公尺的壕溝，並築起堤壘。起義軍三面臨海，一面遭羅馬軍堅固的防線，陷於進退維谷的處境。

西元前七二年底，羅馬局勢迅速好轉。西線有龐培戰勝西班牙起義軍，東線有盧庫魯斯擊退本都軍隊與北方部族，國內連年的饑荒也告一段落。於是，元老院召回兩軍主力協助鎮壓，龐培與盧庫魯斯迅速返國，趕往半島南部配合克拉蘇的行動，形勢對起義軍極為不利。

羅馬軍三大主力合圍起義軍，斯巴達克斯意識到情勢危急，主動請求與克拉蘇談判，卻遭斷然拒絕。為搶在其他羅馬軍抵達前突圍，斯巴達克斯率軍屢次強攻克拉蘇防線，損失逾萬人，卻接連失利，皆未成功。

進入隆冬，補給匱乏，斯巴達克斯不屈不撓，伺機突圍。某夜風雪交加，他率三分之一的部隊以樹枝、柴草、泥土與敵人屍體填平壕溝，在騎兵掩護下成功突圍，繞至敵後發動攻擊，其餘部隊也趁勢突圍。克拉蘇的封鎖戰術失敗，憂心起義軍會轉攻羅馬，於是急報元老院催促龐培與盧庫魯斯火速支援。

斯巴達克斯率軍進入盧卡尼亞，計畫前往布倫迪西姆港口，東渡亞得里亞海出境。但部將甘尼克斯（Gannicus）與卡斯圖斯（Castus）反對，率一萬兩千三百人脫離主力。克拉蘇見機出擊，在盧卡尼亞地區的某處湖泊附近展開圍殲戰，最終一舉殲滅兩人的軍隊。

斯巴達克斯得知消息後，察覺情勢危急，撤退至佩特利亞山。羅馬軍副將昆圖斯（Quintus Marcius Rufus）與財務官斯克洛法（Gnaeus Tremellius Scrofa）誤以為起義軍敗退，率六萬人追擊。斯巴達克斯誘敵深入卡魯恩特河谷，憑藉山地的有利地形，一舉擊潰他們。羅馬軍戰死一萬多人，斯克洛法身負重傷，險些被俘。

克拉蘇好大喜功，為獨攬戰果，不願意與盧庫魯斯分享戰功，因此急於和起義軍決戰。斯巴達克斯率軍回頭迎敵，克拉蘇則集結十二萬兵力，策劃最終決戰。西元前七一年春，雙方在普利亞進行生死大戰。戰鬥慘烈，自清晨至黃昏，屍橫遍野、血流成河。斯巴達克斯身先士卒，尋求與克拉蘇決戰。克拉蘇未出陣，以兵力優勢圍攻起義軍，企圖消耗其戰力。

起義軍奮勇抵抗，置生死於度外，但終因兵力懸殊，無力支撐，只得分散兵力以求突圍。在關鍵時刻，斯巴達克斯身中羅馬百夫長[12]佛里克斯（Felix）之矛，重傷墜馬。面對大量敵人，斯巴達克斯毫不畏懼，像一頭憤怒的雄獅，一手舉盾、一手揮劍，不停地還擊，英勇戰至最後一刻。

斯巴達克斯戰死後，戰局崩潰。這一仗，起義軍陣亡六萬人，僅少數人突圍藏匿於山林。克拉蘇絲毫不鬆懈，繼續率十二萬名羅馬軍團剿。最終，起義軍大部分戰死，六千人不幸被俘。克拉蘇嗜殺成性，從卡普阿到羅馬城沿途豎立十字架，將這些俘虜全部釘死在十字架上。

斯巴達克斯起義軍的主力雖潰敗，殘部仍持續抗戰。部分勢力與羅馬軍對峙了約十年之後，才終於被完全消滅。斯巴達克斯起義後，羅馬人開始逐步調整統治方式，例如：奴隸主轉向農奴制、改採購多族群奴隸，並鼓勵奴隸婚育。羅馬奴隸制度的生產關係遂出現一定程度的轉變。

12 編注：Centurion，這是羅馬軍團中的職業軍官，平時負責訓練，戰時負責指揮；基本上百夫長都各自領導一個百人隊。

Chapter VII

極端民主的終點

在共和時期，羅馬不斷對外發動戰爭，
同時，內部的權力鬥爭也持續不休。
經過長期爭鬥，主張改革的民主派
逐漸壓過保守的元老派，並推舉其代表掌握最高權力。
隨著個人聲望的提升以及職權的不斷集中，
羅馬最終無可避免地走向民主制度的瓦解，
邁入帝制與獨裁統治。

前三頭同盟

斯巴達克斯起義被鎮壓後，羅馬的民主派與元老派之間的權力爭鬥再度升高。騎士階級藉由平民對元老派統治的不滿，再次推動民眾運動。不過，這一次與馬略派過去所領導的運動稍有不同，因為民主派中出現了一位具軍事背景的強人——蓋烏斯．尤利烏斯．凱撒（後簡稱凱撒）。對元老派而言，這場內部衝突更具威脅性。

凱撒出身於一個沒落的貴族家庭，他是蓋烏斯．馬略的外甥、秦納的女婿。年輕時，凱撒就相當同情民主派。蘇拉掌權後，強迫凱撒與秦納的女兒離婚；凱撒拒絕，因而遭受打壓，與代表元老派的蘇拉結下深仇。在元老派掌權期間，凱撒長期避居國外，並於羅德島學習修辭與哲學。他志向遠大，辯才無礙、心思縝密，各方面皆才華出眾。為追求聲望與榮譽，他不惜傾盡家產支持民主派。

當時元老派掌控政權，政治腐敗橫行，貪污與掠奪普遍，各行省總督濫用職權。西元前七七年，年僅二十四歲的凱撒揭發馬其頓行省總督柯尼利厄斯（Gnaeus Cornelius Dolabella）的貪污行為，震驚羅馬政壇，並獲得平民與中小奴隸主的支持。為贏得聲望，他經常在演說中讚揚民主派的功績，聲望逐步上升，成為該派的新領袖。凱撒公開控訴元老派，重新豎立被蘇拉拆除的馬略雕像與勝利紀念碑，爭取中小奴隸主的擁護。見民主派勢力日漸擴大，龐培與克拉蘇的政治立場也開始轉變。

龐培出身貴族，是大地主，在政治上屬於保守派。他原先投靠蘇拉，曾赴非洲與西班牙討伐馬略派，並協助克拉蘇鎮壓斯巴達克斯起義，雙手染滿奴隸與平民之血。克拉蘇因殘酷鎮壓斯巴達克斯起義，成為著名的大貴族與富翁，其財產價值相當於當時羅馬一整年的稅收總額。

隨著民眾運動日益高漲，龐培與克拉蘇審時度勢，轉而支持民主派。當然，這並非出於真心，而是為了保護與擴大個人利益。

在擊敗西班牙叛軍與斯巴達克斯起義後，龐培與克拉蘇並未依慣例遣散軍隊，而是以軍隊為後盾，向元老院施壓，以競選下一屆的執政官。為了拉攏選民，他們承諾當選後將廢除蘇拉所頒布的法律，向民主派與平民開出空頭支票。

西元前七〇年，龐培和克拉蘇如願當選執政官。為兌現承諾、討好民主派，他們下令恢復蘇拉執政前的法令，包括：恢復公民大會與護民官的權力、清除元老院中支持蘇拉的成員，並規定法庭應由元老、騎士與富裕平民共同組成。

羅馬內戰期間，對地中海的掌控力減弱，海盜活動猖獗，商船遭到騷擾，造成義大利半島糧食供應受到威脅，物價飛漲，社會各階層因而強烈要求剷除海盜。西元前六七年，元老院授權龐培率領十二萬名步兵、五千名騎兵與五百艘戰艦討伐海盜。龐培展現卓越的軍事才能，迅速掃蕩地中海上的海盜勢力。

西元前六六年，龐培再次獲任命，率軍對抗本都王國。他的軍事能力再次得到發揮。經過三年激戰，於西元前六三年迫使本都王米特里達梯六世自盡，征服本都，並進一步占領巴勒斯坦與敘利亞，在小亞細亞與敘利亞地區設置行省。

龐培將東方新設行省的包稅權，交給騎士階級，自此成為羅馬最具實力的軍事領袖——既掌握強大軍隊，又控制多個行省的財政資源。

西元前六三年，護民官魯盧斯（Publius Servilius Rullus）提出一項法案，建議出賣各行省的公有土地與礦山，再用這筆資金在亞平寧半島購地，以及加上坎帕尼亞的國有土地，分配給最貧困的羅馬公民。然而，此案遭到元老派在公民大會中阻撓。

喀提林（Lucius Sergius Catilina）[1]見無法透過立法手段達成目標，於是，便密謀煽動農村貧民起事。陰謀洩露後，由西塞羅（Marcus Tullius Cicero）主導的元老派藉機逮捕，並處死喀提林等民主派同謀者。凱撒雖未參與此次陰謀，卻在元老院中堅決反對處決，因而在民主派中聲望大增。

西元前六二年，龐培自東方返回羅馬，本以為會受到熱烈歡迎並舉行凱旋儀式，卻因其戰果及在東方實行的措施引起元老派的不安與敵意——東方各行省的包稅權原本由元老貴族掌控，而龐培卻擅自將之交予麾下騎士，因此備受猜忌。

為了削弱龐培的勢力，元老派拒絕將土地分配給其退伍軍人，並否決龐培在東方推行的多項有利於騎士的法令。儘管龐培為羅馬奮戰多年、擴張疆域，卻因未完全服從元老貴族意志而遭排擠，引發龐培及其支持者極大的憤慨。於是，他們決心支持凱撒競選執政官，意圖制衡元老派。此前，龐培與克拉蘇雖偏向民主派，但出發點仍在於維護個人的既得利益，如今，他們兩人與凱撒的立場幾乎一致，其共同目標就是要削弱守舊的元老貴族。因此，**凱撒提議三人結盟，合作行動以對抗共同敵人**。

為角逐下一屆執政官，凱撒、龐培與克拉蘇於西元前六〇年祕密結盟，史稱「前三頭同盟」。三人皆無法單獨掌權，唯有聯手方能抗衡元老派並擴大自身利益。雖然各具野心，但三人皆與騎士階級有密切關係，且共同敵視元老貴族。一旦軍事領袖聯合，元老貴族將會毫無招架之力。

西元前五九年，凱撒當選為執政官。在公民大會的支持下，他推行多項法案，包括：確認龐培在東方各行省實施的措施；將稅收承包金下調三分之一；分配土地給退伍軍人及最貧困的公民；限制行省總督的年俸，並明令禁止貪污與勒索。

凱撒卸任後，出任高盧行省的總督。為穩固在羅馬的影響力並應對變局，他安排女兒嫁予龐培，並扶植克羅狄烏斯（Publius Clodius Pulcher）為護民官，作為他在羅馬的政治代理人。

凱撒的軍事才能絲毫不亞於龐培。三年後，高盧成為羅馬的行省——此前幾百年，羅馬人一直渴望征服高盧，但一直沒能實現。沒想到，凱撒只花了三年的時間，就實現數百年來羅馬人的

1 編注：他是羅馬共和晚期的貴族政治人物，這段描述的就是由他所發動的「喀提林陰謀」（Catilinarian Conspiracy）。

夢想。這個成就讓凱撒的實力和聲望大幅提升。

龐培原以為凱撒僅是位有聲望的政治人物，未料他在高盧戰爭中的表現卓越，頓感威脅日增，於是開始向元老院靠攏，甚至主張召回被克羅狄烏斯放逐的西塞羅，這些舉措使得三頭結盟的關係逐漸緊張起來。

為了穩定同盟關係，西元前五六年冬，三人在盧卡城會晤，重申合作關係。與上次結盟不同的是，這次元老院兩百多位貴族也一起參加會議。雖然他們僅僅是旁聽，沒有發言權，更沒有決定權，但此舉彰顯了對元老院的重視和妥協。

盧卡會議是一次權力重新分配的會談。經過協商，三人達成協議——凱撒續任高盧總督五年，得擴編部隊至十個軍團，並於西元前四八年再度競選執政官；龐培與克拉蘇將共同出任西元前五五年的執政官，而任期結束後，克拉蘇將接掌敘利亞行省，龐培則統轄西班牙與阿非利加行省。**儘管「達成」協議，但三人的矛盾未解，只是劃分了勢力範圍。**由於代表不同階層的利益，日後衝突仍難避免。會後不久，凱撒如期返回高盧，克拉蘇則提前赴任敘利亞總督。龐培雖任期屆滿，卻未離開羅馬，而由副將代理其在西班牙與阿非利加的總督職務——此舉明顯違背了協議，遭到民主派的非議。

西元前五三年，克拉蘇在對戰帕提亞帝國[2]的卡萊戰役（Battle of Carrhae）中戰死。三頭中，克拉蘇缺乏黨派支持，是唯一能在凱撒與龐培之間斡旋者。他一死，等同三頭同盟瓦解。凱撒掌握民主派，而龐培則聯合元老院，雙方對立升高，至此，內戰已無可避免。

凱撒當了老大

西元前五三年，護民官克羅狄烏斯被龐培的親信米羅（Titus Annius Milo）所殺，引發平民與奴隸的騷亂。唯一的執政官龐培藉機殘酷鎮壓騷亂，並推動一系列針對凱撒的措施，企圖撤除他的職位。凱撒隨即宣布與龐培決裂，元老院也趁勢宣布凱撒為「國家公敵」（hostis publicus）。

當時凱撒握有軍權，並獲得民主派、中小地主與平民的普遍支持。雙方撕破臉之後，正式進入戰爭狀態。西元前四九年一月十日，凱撒以高盧總督的身分率領部隊渡過盧比孔河（Rubicon River），他的戰略是祕密率領精銳部隊迅速越河，以迅雷不及掩耳之勢直搗羅馬城，出奇制勝，一舉殲滅龐培及其支持者。當時羅馬城兵力空虛，龐培得知消息後，立刻帶著部分元老與親信撤離羅馬。凱撒軍隊抵達時，龐培已經離開羅馬城了。

凱撒隨即展開追擊。到了三月初，雙方在布倫迪西姆附近爆發幾次小規模戰鬥，互有勝負。龐培在當地兵力有限，不敢與凱撒軍正面衝突。某日黃昏，他趁濃霧率親信與元老貴族偷渡亞得里亞海，逃往希臘。

凱撒得知後，只能率軍返回羅馬。當時羅馬城瀰漫著恐慌氣氛，蘇拉時期的恐怖記憶仍深植於貴族心中。凱撒進軍時，他們驚懼萬分，擔心歷史重演。然而出人意料的是，凱撒進城後對政

2 編注：古波斯地區古典時期的一個王朝，此爲西方史書的稱呼，在東方稱爲安息帝國。

敵採取相對寬容的態度，向市民保證不濫殺無辜，並無條件釋放俘虜。

此舉，為凱撒贏得部分元老院與大地主的好感，也獲得騎士階級和平民的擁護。凱撒任命馬爾庫斯・埃米利烏斯・雷比達（Marcus Aemilius Lepidus，後簡稱雷比達）負責羅馬的治安，並讓護民官馬克・安東尼（Marcus Antonius）統領整個亞平寧半島的軍隊，從此亞平寧半島落入凱撒的掌控之中。

接著，凱撒著手清除龐培及其黨羽。為了解除後顧之憂，他在西元前四九年夏天率軍進攻西班牙行省，該地由龐培的副將阿夫拉尼烏斯（Lucius Afranius）與彼得雷烏斯（Marcus Petreius）掌控，兵力充足。凱撒計畫先擊敗他們，避免被東西夾擊，也為將來擊潰龐培鋪路。

在厄波羅河以北、萊里達城（Lleida）附近，雙方多次交戰。凱撒軍因兵力劣勢、補給困難、氣候惡劣，加上對地形的不熟悉，遭遇不少損失。然而，敵軍的補給情況也日益惡化，甚至準備撤退。凱撒決定堅守，尋求反敗為勝的時機。最終，凱撒把握時機，在敵軍撤退時切斷其退路。敵軍陷入恐慌，內部出現嚴重分歧——彼得雷烏斯主張棄守西班牙，將部隊帶往龐培那裡；而阿夫拉尼烏斯則堅決反對，主張死守到底。

正當他們猶豫不決之際，凱撒切斷水源，迫使敵軍求和。最終談判結果是，西班牙行省歸凱撒控制，而凱撒允許對方將軍隊帶往龐培那裡。當時，凱撒尚無力全面殲滅阿夫拉尼烏斯和彼得雷烏斯的軍隊，因此，此舉可視為最理性有利的決定。丟城失地的阿夫拉尼烏斯和彼得雷烏斯即便成功與龐培會合，也未必能重新獲得信任；若逼得太緊，可能會導致全面對抗的情形出現。

拿下西班牙後，凱撒下令取消龐培所徵稅賦，將龐培派系沒收的土地歸還給當地居民，並賜與部分城市居民羅馬公民權。由於此政策深得人心，凱撒在西班牙的統治迅速穩固下來。

西元前四九年十一月，凱撒率軍返回羅馬。公民大會選舉他為獨裁官，不久後轉任執政官。在短時間內，凱撒推行數項有利平民的措施，包括：分發糧食給飢餓的公民、以親信取代原各行省總督，以及除了殺害克羅狄烏斯的米羅外，允許其他流亡者歸國。

穩固政權後，凱撒開始籌劃與龐培的決戰。兩位當時最傑出的軍事強人對決，成為羅馬歷史上的重大轉捩點——若凱撒勝出，民主派將掌權；若龐培勝出，元老院將重掌政局；若雙方勢均力敵，羅馬恐將陷入分裂。

龐培早料到與凱撒之間的決戰無可避免。在凱撒進軍西班牙期間，龐培積極備戰，仰賴東地中海沿岸行省的支持，籌集大量人力與金錢，大幅擴建海軍。到了西元前四九年底，他已擁有十一個軍團、七千名騎兵與六百多艘裝備完善的戰艦。此外，龐培還組織了由愛奧尼亞（Ionia）、馬其頓、伯羅奔尼撒、維歐提亞等行省居民所組成的輔助部隊，以及來自克里特的弓箭手、色雷斯的投石兵、本都的標槍兵，兵力雄厚。龐培的海軍控制了亞得里亞海及巴爾幹半島西岸，對凱撒形成強大的壓力。

凱撒要戰勝龐培並非易事。不過，無論龐培的勢力多強大，凱撒都下決心要將他消滅。作為民主派的代表，凱撒無法容忍龐培這位元老院派領袖繼續掌控羅馬政局——即便只是部分權力，也不容許。西元前四九年十二月，凱撒率領一支羅馬軍隊前往布倫迪西姆，準備自此橫渡亞得里亞海，進軍希臘。當時，他手中僅有五個軍團，既缺乏糧草，也沒有戰艦，要想渡海，困難重重。然而，凱撒素以行動迅捷、善用奇襲著稱。為鼓舞士氣，他發表了一場激勵人心的演說，勉勵將士克服眼前困境。就在部隊準備出海之際，突遇海上風暴，被迫暫停行動，直到翌年（西元前四八年）一月一日風暴才止息。

風暴過後，凱撒迅速展開渡海行動。由於沒有戰艦，他改用商船，並分批橫渡亞得里亞海。經過努力，羅馬軍成功跨越亞得里亞海。龐培未料凱撒在風暴過後、船隻不足的情況下，仍能完成全軍渡海，以致未作嚴密的防備。結果，凱撒的軍隊不費一兵一卒，就順利占領伊庇魯斯地區的奧里庫姆（Oricum）與伊利里亞的阿波羅尼亞，並奪取大批軍需物資。

初戰告捷後，凱撒馬不停蹄，晝夜兼程，企圖一舉攻下都拉齊翁（Dyrrachium）[3]，該城是龐培軍的軍需重鎮，存有大量糧秣與軍械。若凱撒得手，龐培軍將陷入困境。當龐培獲報此消息時，他人正在馬其頓。於是，他立即親率軍隊前往都拉齊翁救援，不顧將士疲憊，連夜行軍，終於搶先抵達，掌握主動，使得凱撒的突襲計畫宣告失敗。

龐培兵力充足，糧草無虞，又據守有利地形，其海軍封鎖海上通道，與凱撒部隊交戰數次皆獲勝。反觀凱撒不僅兵力不足，且遠離補給線，海上運輸也被切斷，軍中糧缺，士氣低落。為了扭轉劣勢，凱撒下令戰略性撤退至色薩利地區的法薩盧斯（Pharsalus）；在當地，已有一支先行部隊駐紮，可負責徵糧，也利於接應援軍與補給。

凱撒率急行軍七日抵達法薩盧斯附近。龐培得知凱撒缺乏援軍與資源，原本意圖避戰，以拖延戰術消耗對方戰力，但身邊的元老與顯貴卻主張立刻決戰，並譏諷他妄想如同阿伽門農（Agamemnon）[4]，藉拖延時間以維持權勢。龐培性格優柔寡斷，在乎別人對他的看法，聽到那些譏諷言論後便改變主意，率軍趕往法薩盧斯，意圖速戰速決。

西元前四八年夏，雙方於法薩盧斯展開決戰。龐培軍約有四萬人，占兵力優勢；凱撒軍約兩萬人，多為久經沙場的老兵，戰力強悍。兩軍布陣應戰，龐培將義大利兵分為左、中、右三列，每列之間保持一定距離；騎兵分布於兩翼，中央配置弓箭手、投石手與標槍兵，各地盟軍則置於後方。凱撒同樣將軍隊分為左、中、右三路，他自己則立於右翼第十軍團中指揮。第十軍團為其王牌部隊，戰力最強。龐培為對付第十軍團，調集騎兵欲以人數優勢包抄。凱撒見狀，命三千名

3 編注：爲今日阿爾巴尼亞境內的杜勒斯（Durrës）的古名。

4 阿伽門農是希臘邁錫尼（Mycenaean）國王，希臘諸王之王，阿特柔斯（Atreus）之子。在特洛伊戰爭中，是希臘聯合遠征軍的統帥。

勇猛步兵埋伏於右翼，以應對突發狀況。

戰鬥開始後，雙方首先發射標槍與弓箭，隨後騎兵短兵相接。龐培試圖以騎兵圍攻第十軍團，凱撒則下令三千名精兵突擊。他們如猛虎下山，持長矛猛刺敵軍，龐培的騎兵抵擋不住，潰散而逃。凱撒乘勝指揮第十軍團，從側面襲擊龐培軍的左翼。

失去騎兵保護的步兵陷入混亂，紛紛潰逃。中路和右翼見左翼慘敗，也隨即潰散。許多士兵本為平民，戰至此刻只求保命。剛開始，他們還能保持陣形慢慢退卻，有的還盡力抵抗，但沒有參戰的後方輔助軍驚恐失措了，他們慌亂地逃跑，一邊跑、一邊大聲呼喊：「我們被打敗了！」紛紛倉皇逃逸。最終，龐培軍隊的四萬餘人全面潰敗。

戰後，龐培軍約六千人及十餘名元老戰死，其餘皆被俘，輔助軍的死傷則不計其數。與此相對，凱撒軍僅約一千兩百人傷亡。這一仗，龐培被徹底打敗了。

敗戰後，龐培逃往埃及。埃及國王托勒密十三世（Ptolemy XIII）擔心凱撒借機進攻，於是派人刺殺龐培。凱撒以托勒密弒殺羅馬公民為由，率軍進入埃及，掌控王宮，廢黜托勒密十三世，改立支持自己的王后克麗奧佩脫拉七世（Cleopatra）[5]為新君。凱撒認為，即使龐培有罪，也應由羅馬審判，埃及君主無權處決。此後，羅馬冊立埃及新王，埃及遂成羅馬的附屬國。

其後，凱撒率軍四處征戰，無往不利。他出征本都國，僅五日即告勝利；又進軍小亞細亞。西元前四六年，凱撒征服阿非利加與努米底亞王國。西元前四五年，他再赴西班牙，平定龐培兩個兒子所發動的叛亂。短短四年間，凱撒連破強敵，殲滅龐培餘部，恢復羅馬對東方的控制，擴張領土，使共和國由內戰陰影中重新強盛起來。

凱撒凱旋返回羅馬，受到隆重歡迎。他被擁立為終身獨裁官、終身護民官、終身監察官，集軍政司法大權於一身，並獲封為「元帥」（Imperator）與「祖國之父」（Pater Patriae）。**在羅馬人的歡呼聲中，共和體制名存實亡了。**

凱撒在任期間推行一系列改革。他擴充元老院，將成員增至九百人，並吸納非貴族出身的奴隸主，甚至解放奴隸，使元老院成為順從凱撒的諮詢機關。同時，他擴增官員職位，任命親信掌管要職，加強對行政體系的控制。

在行省管理方面，凱撒也實施改革，包括：將八萬退伍軍人、破產公民與被釋放的奴隸安置於殖民地；削弱總督的權力，使其僅掌握行政與司法事務，另設副將統領駐軍；對貪污總督施以嚴懲；擴大公民權，使許多行省城市居民獲得羅馬公民權；改由國家派遣奴隸或釋奴監督、徵收直接稅，其他稅收則仍由包稅商負責徵收。

這些措施鞏固了凱撒的專制統治，也擴展其政治基礎，為建立中央集權的帝制奠定基礎。不過，這樣的改革仍不徹底。西元前四四年三月十五日，凱撒於元老院會議廳中遭布魯圖斯（Marcus Junius Brutus Caepio）、卡西烏斯（Gaius Cassius Longinus）等元老派支持者刺殺身亡，他輝煌的一生在此劃下句點，羅馬的未來也再度陷入變局之中。

5 編注：這位就是俗稱的埃及豔后。

後三頭同盟

布魯圖斯與卡西烏斯等人認為，他們刺殺獨裁官，立下大功，人民將會歡呼讚頌他們。然而事與願違，下層群眾雖對凱撒有所不滿，但他們更痛恨元老院貴族。凱撒的改革雖然觸動部分階層的利益，但對基層而言損害有限；相較之下，元老貴族對平民的壓迫則更為全面。當時，許多退伍軍人仍在羅馬城內等候分配土地。他們得知凱撒遇刺之後，群起高呼要為凱撒復仇；平民與被釋放的奴隸也紛紛響應，使羅馬城陷入前所未有的混亂。

當時的執政官馬克・安東尼（後簡稱安東尼）是凱撒的親密戰友，兼具豐富的經驗與卓越的軍事才能。在與龐培軍隊作戰時，他屢立戰功，深受凱撒倚重。在凱撒執政期間，安東尼也曾與凱撒共同擔任執政官。騎兵統帥雷比達同樣是凱撒的麾下將領，他曾從城外調來一個軍團，準備與安東尼聯手為凱撒報仇，但安東尼因兵力不足而未予同意。

為防事態擴大，安東尼在忒盧斯神廟（Temple of Tellus）召開元老會議。在會議中，部分元老公開為凶手辯護，譴責凱撒為暴君，並稱頌布魯圖斯為「誅除暴君者」，主張應給予獎勵。安東尼堅決反對此說。他指出：「若將凱撒定調為暴君，並公開讚揚凶手，那就等於否定凱撒的所有法令。如此不僅會激怒退伍軍人，也將引起新獲公民權者及各行省上層的不滿。這樣的做法，對任何人都沒有好處，因為我們當中有許多人，皆是受凱撒提拔任命的。」

部分元老院貴族支持安東尼的立場。最終，元老院達成妥協——既不宣布凱撒為暴君，也不懲罰刺殺者。

終身獨裁官、終身護民官、終身監察官——凱撒被刺殺後，未經審判即不了了之，這引發部分群眾不滿。儘管凱撒改革造成部分人的反感，但受益者卻更多。西元前四四年二月二十日，凱撒遺體火化，然而從那天開始，平民與退伍軍人一再暴動，而安東尼出兵鎮壓。**此時的安東尼，已從昔日的民主派，轉變爲實質上元老貴族派的代理人。**

元老院對安東尼的行動深表滿意，特准他擁有私人護衛隊。於是，安東尼就藉此機會徵募軍隊，以擴張個人勢力。不少凱撒舊部被安東尼召回歸隊，但見到安東尼鎮壓平民運動、停止土地分配後，紛紛離去。

就在平民與退伍軍人失去依靠之際，一位年輕貴族蓋烏斯・屋大維・圖里努斯（Gaius Octavius Thurinus，後簡稱屋大維）帶來了新的希望。屋大維是凱撒姊姊的外孫，曾任騎兵指揮官。凱撒在遺囑中收其為養子並立為法定繼承人。凱撒遇害時，屋大維正在阿波羅尼亞接受軍事訓練。經過一段軍旅生活，他磨練出堅毅性格與軍事才能，並與凱撒舊部建立起更加緊密的聯繫。凱撒遇刺後，為鞏固繼承人的正統地位，屋大維以「為凱撒復仇」為號召返回羅馬。眾多士兵、平民與被釋放的奴隸從各地趕來，投奔其麾下。他藉著凱撒的聲望廣納人才、積極擴張勢力。年僅十九歲的屋大維，迅速成為左右羅馬政局的新星。

然而，屋大維的歸來也加深了凱撒派內部的裂痕。起初，安東尼對他不以為意，甚至加以輕蔑。但隨著屋大維的聲望愈來愈高，安東尼日益感受到不安與威脅，拒絕交出凱撒遺產，並阻撓屋大維當選護民官，以各種手段打壓他。然而，安東尼的做法不僅未削弱屋大維的影響力，反而引起士兵與民眾的反感。他們視屋大維為未來的希望與救星，更堅定地支持他。

屋大維也不甘示弱，他靈活運用凱撒留下的財富與影響力，籠絡群眾，煽動大眾對安東尼的不滿。結果，愈來愈多追隨者離開安東尼，轉而支持屋大維。

安東尼與屋大維之間的矛盾逐漸公開化，對此，元老院希望從中漁翁得利。元老院中的貴族代表西塞羅精於權謀與投機。他對屋大維勢力迅速擴張感到不安，對實力雄厚的安東尼則更加忌憚。儘管安東尼很多時候傾向支持元老院，但他的實力和兵力過於強大，又有背叛凱撒的往例，讓元老院無法信任。於是，他們決定聯合屋大維以削弱安東尼，同時，伺機使兩敗俱傷，再予以一網打盡。

西元前四四年，安東尼率軍進攻並控制了山南高盧行省。元老院趁機宣布安東尼為「國家公敵」，並派遣布魯圖斯與卡西烏斯前往東方行省募兵，以對抗安東尼。與此同時，元老院賦予屋大維副執政官的權力，命其進軍山南高盧與安東尼交戰。屋大維出於策略考量，選擇暫時與元老院妥協，並利用元老院提供的資金來擴充自身勢力，目標是先擊敗安東尼，再回頭對付元老院貴族，進一步實現獨裁計畫。

西元前四三年初，屋大維率軍在高盧的穆提納附近與安東尼軍隊激戰，並取得勝利。安東尼率殘兵退入山北高盧，與當地的軍隊將領雷比達會合。雷比達掌握重兵，於是兩人結為軍事同盟。面對聯軍，屋大維不敢輕舉妄動，貿然追擊。

穆提納戰役剛結束，元老院就剝奪屋大維的軍權，也沒有為他舉行凱旋儀式。屋大維欲借助元老院壯大勢力的計畫落空。此後，他數度要求擔任執政官，皆遭拒絕，從而對元老院的不滿日益加深。最終，他決定仿效蘇拉，率軍進入羅馬城對元老院進行武力威懾。屋大維率領八個軍團直逼羅馬，元老院見勢不妙，只能屈服，任命屋大維為執政官。

屋大維兵不血刃就成功掌握政權，然而形勢依舊嚴峻，因為與元老院關係密切的布魯圖斯與卡西烏斯，已在東方集結了約二十個軍團。儘管屋大維占領羅馬，但若東方軍團西進，他未必能取勝。屋大維與安東尼的部下，大多為昔日凱撒的老兵，他們不願兄弟鬩牆，遂派代表出面調解，促使雙方和解並聯手為凱撒報仇。無論是屋大維還是安東尼，都不敢拒絕調解，否則將失去軍隊支持，迅速走向敗局。畢竟，他們有一個共同的敵人——元老院。在元老院掌控的二十個軍團面前，若兩人不聯手，終將被逐一擊破。

經過一番協商，西元前四三年十月，安東尼、屋大維與雷比達在波諾尼亞（Bononia）[6]附近會晤，各自率領五個軍團，組成「後三頭同盟」（Second Triumvirate）。三人議定設立一種具

6 編注：即爲今日的波隆那（Bologna）。

有執政官權力的特別行政體制，由三人共同擔任行政長官，任期五年。另外，他們也劃分勢力範圍：安東尼統轄山南與山北高盧行省；屋大維統治阿非利加行省、薩丁尼亞行省與西西里行省；雷比達則負責西班牙行省；至於，義大利本土亞平寧半島則由三人共同管理。

此後，他們在羅馬實行恐怖政策，公布一份公敵名單，其中，包括刺殺凱撒的凶手、政敵、私人仇家，甚至一些僅因財富或地位而被盯上的貴族。奴隸若揭發名列公敵名單者，便可獲得自由與獎賞。此舉，導致約三百名元老與兩千名騎士遭到處決。

不少貴族與大地主逃離羅馬。有些人逃往西班牙投奔塞克斯圖斯·龐培（Sextus Pompeius）[7]，還有一些人則逃往希臘，加入布魯圖斯與卡西烏斯。部分奴隸乘亂逃亡，甚至組成武裝團體，攻擊地主與貴族。這項公敵政策重創了大地主與貴族勢力，也引爆了新一輪內戰。

西元前四二年秋，安東尼與屋大維出兵希臘。同年十月，羅馬遠征軍的先遣部隊抵達巴爾幹半島的色雷斯地區，進軍至腓立比（Philippi），該城位於愛琴海南岸，距海岸約十二公里，座落於丘陵之上。城東為一山口，為歐亞交通要道，地勢險峻。羅馬軍的任務是先行占領腓立比，控制山間通道。

布魯圖斯與卡西烏斯得知敵軍進攻巴爾幹半島之後，立即率軍自小亞細亞渡海至色雷斯，以防敵軍占據腓立比。由於山口已為敵軍所控，他們只得在嚮導的帶領下，繞道穿越崎嶇山地，方能抵達目的地。

腓立比北側有兩座小山，一南一北，相距不遠，兩山之間就是歐洲通向亞洲的交通要道。兩山之南是沼澤地，一直延伸到海岸邊。布魯圖斯與卡西烏斯見兩山形勢險要，命軍隊分別駐紮其上。布魯圖斯守北山，卡西烏斯守南山。安東尼與屋大維見對方已占據有利地形，只得在兩山以西紮營，使三方形成鼎足之勢。

安東尼與屋大維希望速戰速決，布魯圖斯與卡西烏斯則採取持久戰略，試圖以飢餓拖垮敵軍。雙方對峙多時後，安東尼設下計策，迫使卡西烏斯率軍出戰。結果卡西烏斯軍敗，他心灰意冷，命手下以矛刺死自己。布魯圖斯堅守既定的拖延戰略，對敵方的挑釁不予理會，然而久而久之，終不敵部下的壓力，被迫出戰。安東尼與屋大維早已準備妥當，布魯圖斯軍再度慘敗，而他選擇自盡，其部隊則隨後投降。

腓立比戰役（Battle of Philippi）結束後，安東尼前往小亞細亞籌措軍費以獎勵士兵，屋大維則返回羅馬城，進行分配土地給士兵的計畫。

屋大維返回羅馬後，發現局勢依然十分嚴峻。十七萬名退役老兵急切地期待獲得土地，經常引發騷動，土地分配工作迫在眉睫。有十六座城市即將失去部分土地，當地富人反對土地遭到沒

7 已故格奈烏斯・龐培之子，也稱作小龐培。

收，要求由各城市平均承擔損失，並要求補償失去土地的人。地中海海域仍掌握在小龐培、布魯圖斯與卡西烏斯餘部的手中，使得亞平寧半島的糧食供應遭到切斷，爆發饑荒，局勢陷入混亂。

屋大維當機立斷，選擇犧牲富人利益以安撫軍隊，將十六座城市的土地分配給退役士兵。此舉贏得老兵支持，得以穩定局勢，卻也觸犯了部分人的既得利益。例如，安東尼的弟弟、當時的執政官盧基烏斯．安東尼（Lucius Antonius）與安東尼之妻富爾薇婭（Fulvia），他們對屋大維極為不滿。為了削弱屋大維勢力並恢復貴族的影響力，兩人於西元前四一年冬季，聯合貴族及失去土地的富人發動反抗。

盧基烏斯麾下掌握十七個步兵軍團，而屋大維當時僅在卡普阿擁有四個軍團，其部將薩爾維丁那（Quintus Salvius Salvidienus Rufus）則率六個軍團正前往西班牙行省。某夜，盧基烏斯突襲羅馬城，成功占領。當時負責守備的雷比達戰敗，逃往屋大維處。

屋大維立即派人傳令，召薩爾維丁那率軍折返亞平寧半島。盧基烏斯嘗試途中攔截，但未能成功，只得北上進駐佩魯西亞（Perusia）[8]。盧基烏斯軍方才抵達，屋大維旋即率軍趕到，圍困該城。盧基烏斯多次嘗試突圍，均告失敗，損失慘重。至西元前四〇年二月，城中糧盡，人困馬乏，走頭無路，於是盧基烏斯率部向屋大維投降。至此，屋大維已掌握四十個軍團，軍力雄厚，占據優勢。然而，安東尼不甘示弱，他在亞平寧半島仍擁有一支五萬人的部隊，並與小龐培及布魯圖斯的殘餘勢力聯手，在海上保持優勢。

經年累月的戰爭使羅馬公民飽受苦難，社會普遍厭戰，退役士兵也不願再捲入新的內戰，積極從中調停，於是屋大維、雷比達與安東尼再度和解。西元前四〇年十月，三方在布倫迪西姆簽訂協議。

三人再次協議，重新劃分勢力範圍：安東尼負責東部地區，自亞得里亞海至幼發拉底河之間的所有行省與島嶼，並主導對帕提亞人的戰事；屋大維則統治自亞得里亞海以西至大西洋沿岸的區域，並負責與小龐培的殘餘部隊作戰；阿非利加行省則由雷比達管理。

屋大維取得最終勝利

西元前三九年春天，在反戰壓力下，屋大維、安東尼與小龐培也曾一度妥協，劃分彼此的勢力範圍。然而，到了西元前三八年，屋大維與小龐培再次爆發衝突。

當時，小龐培控制西西里行省，起用奴隸擔任海軍將領，建立了一支實力強大的艦隊。戰爭初期，雙方海軍多次交鋒，小龐培屢戰屢勝。屋大維的艦隊不僅戰敗，還遭遇暴風襲擊，艦船幾乎全毀，海軍傷亡慘重。面對劣勢，屋大維被迫停戰，但他趁此期間重建艦隊、訓練水手，並檢討失敗原因、規劃作戰。他意識到自身在陸戰上的優勢，於是決定發揮所長，以避開海戰劣勢。

8 編注：即今日義大利的佩魯賈（Perugia）。

西元前三六年七月，雙方再次展開大規模戰事。為了發揮陸軍的優勢，屋大維決定讓部隊渡海登陸西西里。根據計畫，雷比達率領七十艘戰艦、一千艘運輸船和十二個軍團從非洲橫渡地中海，從西西里島西端的利利拜姆登陸；屋大維則率軍從亞平寧半島出發，從西西里島的東北部廷達里斯（Tyndaris）[9]登陸，並以當地為橋頭堡，迅速從亞平寧半島運來二十一個軍團與兩萬名騎兵。如此一來，西西里島東西兩端形成夾擊之勢，讓小龐培麾下的部隊逐漸陷入不利。數場陸戰失利後，小龐培的處境每況愈下。

為發揮己方海軍優勢，轉敗為勝，小龐培主動向屋大維發起挑戰，約定在海上決一死戰。在西西里島，屋大維有龐大的步兵支援，有恃無恐，因此欣然接受挑戰。屋大維並不是不知道海軍是己方的弱項，而是已經發明了一種武器，有待在戰場上檢驗；他想在海戰中使用這項新武器，一舉擊敗小龐培麾下的海軍。

西元前三六年九月，雙方在西西里西北海域爆發海戰。開戰後，屋大維軍隊使用一種「鉗子式」武器將敵艦拉近，迫使海戰轉為近距離的肉搏戰。此舉，彌補了屋大維軍不擅長海戰的劣勢，反而發揮其擅長陸戰的特長。小龐培的海軍大敗，二十八艘戰艦沉沒，沒有沉沒的，也多數被燒毀或俘獲。小龐培見敗局已定，換上一般平民服飾，帶著僅存的十七艘船跑去尋求安東尼的庇護，但沒過多久就遭到安東尼的殺害。小龐培一心想為父親報仇，沒想到在戰場上敗得那麼慘，最終還莫名其妙地死在盟友的刀下。

西西里戰役剛落幕，屋大維與雷比達即為西西里行省統治權爆發衝突。屋大維不願動用兵力，轉而透過利誘與策反，瓦解雷比達的軍隊。雷比達麾下將士紛紛倒戈，不戰而潰。雷比達見大勢已去，無力再戰，只好向屋大維投降，並宣布退出政壇。**西西里之戰標誌著龐培家族勢力的徹底消滅，也確保了亞平寧半島的糧食供應安全。**屋大維的實力進一步壯大，他掌握了四十五個軍團、兩萬五千名騎兵、四萬名輕裝兵，以及六百艘戰艦，牢牢控制亞平寧半島與西地中海。

返回羅馬後，屋大維實施多項措施，例如：免除農民積欠的租稅、歸還小龐培軍中三萬名奴隸給原主，並處決找不到主人的六千名奴隸；同時剿滅長年盤據亞平寧半島的盜匪。除了奴隸之外，這些政策顧及各階層利益，深獲大地主的支持。元老院隨即改變立場，轉為支持屋大維，並在羅馬廣場為他立黃金雕像，刻上銘文：「他恢復了長久以來在陸地與海上被破壞的和平。」同時，元老院主動授予他終身護民官的身分。

與此同時，安東尼的聲望不斷下滑。西元前三一年，他正式與埃及女王克麗奧佩脫拉七世成婚，致力於在東方建立勢力，將利比亞、敘利亞、腓尼基、奇里乞亞（Cilicia）[10]、亞美尼亞與尚

9 編注：今名爲廷達里（Tindari）。
10 編注：位於今日土耳其東南部，也被稱作小亞美尼亞。

未征服的帕提亞等地，贈與克麗奧佩脫拉七世及其子女。埃及雖為羅馬附屬國，但實際上仍非羅馬領土，所以此舉等於出賣國家利益，引起羅馬大地主階級的強烈不滿。

安東尼的行徑無疑助長了屋大維聲勢。原先仍支持安東尼的貴族，也紛紛轉向。西元前三二年，屋大維公開安東尼遺囑，內容指出他死後要葬於埃及的亞歷山卓城（Alexandria），並重申對克麗奧佩脫拉七世及其子女的土地贈與。元老院與公民大會據此剝奪安東尼的權力，以及他在東方的軍事指揮權。

西元前三一年，屋大維率軍討伐安東尼。當時，安東尼擁有十萬名步兵、一萬五千名騎兵及五百艘戰艦；屋大維軍則有八萬兵力與四百艘戰艦。雖然安東尼的兵力略勝一籌，且占據主場優勢，然而屋大維一方在道義上占有優勢，全軍都在為「殺了賣國賊」而士氣高昂。

同年九月二日，在希臘西岸的亞克興角（Actium）爆發決戰。雙方勢均力敵，但屋大維軍略占上風。戰鬥最激烈時，克麗奧佩脫拉七世認為敗局已定，竟私自率艦撤離，逃回埃及。安東尼所率領的羅馬軍見狀，誤以為戰敗，主將逃亡，士氣崩潰，也跟著潰逃。無力阻止潰軍，安東尼只好也跟著逃往埃及。見主帥逃跑，安東尼所率的羅馬軍紛紛投降屋大維。原本占有優勢的安東尼，就這樣一下子失去了與屋大維爭霸的機會。

雖然屋大維軍戰勝，卻未能俘獲或擊斃安東尼，留下後患。

翌年夏季（西元前三〇年），屋大維率軍進攻埃及，決心徹底清除敵對勢力，統一羅馬。在亞歷山卓城附近，安東尼試圖率軍抵抗，但無人響應，殘部也倒戈投降。絕望中，他與克麗奧佩脫拉七世一同自盡。屋大維趁機將埃及併入羅馬，設為行省。至此，羅馬內戰結束，領土進一步擴張，國力也發展到一個全新的境界。

共和國的葬禮

數十年來，羅馬實施沒收財產的高壓政策。屋大維從埃及帶回大筆財富，使他得以充裕地獎賞士兵、救濟貧民。為此，他宣布大赦，撤銷內戰期間頒布的所有非常命令，沒收財產的政策至此結束。此舉，獲得各階層的擁護與支持。同年底，屋大維與阿格里帕（Marcus Vipsanius Agrippa）一同當選翌年執政官。在羅馬，兩個執政官共同執政已經二十多年未見。原本，屋大維是內戰最終勝利者，也是唯一執政官，如今，則試圖藉由恢復傳統的雙執政官制，向民眾傳達「和平已至」，共和傳統將重新恢復的訊號。

為了鞏固新政權，屋大維提倡古樸的傳統道德風尚，反對當時盛行的放縱風氣。他頒布多項法律，試圖挽救逐漸瓦解的家庭制度，提高出生率。雖然人口略有成長，但風俗的改善成效有限。屋大維自己也曾三度離婚，他的女兒與孫女也因生活放縱而被流放。畢竟，羅馬人長期仰賴掠奪與奴役為生，如此所形成的生活風氣並非一朝一夕可改的。

在復古的旗號下，從西元前二八年起，屋大維著手改組元老院。他剔除那些聲譽不佳以及出身資格不符的元老貴族，使元老人數從一千人減至八百人，屋大維本人則被列為首席元老。透過這些措施，屋大維認為政權已告穩固。於是，在西元前二七年一月十三日，他在元老院發表演說，聲稱將放棄一切權力，把共和交還元老院與羅馬民眾，他將以一名普通公民的身分退隱。

這番投石問路的試探，引起強烈反響。元老們內心忐忑，不知其意圖為何，無人敢直言。為求保險，他們紛紛懇請屋大維撤回成命，以免國家再次陷入動盪，而這正是屋大維所希望的局面。經過一番磋商與懇請，屋大維最終「為羅馬全體民眾利益著想」，同意繼續執政。西元前二七年一月十六日，元老院授予他「奧古斯都」（Augustus）[11]的稱號，並於元老院會堂設立金盾，刻文頌揚屋大維對羅馬的貢獻。

這場演說，以恢復共和之名，實則爲已死的共和國舉行了葬禮，「元首政治」正式登上羅馬歷史舞臺。雖然屋大維起初代表所謂的「民主派」，但與蘇拉與凱撒相比，多數羅馬人並不將他視為獨裁者，而是將他看作共和傳統的延續者。羅馬民眾熱烈擁戴屋大維為奧古斯都，作為羅馬最高統治者，認為他捍衛了百姓心中所期望的民主，但實際上，他們正親手埋葬了這份民主。

話雖如此，仍有極少數人反對屋大維藉民主熱情，鞏固其獨裁地位。他們想方設法阻止屋大維實現獨裁目標，只不過阻擋不了歷史潮流。西元前二三年，共和派的法尼烏斯·卡皮奧（Fannius Caepio）聯手執政官瓦羅·穆雷納（Lucius Licinius Varro Murena）等人，密謀刺殺屋大維，結果事蹟敗露，凡參與密謀刺殺者全受到嚴懲。

這起未成功的刺殺事件，讓屋大維相當震驚。他認為自己全心為羅馬的和平與穩定付出，卻仍遭部分人怨懟，於是萌生以退為進的策略。西元前二三年七月，他主動辭去已連任九年的執政官職位。元老院向來視執政官為從政的最高榮譽，對屋大維長期壟斷此職雖有不滿，但不敢公然反對。如今他主動辭職，元老們皆感欣慰，並表示尊重其決定。

事實上，早在西元前三六年屋大維就成為終身護民官，因此，從西元前二三年起，這個終身職成為他年年「當選」的頭銜。由於終身護民官的權力涵蓋內政，所以即使他辭去執政官的職位，也並未失去實質掌控權，反而在民意上贏得更多支持。換言之，他雖無官職，卻仍握有至高無上的影響力。

屋大維辭去執政官不久後，就恢復他早在三頭同盟時期便行使過的「干預行政官員選舉」的權力，亦即：他有權接受或拒絕候選人名單，使得選舉流於形式，以鞏固他至高無上的權力。另外，他還恢復三頭同盟時期所慣用的宣誓儀式，也就是，所有當選官員上任時，都必須宣誓無論

11 「奧古斯都」的原意爲「神聖而尊貴之人」，具有「至尊至聖」的象徵意涵。自此，「奧古斯都」成爲羅馬最高統治者的象徵稱號，後世更沿用爲皇帝的代稱。

過去或未來，皆服從奧古斯都的命令。他還獲得能以個人名義與外國簽署條約的特權，無須元老院或公民大會批准。羅馬儼然成為屋大維個人的天下。不難看出，**屋大維辭去執政官的職位，只是表面上交出權力，藉此展現他假意推崇民主**。但事實上，他隨後採取了一連串措施，進一步鞏固並集中自己的權力——此時的他，比以往任何時刻都更加獨裁。

屋大維以退為進的策略，再次成功。他始終強調自己僅是被選出的平民官員，其權力源於元老院與羅馬民眾授予，並服從法律。然而，縱然他名下的每一項特權都能在歷史上找到先例，但整體而言，他的權勢已遠超所有同僚，與共和傳統背道而馳，這樣的「元首政治」，實質上已使羅馬成為帝國而非共和國。

屋大維強化個人權力的手段，並未止步於此。西元前一八年，屋大維再度改組元老院，將人數削減至六百人，並由元首親定成員名單。這意味著元老院不僅人數變少，且已經變成聽命於奧古斯都的機構。唯有聽話的貴族才有機會謀得職位，反之，無論地位再高、財富再多的貴族，只要沒有唯命是從，就與元老無緣。改組後，元老院的權力因此大幅削弱。

與此同時，屋大維建立一個只向元首負責的行政體系——執行委員會。該會成為實際的決策核心，其成員包括：行省總督、財務監察官與其他文職官員。這些「欽定官員」具有專業經驗與高額報酬，年復一年地執行職務，取代了共和時代輪替的民選官員。換言之，屋大維擁有更有效的行政機器，鞏固了他的獨裁體制。

在對外政策方面，屋大維改革行省制度。除了埃及、敘利亞、西班牙與高盧由他直轄，其餘皆由元老院任命的總督治理，但在軍隊調動、徵稅、土地管理上，仍歸屋大維本人親自決定。另外，他設立自治城市、取消包稅制，並擴大公民權給行省的上層人士，安排退伍軍人定居，推動各個地方的羅馬化。

屋大維改組元老院時，也採取許多加強控制軍隊的措施。為了掌控軍隊，他宣布裁軍，將軍團縮減至二十八個，每團約二十萬至二十五萬人。義大利本土無駐軍，僅保留城防軍與禁衛軍。各軍團全部駐紮在其他行省。他用從埃及帶回的大量戰利品獎賞士兵，並承諾退伍分地，不再強徵土地。他嚴格軍紀，要求士兵絕對服從，違者處以鞭刑乃至死刑。各項舉措，使得羅馬軍對屋大維的忠誠度大幅提升。

西元前一二年，退出政界後出任羅馬最高祭司的雷比達病故。雷比達去世後，屋大維進一步大權獨攬。羅馬人並沒意識到這有什麼不好，反而對屋大維更崇敬。人們從各方匯聚到羅馬城，並推選屋大維擔任祭司長。就這樣，屋大維進一步掌握宗教權力，成為宗教體系的領袖，地位更為崇高。此時，屋大維已兼掌軍政、立法、宗教大權。無論任何官員，其權勢皆難以與之匹敵。

西元前二年，元老院、騎士階級與民眾一致尊稱他為「國父」。共和的幻想徹底被現實的獨裁粉碎。奧古斯都的「元首體制」至此全面建立，羅馬人不再選舉執政官、護民官或祭司長，而是共同服從於元首。**羅馬長達七百五十二年的共和制度，正式在這位「民主派英雄」屋大維手中結束。**屋大維也成為羅馬帝國的首位皇帝，是邁向新時代的象徵性人物。

Chapter VIII

皇位繼承遊戲

元首獨裁制的弊端，很快就對羅馬帝國造成負面影響。
帝國宮廷醜聞頻傳，政局動盪不安，
最終演變爲軍事強人掌握權力，自立爲王。
羅馬皇位的繼承制度頗具特色，
一方面延續威權與專制的傳統，另一方面卻仍保留若干「民主之風」。
在形式上採取「擇賢而立」的方式來決定繼承人。

令人失望的繼任者

羅馬實行元首制後，國家最高統治者不再經由選舉產生，各級官員也不再依賴民選決定。國家元首即皇帝，而皇位多由世襲產生。現任皇帝生前指定繼承人，等他去世後，元老院與公民大會僅形式上加以承認即可。然而，情況並非總是如此順利，元首獨裁制很快就暴露出弊端。屋大維死後接任的多位皇帝，大多暴虐專橫，給羅馬帶來接連不斷的政治災難與內部動盪。

在政治上，屋大維是無庸置疑的成功者，但在家庭生活上，他卻是徹底的失敗者。這種失敗不僅影響皇位的繼承安排，也深刻左右了羅馬歷史的發展方向。

屋大維膝下無子，只有一名女兒——茱莉亞・凱撒莉絲（Julia Caesaris，史稱大茱莉亞）[1]。他的外甥馬塞盧斯（Marcus Claudius Marcellus）迎娶了大茱莉亞。屋大維原本屬意馬塞盧斯為繼承人，但馬塞盧斯於西元前二三年因食物中毒身亡。

後來，大茱莉亞改嫁屋大維的心腹阿格里帕，兩人育有三子二女，分別為：蓋烏斯・凱撒（Gaius Caesar）、魯基烏斯・凱撒（Lucius Caesar）、維普薩尼亞・茱莉亞・阿格里皮娜（Vipsania Julia Agrippina，小名小茱莉亞）、大阿格里皮娜（Agrippina Germanici, Agrippina the Elder）與阿格里帕・波斯圖姆斯（Agrippa Postumus）[2]。阿格里帕過世後，屋大維收養了蓋烏斯與魯基烏斯，計畫培養他們作為繼承人。

與此同時，屋大維也重用第三任妻子莉薇婭（Livia Drusilla）與前夫所生的兩名兒子，分別是：尼祿・克勞狄・德魯蘇斯（Nero Claudius Drusus，史稱大德魯蘇斯）與提比略・克勞狄・尼祿（Tiberius Claudius Nero，後簡稱提比略）[3]。屋大維收他們為養子，並派往日耳曼戰場以建立軍功——他們率領羅馬軍隊征服了大片日耳曼部族。

西元前一二年，阿格里帕去世後，提比略與原配離婚，迎娶大茱莉亞，分擔屋大維的護民官職權，但不久後，他選擇退隱。西元前九年，大德魯蘇斯於軍中過世；西元前四年與西元前二年，蓋烏斯與魯基烏斯相繼病逝。提比略被召回羅馬城，與阿格里帕・波斯圖姆斯共同成為屋大維的繼承人。

雖然提比略迎娶了波斯圖姆斯的母親大茱莉亞，但他始終無法容忍波斯圖姆斯。西元一四年八月十九日，屋大維辭世，由繼子提比略繼位，而波斯圖姆斯遭放逐後沒多久就被處死了。提比略繼承屋大維的權力，建立了羅馬的儒略—克勞狄王朝（Julio-Claudian Dynasty）——「儒略」代表皇權傳承自奧古斯都的家系，「克勞狄」則代表傳承自提比略的家族。

提比略自幼與母親莉薇婭在宮廷中生活，自小即浸淫於專制的統治環境。他在青年時期即受到重用，擔任執政官。然而，他的性格傲慢、殘忍，缺乏古典羅馬公民的政治理念，崇尚血腥手

1 編注：凱撒的女兒也叫做茱莉亞・凱撒莉絲，歷史上爲了避免混淆，稱屋大維的女兒爲大茱莉亞（Julia the Elder）。
2 編注：後來他也被屋大維領養，改名爲阿格里帕・尤利烏斯・凱撒（Agrippa Julius Caesar）。
3 編注：提比略的名字與親生父親相同，待他成爲第二任羅馬皇帝之後，改名爲提比略・尤利烏斯・凱撒・奧古斯都（Tiberius Julius Caesar Augustus），但仍多簡稱其爲提比略。

段，並沉溺於腐化荒淫的生活。

為了鞏固自身統治，提比略仿效屋大維的作法，以懷柔威權並用的策略，調和皇帝與元老院之間的矛盾。他壓制公民大會，提升元老院的地位，將選舉權與立法權自公民大會剝奪，轉交給元老院。這一舉措贏得元老貴族支持，同時也徹底削弱了公民大會的政治影響，剷除民主共和制度的最後根基，進一步鞏固了他的獨裁之路。

任何對皇帝的非議，提比略都會嚴厲制裁。無論是貴族、公民還是奴隸，只要表現出反對皇帝的行為，皆會被毫不寬容地鎮壓。**在提比略的統治下，元首顧問會（consilium principis）成爲常設機構，負責日常政務，並擁有實質決策權。**另外，提比略從親信騎士、侍從甚至被釋放的奴隸中擢升大量官員，讓這些心腹掌控國政與皇室事務，逐步形成一個獨立於元老院之外的宮廷官僚體系。

提比略自知不得民心，時常擔心自己被刺殺，對自身安危戒慎恐懼。他極度寵信近衛軍，給予他們優渥待遇，並將其集中部署在羅馬與皇帝宮邸周圍，藉由日夜巡邏以確保自身安全。由於提比略的信任，近衛軍逐漸成為他剷除異己的重要工具。後來，宮廷政變接連發生，近衛軍更成為左右皇帝廢立的關鍵勢力。提比略對他人極為嚴酷，長期相處下來，連禁衛軍中也出現不滿的聲音。西元三七年，他在卡布里島（Capri）的行宮遭禁衛軍殺害。後來，提比略的姪子日耳曼尼庫斯（Germanicus Julius Caesar）[4]與屋大維外孫女大阿格里皮娜所生的兒子——卡利古拉（Caligula）[5]，繼位為皇帝。

卡利古拉自幼在羅馬軍隊中成長，深受士兵愛戴。然而，他登基後極為殘暴，行徑令人震驚。最後，連當初擁立他的禁衛軍都無法忍受。西元四一年，卡利古拉在皇宮中遭近衛軍刺殺，時年二十八歲，結束了他短短四年的殘暴統治。禁衛軍再度發動政變，擁立他的叔叔克勞狄烏斯（Claudius）[6]為皇帝，史稱克勞狄一世（Claudius I）。

克勞狄一世娶了卡利古拉的姐姐，也是他的親姪女小阿格里皮娜（Julia Agrippina, Agrippina the Younger）[7]為妻。這種近親通婚在羅馬帝國並不少見，是為了「確保皇族血統純正」，也有「肥水不流外人田」的考量。

---

4 編注：他的父親就是大德魯蘇斯，也就是提比略的弟弟。

5 編注：原名蓋烏斯．尤利烏斯．凱撒．奧古斯都．日耳曼尼庫斯（Gaius Julius Caesar Germanicus），但史學家多稱其爲卡利古拉，這是他的童年外號，意思是「小軍靴」，源於他幼時隨其父日耳曼尼庫斯駐日耳曼前線時，士兵爲他穿上的兒童款軍靴。卡利古拉是羅馬帝國第三位皇帝，他在位期間（西元三七年至四一年）極受爭議，被後世普遍認爲是一位荒淫殘暴的暴君。即位不久後，他的行爲急轉直下，展現出嚴重的精神失常傾向。他沉迷聲色，奢侈無度，嗜好殺戮，對政敵、臣下甚至親族都無情整肅。根據記載，卡利古拉與自己的妹妹們，尤其是朱莉亞．德魯西拉（Julia Drusilla）有著不倫關係，甚至公開宣稱自己爲神明，要求百官跪拜。他的種種舉止不僅背離傳統羅馬價值，更讓朝野震驚。

6 全名爲提貝里烏斯．克勞狄烏斯．尼祿．日耳曼尼庫斯（Tiberius Claudius Nero Germanicus，西元前一〇年至五四年），後改爲提貝里烏斯．克勞狄烏斯．凱撒．奧古斯都．日耳曼尼庫斯（Tiberius Claudius Caesar Augustus Germanicus），他是羅馬帝國儒略—克勞狄王朝的第四任皇帝（在位期間西元四一年至五四年）。統治期間他力求各階層的和諧，凡事採取中庸之道，修補了卡利古拉時期皇帝與元老院之間的破裂關係，提高行省公民在羅馬的政治權力，並興建國家的實業。

7 她是屋大維外孫女大阿格里皮娜的女兒、羅馬皇后、暴君尼祿（Nero）的母親、克勞狄一世的第四任妻子。她是羅馬帝國早期著名女性人物，也是古代世界最有名的投毒者之一。

作為由禁衛軍擁立的皇帝，**克勞狄一世有一定的政治經驗，也致力於施政，曾一度爲羅馬帶來穩定與發展的希望**。他著手推動行政機構改革，將過去隸屬於皇帝私人事務的宮廷官署制度化，成為由皇帝直轄的中央政務體系，並劃分為三個部門，分別是：秘書處負責外交、軍政與內務；財務處負責財政；司法處則負責法律與申訴事務。元老院及其他舊有官署的行政職權多數轉由皇帝直屬的官僚體系掌管，而這些機構多由皇帝信任的被釋奴擔任要職。此舉加強了皇帝對貴族的控制，因為被釋放的奴隸往往因階級差距而對皇帝忠誠不渝。相對而言，貴族享有經濟與政治特權，而讓被釋放的奴隸擔任政務官，也能有效監督並制衡貴族。

除了鞏固獨裁權力，克勞狄一世也致力於擴大政權基礎。他進一步大規模授予行省居民羅馬公民權，例如，他允許高盧貴族擔任高階官職、進入元老院，同時，大力提拔騎士階級，並擴建奧斯蒂亞（Ostia）海港。從當時或後世來看，這些作法既懷柔又強硬，頗有當年屋大維之風。若能長期實施，有助於鞏固帝權。

然而，小阿格里皮娜對克勞狄一世並無情感，對羅馬的未來也無興趣，卻對權力有著極強的渴望。克勞狄一世在位期間政事處理得有條不紊，這讓小阿格里皮娜即使成為皇后，在軍政大事上也無從插手，對此她內心十分不滿，於是開始密謀奪權。西元五四年十月，克勞狄一世在一次家庭晚宴後，中毒身亡。

事後，小阿格里皮娜將她與前夫所生之子尼祿。[8] 扶上皇位，妄想成為皇太后，垂簾聽政，掌控羅馬軍政。然而，她低估了尼祿。尼祿的荒淫與殘暴超乎她的想像。他即位後便開始肅清政敵，首先殺害的就是他自己的母親小阿格里皮娜，以及多位兄弟。小阿格里皮娜原以為能操控政權，最終卻連皇太后之位都未坐穩，就成為尼祿的刀下亡魂。她以毒藥害死丈夫，最終也被兒子毒手所害，不勝唏噓。

尼祿極度荒淫揮霍，殘忍無度，且自戀成癮。他迷戀各種演出，常自詡為天才藝術家，甚至親自登臺演戲，不理政務。他也視金錢為娛樂工具，身邊的禁衛軍與近侍只要能逗他開心，無論言語或行為，總能獲得鉅額賞賜。結果這些人不再專心護衛，整日揣摩皇帝心思，只為了博君一笑。在這樣的統治下，國庫迅速枯竭，財政日益困窘。尼祿毫無顧慮地加稅，諂媚的官員也樂於此事，好藉機勒索百姓，想當然耳，這道加稅命令一經傳出，立刻引發各地民怨四起。

尼祿不關心民間疾苦，一切以自身歡愉為重。西元六四年，羅馬城發生大火，連燒六天，十四區中有十區焚毀，死傷慘重。尼祿不僅未派人救火，反而登高觀火、飲酒作樂，把烈焰中民眾的哀號視為娛樂。於是，有坊間流傳尼祿是為建造新宮殿而縱火。尼祿為了壓制流言，開始大肆逮捕、屠殺可疑人士，並採取高壓手段噤聲，此舉使得民怨更加沸騰。各地陸續爆發反抗運動——西方的不列顛尼亞（Britannia）[9]女王布狄卡（Boudica）發動起義，屠殺數萬羅馬人；東方的巴勒斯坦猶太人也揭竿而起，殲滅駐耶路撒冷（Jerusalem）的羅馬軍隊；西班牙與高盧地

8 全名尼祿．克勞狄烏斯．凱撒．奧古斯都．日耳曼尼庫斯（Nero Claudius Caesar Augustus Germanicus，西元三七年十二月十五日至西元六八年六月九日），羅馬帝國第五位皇帝，儒略—克勞狄王朝最後一位皇帝。

9 編注：羅馬帝國對不列顛島的拉丁語稱呼，他們在此設立不列顛尼亞行省，包括現今英格蘭和威爾斯的絕大部分區域。

區，也烽火四起。

帝國陷入分裂，尼祿孤立無援，眾叛親離，就連昔日受他重賞的禁衛軍及名存實亡的元老院，也紛紛宣告他為國賊。外有叛軍逼近，內有近衛軍背叛，尼祿走投無路。西元六八年六月九日，他以短劍自刎身亡。尼祿死後，各行省的羅馬軍團紛紛擁立各自的指揮官為帝，羅馬內戰持續了一年多，最終由東部行省的貴族與多瑙河軍團支持的維斯帕先（Vespasian）[10]取得勝利，建立了弗拉維王朝（Flavian Dynasty）。

早年在元老院認可與民主派的擁戴下，屋大維登上羅馬元首之位，並在協調各階層與行省利益的過程中，將共和政體轉變為帝制，成為首位羅馬皇帝。遺憾的是，其繼承者多數凶殘腐敗，使得宮廷內鬥不斷，動亂頻仍，最終將帝國帶入軍事強人專政的時代。

無視耶路撒冷的憤怒

維斯帕先登上歷史舞臺，建立了新的皇朝，也讓羅馬帝國第一次經歷王朝更替，改變了歷史的走向。維斯帕先性格粗獷、勇敢，但同時也有心思細膩的一面。他處事不拘手段，精明幹練，擅長在危機中找到出路。當他即位時，羅馬帝國各地的行省紛紛叛變，軍紀渙散，財政也非常緊張；上任後，他力求把複雜的事情簡化處理，主張以武力鎮壓與削減開支為主要政策。他首先鎖定的對象，就是巴勒斯坦的猶太人起義。

為了順利平定起義，他把這個任務交給他的兒子提圖斯·弗拉維烏斯·維斯帕西亞努斯（Titus Flavius Vespasianus，後簡稱提圖斯）[11]。西元六七年，維斯帕先曾奉皇帝尼祿之命，率領五萬大軍征討猶太人，但沒能成功，這讓他始終感到遺憾。登基之後，他便命提圖斯帶兵全力鎮壓這場起義，藉此鞏固皇權。

西元前六三年，羅馬將領龐培領軍擊退本都軍；本都國王米特里達梯六世戰敗後自盡，本都變成羅馬的附屬國。龐培趁勝勢往東擴張，先是把敘利亞納為羅馬行省，再轉而進攻猶太王國（Kingdom of Judah）。

當時，猶太的哈斯蒙尼王朝（Hasmonean Dynasty）王位之爭正在進行，海卡努斯二世（Hyrcanus II）與阿里斯托布魯斯二世（Aristobulus II）[12]互不相讓。龐培支持親羅馬的海卡努斯二世登上王位，結果激起支持阿里斯托布魯斯二世一方的反抗。他們武裝占據耶路撒冷聖殿（Temple in Jerusalem），不承認海卡努斯二世的統治。龐培派軍支援海卡努斯二世，歷經三個月

10 維斯帕先是英語化的慣用說法，其全名爲提圖斯·弗拉維烏斯·維斯帕西亞努斯（Titus Flavius Vespasianus，西元九年十一月十七日至七九年六月二十三日），古羅馬弗拉維王朝的第一位皇帝，在位期間西元六九年至七九年，也是羅馬四帝之年最後一位皇帝。他軍人出身，在奪得皇位後，積極與羅馬元老院合作，致力改革內政，結束紛擾的四帝之年，並讓自己的子嗣順利繼承皇位。

11 編注：他與父親維斯帕先同名。

12 編注：他們兩人是兄弟，他們的父親是哈斯蒙尼王朝的第二任國王亞歷山大·詹納烏斯（Alexander Jannaeus）。

的苦戰後攻下聖殿，鎮壓了反對勢力。

龐培出手幫助海卡努斯二世的眞正目的，其實是爲了擴張羅馬在東地中海的勢力。他在平亂後，進一步控制海卡努斯二世，將猶太國大部分的領土納入羅馬的敘利亞行省，只留下巴勒斯坦中部、比利亞（Perea）和加利利（Galilee）由猶太人統治。隨後，龐培任命猶太王海卡努斯二世為祭司長，負責統治猶太國，但實權落在龐培的親信安提帕特（Antipater the Idumaean）的手中，海卡努斯二世淪為傀儡。

西元前五七年，羅馬將猶太王國分成五個自治區，進一步削弱海卡努斯二世的世俗權力，只保留他的宗教地位。猶太人原本受本都國統治時已飽受壓迫，本都滅亡後，羅馬的統治並未帶來改善，反而讓不滿情緒日益高漲。

羅馬並不在乎猶太人是否接受現況。當克拉蘇率軍東征帕提亞時，還洗劫了耶路撒冷聖殿與寶庫，引爆猶太人與羅馬人的矛盾。西元前五二年，猶太人揭竿起義，結果遭到鎮壓，有三萬多人被賣為奴隸。猶太人只能忍辱負重，繼續過著受壓制的生活。

隨著羅馬國內局勢惡化，猶太人也捲入了凱撒與龐培的內戰。曾被龐培打壓的阿里斯托布魯斯二世及其兩個兒子都選擇站在凱撒那邊。西元前四八年，當凱撒的軍隊在埃及亞歷山卓被包圍時，安提帕特也出手相助，希望羅馬能因此對猶太人好一點。

凱撒逃過危機後，為了感謝猶太人的幫助，免除了他們的賦稅，將雅弗城（Jaffa）還給猶太人，並保證猶太人在內部自治與信仰自由方面的權利。另外，他也同意重建之前被龐培拆除的耶路撒冷城牆。不過，他也要求猶太人保衛邊境，並承擔相關開支。此後，猶太國內對羅馬的態度出現分歧，派系之間衝突不斷。西元前四〇年，帕提亞軍攻打羅馬控制的敘利亞，還占領了猶太國，並擄走了海卡努斯二世。

凱撒被刺殺後，安東尼扶植安提帕特的兒子希律（Herod）[13]為猶太的統治者。西元前三七年，安東尼打敗帕提亞軍，占領耶路撒冷，正式立希律為王。

西元前三〇年，屋大維繼續承認希律的地位，將龐培在西元前六三年從猶太國劃出的大部分城市交由希律統治。西元前四年希律去世後，羅馬將猶太王國一分為三，由其三個兒子希律・安提帕（Herod Antipas）、希律・阿基勞斯（Herod Archelaus）和希律・腓力二世（Herod Philip II）分別治理。其中，阿基勞斯的統治不得人心。

西元六年，屋大維罷免希律・阿基勞斯，將其轄區改設為猶太行省（Judaea Province），由羅馬派總督治理，但仍保留部分猶太自治權。西元三四年，希律・腓力二世去世後，他的領地被併入敘利亞行省。西元三七年，羅馬又把該地區交給希律・腓力二世的外甥希律・亞基帕一世（Herod Agrippa I），並授予他「猶太人的王」（King of the Jews）之頭銜去管理。西元三九年，希律・亞基帕一世又接手希律・安提帕的領地。西元四一年，羅馬皇帝克勞狄一世將猶太行省重新併入猶太王國。西元四四年，希律・亞基帕一世過世，羅馬再度把猶太王國改為行省。

13 編注：這位就是大希律王（Herod the Great）。

西元六六年，猶太人在凱撒里亞（Caesarea）發動起義，這是座猶太人與非猶太人混居的城市。當地受過希臘文化教育的非猶太人向尼祿的親信格西烏斯・弗洛魯斯（Gessius Florus）提出要求，希望在公民權上獲得優勢，弗洛魯斯表態支持他們。在凱撒里亞，猶太人與非猶太人之間爆發衝突。一些猶太人選擇離開凱撒里亞，但羅馬官員強迫他們返回，等於是逼他們走上絕路。同年的八月六日，街頭爆發流血衝突，這些曾經逃離過的猶太人被殺，而這直接引發了耶路撒冷的起義。

這次起義由猶太教的激進派奮銳黨（Zealotry）領導，他們不只想推翻羅馬統治，也想解決大地主、放貸人與教士對平民的壓迫。奮銳黨其中一個最激進的分支「短劍黨」（Sicarii）被羅馬人視為恐怖分子，因為他們主張用暗殺等方式對抗羅馬。

短劍黨的成員多數來自奴隸、貧農和城市底層，後來，就連中產階級也參與其中。這場起義的領袖包括：吉斯卡拉・約翰（John of Gischala，後簡稱約翰）與西門・巴爾・喬拉（Simon bar Giora，後簡稱西門）。

起義爆發時，時任猶太王希律・亞基帕二世（Herod Agrippa II）人還在耶路撒冷。他試圖勸猶太人不要反抗，也嘗試用武力鎮壓，但都沒成功。猶太人的怒火已經無法平息了。

起義軍攻入聖殿周邊堡壘，殺光少數羅馬駐軍，並圍攻王宮。守衛起初抵抗，但撐不住後就投降了，起義軍則將投降的羅馬兵全部處決。之後，他們完全掌控了耶路撒冷。

耶路撒冷起義成功的消息傳遍各地，鼓舞了許多猶太人。不過，就當猶太人起義勢如破竹之際，許多猶太人和非猶太人混居的城市，例如：大馬士革（Damascus）、阿什克隆（Ashkelon）與斯基托波利斯（Scythopolis）[14]等猶太人與外族混居的城市，也陸續爆發激烈衝突。

駐敘利亞行省的羅馬軍統帥加魯斯（Gaius Cestius Gallus）得知耶路撒冷爆發叛亂後，立刻率軍前去鎮壓。他手上大約有兩萬名羅馬兵、一萬三千名附屬國兵，還有大量敘利亞輔助軍，戰力遠遠超過猶太叛軍。

羅馬軍一舉攻占雅弗城，並屠殺了城內的所有居民。西元六六年九月，加魯斯率軍進攻耶路撒冷，但被神殿和王宮厚實的城牆所阻。最後不知什麼原因，他突然下令撤軍，還命令丟棄輜重與掩護部隊，這個決定至今仍是個謎，也許就連加魯斯本人也不知道原因。羅馬軍的突然撤退讓叛軍死裡逃生，重新掌控了巴勒斯坦大部分地區，只有一些希臘化城市仍堅守不降。

西元六七年二月，羅馬皇帝尼祿派遣維斯帕先率軍平亂。維斯帕先帶著約五萬名兵力進軍巴勒斯坦，採取穩紮穩打的策略，避免兵力分散，以防遭到叛軍突襲或分割包圍。他的計畫是先消耗、再殲滅敵人。到了西元六八年夏天，羅馬軍才重重包圍了耶路撒冷。

羅馬軍沒有貿然攻城，而是穩步推進。這讓叛軍原本繃緊的情緒稍微鬆懈，內部矛盾也愈來愈嚴重。當中的高階祭司與法利賽派（Pharisees）[15]主張與羅馬談判，耶路撒冷的貴族則把政權

14 編注：此為今日以色列東北部貝特謝安（Beit She'an）在希臘化時期的古名。
15 編注：法利賽派是當時猶太教的四大派別之一；另外三大派別為撒都該派（Sadducees）、艾賽尼派（Essenes）和奮銳黨。

交給由高階祭司所組成的議會，想要和平瓦解叛軍。激進的奮銳黨內部也分裂成以約翰和西門為首的兩派，彼此鬥爭不休。內部嚴重分裂，削弱了起義軍的勢力。

然而，正當羅馬準備趁起義軍分裂，要發動攻擊時，羅馬那邊也出現了政變。維斯帕先率羅馬軍圍攻耶路撒冷之時，接到消息——尼祿自殺了。根據羅馬法律，皇帝一死，軍事指揮官的權限也跟著終止，得等新皇帝重新任命。因此，維斯帕先下令暫停軍事行動，觀望政局變化，而猶太叛軍也因此獲得短暫的喘息機會。

不久後，維斯帕先發現其他地區的軍事將領紛紛擁兵自立。他心想，別人能自立，我也行。不過他沒急著自立為帝，而是打算先藉由戰功來證明自己的實力，以爭取元老院的支持。西元六九年六月，維斯帕先親自率精銳部隊進攻猶太地區，迅速攻下了希伯崙（Hebron），戰果讓人驚艷。這時，他決定正式宣布自己是羅馬皇帝。在軍隊擁戴下，維斯帕先開始回師羅馬，準備奪取政權；他把東方的軍隊交給長子提圖斯指揮，繼續駐守當地。

提圖斯沒有立刻進攻耶路撒冷，而是先移防敘利亞和埃及，隨時準備從海路支援父親奪權。維斯帕先成功打造「軍事強人」的形象，在進軍羅馬過程中，他善用武力並收買元老貴族，雙管齊下，很快便取得控制權。到了西元六九年底，內戰結束，維斯帕先成為新的羅馬皇帝。

當上皇帝後，維斯帕先立刻命令提圖斯返回巴勒斯坦，徹底鎮壓叛亂，以恢復羅馬對猶太人的統治。提圖斯明白這場戰爭對自己和父親的意義重大，因此，全力以赴。提圖斯率軍猛攻耶路撒冷。當時城內的猶太叛軍面臨嚴重的糧食短缺問題，但仍頑強抵抗。在這危急時刻，西門和約翰終於停止內鬥，共同對抗羅馬軍。在他們的帶領下，叛軍幾度擊退羅馬攻勢，甚至贏得一些小勝。不過提圖斯下定決心要在這場戰爭中立下大功，不惜一切代價都要剿滅叛軍。儘管叛軍有時獲勝，但羅馬軍不論是人數還是戰力都占壓倒性優勢，小規模勝利對大局毫無影響。

提圖斯持續發動猛烈攻擊。到了西元七〇年八月，叛軍防線節節敗退，羅馬軍終於攻進耶路撒冷。雙方爆發巷戰，叛軍拼死抵抗，但撐了一個月後仍宣告失敗，西門和約翰皆遭俘虜。提圖斯率羅馬軍以勝利者姿態，進入耶路撒冷。

猶太叛軍殘部在以利亞撒・本・雅爾（Eleazar ben Yair）[16]的領導下，退守至馬卡魯斯（Machaerus）和馬薩達（Masada）繼續抵抗。提圖斯緊追不捨。直到西元七三年，被羅馬軍圍在馬薩達的猶太起義軍，在殺死妻女家人後集體自盡。猶太人反抗羅馬暴虐統治的起義，被羅馬軍扼殺在血泊之中。

西元七一年，提圖斯返回羅馬城時，維斯帕先特別為他舉行凱旋儀式。西門被處決，約翰則

16 編注：他的祖父是加利利人猶大（Judas of Galilee），也就是最早在西元六年因不滿羅馬徵稅而發動反抗的那位猶太人，他繼承了這個家族對羅馬長期敵對的立場。

被終身監禁。提圖斯成功鎮壓叛亂，穩定了羅馬的東部統治，也替父親解決了帝國的困局。在西部，維斯帕先也派人鎮壓了高盧等地的起義，羅馬統治漸漸恢復穩定。尼祿統治下的混亂局面，終於被收拾，弗拉維王朝正式建立。

上任之後，為了整頓財政，維斯帕先緊縮宮廷開銷，也廣開財源。羅馬的苛捐雜稅名目繁多，甚至連上廁所也要收稅，對此，提圖斯都覺得有些稅收過分苛刻。但是，為解決財政危機，維斯帕先絲毫不覺得有什麼不妥，命令各地繼續收稅。

在行政上，他也努力提升各行省的地位。他深知，若光靠武力鎮壓各地不滿，遲早還是會爆發新的叛亂，所以他決定拉攏地方上層，把他們納入統治體系。

西元七三年，維斯帕先改組元老院，讓各地行省的富戶與地方菁英加入，並將西班牙與高盧的上千戶富人遷到羅馬，還授予部分西班牙城市的居民羅馬公民權。他很清楚，羅馬要真正成為地中海世界的主宰，就不能只靠羅馬本地的貴族，而是要讓整個帝國的上層階級都投入統治。

當然，這一切的核心還是要加強皇帝的權力，因此，維斯帕先強迫元老院通過《全權法》（Lex de imperio Vespasiani），讓皇帝擁有最大權力。同時，他整頓軍隊、加強軍紀，規定各地駐軍在同一個行省內招募，然後輪流在本省之外的各行省駐防，以防止出現地方割據的勢力。

經過這些改革，羅馬帝國重新穩定下來，避免了分裂，甚至有所復甦。羅馬帝國的第二王朝進入成長與壯大的新階段。

五賢帝時代

維斯帕先死後，其長子提圖斯[17]接任羅馬皇帝。他本身有豐富的軍事和行政經驗，從而繼續維持著羅馬的承平之治。不過，他在位三年就過世了。接著，皇位由他的弟弟圖密善（Domitian）[18]繼承。圖密善是在父兄的庇蔭下長大的，他個性固執，能力平平，卻很想證明自己比父兄更厲害。他常常以「主上」（Lord）甚至「神」（God）自居。他推動羅馬貨幣改革、大興土木，重建在戰火中受損的羅馬城市，還在日耳曼的黑森林一帶修建防線，也就是日耳曼長城（Limes Germanicus），鞏固邊境防禦。除此之外，他還發動了對不列顛和達契亞（Dacia）的軍事行動。

圖密善在位期間，羅馬將領阿古利可拉（Agricola）在格勞皮烏斯山（Mons Graupius）之戰中擊敗當地部族，進一步將羅馬勢力推進到現在的蘇格蘭地區。不過，羅馬兩次進攻達契亞都沒有成功。

17 弗拉維王朝的第二任羅馬皇帝，在位期間西元七九年至八一年。

18 此為英語化的慣用稱呼，全名是提圖斯·弗拉維烏斯·多米提安努斯（Titus Flavius Domitianus，西元五一年十月二十四日至九六年九月十八日），他是羅馬帝國第十一位皇帝、弗拉維王朝第三位也是最後一位皇帝。西元八一年九月十三日，其皇兄提圖斯去世後，圖密善遂被近衛軍宣布為皇帝。西元九六年九月十八日，圖密善在一場陰謀中被刺殺，享年四十四歲，同時弗拉維王朝也終結了。

圖密善強調中央集權與專制統治。他在位期間，羅馬的宗教、軍事和文化宣傳都強化了對皇帝的崇拜。他極度的自我膨脹，後來甚至自任終身監察官，試圖控制公眾與個人的行為和道德。雖然他的作為受到軍隊和百姓支持，但在元老院貴族眼中他就是個暴君。西元九六年，羅馬貴族發動政變。圖密善死於政變之中。

圖密善死後，羅馬掀起一股反專制的民主氣氛。元老院宣布圖密善為「人民公敵」，並推選涅爾瓦（Nerva）[19]這位元老院出身的長者擔任皇帝。元老院希望透過選出德高望重的人，讓羅馬回到一個較開明的皇帝制度。當然，羅馬並沒有恢復共和制度，只是希望皇帝是賢能之人。

涅爾瓦在位兩年（西元九六年至九八年），去世前沒有傳位給自己的兒子，而是**「擇賢立之」——選擇有能力的人繼任**。他把皇位交給得力助手、養子圖拉真（Trajan）[20]。圖拉真的政績非常突出，深得元老院敬重，被稱為「最好的統治者」（Optimus Princeps），當了二十年的皇帝（西元九八年至一一七年）。他也效法涅爾瓦「擇賢立之」的作法，傳位給養子兼助手哈德良（Hadrian）[21]。哈德良執政二十二年（西元一一七年至一三八年），受到世人好評。他也延續前例，把皇位傳給養子安敦尼．庇護（Antoninus Pius）[22]，安敦尼在位二十四年（西元一三八年至一六一年），政績顯著。

安敦尼也按照這個「擇賢立之」的模式，把皇位交給養子馬可．奧里略（Marcus Aurelius）[23]。馬可．奧里略當了二十年的皇帝（西元一六一年至一八〇年），但他打破了近百年的傳統，讓自己的親生兒子康茂德（Commodus）[24]接位。康茂德當了十三年皇帝（西元一八〇年至一九二年），被認為是「第二個尼祿」，最終被推翻，羅馬的「禪讓時代」也隨之結束。

其實帝制與共和制是對立的體制，但在這段將近百年的時間裡，羅馬成功融合兩者的優點。

---

19 原全名馬庫斯・寇克烏斯・涅爾瓦（Marcus Cocceius Nerva，西元三〇年十一月八日至九八年一月二十七日），登基後改名爲馬庫斯・寇克烏斯・涅爾瓦・凱撒・奧古斯都，羅馬帝國第十二位皇帝，安敦尼王朝（Antonine dynasty）的第一位皇帝，五賢帝時代（Five Good Emperors）的第一位皇帝。

20 本名馬庫斯・烏爾庇烏斯・涅爾瓦・圖拉真（Marcus Ulpius Nerva Traianus，西元五三年九月十八日至一一七年八月九日），安敦尼王朝的第二位皇帝，五賢帝之一。他在位期間，對內鞏固經濟和社會制度，對外則發動多場戰爭，立下赫赫戰功，讓羅馬帝國的版圖擴張到歷史上最大的範圍。他還建立了著名的圖拉真紀功柱（Trajan's Column），記錄自己的戰役成果。

21 全名普布利烏斯・埃利烏斯・哈德良（Publius Aelius Hadrianus，西元七六年一月二十四日至一三八年七月十日），羅馬帝國安敦尼王朝的第三位皇帝，五賢帝之一。他博學多聞，興趣廣泛。在位期間，他結束與東方帕提亞的戰爭，並與帕提亞國王簽訂和約，也進行行政與法律制度的改革。他對帝國邊防特別重視，曾在不列顛島北部修建一道橫跨東西的防禦工事——「哈德良長城」（Hadrian's Wall），用來防禦北方蠻族的入侵。

22 全名凱撒・提圖斯・埃利烏斯・哈得良・安敦尼・奧古斯都・庇護（Caesar Titus Aelius Hadrianus Antoninus Augustus Pius，西元八六年九月十九日至一六一年三月七日），五賢帝之一。他與涅爾瓦、圖拉真、哈德良以及馬可・奧里略並列，在他統治時期帝國達到全盛頂峰。因此，五賢帝的統治時期也因他的名字被稱爲「安敦尼王朝」。

23 全名馬可・奧里略・安東尼努斯・奧古斯都（Marcus Aurelius Antoninus Augustus，西元一二一年四月二十六日至一八〇年三月十七日），他是羅馬帝國的政治家、軍事領袖，也是位哲學家；五賢帝時代的最後一位皇帝，也被認爲是羅馬歷史上最傑出的君主之一。他以其深刻的哲學思想聞名，曾用希臘文寫下哲學著作《沉思錄》（*Meditationes*），這本書在西方文明中占有獨特而重要的地位，亦是斯多葛學派（Stoicism）的代表作品之一。

24 全名路基烏斯・奧里略・康茂德・安東尼努斯（Lucius Aurelius Commodus Antoninus，西元一六一年八月三十一日至一九二年十二月三十一日）。西元二世紀末羅馬帝國皇帝，也是安敦尼王朝的最後一位皇帝。康茂德是哲學家皇帝馬可・奧里略的兒子，卻是「另一位暴君的典範」，結束了過去帝國五賢帝時代的繁華，爲羅馬三世紀危機埋下了伏筆。康茂德遇刺身亡後，羅馬帝國再次陷入混亂的內戰之中。

雖然是皇帝制度，但透過「擇賢立之」的方式，讓權力平穩交接，且新任皇帝通常與前任並無血緣關係，這讓皇位繼承更像是選賢制度，延續了共和時期的一些優點，也帶來羅馬百年的穩定與繁榮。但當馬可・奧里略把皇位傳給兒子康茂德時，「擇賢立之」的傳統就此被破壞，康茂德走上了尼祿的老路，羅馬也從此逐漸邁入衰敗期。

「擇賢立之」之所以能持續下去，最關鍵的人物是圖拉真。圖拉真完全接受禪讓制，將皇位傳給哈德良，而他所做一切，都以羅馬的長遠利益為優先考良。

圖拉真出生在西班牙的義大利迦（Italica）[25]，在軍中歷練成長，後來成為軍團指揮官，並在西元九一年當上執政官。為了穩定政局，涅爾瓦看中他與軍隊的關係，收他為養子，立為儲君。事後也證明，涅爾瓦眼光獨到，任人唯才。**圖拉真戰功赫赫，政治經驗豐富，也體恤百姓。他即位後深受支持，政務處理上也能平衡各方利益。**

圖拉真關心弱勢族群，發放糧食、減稅免賦，還設立慈善機構，由元首辦公處撥出基金幫助孤兒與貧童。他也大力改善公共建設，在羅馬城和各地擴建道路、港口、橋梁、水道等。在行省的治理上，他相當重視經濟發展與社會穩定，任選官員上則注重能力與學識。另外，圖拉真也積極擴張疆土，使羅馬帝國的版圖在他在位期間達到巔峰。他親自率軍進攻達契亞[26]。雖然羅馬軍過去幾次遠征都失敗，不過，這次圖拉真動員二十萬大軍，經過五年苦戰，徹底征服達契亞，並設立達契亞行省（Provincia Dacia）。征服達契亞後，他又將目光轉向東方，越過幼發拉底河，發動對帕提亞的戰爭。幾年後，羅馬軍隊占領了帕提亞首都泰西封（Ctesiphon），帕提亞元氣大傷，只剩殘部逃入東方山區。將兩河流域納入羅馬，是羅馬統治者長久以來的夢想，而圖拉真親自實現了這個目標，也讓他的聲望登上頂峰。

圖拉真凱旋歸國時，正值猶太人與賽普勒斯人（Cypriots）在多地爆發起義，動亂四起，情勢一發不可收拾。他被迫緊急調兵鎮壓，但還沒平定完畢，就在途中病倒去世。本來已岌岌可危的帕提亞人因此暫時逃過滅亡的命運。

為了鎮壓各地起義，繼位的哈德良轉攻為守，主動與帕提亞和解，退出兩河流域。在西邊，他也採取守勢，在不列顛島上修造防線，也就是後來著名的哈德良長城[27]。

25 編注：古地名，大約在今西班牙桑蒂蓬塞（Santiponce）的北部、南部城市塞維亞（Seville）的西北九公里處。

26 古代東歐遊牧民族，主要生活在多瑙河以北，根據古羅馬歷史學家塔西佗（Gaius Cornelius Tacitus）《日耳曼尼亞志》（*Germania*）的記載，日耳曼人分布在萊茵河以東和多瑙河以北，達契亞屬於日耳曼部族，主要在今羅馬尼亞。西元一〇一年至一〇六年，羅馬皇帝圖拉眞曾二次興兵攻打多瑙河下流的達契亞人，推翻達契亞國王德切巴盧斯（Decebalus）的統治，把達契亞變爲羅馬的一個行省，並將大批羅馬士兵和貧民遷移到該處屯墾。

27 哈德良長城是一座位於不列顛島的古代邊牆，由羅馬人在統治當地期間修建。從完工到棄守的這段期間，它始終是羅馬帝國在西北邊界上的重要防線。哈德良長城不只是單一城牆，而是由主牆、瞭望塔、堡壘和大型駐軍基地等組成的完整防禦系統，充分展現羅馬時代的邊境軍事建設與管理方式。這道長城與安敦尼長城（Antonine Wall）以及日耳曼長城一同建構了古羅馬的長城體系，代表羅馬帝國在不同邊境地區的防禦策略與疆域管控手段。

雖然哈德良對外看似溫和，但其實他毫不膽怯。為了保住羅馬的基本利益，他對叛亂毫不手軟，行事果斷又強硬。西元一三一年，哈德良下令禁止猶太人行割禮、閱讀律法，還在耶路撒冷建立羅馬神廟，把猶太居民趕出城外。

對猶太人來說，耶路撒冷是宗教的根，是心中最神聖的城市。羅馬人的行為直接踐踏他們的信仰與家園，引爆了新的起義。這次起義由被稱為「星辰之子」（Bar Kokhba，意為「Son of the Star」）的西門・巴爾・科赫巴（Simon bar Kokhba）領導，猶太軍隊最多達二十萬人，甚至占領羅馬殖民地、殺害殖民者。

哈德良毫不猶豫，立刻派兵鎮壓，對猶太人採取極為嚴厲的手段。猶太起義軍多是臨時組織的非正規軍，戰力和羅馬職業軍隊差了一大截，戰術也遠遠不如對手。雙方激戰三年，最後羅馬人平定叛亂，摧毀了五十座猶太城市、上千村莊，據說共計屠殺多達五十八萬人。

見猶太人的不屈服，哈德良決心斬草除根，把當年摧毀迦太基的方法再次用在耶路撒冷。西元一三五年，他下令徹底拆除、破壞耶路撒冷城，並把遺址翻耕為農田，完全抹除遺跡，還將倖存的猶太人賣為奴隸。從那一刻開始，巴勒斯坦一帶滿目瘡痍，猶太人被迫離開故土，開始漫長的流亡。

不過在內政方面，哈德良卻展現出溫和且有遠見的一面，繼續推動圖拉真時期的政策。他在位二十二年間，羅馬城與各行省發展繁榮，工程技術與建築藝術達到巔峰，隨處可見高大精美的建築，無不彰顯出羅馬的強大與繁榮。另外，他改革官僚制度，把元首辦公處的職位交由騎士擔任，騎士成為出任公職的基本資格。換言之，他取消以前只要有錢就能當官的制度，改由皇帝親自挑選服役資歷完整的人晉升為騎士，再安排進入政務體系。另外，哈德良還讓元首顧問會正式成為中央機構，其成員包括：元老、騎士和法學家，並實行官階官俸制。此外，他下令法學家根據皇帝意旨編撰《永久敕令》（Edictum Perpetuum），作為羅馬帝國法律的根基。至此，羅馬的行政與法律體制已趨近完備。

哈德良去世後，由安敦尼接任皇帝。他的任務是延續羅馬的榮景。

安敦尼深知自己是守成皇帝，對外他採取防守收斂的政策，保持邊境和平；對內則與元老院維持良好關係，加強行省管理，整頓財政、興建道路，促進各行省的經濟繁榮與貿易發展。

安敦尼在位期間，羅馬沒有內戰也沒有外戰，是歷史上罕見的和平時代。他也是少數成功的守成皇帝之一，受到歷史學界高度評價。當時除了奴隸，羅馬社會從貴族、騎士到平民都過得非常奢華，逐漸喪失進取精神，尤其是軍隊長期未作戰，戰力也明顯下降。

接著登場的是馬可．奧里略，他因「擇賢立之」制度而被選為繼任者。他的「賢」，並非政治、行政或軍事能力，而是哲學方面的成就。事實證明，讓一位哲學家來治理帝國，其實不是當時羅馬所需要的那種「人才」。

馬可．奧里略執政時，羅馬帝國內外交迫。東方的帕提亞重新崛起，不斷侵犯羅馬邊境；北方的蠻族也趁機入侵。這時，羅馬需要的是一位果斷的軍事領袖，帶領軍隊擊退敵人，但這位熱愛哲學的皇帝只想靜下來思考與寫作，戰場生活讓他很苦惱。

另外，他的哲學信仰也影響了他的治國策略。他提出「以蠻治蠻」方針，也就是讓歸順羅馬的蠻族去對付其他敵對部落。他認為，讓聽命於羅馬的蠻族人去打擊進攻羅馬的蠻族人，這樣羅馬只要出點錢，就可坐收漁翁之利，如此就可解決邊疆危機。西元一七二年，他允許一支日耳曼部落定居於多瑙河南岸，但這也成為蠻族進入羅馬境內的開端。

馬可·奧里略的另一個爭議決策，就是把皇位傳給自己的兒子康茂德，終結了「擇賢立之」的傳統。康茂德性格殘暴、荒淫無度，行徑常讓人聯想到尼祿，認為他是「尼祿再世」。不少羅馬人視他為災星。西元一九二年，康茂德在元老院與近衛軍聯手發動的政變中，遭到暗殺身亡。

之後不論是元老院還是近衛軍扶持的新皇帝，都無法穩住局勢。各地行省紛紛擁立自己的將領為皇帝，爆發大規模內戰。最終由潘諾尼亞（Pannonia）[28]總督塞提米烏斯·塞維魯斯（Septimius Severus，後簡稱塞維魯斯一世）[29]勝出，建立了塞維魯斯王朝（Severan Dynasty）。

雖然新朝建立、改朝換代，但羅馬的黃金時代已經過去，之後羅馬帝國再難回到真正的太平與穩定，內憂外患不斷，雖然後世有皇帝進行改革，但始終沒辦法挽救羅馬了。

---

28 編注：中歐的一個歷史地名，大致相當於今日的匈牙利西部、奧地利東部、斯洛維尼亞、克羅埃西亞、波赫和塞爾維亞北部。

29 塞維魯斯一世（西元一四五年四月十一日至二一一年二月四日），出生於羅馬帝國阿非利加行省的大萊普提斯（Leptis Magna，位於今日的利比亞），逝世於不列顛。他是塞維魯斯王朝的開創者，在位期間西元一九三年四月十四日至二一一年二月四日。塞維魯斯是羅馬歷史上首位來自非洲的皇帝。

Chapter IX

鏖戰兩河流域三百年

羅馬勢力發展到兩河流域後，遭遇到新興大國帕提亞，
羅馬和帕提亞在兩河流域鏖戰了三百多年。
最終，帕提亞贏得戰爭，卻迅速走上滅亡之路；
羅馬的擴張被遏制，從此走上衰敗之路。

帕提亞的崛起

羅馬的勢力擴張到兩河流域之後，就再也無法繼續向東推進。**兩河流域成爲羅馬帝國全盛時期最東邊的勢力範圍，羅馬的主要領土也大致停留在地中海沿岸地區。**其中一個重要原因，是當時崛起於中亞的強國帕提亞帝國全力阻擋。

帕提亞的領土大致位於過去波斯阿契美尼德王朝（Achaemenid Empire）舊地的中部，羅馬帝國則控制了該地的西部。無論是帕提亞要「重現阿契美尼德王朝的輝煌」，還是羅馬帝國要「重現亞歷山大大帝的輝煌」，雙方都勢必要擊敗對方、奪下整個阿契美尼德故地。然而，從接下來三百多年的拉鋸戰來看，帕提亞沒那個實力，但羅馬也辦不到。

亞歷山大大帝過世後，他建立的馬其頓王國很快就崩裂瓦解了，其中，中亞地區落入塞琉古王國的手中。塞琉古王國為了實現亞歷山大的理想，努力經營了幾百年。當時，伊朗高原東北部的帕提亞地區住著帕尼人（Parni）部落，受塞琉古派駐的總督管理。帕尼人後來被稱為帕提亞人。西元前二世紀，當羅馬人在地中海沿岸不斷擴張時，帕提亞人也逐漸崛起。西元前二二二年，塞琉古國王安條克三世繼位後，平定了帕提亞和巴克特里亞的叛亂，然後轉向小亞細亞，想吞併愛琴海沿岸的希臘城邦。

西元前一九二年，安條克三世在埃托利亞同盟的協助下，率領一萬大軍入侵希臘。羅馬共和國及其盟友動員兩萬軍力應戰，雙方在溫泉關（Thermopylae）交戰，塞琉古軍敗退。羅馬軍隊一路追擊敵軍至小亞細亞，並在西元前一九〇年於馬格尼西亞（Magnesia）擊敗七萬塞琉古大軍。西元前一八八年，安條克三世被迫與羅馬議和，簽署條約。根據條約，除了賠款外，還被限制徵兵權。條約簽署後，塞琉古國內局勢動盪，各地叛亂不斷。帕提亞趁勢脫離塞琉古控制，開始獨立發展。在弗里阿帕提烏斯（Priapatius）[1]和弗拉特斯一世（Phraates I）[2]的領導下，帕提亞默默壯大。弗拉特斯一世即位後，帕提亞的領土已大為擴張，他甚至將勢力推進至亞歷山大之門（Caspian Gates）[3]，並奪下阿帕梅亞・雷吉安納（Apamea Ragiana）[4]。

弗拉特斯一世死後，米特里達梯一世（Mithridates I）[5]即位，使帕提亞國力達到巔峰，成為名副其實的帝國。此時，帕提亞帝國與巴克特里亞王國[6]關係惡化，米特里達梯一世趁機出兵，

1 帕提亞皇帝，在位期間西元前一九一年至西元前一七六年。
2 帕提亞皇帝，在位期間西元前一七六年至西元前一七一年。
3 亞歷山大之門是一個傳說中的概念，它的眞實樣貌和地理位置一直沒有定論。根據歷史記載，亞歷山大大帝在追擊波斯將領貝蘇斯時，走的是繞過裏海東南角的路線。但後來，許多歷史學者和文學作品，逐漸把這座原本虛無縹緲的「門」想像成位在裏海西側，也就是所謂的裏海走廊（Caspian Gates）。傳說中，亞歷山大之門的掌控者死後，將它交給了東羅馬帝國皇帝阿納斯塔修斯一世（Anastasius I）。但阿納斯塔修斯一世不想花錢費力在那邊駐軍防守，結果這座「門」後來就被薩珊王朝的喀瓦德一世（Kavad I）奪走了。待雙方達成和解之後，阿納斯塔修斯一世在邊境修建了達拉（Dara）這座城市，而這座城後來也成了東羅馬和波斯之間戰爭的重點地區。
4 具體的地理位置不明，但應該是位於伊朗；遺址尚未被發現。
5 帕提亞皇帝，在位期間西元前一七一至西元前一三八年。
6 在中國史書中，稱其爲大夏。

奪取巴克特里亞兩個地區，讓當時的巴克特里亞王歐克拉提德一世（Eucratides I）不敢迎戰。

米特里達梯一世接著轉向攻打舊宗主塞琉古王國。西元前一四八年，他率軍進攻米底王國（Medes），並攻占其首都埃克巴坦那[7]。當時，塞琉古內部爆發提馬克斯（Timarchus）[8]叛變，無力應戰。西元前一四二年，塞琉古的將軍狄奧多特・特里豐（Diodotus Tryphon）也發動叛亂，塞琉古自顧不暇，無力反擊帕提亞。

米特里達梯一世乘勢奪下美索不達米亞的巴比倫尼亞（Babylonia），並於西元前一四一年在塞琉西亞（Seleucia）鑄幣、舉行宣誓儀式，宣告帕提亞對該地的統治。返回希爾卡尼亞前，米特里達梯一世還征服了埃利邁斯（Elymais）和查拉塞尼（Characene），攻下蘇薩，使帕提亞帝國的勢力擴展至南亞次大陸的西北部。

帕提亞首都最早設於赫卡通皮洛斯（Hecatompylos）[9]，後來，米特里達梯一世又命人在塞琉西亞、埃克巴坦那、泰西封與米特里達梯基特（Mithradatkirt）[10]興建王宮，其中，埃克巴坦那成為避暑行宮，泰西封則成為加冕地。

西元前一四〇年，塞琉古國王德米特里二世（Demetrius II）[11]反攻帕提亞控制的兩河地區，雖然初戰得勝，但帕提亞很快重整軍勢，於西元前一三八年擊敗塞琉古軍並俘虜德米特里二世。他被押往希爾卡尼亞，米特里達梯一世對他禮遇有加，還將自己的女兒羅多古娜（Rhodogune of Parthia）嫁給他。

德米特里二世被俘後，安條克七世（Antiochus VII）[12]登基，召集希臘傭兵準備奪回巴比倫尼亞，但他先集中兵力剿滅狄奧多特．特里豐的叛軍。西元前一三〇年，安條克七世親率大軍攻入帕提亞控制的兩河地區。當地民眾趁勢叛變，殺死帕提亞的官員。帕提亞國王弗拉特斯二世（Phraates II）[13]驚慌失措，急忙派將領迎戰，然而在大扎卜河（Great Zab River）一戰中，帕提亞軍大敗。接著，安條克七世趁勢奪回巴比倫尼亞和蘇薩，並在蘇薩鑄幣慶祝勝利，隨後，他繼續轉攻米底。帕提亞連戰皆敗，弗拉特斯二世不敢再戰塞琉古軍，於是主動提出和談。

安條克七世趁機開出兩個條件，分別是：帕提亞要不撤出全部塞琉古失土，要不支付鉅額賠償並釋放德米特里二世，否則談判免談。這是二選一的談判協議，端看求和者如何選擇。對此，弗拉特斯二世認為安條克七世沒有誠意，根本不想和談。然而，考量局勢對己不利，弗拉特斯二世決定以拖待變。他先釋放被俘的塞琉古皇帝德米特里二世，並將他護送回敘利亞，但沒答應安條克七世的其他要求。他希望讓塞琉古王室內部互相猜忌[14]，以便爭取喘息機會。

---

7 編注：今伊朗哈馬丹（Hamadan）的古名。

8 編注：貴族出身，是塞琉古王子安條克四世（Antiochus IV Epiphanes）在羅馬作人質時的好友。安條克四世即位後，命他爲塞琉古王國西部重要行省米底的總督，後來發動叛亂並自立爲國王，最後兵敗被殺。

9 編注：位在今日伊朗北部的塞姆南省（Semnan）。

10 編注：位在今日土庫曼的尼薩（Nisa）。

11 塞琉古皇帝，前期在位時間西元前一四五年至西元前一三八年，後期爲西元前一二九年至西元前一二五年。

12 塞琉古皇帝，在位期間西元前一三八年至西元前一二九年。

13 帕提亞皇帝，在位期間西元前一三二年至西元前一二八年。

14 編注：安條克七世是德米特里二世的弟弟，在其兄被帕提亞帝國俘虜後即位。

弗拉特斯二世雖然接受了安條克七世提出的部分和談條件，卻拒絕了其中對他最有利的部分。這讓安條克七世進退兩難——撤軍失了面子，繼續進攻又會被認為背信，損害他的聲望。畢竟，塞琉古軍隊原本是打著「為皇帝報仇」的旗號與帕提亞人激戰，現在德米特里二世已經被釋放，部分將士覺得目標已經達成。於是，安條克七世只好一邊繼續圍城，一邊與帕提亞人談判，催促他們交出一筆錢，好讓他能體面的撤軍。但帕提亞人既不主動應戰，也不願付款，只靜觀局勢變化。

沒多久，帕提亞人等到他們想要的時機了。當時，安條克七世率軍在米底郊區四處掠奪糧食資源，把當地搶得一乾二淨。西元前一二九年春，當地民眾爆發起義，襲擊塞琉古軍。安條克七世匆忙派兵鎮壓，這時，弗拉特斯二世帶著帕提亞軍發動反擊，一舉擊敗敵軍，並殺死安條克七世。弗拉特斯二世下令將安條克七世的遺體裝入銀製棺槨，送回敘利亞。安條克七世的兒子繼位後，把他父親在戰爭中奪下的帕提亞領土還回去，還將一位妹妹送入弗拉特斯二世的後宮，以此求和。弗拉特斯二世剛收復西部失地，卻發現東部的塞迦人（Saka）似乎有意生事，於是決定接受塞琉古王國提出的和解。

原來早在西元前一七七年，大月氏被東邊的匈奴打敗後，西遷到伊犁河谷；後來在西元前一二九年，又被烏孫人擊敗，只好南下進入巴克特里亞並占據了塞迦人的土地。塞迦人被迫西遷，開始攻擊帕提亞的東北邊境。當年，米特里達梯一世在征服美索不達米亞後，立刻回軍希爾卡尼亞，就是為了防備塞迦人趁亂動手。

之後，安條克七世率軍反攻帕提亞，弗拉特斯二世連戰皆敗，不得不招募一批塞迦人擔任傭兵。然而，他與安條克七世的對決中一直處於劣勢，根本沒想到會在最後一戰中反敗為勝、擊殺對方。那場關鍵的戰役開打時，塞迦傭兵還在途中，沒能及時參戰，自然也無法分享戰果。不過戰後，塞迦傭兵依然要求領取軍餉，但弗拉特斯二世認為他們沒參與作戰，對勝利沒貢獻，因此拒絕支付。塞迦人覺得帕提亞過河拆橋，於是發起武裝叛亂。弗拉特斯二世不以為意，正好，這時塞琉古王國已向帕提亞稱臣，他就命令塞琉古軍跟帕提亞軍一起出征鎮壓叛亂。結果，這些塞琉古士兵在戰場上倒戈，投向塞迦人，共同攻擊帕提亞。

弗拉特斯二世親率帕提亞軍作戰時陣亡，之後，由他的叔叔阿爾達班一世（Artabanus I）[15]接替他登基，繼續與塞迦傭兵的交戰。四年後，阿爾達班一世的兒子米特里達梯二世（Mithridates II）[16]成為新一任國王。米特里達梯二世是位出色的軍事領袖，他率領帕提亞軍成功收復被塞迦人占領的領地，甚至進一步擴張帕提亞的領土。

15 帕提亞皇帝，在位期間西元前一二八年至西元前一二四年。
16 帕提亞皇帝，在位期間西元前一二四年至西元前九〇年。

早年，當塞琉古王國放棄美索不達米亞時，帕提亞的巴比倫尼亞駐軍將領希墨羅斯（Himeros）奉命出征查拉塞尼王國。查拉塞尼國王希斯鮑西尼斯（Hyspaosines）率軍擊敗帕提亞軍。西元前一二七年，趁帕提亞忙於與塞迦人交戰之際，希斯鮑西尼斯出兵攻入巴比倫尼亞，占領了塞琉西亞。當時帕提亞無力反擊，直到西元前一二二年，米特里達梯二世才率軍反攻，並在會戰中擊敗對方。希斯鮑西尼斯只能帶著殘兵退回巴比倫尼亞，查拉塞尼王國就此淪為帕提亞的附庸國。

穩定局勢後，米特里達梯二世於西元前一一三年發動西征，占領了杜拉歐羅普斯（Dura-Europos）[17]，也因此與亞美尼亞王國開戰。西元前九七年，帕提亞軍擊敗亞美尼亞軍，米特里達梯二世下令廢黜該國國王阿爾塔瓦茲德一世（Artavasdes I of Armenia），並將其兒子提格蘭（Tigranes，後來成為亞美尼亞王提格蘭二世）帶走作為人質。

除了領土擴張，米特里達梯二世也為帕提亞帶來財富。西元前一三八年，中國漢朝皇帝劉徹派張騫出使西域，無意中打通了往來東西的絲綢之路。西元前一二一年，張騫抵達帕提亞，米特里達梯二世親自接見這位漢朝使者。他對這場前所未有的東西交流深感興趣，但也保持冷靜與理性。他代表帕提亞與漢朝建立正式的貿易關係，同意讓絲綢經帕提亞境內輸送到西方，並宣布帕提亞有權對過境商旅徵稅。

與此同時，他婉拒張騫提出的聯合對抗匈奴的軍事同盟建議。米特里達梯二世很清楚，羅馬人非常喜歡絲綢，而這些奢侈品需要從東方進口。另外，羅馬人從印度進口的鐵、香料與毛皮等物品也都得經過帕提亞。換言之，**徵稅成了帕提亞的重要財源**。其實帕提亞人自己也喜歡絲綢與來自漢朝的珍珠，而漢朝人也愛帕提亞的香料、香水與水果。雙方進行貿易，互通有無，自然也就可以帶來源源不絕的財富。

這次空前的外交交流之後，帕提亞對外的軍事擴張減少了，但國力卻愈來愈富強。

兩個帝國的邊界

在米特里達梯二世統治時期，貫穿歐亞大陸的絲綢之路正式全線暢通。帕提亞位處絲路中段，嗅出商機，積極經營，並從中獲利。經過一段時間，絲綢之路逐漸形成了四大帝國格局，從東至西依序是漢朝、貴霜帝國、帕提亞帝國和羅馬帝國。

帕提亞地處在貴霜和羅馬之間，並與貴霜以及絲綢生產地漢朝的關係友好。貴霜的前身是大月氏，曾長期壟斷西域絲綢貿易超過六百年。他們重視商業，但缺乏侵略性。數次西遷後，大月氏在原巴克特里亞王國的地區復興，掌握從中亞河中地區到印度次大陸的絲綢商權。貴霜與帕提亞的關係是以合作為主，很少爆發軍事衝突。貴霜帝國的溫和穩定，讓帕提亞的東部邊境得以安

17 編注：有「東方龐貝」之稱，位於中東敘利亞幼發拉底河畔，在美索不達米亞和敘利亞之間。

全無虞；相比之下，帕提亞面臨的主要威脅來自西方的羅馬。為了保衛西部疆域，帕提亞嚴格控管羅馬通往東方的商道，這也成為帕提亞財富的重要來源。

西元前九六年，在米特里達梯二世征服亞美尼亞的一年後，帕提亞與羅馬首度接觸。時任羅馬執政官蘇拉與帕提亞的使節歐洛巴佐（Orobazus）在幼發拉底河流域的某城市會面，進行邊界談判。最終雙方同意以幼發拉底河作為國界。不過，米特里達梯二世並未打算履行協議。他以討伐部落首領勞迪絲（Laodice of the Sameans）和塞琉古皇帝安條克十世（Antiochus X）[18]為由，派兵越過幼發拉底河，進攻敘利亞。西元前九二年，安條克十世在與帕提亞軍交戰時陣亡。德米特里三世（Demetrius III）當場繼位，並發動反攻。此後，塞琉古與帕提亞之間陷入長期衝突，而羅馬則未直接介入。

西元前七五年，本都國王米特里達梯六世發動第三次對羅馬的戰爭，並向帕提亞請求支援。但帕提亞國王薩納特魯斯（Sinatruces of Parthia）認為，米特里達梯六世是亞美尼亞王提格蘭二世的盟友，而對方是帕提亞的敵人，因此拒絕出兵。

隨著羅馬軍的攻勢加劇，本都和亞美尼亞的形勢愈來愈不利。西元前六九年，羅馬軍將領盧庫魯斯進攻亞美尼亞首都提格拉諾塞塔（Tigranocerta）。眼見滅國在即，提格蘭二世再次向帕提亞求援，本都王米特里達梯六世也派遣使者，再次向帕提亞求援。然而，新任帕提亞國王弗拉特斯三世（Phraates III of Parthia）[19]依然選擇袖手旁觀。

提格拉諾塞塔淪陷後，弗拉特斯三世派人重申與羅馬的條約仍然有效，幼發拉底河仍為兩國邊界。此時起，帕提亞的命運與羅馬更加緊密地交纏在一起。

不久後，帕提亞國內爆發政變。弗拉特斯三世被其子奧羅德斯二世（Orodes II）[20]與米特里達梯三世（Mithridates III of Parthia）[21]聯手刺殺。兩人隨後為爭奪王位爆發內戰。米特里達梯三世兵敗逃往羅馬的敘利亞行省；行省總督奧盧斯・加比尼烏斯（Aulus Gabinius）率軍來到幼發拉底河，聲稱支援米特里達梯三世對抗奧羅德斯二世爭奪帕提亞皇位。

然而，不久後埃及爆發叛亂，加比尼烏斯只好調頭前往支援托勒密十二世（Ptolemy XII）[22]，羅馬軍也隨之撤離。儘管失去羅馬支持，米特里達梯三世仍率軍一鼓作氣攻下巴比倫尼亞，展現出強大的軍事實力。對此，奧羅德斯二世不甘示弱，於西元前五四年派大將蘇雷納（Surena）率軍收復塞琉西亞，並處決米特里達梯三世。

幾乎與此同時，克拉蘇出任敘利亞總督。西元前五三年，他在不知米特里達梯三世已死的情況下，率軍進攻帕提亞。當時奧羅德斯二世正在進攻亞美尼亞，試圖阻止亞美尼亞王子阿爾塔瓦茲德二世（Artavasdes II）與羅馬合作，並成功迫使對方同意兩國聯姻——奧羅德斯二世的兒子帕

18 塞琉古皇帝，在位期間西元前九五年至西元前九二年。
19 帕提亞皇帝，在位期間西元前七一年至西元前五八年。
20 帕提亞皇帝，在位期間西元前五七年至西元前三七年。
21 帕提亞皇帝，在位期間西元前五八年至西元前五七年。
22 羅馬附屬國埃及的國王，在位期間西元前五三年至西元前三四年。

科魯斯一世（Pacorus I）迎娶亞美尼亞王阿爾塔瓦茲德二世的妹妹。

在卡萊，蘇雷納率領帕提亞軍隊迎戰克拉蘇。然而，這支帕提亞騎兵遠遠不及四倍於他們的羅馬軍。蘇雷納的軍隊由一千名長矛騎兵和九千名弓騎兵組成；羅馬軍則由七個軍團，以及包括高盧人和輕騎兵的預備軍所組成。雖然兵力遠少於羅馬，但蘇雷納靈活運用戰術，且還配備一千頭駱駝運輸箭矢，為弓騎兵提供大量箭矢。其中，他們使用「帕提亞回馬箭」（Parthian shot）[23]戰術——假裝撤退再回頭射擊，重創羅馬軍。結果羅馬軍兩萬人戰死、一萬人被俘，餘下人倖存逃脫，羅馬軍統帥克拉蘇則單騎逃亡至亞美尼亞邊境。

這一戰之後，勝利方帕提亞統帥蘇雷納主動向羅馬統帥克拉蘇提出談判。克拉蘇接受會談，但克拉蘇來到蘇雷納軍營進行面對面談判時，隨行的一名低階軍官懷疑有詐，與帕提亞士兵爆發了衝突。帕提亞士兵蜂擁而上，殺死了克拉蘇及其隨從。事後，蘇雷納率帕提亞騎兵、戰俘及戰利品，長途跋涉超過七萬公里，返回塞琉西亞，並舉行盛大慶典，慶祝卡萊戰役的勝利。**卡萊戰役失敗是羅馬史上最嚴重的一次軍事失利，反觀帕提亞取得這場戰爭勝利，證明它已經成爲羅馬的強勁對手。**

儘管帕提亞獲勝，但國王奧羅德斯二世對蘇雷納極為不滿，因為他未經皇帝批准就擅自談判，還自行決定處死羅馬將領，並私下攜帶戰利品回國，引發皇帝的猜疑。不久後，奧羅德斯二世猜忌蘇雷納圖謀皇位，便命人將他處死。

戰勝羅馬後，帕提亞的軍隊士氣高漲，並試圖征服羅馬控制的西亞地區，因此，於西元前五一年由太子帕科魯斯一世與將軍奧薩凱（Osaces）發動突襲，攻入敘利亞及安條克城（Antioch），但遭羅馬將領蓋烏斯・卡西烏斯・朗基努斯擊退，奧薩凱戰死。隨後，羅馬內戰爆發，龐培與凱撒兵戎相見；帕提亞暫停與羅馬的戰事，轉而支持龐培。西元前四二年，在腓立比決戰中，帕提亞軍作為盟友共同參戰。兩年後，帕科魯斯一世與效忠元老院的議員布魯圖斯以及凱撒的羅馬將軍昆圖斯・拉比努斯（Quintus Labienus）聯軍，一同進攻敘利亞。

當時，安東尼忙於召集兵力對抗屋大維，無暇應戰。帕科魯斯一世占領敘利亞後，拉比努斯更深入安納托力亞，帕提亞軍則向南進攻，攻下整個地中海東岸，南達托勒密，孤立了泰爾城。

不久，在猶太山地[24]支持羅馬的大祭司海卡努斯二世、法塞爾（Phasael）和大希律王等人率領的軍隊，被帕提亞軍及其盟友安提柯二世（Antigonus II）擊敗。大希律王逃往馬薩達，安提柯

23 這是一種由帕提亞人所發揚光大的弓騎兵戰術。帕提亞騎兵由重騎兵和輕騎兵組成。重騎兵人馬皆披掛鎧甲，使用長矛作爲武器。輕騎兵則是騎馬的弓箭手，不穿鎧甲。帕提亞輕騎兵能在進攻時，迅速調轉馬前進的方向，而當馬轉向的同時，輕騎兵也轉過身從馬上向敵射箭，這種戰術被稱爲「帕提亞回馬箭」（又稱安息回馬箭）。

24 編注：位於現今的耶路撒冷、希伯崙、伯利恆（Bethlehem）周邊地區。在古代，這片山地是猶太王國（Kingdom of Judah）的核心區域，因此被稱爲「猶太山地」。

二世隨即成為猶太山地的新統治者。

之後，安東尼帶領羅馬軍展開反攻；羅馬將軍普布利烏斯・文提狄烏斯・巴蘇斯（Publius Ventidius Bassus）成功將帕提亞軍驅離整個黎凡特地區（Levant）[25]。在西元前三九年的奇里乞亞山口戰役（Battle of the Cilician Gates）中，文提狄烏斯・巴蘇斯擊敗了由昆圖斯・拉比努斯領軍的羅馬—帕提亞盟軍，俘虜了拉比努斯後，將其處決。

帕提亞方面得知消息後，加大反擊羅馬的力道。雙方在阿馬努斯山口（Amanus Pass）交戰，帕提亞將領法爾納帕特（Pharnapates）領軍對抗文提狄烏斯・巴蘇斯率領的羅馬軍，但最終戰敗。帕提亞王帕科魯斯一世被迫帶領殘軍撤回敘利亞。

西元前三八年，帕提亞再度入侵敘利亞。帕科魯斯一世率軍在安條克東南的金達魯斯山（Mount Gindarus）與文提狄烏斯・巴蘇斯的部隊激戰。帕提亞慘敗，帕科魯斯一世戰死，殘軍退回幼發拉底河彼岸，帕提亞也因此喪失了儲君。帕提亞王奧羅德斯二世只好改立另一個兒子弗拉特斯四世（Phraates IV）[26]為新的繼承人。

西元前三七年，弗拉特斯四世即位。為了鞏固王位，他大肆清除政敵，殺害和流放了多位兄弟。其中，一位名叫莫納伊西斯（Monaesses）的兄弟逃往羅馬，投靠安東尼，並遊說他進攻帕提亞。同年，安東尼擊敗帕提亞的盟友——猶太王安提柯二世，並立大希律王為猶太王。隔年，安東尼率軍抵達艾斯倫（Erzurum）時，亞美尼亞國王阿爾塔瓦茲德二世再次倒向羅馬，派兵支援安東尼。隨後，安東尼進軍帕提亞盟友——阿特羅帕特尼王國（Atropatene）[27]，試圖攻下其都城帕拉斯帕（Phraaspa）[28]。此舉，促使帕提亞軍不得不出面應對。

不久之後，弗拉特斯四世在帕拉斯帕伏擊羅馬軍的後方部隊，摧毀了他們準備攻城用的大型攻城槌。局勢逆轉後，阿爾塔瓦茲德二世見勢不妙，趁機撤離羅馬陣營。弗拉特斯四世乘勝追擊，將安東尼的部隊一路追擊至亞美尼亞。安東尼見大勢已去，率羅馬軍撤回敘利亞。

此後，安東尼假意提出與阿爾塔瓦茲德二世聯姻。阿爾塔瓦茲德二世落入安東尼的陷阱，被抓了起來並處死。帕提亞盟友、阿特羅帕特尼王阿爾塔瓦茲德一世（Artavasdes I of Atropatene）與弗拉特斯四世的關係後來惡化。安東尼試圖與他結盟，但在西元前三三年撤出亞美尼亞後，計畫告吹。安東尼離開後，帕提亞盟友阿爾塔什斯二世（Artaxias II），登上亞美尼亞王位。

西元前三一年，安東尼於亞克興角戰役中敗給屋大維。西元前二七年，屋大維成為羅馬首位皇帝，稱為奧古斯都。大約在同一時期，提里達底二世（Tiridates II of Parthia）[29] 推翻弗拉特斯四世。不過，弗拉特斯四世在斯泰基遊牧部族的協助下奪回王位，而提里達底二世則帶著弗拉特

25 編注：這是歷史上一個模糊的中東地理名稱，廣義指的是地中海東岸、托魯斯山脈（Taurus Mountains）以南、阿拉伯沙漠以北和上美索不達米亞以西的一大片西亞地區。

26 帕提亞皇帝，在位期間西元前三七年至西元前二年，中間曾被廢黜過。

27 編注：即爲今日的亞塞拜然（Azerbaijan）。

28 編注：此城的實際地理位置，至今仍未能確認。

29 帕提亞皇帝，在位期間西元前三〇年至西元前二九年。

斯四世的兒子逃往羅馬。

西元前二〇年，帕提亞與羅馬展開談判。為換取兒子歸還，弗拉特斯四世同意將卡萊戰役中奪得的軍旗與倖存戰俘交還羅馬。羅馬同意了，於是釋放了他的兒子。雙方都宣稱自己獲勝——帕提亞人認為他們幾乎沒付出任何代價就迎回王子，羅馬人則以奪回軍旗為重大的政治勝利。

除了王子之外，屋大維還送了一位義大利女奴給弗拉特斯四世。她後來成為帕提亞王后穆薩（Musa）。為了確保她的兒子小弗拉特斯（Phraataces）[30]能順利繼位，穆薩說服弗拉特斯四世將其他王子送往羅馬作為人質，而屋大維便藉此對外宣稱帕提亞臣服於羅馬。

西元前二年，小弗拉特斯繼位為弗拉特斯五世，而他的母親穆薩竟成為他的王后，與他共同執政，此舉，引發帕提亞貴族的強烈不滿。西元四年，兩人被廢黜並流放至羅馬勢力範圍，羅馬干預帕提亞政局的鬧劇就此落幕。

然而，羅馬對帕提亞的影響仍未消退。繼位的奧羅德斯三世（Orodes III）[31]僅在位兩年多；而之後登基的沃諾奈斯一世（Vonones I）[32]是早年被送往羅馬做人質的王子。不過他因親羅馬立場，被阿爾達班二世（Artabanus II）[33]推翻，最終被流放至羅馬所控制的敘利亞行省。

此後，阿爾達班二世統治帕提亞超過二十年。在他統治期間，親羅馬與反羅馬勢力的角力，始終未曾停歇。

帕提亞與羅馬的巔峰對決

羅馬與帕提亞之間的暗中角力，從未停止。**雙方達成和平協議後，爭奪附庸國的控制權成為主要的衝突焦點。**對此，羅馬皇帝提比略主動出手，扶持親羅馬的法拉斯曼一世（Pharasmanes I）登上伊比利亞（Iberia）的王位，並暗殺帕提亞支持的亞美尼亞王阿爾沙克一世（Arsaces I of Armenia），改立親羅馬的米特里達梯（Mithridates of Armenia）[34]為亞美尼亞之王。亞美尼亞一直是羅馬與帕提亞爭奪的戰略附庸國。帕提亞王阿爾達班二世試圖反制，但未能成功奪回對亞美尼亞的控制。

帕提亞貴族對此局勢轉變，感到非常不滿，將怒火轉向阿爾達班二世，引發宮廷政變，他被迫逃往塞琉西亞避難。羅馬趁機釋放帕提亞王子提里達底三世（Tiridates III of Parthia）返國，並協助他奪位稱王。阿爾達班二世得知此事後憤怒不已，親率駐軍從希爾卡尼亞進攻，迫使提里達底三世退位。部分先前發動政變的貴族，也轉而支持阿爾達班二世。最終，提里達底三世退位，

30 編注：這位就是後來的帕提亞皇帝弗拉特斯五世（Phraates V），在位期間西元前二年至西元四年。
31 帕提亞皇帝，在位期間西元四年至西元七年。
32 帕提亞皇帝，在位期間西元八年至西元一二年；他是弗拉特斯四世的長子。
33 帕提亞皇帝，在位期間約西元一〇年至西元三八年。
34 編注：他是阿爾沙克一世的弟弟。

並於不久後去世。

西元三八年，阿爾達班二世去世，由瓦爾丹一世（Vardanes I）[35]繼位。然而，他的兄弟古達爾茲二世（Gotarzes II）[36]不服，另行稱帝，雙方支持者爆發長期內戰，最終由古達爾茲二世勝出。西元五一年，古達爾茲二世去世，由沃諾奈斯二世（Vonones II）短暫繼位，接著由沃洛吉斯一世（Vologases I）[37]即位。帕提亞與羅馬之間的附庸國爭奪戰，再度升溫。

伊比利亞王法拉斯曼一世野心勃勃，企圖吞併亞美尼亞以擴張領土。他派兒子拉達米斯托斯（Rhadamistus）發兵攻打亞美尼亞，並罷黜親羅馬的米特里達梯，自立為王。帕提亞不滿亞美尼亞再次落入他國之手，於是，沃洛吉斯一世派兵擊敗拉達米斯托斯，改立提里達底一世（Tiridates I of Armenia）為王，成功恢復帕提亞對亞美尼亞的宗主地位，也開啟亞美尼亞的阿爾薩息王朝（Arsacid dynasty of Armenia）。

西元五五年，沃洛吉斯一世的兒子瓦爾丹二世（Vardanes II）[38]叛變自立，迫使沃洛吉斯一世從亞美尼亞撤軍平亂。羅馬則趁機派軍進駐亞美尼亞，填補權力真空。西元五八年，瓦爾丹二世被擊敗身亡，沃洛吉斯一世隨即再派軍進軍亞美尼亞，與羅馬軍爆發長達五年的戰爭。羅馬軍由格奈烏斯・多米提烏斯・科爾布羅（Gnaeus Domitius Corbulo）率領，多次擊敗帕提亞軍，並罷黜提里達底一世，改立提格蘭六世（Tigranes VI）為代理王。帕提亞仍支持提里達底一世，持續對抗羅馬。

後來，羅馬改由盧修斯・凱森尼烏斯・派圖斯（Lucius Caesennius Paetus）接手指揮。他輕敵冒進，被帕提亞軍包圍在朗戴亞（Randeia）。雙方決戰後，羅馬軍遭大敗，派圖斯狼狽地逃往亞美尼亞。戰後，羅馬與帕提亞達成和解，簽訂《朗戴亞條約》（Treaty of Rhandeia）——羅馬放棄對亞美尼亞的控制權，亞美尼亞成為帕提亞的附庸國。為了穩定關係，西元六三年，提里達底一世親赴那不勒斯及羅馬會見羅馬皇帝尼祿。尼祿親自為他加冕為亞美尼亞王，象徵雙方和解。此後，羅馬與帕提亞維持一段較長的和平，包括，屋大維與尼祿在內的羅馬皇帝多採取謹慎的對外軍事政策。不過，後來的皇帝改弦易轍，大舉進攻帕提亞。

羅馬軍沿著底格里斯河與幼發拉底河發動攻勢，意圖奪取帕提亞最肥沃的新月沃土。帕提亞派出精銳投射兵與騎兵反擊，羅馬軍遭遇頑強抵抗，無法推進。為應對戰況，羅馬進行軍制改革，不僅依賴盟友納巴泰人（Nabataean），還設置輔助軍支援重裝步兵團，並在東部部署大量的弓騎兵與重裝騎兵。

35 帕提亞皇帝，在位期間西元三八年至西元四七年。
36 帕提亞皇帝，在位期間西元三八年至西元五一年；他是阿爾達班二世的養子。
37 帕提亞皇帝，在位期間西元五一年至西元七七年。
38 帕提亞皇帝，在位期間西元五五年至西元五八年。

帕提亞堅持防守戰略。雖然羅馬軍經改革後戰力提升，但其侵略行動仍無法奪得大片領土。雙方的戰爭逐漸變質為將領爭名、皇帝鞏權與維護國威的舞臺。至於帕提亞則專注於防禦，同時積極干預羅馬附庸國的政局。帕提亞的戰略，成功將羅馬勢力阻於兩河流域邊界，也就是雙方談定的疆界。

西元七八年，沃洛吉斯一世去世，隨後沃洛吉斯二世（Vologases II）、帕科羅斯二世（Pacorus II）與阿爾達班三世（Artabanus III）爭奪王位，經歷十二年的帕提亞內戰後，最後，由帕科羅斯二世勝出。在此期間，帕提亞仍未放鬆對羅馬的警戒，羅馬數度進攻卻未能造成重大損失。

帕提亞堅持防禦戰略，避免與羅馬全面衝突，並利用其在絲綢之路中段的地理優勢發展轉口貿易，累積可觀財富來鞏固軍備與防禦工事。西元一〇五年，帕科羅斯二世去世，沃洛吉斯三世（Vologases III）繼位。沃洛吉斯三世當了四年皇帝後，奧斯羅伊斯一世（Osroes I）[39]不服，自立為王。因無力平息內鬥，沃洛吉斯三世被迫接受帕提亞「一國多王」的局面，但奧斯羅伊斯一世也沒將沃洛吉斯三世放在眼裡。

奧斯羅伊斯一世未經羅馬同意，便罷黜亞美尼亞王提里達底一世，另立帕科羅斯二世之子阿克西達雷斯（Axidares）為亞美尼亞王。亞美尼亞雖為帕提亞的附庸國，但與羅馬關係密切。於是，羅馬藉此發動戰爭。

西元一一四年，羅馬皇帝圖拉真下令處決帕提亞支持的亞美尼亞王儲帕克馬西里斯

（Parthamasiris of Armenia），將亞美尼亞納為羅馬的行省。接著，羅馬軍由盧修斯・奎伊圖斯（Lusius Quietus）率軍占領尼西比斯，保障羅馬前往美索不達米亞平原北部的主通路暢通。

帕提亞失去亞美尼亞後，兩位國王彼此指責。奧斯羅伊斯一世大為憤怒，於西元一一五年起兵攻打沃洛吉斯三世。羅馬入侵之際，帕提亞內戰同時爆發，導致許多城池根本沒有進行防守，只有阿迪亞貝尼（Adiabene）的守將梅赫達特斯（Meherdates）曾堅決抵抗。

西元一一五年冬，圖拉真率軍駐守安條克，靜待春季再戰。西元一一六年春，圖拉真沿著幼發拉底河南下，攻陷杜拉歐羅普斯、泰西封、塞琉西亞等城鎮，還征服了查拉塞尼王國。

西元一一六年下半年，圖拉真攻陷蘇薩。帕提亞的軍事統帥薩納特魯斯二世（Sanatruces II of Parthia）從東部集結兵力應戰，但被遠親帕薩馬斯帕特（Parthamaspates of Parthia）所殺；之後帕薩馬斯帕特投降羅馬，圖拉真遂立他為帕提亞王。此為羅馬東征史上最遠的一次擴張。

圖拉真率羅馬軍轉攻北方時，巴比倫尼亞各地群起反抗羅馬軍。西元一一七年，圖拉真被迫撤軍，後來他又親自指揮圍攻哈特拉（Hatra）。原本圖拉真準備隔年再戰，實現讓帕提亞臣服的夢想，不過，西元一一七年八月，圖拉真突然病逝。圖拉真死後，他在美索不達米亞建立行省的企圖隨之破滅。由於軍力吃緊，繼位的羅馬皇帝哈德良選擇不再進攻，並重申以幼發拉底河為羅馬與帕提亞的邊界。

39 帕提亞皇帝，在位期間西元一〇九年至西元一二八年。

兩敗俱傷的尼西比斯之戰

西元一二九年，奧斯羅伊斯一世去世；到了西元一四七年，沃洛吉斯三世也過世，由沃洛吉斯四世（Vologases IV）[40]繼位，帕提亞重新回到統一皇帝的時代。沃洛吉斯四世發動戰爭，率帕提亞軍進攻亞美尼亞和敘利亞，奪下埃德薩（Edessa），也因此引發與羅馬之間的新一輪戰爭。

戰爭爆發後，羅馬皇帝馬可．奧里略指派其弟盧基烏斯．維魯斯（Lucius Ceionius Commodus Verus Armeniacus）專責防守敘利亞。西元一六三年，馬可．奧里略命馬庫斯．斯塔提烏斯．普里斯庫斯（Marcus Statius Priscus）率羅馬軍攻打亞美尼亞；西元一六四年，他又命阿維狄烏斯．卡西烏斯（Gaius Avidius Cassius）進軍美索不達米亞，與帕提亞軍開戰。羅馬與帕提亞之間近半世紀的和平，就此中斷。

當時羅馬正處於鼎盛時期。羅馬軍接獲命令後立即發動猛烈攻勢，先後攻下帕提亞的重要城市塞琉西亞與泰西封。占領之後，羅馬軍放任士兵劫掠，最後甚至放火焚毀兩座城市，幾乎將其夷為平地。但好景不常，沒過多久，羅馬軍內部爆發傳染性極強的致命疫病（很可能是天花）。雖然他們迅速撤退，但仍無法逃脫疫情的蔓延。數年內，這場疫情在整個羅馬帝國廣泛流行，造成重大傷亡。接下來將近三十年內，羅馬人再也不敢提及進攻帕提亞的事。

帕提亞同樣也遭到疫情重創。西元一九〇年，奧斯羅埃斯二世（Osroes II）自立為王，但不到一年的時間就去世了，接著，沃洛吉斯五世（Vologases V）[41]登基。到了西元一九二年，沃洛吉斯四世也去世，沃洛吉斯五世正式成為唯一的帕提亞皇帝。

西元一九七年，羅馬皇帝塞維魯斯一世發動對美索不達米亞的攻勢，沃洛吉斯五世被迫領軍迎戰。羅馬軍依舊攻勢猛烈，再次順著幼發拉底河攻下塞琉西亞與泰西封。塞維魯斯一世在泰西封舉行隆重儀式，接受「最偉大的帕提亞征服者」（Parthicus Maximus）的稱號。到了西元一九八年底，自認已立下大功的塞維魯斯一世決定撤軍，因為他意識到帕提亞軍的抵抗愈加強硬，戰事若持續下去，恐怕會損及他的聲望，於是見好就收。

沃洛吉斯五世幾乎未做太多努力，就「擊退」了羅馬軍，再度穩住局勢。西元二〇八年，沃洛吉斯五世去世，由他的兒子沃洛吉斯六世（Vologases VI）[42]即位；西元二一二年，他的弟弟阿爾達班四世（Artabanus IV）發動叛變，占領大部分的帕提亞領土，自立為王。

西元二一一年，卡拉卡拉（Caracalla）[43]登基。隔年，卡拉卡拉廢黜奧斯若恩（Osroene）與亞美尼亞的王室，並在亞美尼亞設立行省。羅馬曾多次試圖將亞美尼亞納入行省體系，而此舉等同於向帕提亞宣戰。

---

40 帕提亞皇帝，在位期間西元一四七至到西元一九一年。

41 帕提亞皇帝，在位期間西元一九一年至西元二〇八年。

42 帕提亞皇帝，在位期間西元二〇八年至西元二二八年。

43 編注：西元一八六至西元二一七年，塞維魯斯一世的兒子，羅馬塞維魯斯王朝的第二任皇帝。原全名盧修斯・塞提米烏斯・巴西安努斯（Lucius Septimius Bassianus），登基後改名爲馬可・奧里略・安東尼努斯（Marcus Aurelius Antoninus），卡拉卡拉是他的小名。

當時，沃洛吉斯六世正忙於鎮壓阿爾達班四世的叛亂，無暇對抗羅馬。於是，卡拉卡拉更進一步挑釁帕提亞，以迎娶阿爾達班四世之女為藉口，於西元二一六年夏派兵攻打美索不達米亞。此時羅馬面臨財政危機，卡拉卡拉企圖藉由戰爭掠奪財富，以緩解國內壓力。

羅馬軍突襲帕提亞，讓帕提亞軍措手不及。開戰初期，羅馬軍如入無人之境，迅速攻占阿迪亞貝尼和阿特羅帕特尼。沿途搶掠大量財寶，甚至挖掘位於阿貝拉（Arbela）[44]附近、阿薩息王朝（Arsacid）[45]的歷代王陵，肆意破壞、焚燒和屠殺。這場暴行持續到冬季，羅馬軍滿載而歸之後，才撤回美索不達米亞行省。

西元二一七年春，卡拉卡拉準備再次攻打帕提亞，但在四月八日前往卡萊附近的神廟途中，被與其有私怨的禁衛軍老兵茹利烏斯・馬爾提亞利斯（Julius Martialis）刺殺身亡。羅馬隨後陷入內部混亂，該支羅馬軍也未繼續進軍帕提亞腹地，而是退守到美索不達米亞行省。

羅馬的暴行激怒了帕提亞人。卡拉卡拉假借迎娶為名發動戰爭，讓人誤以為阿爾達班四世出賣帕提亞，引發極大的不滿。儘管與沃洛吉斯六世的內戰尚未結束，阿爾達班四世仍決心捍衛國土，在帕提亞的中東部積極徵兵，準備反擊羅馬。到了西元二一七年夏，阿爾達班四世集結了一支由重騎兵、駱駝騎兵及騎射手組成的大軍。為了在國內證明自己的正當性，他毫不遲疑地投入戰場。此時羅馬軍已停止進攻，退回美索不達米亞行省防守；阿爾達班四世率帕提亞軍進攻羅馬的美索不達米亞行省，試圖奪回美索不達米亞。

卡拉卡拉死後，歐佩里烏斯．馬克里努斯（Marcus Opellius Macrinus，後簡稱馬克里努斯）繼任為羅馬皇帝。他已年過半百，個性溫和且擅長法律，曾擔任禁衛軍長官。事實上，他正是刺殺卡拉卡拉的幕後主使。馬克里努斯在軍中並不受歡迎，只是因卡拉卡拉未留下繼承人，加上軍中無其他人選，他才得以繼位。他只在位一年的時間（西元二一七年至西元二一八年）。

馬克里努斯繼位後，立刻終止卡拉卡拉的所有東方軍事計畫，並派使者與阿爾達班四世和談，並表示願意釋放帕提亞戰俘，希望恢復和平。但阿爾達班四世不接受這樣的條件。他要求羅馬割讓整個美索不達米亞，並賠償所有損失。隨後，他率軍自尼尼微[46]附近渡過底格里斯河，深入羅馬領土，並沿著阿爾貝拉西北的幹道推進到尼西比斯附近。最終，在哈布爾河（Khabur River）的支流米格多尼斯河（Mygdonius River）[47]邊，帕提亞軍與馬克里努斯率領的羅馬軍展開正面交鋒。這場兩位皇帝之間的戰役，將決定兩國命運的走向。

雖然馬克里努斯早預見帕提亞會大舉報復，也緊急召集駐守各地的羅馬軍團前來支援，但部

44 編注：美索不達米亞古城，今伊拉克城市艾比爾（Erbil）。
45 編注：該王朝是帕底亞皇室的一個分支，主要統治亞美尼亞地區。
46 編注：位於底格里斯河東岸，在今日伊拉克北部城市摩蘇爾（Mosul）附近。
47 編注：爲今日在土耳其和敘利亞境內賈格賈格河（Jaghjagh River）的古名。

隊尚未完全就位時，阿爾達班四世就已出現在尼西比斯前線。馬克里努斯大感震驚，只能勉強迎戰。

在尼西比斯附近的平原上，羅馬皇帝馬克里努斯與帕提亞國王阿爾達班四世，親自率軍展開決戰。開戰前，馬克里努斯對羅馬士兵說：「蠻族大軍已近在咫尺，阿爾達班的憤怒並非無緣無故。我們撕毀了協議，在和平時主動發動戰爭。這場仗不只是領土紛爭、不是為了幾塊河裡的石頭。一位強大的國王帶著復仇大軍洶湧而來，為他死去的親人和孩子討回公道！」先前羅馬人在帕提亞的掠奪，如今遭到報應了。帕提亞軍也不再像以往那樣「打不贏就撤」，反而以堅定的意志，將滿腔怒火傾瀉在羅馬軍身上。

戰事初起時，雙方士兵在河邊取水時爆發衝突。羅馬軍措手不及，在帕提亞騎兵的衝擊下陷入混亂，毫無秩序，慌不擇路地撤回營地，帕提亞騎兵則一路追擊。營中的羅馬輔助兵與後勤部隊見狀，立即出營迎戰。帕提亞人誤以為是羅馬援軍抵達，於是停止追擊。

雖然帕提亞首波攻勢未能徹底擊垮羅馬，但阿爾達班四世已在這場對峙中取得初步勝利。他派出的騎兵不僅包括傳統的鐵甲騎士與騎射手，還首次嘗試使用搭乘駱駝、身披鎧甲、手持長矛的騎兵部隊。這些駱駝騎兵主要由帕提亞附屬的阿拉伯人（Arabs）組成，擅長操控駱駝作戰。阿爾達班四世希望藉由駱駝的速度與耐力，在正面或側翼突破羅馬的防線。

到了第二天的黎明時分，雙方再次整軍布陣。阿爾達班四世幾乎不加遲疑，立即下令戰馬與駱駝騎兵發起攻勢。然而，羅馬軍事先已針對帕提亞的作戰方式調整了陣形。羅馬的戰陣設計周密——騎兵與摩爾標槍兵[48]負責兩翼防護，部分騎兵與輕步兵交錯編組；重步兵之間特意留出空隙，由具突襲與機動力的輕裝步兵填補；每條戰線由不同年齡層的百人隊組成，前線是青年兵，中線為壯年兵，最後一線則為後備兵。

戰鬥打響後，羅馬陣形有效遏制了帕提亞騎兵的攻勢。雖然帕提亞的箭雨與鐵騎長矛造成一定損失，但羅馬軍有辦法以弓箭手與投石兵反擊。進入肉搏戰後，羅馬軍更可憑藉步兵優勢壓制帕提亞騎兵。

隨著帕提亞攻勢日趨猛烈，羅馬軍故意撤退，並在地上撒下尖銳如釘的鐵製障礙物。阿爾達班四世命令追擊，結果戰馬與駱駝踩到鋒利物品後失蹄，將騎兵甩下，使得隊形頓時混亂，這時，羅馬步兵立刻反攻。落馬的帕提亞騎兵深知與羅馬步兵肉搏不利，紛紛棄械而逃，而羅馬步兵則趁機斬殺和俘虜不少帕提亞騎兵。

損失許多精銳騎兵後，阿爾達班四世意識到光靠正面衝鋒，無法擊潰羅馬軍，於是決定在第三天變更戰術。他下令改由騎兵從側翼包抄，企圖拉長羅馬陣線，擴大接觸面，讓對手分兵防守。由於帕提亞的兵力人數占優勢，側翼包圍的戰術能迫使羅馬軍不得不延伸防線，陣線一旦拉長，兵力分散、防禦力下降，帕提亞騎兵即可集中力量突擊某一薄弱點，如此一來，羅馬軍也只

48 編注：通常指來自北非的柏柏人（Berbers）或阿拉伯裔民族，尤其在古羅馬與中世紀文獻中，泛指北非西部的民族，這些民族多擔任擅長投擲標槍的輕步兵。

能疲於奔命地防守，被動應戰。

第三天交戰一開始，帕提亞的新戰術成功壓制羅馬軍。關鍵時刻，馬克里努斯既未調整陣形，也未激勵士兵，反而率先逃跑。羅馬士兵見皇帝如此怯懦，士氣瓦解，紛紛潰逃。阿爾達班四世抓準時機趁勢追擊，一舉獲得決定性的勝利。

戰敗後，馬克里努斯派使者與阿爾達班四世求和，聲稱他的宿敵卡拉卡拉已死，兩國恩怨已解，願付鉅額賠償以結束戰爭。阿爾達班四世考量國力疲憊、又有對手沃洛吉斯六世覬覦王位，於是決定接受和談。最終，羅馬支付高達兩億塞斯特斯（sesterces）[49]作為賠償，阿爾達班四世撤軍回國。至於先前他要求割讓美索不達米亞及賠償全部損失，也隨之作罷。

尼西比斯之戰，是羅馬與帕提亞之間最後一次大規模決戰，歷史意義深遠。馬克里努斯戰敗後，被政敵埃拉伽巴路斯（Elagabalus）[50]篡位並處死。帕提亞人雖贏得尼西比斯之戰，提升了民族自信，卻未能扭轉國力下滑的局勢。

數年後，波斯地區的統治者阿爾達希爾一世（Ardashir I）反抗帕提亞帝國的統治，並展開征戰。阿爾達班四世雖率軍鎮壓，卻已難挽頹勢。西元二二四年四月二十八日，阿爾達希爾一世的軍隊在伊斯法罕（Isfahan）附近擊潰帕提亞軍，並建立薩珊王朝[51]。西元二二六年，雙方在荷姆茲甘（Hormozdgan）平原決戰，史稱荷姆茲甘戰役（Battle of Hormozdgan），最終阿爾達班四世陣亡，帕提亞正式滅亡。

儘管先前與阿爾達班四世爭奪帕提亞王位的沃洛吉斯六世活到西元二二八年，但他對帕提亞歷史的影響甚微。阿爾達班四世之死，也象徵薩珊王朝取代了帕提亞，成為羅馬在東方的新對手。

---

49 這一種古羅馬的硬幣，於羅馬共和國時期是白銀鑄造的小型硬幣，僅在極少數情況下發行；到了羅馬帝國時期改以黃銅鑄造，且直徑也相對較大。

50 編注：埃拉伽巴路斯（西元二〇三年至二二二年），羅馬塞維魯斯王朝第四任皇帝，在位期間西元二一八年至二二二年。本名爲瓦瑞烏斯・阿維圖斯・巴西安努斯（Varius Avitus Bassianus），登基後改名爲馬可・奧里略・安東尼努斯（Marcus Aurelius Antoninus）。他是羅馬帝國建立以來，第一位出身自東方敘利亞地區的皇帝。卡拉卡拉被刺殺後，政局與軍事情勢陷入混亂，東方軍團隨即擁立與塞維魯斯家族有血緣關係的他爲帝。埃拉伽巴路斯在擊敗馬克里努斯後登上皇位，然而他因種種離經叛道的行爲，在羅馬歷史上留下奇特的形象。

51 薩珊王朝是伊斯蘭出現前最後一個波斯帝國，存在於西元二二四年至六五一年間，之後，與東羅馬帝國長期處於對抗與競爭關係。

Chapter X

多個皇帝
共治天下

羅馬帝國內部矛盾日漸加劇，經濟也逐步陷入衰退。
爲了挽救長期的危機，羅馬會嘗試多種改革措施，
包括出現由軍方支持的皇帝，甚至實行多位皇帝共治，
但這些手段仍無法有效解決深層的社會問題。

擁兵自重即可稱王

羅馬進入「黃金時代」後，帝國的擴張達到極限，奴隸來源逐漸枯竭。同時，奴隸反抗事件頻繁，奴隸價格上漲，生產效率低落，導致農業衰退、手工業萎縮、城市沒落，商業活動也陷入低迷，社會危機日益嚴重。

西元一九二年，安敦尼王朝末代皇帝康茂德被刺殺，隨後多位新皇帝爭權。塞維魯斯一世在軍隊支持下登上皇位，建立塞維魯斯王朝。塞維魯斯的權力基礎來自軍隊，他為了鞏固地位，曾說「要厚待士兵，讓他們發財致富為第一優先」，因此，他實施多項有利於士兵的改革，例如：大幅提高軍餉、允許士兵合法結婚並與家人同住、從邊疆和敘利亞軍團中挑選優秀士兵組成近衛軍、授予邊防軍士兵土地，以及開放普通士兵晉升軍官的機會。

這些改革讓軍隊中來自各行省和蠻族的成員人數增加，同時，軍人在政治中的影響力也日益提升。與此同時，塞維魯斯一世削弱元老貴族的權力，將國家最高機關轉交給元首顧問會，國庫由管理皇帝私人財產的特設機構掌控，元老院的職權被大幅削減。

此外，塞維魯斯一世任命出身騎士階級的官員監督元老院派出的行省總督，對元老貴族進行嚴密監控。對於敵視他的元老貴族，塞維魯斯一世進行打壓，甚至沒收財產。羅馬統治階級分裂為支持軍隊的「軍人派」，以及支持元老院的「元老派」。毫無疑問，塞維魯斯一世是「軍人派」的代表。

作為皇帝，其職責應該是管理好整個國家，對各個階級都應該一視同仁，不該有所偏袒。然而，塞維魯斯一世過度偏袒士兵階級，導致「軍人派」勢力膨脹，軍事強人崛起，進一步引發皇位頻繁更替、地方割據，以及傀儡皇帝的風險。塞維魯斯一世去世後，其子卡拉卡拉繼位。他延續父親的政策，而為了支付增加的軍餉，卡拉卡拉開徵各種額外稅賦。西元二一二年，他頒布《安東尼努斯敕令》（Constitutio Antoniniana），授予全體自由民羅馬公民權。然而，這項法令對中下層的吸引力有限，因為羅馬公民權早已普及——換言之，這不再代表任何特殊利益。

塞維魯斯一世和卡拉卡拉的政策需要大量財政支出，以致難以長久持續。西元二一七年四月八日，卡拉卡拉被禁衛軍長官馬克里努斯刺殺。當時，塞維魯斯家族已無直系男性後代。西元二一八年，塞維魯斯一世的遠親、十四歲的埃拉伽巴路斯依靠禁衛軍的支持，被擁立為皇帝。

埃拉伽巴路斯完全受其母親尤利亞・索艾米亞斯（Julia Soaemias）的控制，例如，未經她的授意，埃拉伽巴路斯不可干預政事。另外，埃拉伽巴路斯的行為也震驚了羅馬社會，例如，他命人從各地獻上出身高貴的少年，把他們當成祭品——用酷刑殺害，取出內臟進行觀察，將他們的生殖器割下拋入祭火中，然後，帶著一大群敘利亞少女以及全體元老、騎士圍著祭壇跳舞。他認為，這樣祭祀神，神就會保佑他的江山穩固。

埃拉伽巴路斯的生活極度奢華，並熱衷於奇特的食物與奢麗的裝飾。尚未即位時，他就使用金色床罩，夏季期間每日舉辦不同色系的宴會；他發明了乳香酒與薄荷酒，經常舉辦酒會。即位後，他的奢侈行徑更是超出常人想像——床鋪與柱廊下需撒滿玫瑰花，床墊必須使用兔毛或鷓鴣羽毛製成，他的泳池甚至要注滿香油。他每日只吃一種食物，不吃其他種類，並每日更換菜單。他偏好活禽頭冠、孔雀與夜鶯的舌頭、火烈鳥與畫眉鳥的腦部等稀奇部位作為美食。

他還用鵝肝餵狗，以鸚鵡餵養馴化的寵物獅子與豹子；他曾用湯匙刻字來抽籤娛樂，也曾將整個競技場的護城溝渠灌滿酒來進行賽船；衣袍上灑著以野葡萄釀製的香精；乘坐由四頭大象拉的馬車；穿著鑲有寶石的波斯式束腰長袍，鞋上也嵌滿珠寶；他甚至用玫瑰油與玫瑰花建造游泳池，奢華至極。

埃拉伽巴路斯的私生活也極度放縱。他在皇宮內預留一間房，經常赤裸站在門邊，擺出淫穢姿態，以戴著金戒指的手輕撫窗簾，並用柔媚聲音誘惑路人。他經常化妝，對女性生殖器特別著迷。他曾將喝醉的朋友與獅子、豹子、熊關在同一空間，故意等對方酒醒時驚恐萬分，甚至有人因此喪命。他還讓賓客坐在充氣皮囊上，趁用餐時放氣取笑。他常端上石頭、木頭、蠟或象牙做成的假食物招待客人，自己則在一旁享用真正的食物。他也曾將寶石、花朵與水果串成奇特擺飾。在集會上，他會邀請妓女與會，稱她們為「戰友」，自己穿著裸露乳頭的女裝發表演說，講述各種體位。他曾乘坐由四隻駱駝、四隻狗、四隻獅子與四隻老虎分別拉動的金製車輛，藐視銀製、象牙製或銅製的馬車。他還命令裸體美女為同樣赤裸的自己拉車，並用鞭子抽打她們。

埃拉伽巴路斯還曾將自己扮作糖果師、香水師、餐廳主廚、小商店老闆，甚至妓院老闆，並在家中模擬這些角色。他曾在一場晚宴上端出六百顆鴕鳥頭供賓客食用。宴會往往持續一整天，他會安排男賓入浴，與女賓調情作樂。在劇場中，他經常放聲狂笑，親自演唱、跳舞、吹骨笛、吹大號、彈奏三弦琴與風琴，自詡為明星般的存在。

埃拉伽巴路斯的奢侈與放蕩，引發羅馬社會各階層的憤怒與厭惡。敘利亞的祭司曾預言他將死於非命。得知預言後，他毫無悔意，仍繼續荒唐行徑。為了「死得有價值」，他甚至事先準備自盡用的奢華工具，例如：用絳色染料染成的絲線編織成繩索、一把金劍，以及盛裝毒藥的瑪瑙、藍寶石、祖母綠等容器，還建造以金幣與寶石打造的高塔準備跳樓……。

西元二二二年，埃拉伽巴路斯在位四年後被殺，後由亞歷山大・塞維魯斯（Alexander Severus）[1]繼位。起初，他在「軍人派」和「元老派」之間搖擺，最終傾向「元老派」。

自康茂德以來，羅馬財政困難，到了塞維魯斯王朝後，國內外的各項政策都需要大量資金，使得賦稅日益沉重。儘管政府強迫自治城市議員負責徵稅，但財政困境未見改善。

亞歷山大・塞維魯斯採取降低貨幣成色的手段來擺脫財政困境，但這導致通貨膨脹和物價上漲。因此，政府改以實物支付官員薪資和士兵軍餉，按等級配給衣物、糧食、肉類、蛋類、馬

1 原全名馬可・尤利烏斯・格西烏斯・巴西亞努斯・亞歷克斯（Marcus Julius Gessius Bassianus Alexianus，西元二〇八年至二三五年），登基後改名爲馬可・奧里略・塞維魯斯・亞歷山大（Marcus Aurelius Severus Alexander），在位期間西元二二二年至二三五年，羅馬塞維魯斯王朝最後一位皇帝。

匹、騾子和車輛等，並對城市手工業者團體實行管制。

由於財政拮据，亞歷山大．塞維魯斯宣布降低士兵軍餉，但此舉引發近衛軍不滿，以致他最終被士兵砍殺。西元二三五年，馬克西米努斯．色雷克斯（Maximinus Thrax，後簡稱馬克西米努斯）[2]策動兵變登上皇位，使得羅馬的治國政策進一步傾向軍隊，軍人地位持續上升。

誰掌兵權，誰定皇帝

馬克西米努斯是在軍隊擁立下即位的皇帝，他的政策偏向軍方，而這引起元老貴族的不滿。西元二三八年三月二十二日，「元老派」在非洲發動叛亂，擁立戈爾迪安一世（Gordian I）[3]為皇帝。戈爾迪安一世年事已高，體力不支，所以他讓兒子戈爾迪安二世（Gordian II）與他共治。數日後，戈爾迪安一世派軍進駐迦太基。不久後，馬克西米努斯被近衛軍殺害，元老院隨即承認戈爾迪安父子為合法的羅馬皇帝。

然而，馬克西米努斯的支持者——努米底亞行省的總督卡佩里亞努斯（Capelianus）立即起兵，率軍進攻非洲行省。戈爾迪安二世率軍在迦太基附近迎戰，但遭卡佩里亞努斯擊敗，戰死沙場。戈爾迪安一世得知消息後自縊身亡。不久後，非洲當地的富豪武裝反擊，擊敗卡佩里亞努斯。這支軍隊被解散，退伍士兵也被剝奪土地。元老派重新掌握局勢。

元老院接著擁立普皮恩努斯（Pupienus）[4]與巴爾比努斯（Balbinus）[5]為共治皇帝，但兩人先後身亡。最後，元老院立戈爾迪安一世僅十三歲的孫子戈爾迪安三世（Gordian III）為皇帝，但實際上由他的母親與宦官掌權。然而，太后與宦官把持政局，使羅馬的政局更加混亂。西元二四四年，近衛軍長官阿拉伯人菲利普（Philip the Arab）[6]殺害戈爾迪安三世，再被軍隊擁立為新皇帝。此時的羅馬皇帝並不好當。北方蠻族威脅日益加劇，高達三萬名哥德人（Goths）渡過多瑙河，侵入羅馬領土；駐守默西亞（Moesia）[7]的羅馬軍甚至放任他們進入，與其一同掠奪羅馬土地，搶劫羅馬平民。

2 全名蓋烏斯・朱利斯・威勒斯・馬克西米努斯（Gaius Iulius Verus Maximinus，西元一七三年至二三八年），俗稱色雷斯的馬克西米努斯（Maximinus Thrax），在位期間西元二三五年至二三八年。第一位出身於蠻族的羅馬皇帝。他生性粗俗野蠻，高傲自大，力大無窮，外表俊俏，勇而無謀，被人稱爲野獸。

3 全名馬可・安東尼烏斯・戈爾迪安努斯・森普隆尼安努斯・羅曼努斯・阿非利加努斯（Marcus Antonius Gordianus Sempronianus Romanus Africanus，約西元一五九年至二三八年），僅在位一年。

4 全名馬可・克勞狄・普皮恩努斯・馬克西穆斯（Marcus Clodius Pupienus Maximus，西元一七八至二三八年），於西元二三八年在位。

5 全名德西姆斯・凱利烏斯・卡爾維努斯・巴爾比努斯（Decimus Caelius Calvinus Balbinus，西元一六五年至二三八年），於西元二三八年在位，巴爾比努斯與普皮恩努斯共同執政，但只當了三個月的皇帝。

6 全名馬可・尤利烏斯・菲利普（Marcus Julius Philippus，西元二〇四年至二四九年），在位期間西元二四四年至二四九年。他的稱號「阿拉伯人」源自於其出生於羅馬的阿拉伯佩特拉行省（Arabia Petraea，約今敘利亞舍赫巴（Shahba）），故得此稱號。

7 編注：位在巴爾幹半島上的古歷史地區名，大約是今日的塞爾維亞、馬其頓北部、保加利亞北部和羅馬尼亞東南部。

這些羅馬軍隊公開拒絕承認菲利普為羅馬皇帝，改擁立另一位皇帝。對此，阿拉伯人菲利普派元老出身的德西烏斯（Gaius Messius Quintus Decius）率軍前去鎮壓，結果德西烏斯被反叛軍擁立為新皇帝。他順勢登基，並於西元二四九年親自率軍進入羅馬城，殺死阿拉伯人菲利普。

這時，羅馬邊境危機進一步惡化。萊茵河與多瑙河沿岸的蠻族集結，準備進攻，哥德人更大規模越過多瑙河，直逼色雷斯。德西烏斯親自率軍應戰，卻戰死沙場。副將加盧斯（Gaius Vibius Trebonianus Gallus）在戰場上被擁立為皇帝。然而，加盧斯既缺乏軍事才能，也沒有治理魄力，無法擊退哥德人，使得局勢持續惡化。西元二五二年，加盧斯與哥德人簽訂屈辱的和約，承認他們已掠奪的戰果，並答應每年支付大筆金銀，換取哥德人不再進犯羅馬。

這種依靠金錢換取和平的做法，當然無法真正約束哥德人。僅僅兩年後，哥德人再次大舉入侵伊利里庫姆（Illyricum）[8]。加盧斯對此束手無策。伊利里庫姆的守將埃米利安努斯（Marcus Aemilius Aemilianus）眼見皇帝無作為，只好率當地軍民奮力抵抗，竟意外擊退敵軍。正巧加盧斯原本要運往伊利里庫姆送給哥德人的金銀也到了，埃米利安努斯就順勢將這筆錢全部分給士兵當獎賞，士氣大振。士兵認為加盧斯不配當皇帝，於是擁立埃米利安努斯為新皇帝。埃米利安努斯率軍進攻羅馬，一路毫無阻礙，輕鬆抵達羅馬城附近。

加盧斯得知消息，慌忙召集親信進行皇位保衛戰。西元二五三年五月，兩軍交戰，加盧斯戰敗身亡。埃米利安努斯順利進城，但做不到四個月的皇帝，就被部下殺害。因為同年九月，駐守高盧與日耳曼行省的將領瓦勒良（Valerian）[9]率軍向羅馬城發動攻擊，埃米利安努斯抵抗失敗。

瓦勒良即位後認爲羅馬國內不穩定、邊境屢遭侵襲，主要是因爲帝國過大，一人無法兼顧所有政務，因此他決定實行雙皇帝制。他冊封其子加里恩努斯（Publius Licinius Egnatius Gallienus）[10]為奧古斯都，作為共治皇帝。加里恩努斯負責留守羅馬處理政務，瓦勒良則親赴東方，應對外敵入侵。

西元二六〇年，瓦勒良率軍抵抗波斯的薩珊王朝，卻慘敗被俘，淪為奴隸，成為波斯貴族的僕役。整個羅馬為之震驚。加里恩努斯遂成為唯一的皇帝，並重新思考瓦勒良的施政方針。後來，他廢除共治制度，停止親近元老派，轉而擁抱軍人派。另外，他禁止元老貴族擔任軍職與駐軍行省總督，但一般士兵卻有晉升至高層軍職的機會。另外，他在軍隊中大量徵召蠻族騎兵，加速軍隊「蠻族化」。此時，羅馬軍隊中不論士兵或高階將領，已有不少來自蠻族。

加里恩努斯的改革激怒了元老貴族，導致各行省都爆發由貴族策劃的兵變。有人另立皇帝，也有人乾脆宣布脫離羅馬自立為國，一度出現所謂「三十位僭帝」的局面。高盧、西班牙和不列

8 編注：這是羅馬帝國在征服伊利里亞人後設立的正式行省名稱。

9 出身元老階級，曾擔任雷蒂亞（Raetia，即高盧和日耳曼一帶）行省總督。西元二五三年九月，他獲得駐守雷蒂亞的羅馬軍隊擁立爲皇帝，並與當時的皇帝埃米利安努斯對抗，隨後率軍進軍羅馬。他之後前往東部對抗波斯軍，但在二六〇年六月於戰役中，被薩珊王朝的君主沙普爾一世（Shapur I）俘虜，其死因不明，卒年亦不可考。

10 加里恩努斯（西元二五三至二六八年），瓦勒良皇帝的兒子，與皇帝共治的奧古斯都，統治羅馬帝國西半部，在萊茵河一帶屢敗日耳曼人，並阻止了日耳曼部落同盟阿勒曼尼人（Alemanni）進攻義大利大城米蘭（Milan）。西元二六〇年，父親瓦勒良在東方與波斯作戰時被俘，加里恩努斯則擊敗了多位競爭帝位者。

顛更是直接脫離，建立「高盧帝國」。不過這「三十多個皇帝」，多半在位不久就下野了。

過度依賴軍人，非但無法穩固皇權，反而讓士兵更肆意干政，廢立皇帝如兒戲，也引發其他社會階層的反彈。這樣的反彈不只出現在元老貴族，西元二六三年至西元二六四年間，西西里爆發奴隸、農奴與城市貧民的起義，雖然最終被鎮壓，但不久後高盧又發生士兵兵變與奴隸、農奴的「巴高達運動」（Bagaudae movement）。「巴高達運動」席捲高盧，起義軍占領莊園、城市，殺害地主與富人，而受到皇帝優待的羅馬士兵不僅沒有全力去鎮壓，還一觸即潰，甚至毫不猶豫地加入起義行列。但最讓加里恩努斯痛心的是，有些軍官非但不平亂，反而密謀推翻他。這些軍官的領袖就是伊利里庫姆騎兵長官——哥德征服者克勞狄（Claudius Gothicus）。

西元二六八年三月，加里恩努斯被殺，哥德征服者克勞狄登基，史稱克勞狄二世（Claudius II）[11]。他與其後三位繼任者皆為伊利里亞人，他們出身卑微，都是靠軍功晉升。他們採行與加里恩努斯不同的政策，因此被稱為「伊利里亞諸帝」（Illyrian Emperors）。

蠻族將領控制皇權

「伊利里亞諸帝」最終仍未能帶領羅馬走出困境，反而使帝國逐漸被蠻族出身的將領所掌控。面對日益嚴峻的危機，為了扭轉局勢，這些「伊利里亞諸帝」都試圖一步步穩固並強化君主政權。因此，他們嚴厲鎮壓國內的群眾抗議、拉攏元老貴族，並致力於保衛羅馬邊境。為了達成這些目標，羅馬不得不對抗日益滲透的蠻族勢力，以對外戰爭來轉移內部矛盾、安撫社會不滿、提升皇帝的聲望與政權的凝聚力。

克勞狄二世出身軍旅，也是位頗具作為的羅馬皇帝。他推動內政改革、任用新官員、廢除前任過於嚴苛的政策，並將被誣指謀反而遭充公的財產歸還原主，因此贏得了良好的名聲。

當時對羅馬的最大威脅來自北方，主要是入侵伊利里亞與潘諾尼亞的哥德人。克勞狄二世剛即位不久，一支被稱為阿勒曼尼人的日耳曼部族翻越阿爾卑斯山，攻擊雷蒂亞與義大利，擊潰駐防部隊，並大肆劫掠當地人民與財物。

克勞狄二世趁機整訓軍隊，準備迎戰並鞏固威信。他下令撤換一批因失職而導致敗戰的將官，親自率領三萬五千名士兵迎擊阿勒曼尼人，並任命奧勒良（Aurelian）為騎兵司令。雙方於貝納庫斯湖（Lake Benacus）展開交戰，最終由羅馬軍大勝。阿勒曼尼人遭受重創，死傷超過五萬人，這場勝利讓士氣低落的羅馬人重新振奮，克勞狄二世也因此獲得「偉大的日耳曼征服者」（Germanicus Maximus）的稱號。

西元二六九年，哥德人再度發動大規模進攻，克勞狄二世毫不猶豫地選擇迎戰，信心十

11 克勞狄二世（西元二一四年五月十日至二七〇年八月），出生於默西亞行省的達達尼亞城，全名為馬可・奧里略・克勞狄烏斯・奧古斯都・「哥德征服者」（Marcus Aurelius Claudius Augustus "Gothicus"）。他擊敗哥德人和阿勒曼尼人的進攻，使羅馬開始從分崩離析的混亂局面邁向偉大復興的轉變，是伊利里亞時代的開創者。

足。當時，哥德人試圖占領整個巴爾幹半島，尤其以希臘與馬其頓為目標，意圖攻陷塞薩洛尼基（Thessaloniki）等富庶城市。然而，哥德人的海軍實力薄弱，艦船技術落後，當他們圍攻塞薩洛尼基時已經使盡全力，難以再迅速推進。

克勞狄二世集中兵力，迅速率軍南下增援希臘。哥德人久攻不下，轉向與羅馬軍決戰。雖然哥德軍占人數優勢，對羅馬軍造成強大壓力，但克勞狄二世早有準備，派遣伏兵從後方突襲。趁哥德人正面攻勢被擋下，他親率大軍反攻，重創哥德騎兵，並奪取其營地。同時，他命奧勒良率騎兵發起追擊，不久後成功將殘餘蠻族勢力驅逐至多瑙河對岸。這場勝利之後，哥德人多年未能再對羅馬構成重大威脅。

戰後處理俘虜時，克勞狄二世作出一項深遠決定——從俘虜中挑選體格強健者編入羅馬軍隊，其餘則被安置為軍事移民、奴隸或農奴。結果，這些原本的敵人，有的成為「最受重用」的羅馬軍人，有的則成為「最受壓迫」的下層百姓。

羅馬長期安逸，軍事依賴外族傭兵。隨著大量哥德人進入軍隊或被奴役，兩者若有朝一日聯合反抗，或配合外敵來襲，勢必對帝國造成致命威脅。

當然，克勞狄二世當時吸收哥德俘虜入伍，確實是因應現實戰略需求。在擊退蠻族之後，他也開始著手解決帝國統一問題。此前羅馬各地割據勢力叢生，多數已經被剿滅或歸順，但兩大殘存勢力——高盧帝國（Gallic Empire）[12]與帕米拉帝國（Palmyrene Empire）[13]仍然存在，對羅馬帝國造成重大分裂。

此時，帕米拉女王芝諾比亞（Zenobia）已經控制埃及與小亞細亞，成為西亞的實際統治者，羅馬對東方的掌控幾乎名存實亡，而高盧帝國則控制了不列顛、高盧與伊比利半島（Iberian Peninsula）的大部分地區，等於將帝國瓜分為三。克勞狄二世無法容忍這種局勢，在擊敗哥德人後隨即轉攻高盧地區。羅馬軍士氣高昂，連戰連捷。在收復西班牙與隆河之後，克勞狄二世獲報，汪達爾人（Vandals）與薩馬提亞人正在進攻潘諾尼亞行省，便率軍轉往色米姆（Sirmium）[14]迎戰。不幸的是，五十六歲的克勞狄二世染上瘟疫，於西元二七〇年一月於軍中病逝。臨終前，他命令騎兵司令官奧勒良[15]繼任皇帝。

---

12 高盧帝國是羅馬帝國處於三世紀危機時獨立出去的割據政權。「帝國」稱號爲今人所取，在當時稱之爲「高盧的政權」。高盧諸帝因爲其發行貨幣上的刻貌而爲人所知。

13 帕米拉帝國的領土主要位在敍利亞。西元前六四年，羅馬帝國和帕提亞帝國之間出現新的邦國帕米拉，後來帕米拉被羅馬帝國兼併。西元二六七年，帕米拉正式宣布獨立爲帝國。西元二七三年，羅馬人再次消滅帕米拉。

14 編注：位在今日塞爾維亞北部。

15 全名魯奇烏斯·多米提烏斯·奧勒里安努斯（Lucius Domitius Aurelianus，西元二一四年至二七五年），在位期間西元二七〇年至西元二七五年。在他的統治期間，收復了羅馬帝國曾經失去的三分之二疆域，將分裂五十年的帝國再次統合，羅馬帝國在西元三世紀末至西元四世紀初，重新恢復統一。

奧勒良比克勞狄二世更大規模地運用了蠻族勢力來對抗蠻族的入侵。由於積極推行「以蠻制蠻」的策略，羅馬獲得重大的戰果，不僅擊退了敵軍，還重新統一了原本四分五裂的帝國。西元二七二年，羅馬重新併入分裂出去的帕米拉帝國；西元二七三年，又收復了西部的高盧帝國。這些戰功，很大一部分要歸功於獲得羅馬居留資格的蠻族軍人，其努力作戰的成果。

不過，在這些勝利的背後，也隱藏著危機。**羅馬之所以能再次統一，很大程度是依靠蠻族軍隊的力量。**戰爭結束時，羅馬軍中的蠻族傭兵數量已高達四十萬，這是一股隨時足以顛覆國家的武裝力量。這時期的羅馬皇帝對軍隊特別優渥，士兵也因此變得地位特殊、態度囂張。只要有人損害他們的利益，他們就不惜訴諸暴力。

西元二七五年四月，奧勒良精心籌備，準備親率羅馬軍遠征波斯薩珊王朝。當遠征軍駐紮在色雷斯時，皇帝因一件小事責備了身邊的秘書官艾洛斯（Eros）。艾洛斯擔心未來遭到更嚴重的懲罰，甚至危及性命，於是偽造了一封皇帝的軍令，把包括自己在內的多名軍官，列為即將處決的對象。艾洛斯偷偷將這封偽造的軍令交給軍官們傳閱，包括皇帝的近衛軍在內的幾名軍官，這些人因此大為恐慌，為求自保，他們決定鋌而走險。在艾洛斯的慫恿下，幾名軍官潛入皇帝寢室內，刺殺奧勒良。事發不久後，這些軍官得知真相，發現自己被艾洛斯利用了，於是將他處以肢解的極刑；參與刺殺的軍官也因為內疚難當而自盡。

由於奧勒良並無子嗣，一時之間軍中無人主政。軍官們在懊悔之餘，決定不再自行擁立皇帝，而是將選立新皇的權力交給元老院。元老院自然不希望下一任皇帝是「軍人派」，但軍方也不願由「元老派」出任。雙方爭執不下，結果導致羅馬在接下來的八個月內無皇帝，進入所謂的「帝位懸空期」。

最終，「軍人派」與「元老派」達成妥協，經由投票選出馬可・克勞狄・塔西佗（Marcus Claudius Tacitus，後簡稱塔西佗）[16]為新任皇帝。塔西佗並非出身軍中，因此「軍人派」並不滿意。僅在位七個月，他就在小亞細亞遭士兵殺害。接著，西元二七六年，出身潘諾尼亞的軍人馬可・奧里略・普羅布斯（Marcus Aurelius Probus，後簡稱普羅布斯）[17]被擁立為皇帝。

普羅布斯同樣是軍人出身，因此他毫不猶豫地延續奧勒良的政策。不過，他也意識到元老院的影響力，並從前兩次的政變中汲取教訓，與元老院互動上展現出相當的彈性。他表面上容許元老貴族參與政務，同時將重心放在鎮壓叛亂與對抗蠻族上——這也是元老貴族最關心，且希望皇帝優先處理的事務。因為在羅馬的內亂中，受到最大損害的並非軍隊，而是元老院所代表的大莊

16 他是羅馬著名的雄辯家、歷史學家和文體家，是《歷史》（*Historiae*）與《編年史》（*Annales*）的作者，曾擔任執政官，且是元老院議員普布利烏斯・科爾奈利烏斯・塔西佗（Publius Cornelius Tacitus）的後裔。西元二七五年，他被推舉爲羅馬皇帝。

17 普羅布斯（西元二三二年至二八二年），在位期間西元二七六年至二八二年。西元二七六年四月，羅馬皇帝塔西佗在卡帕多奇亞去世後，他同母異父的弟弟弗洛里安努斯（Marcus Annius Florianus）被帝國西部的軍隊擁立爲新皇帝，但這項繼位並未獲得元老院的正式承認。與此同時，東部軍隊則擁立了普羅布斯爲皇帝，導致羅馬再次爆發內戰。從軍事實力來看，弗洛里安努斯的兵力原本優於普羅布斯。然而，普羅布斯是一位經驗豐富的將領，他避免與對方正面交鋒，採取拖延策略。隨著時間推移，普羅布斯的軍隊逐漸取得上風。到了西元二七六年七月，弗洛里安努斯在塔爾蘇斯（Tarsus）被部下殺害，普羅布斯遂成爲唯一的羅馬皇帝，並獲得元老院的承認。

園主與奴隸主階級。

普羅布斯找到了「軍人派」與「元老派」的共同利益，雙方達成某種程度的和解，政局因而穩定，他也因此獲得推動羅馬復興的機會。簡言之，他的施政重點就是打擊蠻族入侵與平定內部叛亂。「軍人派」對普羅布斯的政策表示支持，羅馬軍的士氣與戰力明顯提升。他們渡過萊茵河，進攻蠻族部落，重新奪回萊茵河與多瑙河上游之間的地區。沿多瑙河一帶的勃根地人（Burgundians）與汪達爾人遭到擊敗，之後被安置為軍事移民，進駐羅馬領土，服從羅馬軍方的調派。這使得羅馬軍的實力進一步提升，但也進一步加劇了軍隊的蠻族化。

經過普羅布斯一番整頓，到西元三世紀八〇年代初，羅馬的危機暫時緩解，蠻族的侵略也被成功阻止，分裂的帝國再度統一。羅馬的經濟逐步回穩，不過，羅馬政治與經濟的實權，也正逐漸落入蠻族之手。

四帝共治制的嘗試

大量蠻族人加入羅馬軍隊，使軍事戰力明顯提升。普羅布斯率領羅馬軍成功平定東部與西部的多場叛亂，羅馬因此進入一段相對穩定和平的時期。然而，戰後如何安置那些待遇原本就非常優渥的士兵，成了普羅布斯最迫切的課題。

普羅布斯不願軍隊無所事事，又繼續領取高額俸給，從而對帝國的財政造成壓力，因此在平定叛亂後，他下令士兵開墾土地、從事農業生產，但這項命令引起早已習慣閒散生活的羅馬軍人強烈的不滿。西元二八二年夏，羅馬軍隊發生兵變，普羅布斯被殺。時年六十歲的卡魯斯（Marcus Aurelius Carus）[18]被擁立為皇帝。十六個月後，卡魯斯的兩個兒子——努梅里安（Numerian）與卡里努斯（Carinus）共同繼任為羅馬皇帝。不久後，努梅里安去世。

西元二八四年十一月二十日，戴克里先（Diocletian）[19]被羅馬軍推舉為皇帝，接替努梅里安成為共治皇帝。隔年春天，卡里努斯遭刺殺，戴克里先成為唯一的皇帝。在此之前，羅馬皇帝頻繁更換，平均在位時間僅兩到三年。更令人震驚的是，多數偏向軍人派系的皇帝最後竟死於士兵之手。戴克里先不願重蹈覆轍，決定著手進行政治體制改革。

自屋大維以來，羅馬從未公開承認自身是君主制國家，名義上最高統治者不被稱為君主，而

18 全名馬可．奧里略．卡魯斯（西元二三〇至二八三年），在位期間西元二八二年至二八三年，他因爲東征波斯有功績，被稱爲「偉大的波斯征服者」。

19 全名蓋烏斯．奧理略．瓦列留斯．戴克里先（Gaius Aurelius Valerius Diocletianus，西元二四四年至三一二年），在位期間西元二八四年到三〇五年。

是「第一元老」與「第一公民」。戴克里先公開與這一傳統決裂，明言皇帝與百姓是君臣、主僕關係，並自稱為神的代表，所有臣民都須行使皇帝崇拜禮儀——凡覲見皇帝者，皆須跪拜叩頭。

回顧過往經驗，戴克里先認為，帝國疆域過於廣大，只有一位皇帝無法有效治理，導致難以抵抗和防禦蠻族從萊茵河到埃及邊界的持續入侵。為了因應惡化的局勢，他決定推行分權治理，將羅馬帝國一分為二——**在地圖上畫一條直線，將羅馬分為東西兩部分，由兩位皇帝分別掌管。**

西元二八五年，戴克里先成為唯一皇帝後，任命馬克西米安（Maximian）[20]為凱撒——即副皇帝；隔年，又晉升他為奧古斯都——即皇帝，與他共同擔任羅馬帝國的皇帝。這次劃分不只是臨時措施，而是正式、永久地將帝國一分為二。**雖然過去羅馬也曾出現兩位皇帝並存，但從未明確劃分領土，這次的分治為日後東西羅馬帝國正式分裂埋下伏筆。**

西元二九二年，戴克里先正式宣告自己為東部皇帝，馬克西米安為西部皇帝，兩位皇帝的權力劃分就此確立。兩人另外建新都，都不再以羅馬城為首都；同時在皇權擴張之下，元老院的權力也進一步被限縮，僅局限於羅馬城內。

西元二九三年，兩位奧古斯都（皇帝）各自任命一位凱撒（副皇帝）——戴克里先任命伽列里烏斯（Galerius）[21]掌管東部的部分地區，馬克西米安任命君士坦提烏斯一世（Constantius I）[22]掌管西部的部分地區。由此形成「四帝共治制」（Tetrarchy），即由兩位奧古斯都與兩位凱撒共同治理羅馬帝國。為了維持皇室的穩定，兩位奧古斯都在名義上被視為兄弟，兩位凱撒則被視為其子。換言之，戴克里先被稱為「兄長」，馬克西米安為「弟弟」。戴克里先將女兒加蕾莉亞・瓦蕾莉亞

（Galeria Valeria）嫁給伽列里烏斯，並收其為養子；馬克西米安也收君士坦提烏斯一世為養子。

四位皇帝皆未選擇羅馬城為駐紮地——戴克里先駐紮於尼科米底亞（Nicomedia）[23]、伽列里烏斯於色米姆、馬克西米安最初駐於米蘭，後移駐拉溫納（Ravenna），君士坦提烏斯一世則駐於特里爾（Trier）[24]。雖然「永恆之城」羅馬名義上仍是帝國首都，但已不再具實質政治地位，皇帝的政令也並非從羅馬發出。

雖然元老貴族依舊是帝國的最高層級人士，但元老院已失去實質政治影響力，全國性的政治問題已不再交給元老院討論，其僅負責安排競技表演及貴族義務等事務，同時，其所有決議仍需皇帝批准。羅馬的傳統官職如執政官與行政長官僅具象徵意義，實權已全數集中在皇帝手中。

---

20 全名馬可．奧里略．瓦勒里烏斯．馬克西米安努斯．赫庫里烏斯（Marcus Aurelius Valerius Maximianus Herculius，約西元二五〇年至三一〇年），通稱馬克西米安，是負責治理羅馬帝國西部的皇帝。西元三〇五年五月一日與戴克里先一同退位，由副手君士坦提烏斯一世（Constantius I）接任。

21 全名蓋烏斯．伽列里烏斯．瓦列里烏斯．馬克西米安努斯（約西元二六〇年至三一一年），一般稱之爲伽列里烏斯，在位期間西元三〇五年到三一一年，他是戴克里先的女婿，並被提拔爲凱撒和奧古斯都，負責治理羅馬東部，是四帝共治制的維護者。

22 編注：全名弗拉維烏斯．瓦勒里烏斯．君士坦提烏斯（Flavius Valerius Constantius，西元二五〇年至三〇六年），是四帝共治制時期羅馬帝國的西部皇帝。他是君士坦丁王朝（Constantinian Dynasty）的開創者，也是著名君士坦丁大帝（Constantinus Magnus）的父親。

23 編注：位在今日土耳其西北部的伊茲密特（İzmit）。

24 編注：位在今日德國境內，靠近盧森堡邊境。

政權集中後，戴克里先專注於鎮壓叛亂與反抗行動。馬克西米安前往高盧，平定當地的巴高達運動與北非叛亂；戴克里先則親征東方的埃及。兩人皆取得重大勝利。

此後，為了強化經濟、軍事與皇權，戴克里先進行一系列改革。他將原本四十七個行省重劃為一百個，並另設羅馬特別行政區，廢除元老院與皇帝分別管理的制度，改由皇帝直接統一管轄。義大利的特殊地位也被取消，拆分為義大利行省和羅馬特別行政區。除了羅馬城外，羅馬特別行政區還轄有西西里島及其他島嶼。另外，在行省之上，戴克里先還在羅馬全境建立十二個行政區，每個行政區轄數行省，並由行政長官治理。在行省內，藉由軍權和政權分離來限制總督的權力，以防止他們起兵自立為帝。

戴克里先的政治改革目標是削弱地方軍政官的權力，加強中央皇權，但他並不希望因此削弱軍隊戰力。為此，他也進行軍事改革。不同於以往對士兵以優渥待遇籠絡，戴克里先從編制與補充制度下手。他主要是強化徵兵制的實施，但同時輔以志願兵的制度。

在徵兵制度方面，他規定大地主須依照所擁有的農奴人數，按比例提供兵員，並承擔軍事義務；這些兵員可以派往正規部隊，也可以組成被稱為「邊防軍」（Limitanei）的邊境駐軍。另一方面，在志願兵的招募上，他鼓勵蠻族人參軍，並以特別獎勵作為誘因，藉此提升他們對羅馬的忠誠。羅馬軍隊的編制分為駐守邊境的防衛部隊，以及分布在各省的機動部隊。邊防部隊大多由蠻族移民組成，而機動部隊中蠻族的比例也逐漸上升。除了自由的小農外，羅馬軍隊中農奴或蠻族出身的士兵也愈來愈多。羅馬軍隊的蠻族化進一步加深，蠻族士兵的總數達到六十萬人。

除了支應行政和軍事改革的龐大支出，還要擴編軍隊和擴張國家官僚體系，同時得兼顧皇帝宮廷的奢華，以及在羅馬城與其他城市興建大型建築，以上這些，都讓羅馬政府的財政壓力更加沉重。面對財政困難，戴克里先不得不推動稅制改革，以提升國家收入。

過去，羅馬的稅收形式多元，但多半是間接稅，主要是依賴商品經濟與城市活絡的商業活動。不過隨著羅馬商品經濟衰退，貨幣價值大幅下滑，原有的課稅方式已不再有效，因此，新稅制轉向直接稅與土地稅為主。

羅馬公民需定期向國家繳交一定數量的實物作為稅賦，例如：穀物、橄欖油、羊毛與肉類等，不過並未明訂徵收時間或稅率。戴克里先派人編製土地清冊，詳列耕地面積、作物比例、勞動力人數與牲畜數量，再據此對各徵稅單位徵收實物稅。城市中無土地的居民則需繳納人頭稅。

為了確保稅收穩定，戴克里先採取一連串強硬措施，如：禁止農奴與農業勞工離開土地；手工業者不得脫離所屬的行會；市議會議員（市元老）也被限制在出生地，並被迫負責擔保城市的稅收。為了方便徵稅，他還把農村的稅務工作交給大莊園主，從而加強了他們對農奴的控制與壓迫。以上這些改革，讓羅馬擁有穩定的物資來源，擺脫過去依賴戰爭掠奪與臨時徵用的做法，對整體社會經濟發展具有重大意義。

不過，**戴克里先的貨幣改革成效不彰，反而一度讓羅馬經濟陷入更大的混亂**。當時羅馬的貨幣體系極度混亂、嚴重貶值，必須加以整頓。西元三〇一年，他下令鑄造新金幣，法定重量為六十分之一羅馬磅[25]（在屋大維時期的金幣重量為四十分之一羅馬磅）。他強制推行新金幣取代舊金幣，同時也發行銀幣和銅幣。

這項幣制改革不僅未能穩定物價，反而導致價格繼續上漲。為了抑制物價，戴克里先還發布《限制最高價格法》（Edict on Maximum Prices）[26]，試圖以行政手段設定商品和工資的最高標準。敕令中列出糧食、飼料等各項物資的最高價格，以及各類職業的工資上限，從農工、石匠、木匠到建築師、教師和律師都有明確規定。敕令還威嚇民眾：「若有人膽敢違抗此令，將面臨斬首之罰！」對戴克里先來說，這些改革的失敗還稱不上致命。**他真正的失敗在於錯誤的宗教政策，最終導致他被迫退位**。他一向強調皇帝是神的代理人，而最後竟因宗教問題失勢，這無疑是巨大的諷刺。

西元三〇五年，戴克里先宣布退位，另一位皇帝馬克西米安也同時退休。根據先前的規劃，兩位副皇帝將晉升為皇帝——君士坦提烏斯一世成為西部皇帝，伽列里烏斯成為東部皇帝。但在選出新的副皇帝時，羅馬軍隊與元老院都積極介入，並各自提出自己支持的人選。

西元三〇六年，西部皇帝君士坦提烏斯一世去世，他的兒子君士坦丁一世（Constantine I）隨即繼承皇位[27]。但東部皇帝伽列里烏斯卻任命塞維魯斯二世（Severus II）[28]為西部皇帝，與君士坦丁一世展開對峙，這違背了原本的「四帝共治制」。此時，已退休的前皇帝馬克西米安的兒子馬克森提烏斯（Maxentius）認為自己也有資格當皇帝，於是發動叛變，殺死塞維魯斯二世。

伽列里烏斯親自率軍進攻義大利討伐馬克森提烏斯，但戰敗而歸。無奈之下，他任命李錫尼（Licinius）[29]為西部皇帝，掌管伊利里庫姆、色雷斯與潘諾尼亞，同時任命馬克西米努斯・戴亞（Maximinus Daza，後簡稱戴亞）[30]為副皇帝，統領敘利亞與埃及。

然而，李錫尼並未出兵討伐弒君者馬克森提烏斯，反而向薩馬提亞人發動戰爭，並多次獲勝。西元三一一年，伽列里烏斯去世。此時李錫尼不只名義上是西部皇帝，實際上也掌握了帝國東部大片領土。他與繼任東部皇帝的戴亞協議，以赫勒斯滂與博斯普魯斯海峽為界，分割東方地區——李錫尼取得歐洲部分，戴亞則掌握亞洲部分。

西元三一二年，君士坦丁一世在米爾維安大橋戰役（Battle of the Milvian Bridge）中，擊敗

---

25 一羅馬磅，大約折合爲三百二十七點五四公克。

26 編注：又被稱爲《價格敕令》或《戴克里先敕令》。

27 編注：他是被軍隊擁立爲奧古斯都（即正帝），但在當時的四帝共治制度下，他實際的地位一開始只是副皇帝（凱撒），因爲正式的任命權屬於最高的奧古斯都（皇帝），也就是當時仍健在的東部皇帝伽列里烏斯。

28 全名弗拉維烏斯・瓦勒里烏斯・塞維魯斯（Flavius Valerius Severus，?至西元三〇七年）；西元三〇五年五月一日任凱撒，西元三〇七年四月任奧古斯都。

29 全名蓋烏斯・瓦列里烏斯・李錫尼安努斯・李錫尼（Gaius Valerius Licinianus Licinius，西元二六三年至三二五年），在位期間西元三〇八年至三二四年。

30 編注：羅馬帝國東部皇帝伽列里烏斯的外甥、養子，後自立爲羅馬帝國東部皇帝，也是最後一位被視爲埃及法老的羅馬皇帝，在位期間西元三〇五年至三一三年。

並殺死馬克森提烏斯。隔年，李錫尼與君士坦丁一世在梅迪奧拉努姆（Mediolanum，即今日的米蘭）會晤。李錫尼迎娶君士坦丁的同父異母妹妹君士坦提婭（Constantia），兩人締結聯盟，並共同發布《米蘭敕令》（Edict of Milan），宣布基督教合法化，結束羅馬對基督徒的迫害。

之後戴亞與李錫尼決裂。戴亞集結七萬大軍越過博斯普魯斯海峽，發動進攻；李錫尼率三萬人迎戰，雙方在特茲拉盧姆（Tzirallum）決戰。戴亞慘敗，逃至奇里乞亞，原本戴亞打算在奇里乞亞建立新防線但未果，於是轉往塔爾蘇斯，但不久後就病逝了。

西元三二一年，君士坦丁一世說服多瑙河以北的蠻族入侵李錫尼的領土，李錫尼憤怒指控他違反協議。雙方關係破裂，君士坦丁一世決定直接向他宣戰。

西元三二四年，李錫尼在阿德里安堡（Adrianople）[31]戰敗，逃入拜占庭（Byzantium）。君士坦丁一世展開圍城，同年，君士坦丁一世的長子克里斯普斯（Crispus）率軍在赫勒斯滂擊潰李錫尼的艦隊。李錫尼留下新任命的副皇帝馬提尼安努斯（Martinianus）堅守拜占庭，自己撤往克里索波利斯（Chrysopolis），但在那裡又敗於君士坦丁一世，只好逃至尼科米底亞並宣布退位，向君士坦丁投降。

最終，君士坦丁一世統一了整個羅馬帝國，自稱為唯一的皇帝。至此，戴克里先所建立的「四帝共治制」，正式宣告瓦解。

31 編注：現稱愛第尼（Edirne），為土耳其語阿德里安堡的音譯。位在今日土耳其西北方，鄰近希臘和保加利亞邊境。

Chapter XI

君士坦丁一世的改革

「四帝共治制」宣告失敗後，
君士坦丁一世憑藉強大的軍事實力，重新統一羅馬帝國。
他改變前任的作法，選擇支持並掌控基督教會，
同時，推動一系列旨在鞏固政權的改革措施。

新時代的宗教矛盾

戴克里先頒布迫害基督徒的詔令後，引發長達十九年的羅馬內戰。最終，由君士坦丁一世憑藉軍事實力重新統一羅馬，並終結「四帝共治制」。此外，他也推翻了戴克里先的宗教政策，轉而支持並掌控基督教會。

從西元一世紀起，羅馬帝國內各種宗教運動蓬勃發展，其中，基督教的成長尤為迅速。最初的基督教本是猶太教內眾多派別之一，源自猶太人反抗羅馬統治的群眾運動，而這與巴勒斯坦地區的歷史背景密不可分。

從西元前十一世紀起，古猶太人陸續受到亞述帝國（Assyrian Empire）、新巴比倫王國（Neo-Babylonian Empire）、波斯帝國、亞歷山大帝國、塞琉古王國和托勒密王國的統治。羅馬勢力進入東地中海後，猶太人又淪為羅馬的被統治者，反抗外族的情緒也達到最高峰。

西元前六三年，羅馬將軍龐培進攻巴勒斯坦，之後與克拉蘇等人數度率軍攻占耶路撒冷。龐培曾屠殺約一萬兩千名猶太人，並勒索鉅額款項，之後更將猶太的大部分領土併入羅馬的敘利亞行省。克拉蘇則在占領耶路撒冷時掠奪大量財寶，據說總價值高達一萬兩千他連得。

西元前四〇年，羅馬扶植大希律王為巴勒斯坦的統治者，而在西元前四〇年到西元前四年間，他殘酷地鎮壓猶太人的反抗。

大希律王死後，羅馬將巴勒斯坦劃分為三個地區：北部的加利利與外約旦（Transjordan）[1]、中部的撒馬利亞（Samaria）、南部的猶太地區，並分別由希律的三個兒子治理。西元六年，羅馬將猶太地區直接納入行省管理範圍。羅馬軍隊四度占領耶路撒冷，除了被屠殺的人之外，有超過六萬的猶太人被俘為奴。猶太地區被納為直轄行省之後，面臨更沉重的剝削，包括：人口普查、定額課稅、人頭稅、農業稅等繁重徵收。另外，猶太人還得把收入的十分之一捐給聖殿，作為什一奉獻，就連旅居國外的猶太人，也必須奉獻繳納。

在這種壓迫下，猶太人經歷家破國亡的痛苦，也掀起了連綿不絕的反抗運動。

在西元初期，加利利的猶大、外約旦的西門（Simon of Peraea）以及牧羊人阿斯朗琪（Athronges）相繼發動起義，自稱猶太國王，號召民眾拒繳人頭稅，掀起反抗羅馬統治的行動。這場起義最終被敘利亞總督瓦魯斯（Publius Quinctilius Varus）率領兩個羅馬軍團鎮壓。當地居民遭到屠殺與掠奪，約兩千人被俘後釘死在十字架上。

直到西元六六年，猶太人的反抗行動仍持續不斷。來自加利利的三位領袖先後自立為王，領導起義軍對抗羅馬政權。

1 編注：指約旦河東岸，即約旦河以外的地區。

到了西元六〇年代初，羅馬的高壓政策，以及軍隊再次搶掠耶路撒冷聖殿財寶的行為，引爆猶太人更大規模的反抗。在這場席捲整個巴勒斯坦的大起義中，起義軍成功占領耶路撒冷，焚毀債務契約並處決羅馬駐軍。起義迅速獲得其他地區的響應。一開始羅馬派遣三萬大軍鎮壓未果，到了西元六八年再度集結大軍展開圍攻。最終在西元七〇年，羅馬軍隊攻陷耶路撒冷，這次起義終告失敗。

在這些反羅馬的運動中，由於政治、經濟地位的不同，猶太人分裂為多個教派與政治派系，主要可分為四大派：

一、撒都該派：由祭司貴族組成，是當時猶太的掌權者。他們掌控聖殿與什一奉獻，經營放款生意，與羅馬統治者關係密切，主張服從羅馬、維持宗教傳統。他們只承認《摩西五經》（Pentateuch）[2]，不接受口傳律法，也只重視聖殿禮儀，不重視耶路撒冷以外的會堂（synagogues）[3]活動。聖殿被毀後，撒都該派失去陣地，從而逐漸沒落。

二、法利賽派：由中產階級與宗教知識分子組成，政治上雖不與羅馬合作，但也不積極反抗。宗教上，他們接受口傳律法，信奉天堂、地獄、復活與永生，主張維護傳統信仰與文化，並期待救世主的降臨，強調會堂的活動。

三、艾賽尼派：約四千名成員，以農民與牧人為主，多居住在巴勒斯坦的鄉間。他們實行公有制、經濟互助、禁慾生活，崇尚末世思想。他們認為救世主即將來臨，新耶路撒冷即將出現。他們選出十二名首領主持社團，嚴格遵守戒律，定期舉行公餐，並共同研讀聖經。每天集體勞動五小時，不許婚嫁，消極靜候救世主的降臨。社團紀律嚴明，入會前須經過嚴格訓練，悔罪時須接受洗禮儀式。與基督教不同的是，他們悔罪時施行的是灑水禮而非浸水禮。另外，他們還特別將《舊約》中關於彌賽亞（Messiah，指受上帝指派來拯救世人的救世主）的經文加以摘錄、編排成冊，經常誦讀，以隨時迎接彌賽亞的到來。

四、奮銳黨：各派之中最年輕的一支，創始人為加利利的猶大。奮銳黨的政治立場鮮明，主張以暴力手段解放猶太，建立上帝之國，即一個獨立自主的猶太國。該派成員多為猶太社會下層的無產者、流民、乞丐、貧困手工業者及小商販，且曾多次發起武裝起義。在宗教信仰上，他們堅守對唯一真神耶和華的信奉，認為堅持信仰就必須反抗羅馬，並宣稱救世主即將降臨。

除了撒都該派，其他三派又分化出許多小支派。原始基督教就是從這些下層教派中逐漸發展出來的一支，早期稱為拿撒勒派（Nazarenes），它是西元一世紀三〇至六〇年代猶太人反抗羅馬時期的產物。

西元三〇年代，拿撒勒人耶穌（Jesus of Nazareth）在巴勒斯坦創立基督教。他宣揚的教義挑戰羅馬的統治，因此遭當地的羅馬總督彼拉多（Pontius Pilate）判處釘在十字架上。耶穌死後三

---

2 《摩西五經》是《希伯來聖經》（Tanakh）中最初的五卷經書，傳統上被認爲由摩西（Moses）所著，爲猶太教最核心的經典之一，也被基督宗教視爲《舊約聖經》的開端。五卷內容依次爲：《創世紀》（Genesis）、《出埃及記》（Exodus）、《利未記》（Leviticus）、《民數記》（Numbers）和《申命記》（Deuteronomy）。

3 此處指舉行教徒聚會的地方。

天復活，信徒相信他將再臨人間，建立理想的「上帝之國」（Kingdom of God）。

耶穌過世後，信徒持續傳播其教義。基督教與猶太教傳統教義有所衝突，撒都該派否認耶穌是救世主，將基督徒驅逐出聖殿。在巴勒斯坦、小亞細亞一帶，基督教逐漸發展成為獨立宗教，然後在地中海沿岸，尤其是小亞細亞、埃及一帶迅速傳播開來。

基督教早期信徒以猶太人為主，也包含非猶太人，涵蓋自由人、奴隸與被釋放的奴隸，主要來自社會底層。早期基督教尚未發展出後來的「三位一體」、「原罪」等教義，而是一種超越民族界線的普世信仰。它承認耶和華為唯一真神，但主張神的選民不再限於猶太人，而是所有信仰基督者皆可得救，同時儀式簡化為洗禮與聖餐，廢除了繁瑣的獻祭與戒律。

這樣的教義深深吸引羅馬社會的底層，進而迅速傳播。保羅派（Pauline Christians）把握住羅馬各民族間政治與社會差異日益消融的契機，積極以希臘語傳教，並在過程中大量吸收希臘羅馬通俗哲學的觀點，對早期教義進行改造。最終，保羅派擊敗彼得派（Petrine Christians），確立《新約聖經》（New Testament）[4]為基督教的正統經典。隨著原始基督教教會組織與禮儀的建立，以及《新約聖經》的問世，標誌著基督教正式形成。

到了戴克里先執政時，基督教在羅馬帝國內已經非常具有影響力。在堅持保守、恢復古老宗教，還是轉向新興宗教之間，戴克里先無法不做出選擇。當時，舊教徒傳教在西元三世紀所面臨的危機，其實是新宗教運動所造成的。戴克里先希望解決社會上的混亂與不安，相信這場危機和基督教有關，加上他強調皇權來自神明，因此選擇站在舊教徒這一邊，主張復興傳統的羅馬宗教。當時，羅馬的主神朱比特（Jupiter）被視為皇帝的保護者和世俗最高權力的來源。戴克里先自認是朱比特之子，並擁有「朱維烏斯」（Jovius，意指「屬於朱比特的」）這個頭銜。

戴克里先的宗教政策，遭到基督徒的消極反抗。**到了西元三世紀末，基督教已在羅馬各個社會階層廣泛傳播，無論是在東方和西方的各個行省，以及羅馬城內，都有大量信徒。**特別是在羅馬城，基督徒約占全城人口的二十分之一，甚至包括戴克里先的妻子和女兒也是信徒。當時的基督教主教（bishop）已享有榮譽地位，受到平民甚至官員的敬重和優待。戴克里先試圖恢復舊有宗教的崇拜、壓制基督教的擴散，自然引來基督徒的抵制。

基督教否認皇帝的神性，並擁有不受皇帝控制的獨立教會組織，且在軍隊中也具有深遠的影響力，例如，有些信仰基督教的士兵，甚至拒絕接受與皇帝有關的宗教獎賞，或不願遵守牴觸基督教信仰的軍事紀律。這些情況讓戴克里先難以容忍。他努力提高傳統宗教祭司的威望，並鼓動他們反對基督教。與他共治的皇帝伽列里烏斯也在另一邊呼應，共同推行反基督教政策。戴克里先實施嚴厲的鎮壓措施，迫使基督徒放棄信仰，否則將遭處決。

在羅馬帝國內部，不論是哪一個階層的基督徒都遭到打壓。對此，此後執政的羅馬皇帝君士坦丁一世等人，對戴克里先這樣激進的宗教政策，並不完全認同。

---

4 《新約全書》共二十七卷，原文爲希臘文，包括啟示錄、保羅書信二十一篇、四卷福音書和使徒行傳。

承認基督教合法的《米蘭敕令》

君士坦丁一世之所以能戰勝對手，與他的宗教政策息息相關。

君士坦丁一世的父親君士坦提烏斯一世統治的地區，包括高盧、西班牙和不列顛島，而他一向對基督教採取寬容態度，手下許多官員與軍人也都是基督徒。君士坦丁一世接掌父親的軍隊時，軍中已有不少基督徒。

面對「如何對待基督徒」的問題，君士坦丁一世採取務實的態度。雖然他當時還不是基督徒，但因為部下多為信徒，也樂意成為他們的庇護者。於是，他下令廢除戴克里先所制定的打壓基督教的政策。正因如此，他得以接連擊敗對手，逐步在羅馬建立起絕對權威。

西元三一三年二月，君士坦丁一世與李錫尼聯合頒布《米蘭敕令》[5]，正式宣布宗教信仰自由。隨後，他又賦予基督教會許多特權，像是免除教士的勞役，使得基督教迅速從受迫害的少數宗教，躍升為占主導地位的宗教。基督徒已逐漸適應羅馬的秩序，因此也樂於為皇帝權威辯護。

君士坦丁一世積極介入教會事務，致力促進各地教會組織的統一。他認為統一的帝國需要有統一的教會，因此不容許教義分裂。**當時，教會內部常出現教義與紀律的爭議，這些爭議反映出社會矛盾，因爲教會已滲透各個階層。**基督教成為國教之後，各派主教都希望依靠皇帝的力量來解決分歧，而君士坦丁一世也將處理教會事務與教義爭議視為國政的一環。

西元三一三年，北非出現多納徒教派（Donatists）正統性的爭端。當地基督徒向君士坦丁一世申訴，希望裁定開其良努（Caecilian）和多納徒（Donatus）誰才是正統主教。君士坦丁一世收到申訴後，下令召開主教會議進行處理。主教會議最初在羅馬召開，後來移至亞爾（Arles）繼續。經過討論，會議承認開其良努的正統地位，君士坦丁也批准了這項決議。然而多納徒及其支持者不服，聲稱他們才是真正的基督徒，於是另組教會。這次會議不僅沒能解決爭端，反而加深了教會分裂。君士坦丁一世在此事中行使了最高裁決權，成為最大的受益者。此後，君士坦丁一世對教會的干預，更加深入。

早在西元二世紀末到三世紀初，埃及亞歷山卓城教會的一些神學家，就曾挑戰基督教的正統教義。俄利根（Origen）以柏拉圖（Plato）的理型論為基礎，試圖結合基督教教義與希臘哲學，以期透過哲學擴大教會的影響力。到了四世紀初，教會長老亞流（Arius）進一步發展這套思想，主張在聖父、聖子、聖靈三者之中，只有聖父是永恆的。這種觀點雖遭到埃及主教的譴責，卻得到亞歷山卓城許多平民、手工業者與水手的支持。

這場教義爭論在街頭、市場與許多公共場所中經常演變為激烈爭吵，甚至流血衝突。爭議從埃及教會擴散到其他地區，引發廣泛關注。因此，教會人士要求君士坦丁一世出面干涉。於是，西元三二五年，君士坦丁一世在尼西亞（Nicaea）召集全羅馬基督教主教會議，專門討論亞流的

5 西元三一三年二月，君士坦丁一世與負責治理羅馬帝國東部各行省的皇帝李錫尼，在羅馬行政中心米蘭達成協議並發布《米蘭敕令》，承認宗教信仰自由，確認基督教徒享有包括組織教會在內的合法權利，並立即發還過去沒收的教會財產。米蘭敕令是基督教成為羅馬唯一合法國教的關鍵事件。

教義問題[6]。大多數主教反對亞流學說，主張聖子與聖父是同一的。經過激烈辯論，大會制定了所有基督徒都必須遵從的正統教義——《尼西亞信經》（Nicene Creed），確認基督與聖父、聖靈同體、同為永恆。

在全羅馬基督教主教會議上，當時尚未受洗的君士坦丁一世擔任會議主席，會議結論出爐後，他以皇帝與主席的身分批准會議決議。事後，亞流被流放到伊利里庫姆，其追隨者則被放逐到高盧。

不過，宮廷中仍有不少人支持亞流的教義。君士坦丁一世本人對亞流教派（Arianism）也不無好感，因為該派不主張教會獨立於皇權之外，這符合君士坦丁一世強化中央集權的理想。儘管如此，有鑒於會議上的多數主教反對亞流，君士坦丁一世也順應主流意見，批准決議。然而，不久之後，亞流竟戲劇性地從流放中被召回，而他的主要對手、亞歷山卓城主教亞他那修（Athanasius）反而被放逐。

西元三三六年亞流去世後，他的信徒仍受到皇室保護。西元三三七年，君士坦丁一世在病重下，於亞流教派的教士手中接受洗禮，正式成為基督徒。西元三八一年，另一場宗教會議上，亞流教義再次受到譴責，尼西亞派完全勝出，成為羅馬帝國的正統宗教。亞流教派雖在羅馬失勢，卻在日耳曼部落間廣泛流傳，許多蠻族人成為其信徒。

君士坦丁一世順應時代潮流，採取比戴克里先更為寬容且務實的宗教政策，使基督教最終戰勝舊信仰，無疑也是一種宗教改革。

在社會與財政方面，君士坦丁一世延續並強化對統治有利的政策。例如，他實行地方民政與軍權分離政策，並將軍隊分為邊防軍與隨行軍。最重要的是，他解散驕橫的近衛軍，重組皇帝親衛軍，將軍權集中於皇帝手中。

另外，君士坦丁一世廢除「四帝共治制」，命子姪分鎮各地，並將禁衛軍統領由軍職轉為地方文官，設東部、伊利里亞、高盧與義大利四位統領，分別管理除了羅馬與君士坦丁堡外的禁衛軍。另外，他也削弱邊防駐軍實力，進一步神化皇權。

隨著羅馬社會結構日趨惡化，軍隊素質也隨之敗壞。過去授予退伍士兵土地的政策，曾有助於復興小農階級，但後來變成強迫士兵後代世襲服役的工具。話雖如此，強徵老兵的兒子服兵役，也無法補足兵源，因此，羅馬愈來愈依賴招募蠻族人入伍。**君士坦丁一世在位期間，羅馬軍隊的蠻族化進程顯著加快，不少外族人甚至擔任高階軍官**。不過，由於君士坦丁一世自身為軍事強人，對軍隊掌控力強，因此，此一趨勢短期內尚未對羅馬構成威脅。

除此之外，君士坦丁一世的財政改革也影響深遠。為確保穩定稅收，他推行強制徵稅政策，

6 編注：史稱尼西亞公會議（First Council of Nicaea）。

讓各階層直接淪為皇權的徵稅對象。西元三一六年與西元三二五年，他兩度頒布稅令，強制城市的高階居民——「庫里亞」（即市政官員）[7]不得離開出生城市，以作為固定的稅收對象。這些市政官員不得卸除義務，也不能從政或從軍，這樣的義務還須世代承襲。對他們尚且如此，對社會底層的百姓就更加嚴苛了。

為了擺脫羅馬城既有勢力的掣肘，西元三三〇年，君士坦丁一世遷都至拜占庭，先將其改名為新羅馬（Nova Roma），後改為君士坦丁堡[8]。該地為天然良港，為歐亞交通與貿易樞紐。君士坦丁一世遷都後即大舉擴建新都。君士坦丁堡自此成為羅馬帝國及東羅馬帝國的首都，直到一四五三年為止。

為了修建新都所需的經費，君士坦丁一世加強稅收。西元三三二年，他頒令禁止農奴逃亡至他莊，若有人收容，必須歸還原主，並補繳期間稅賦。此外，他將手工業者強制固定於所屬公會，連帶承擔公會稅與徭役。有些被編入專門為宮廷和軍隊提供物資的工匠甚至會被烙印，以防止他們逃跑，避免對宮廷與軍隊的生產供應造成不良影響。對自由民尚且如此，奴隸的境況更為悲慘。若主人為了「糾正」奴隸的不順行為而打死奴隸，不必負刑責；貧民若將子女賣為奴，奴隸主有權把「無禮」的被釋奴與其子女重新變為奴隸。

君士坦丁一世原本有可能透過各種改革，為羅馬帝國帶來轉機，然而，除了宗教、政治改革與遷都順應歷史潮流外，其他改革多是逆勢操作。結果在他過世後，羅馬又陷入了危機，社會矛盾與分歧愈來愈激烈。

羅馬各行省相繼起義

君士坦丁一世推動改革的主要目的，是加強皇帝的集權統治。這場改革最直接的受益者包括軍人、大地主以及教會成員；相對地，許多中層階級、平民、農奴和奴隸則淪為受害者，使得他們的生活處境變得更加艱困。

正所謂「哪裡有壓迫，哪裡就有反抗」，壓迫愈沉重，反抗就愈激烈。君士坦丁一世改革不久，北非行省便爆發了奴隸和農奴反抗奴隸主的「阿哥尼斯提運動」（Agonistici Movement）[9]。

羅馬的北非行省主要包括阿非利加[10]、努米底亞[11]和茅利塔尼亞（Mauretania）[12]三個地區。阿非利加承襲了迦太基時代的物質文明，以富饒著稱，吸引大批羅馬殖民者湧入，在當地大量建立莊園，帶動經濟高度發展。相比之下，努米底亞與茅利塔尼亞雖然有在地傳統，但依然是

7 編注：他們是地方城市議會的成員，即古羅馬地方的中產階級地主與富人，負責地方行政、財政與稅收徵集等工作。

8 編注：即今日土耳其境內的伊斯坦堡（Istanbul）。順帶一提，東、西羅馬帝國分裂之後，西方的神聖羅馬帝國常以拜占庭帝國稱呼東羅馬帝國，且君士坦丁堡在此後一千年都爲東羅馬帝國的首都，因此東羅馬帝國在西方學界又常被稱爲拜占庭帝國（Byzantine Empire）。

9 編注：這是發生在羅馬帝國晚期，由北非的貧困農民、奴隸、農奴所展開的反羅馬運動。阿哥尼斯提派（Agonistici）最早是從多納徒派中分裂出來的激進分支，信徒主張以武力對抗他們認爲的不義政權與教會。

10 大約是今日的突尼西亞。

11 大約是今日阿爾及利亞東部和中部。

12 大約是今日阿爾及利亞西部和摩洛哥。

以奴隸主的所有制為主導。君士坦丁一世的改革，進一步鞏固了大地主的特權，從而加重了對奴隸的壓榨，造成階級矛盾不斷惡化。

西元四世紀初，羅馬北非行省的官僚機構規模過於龐大、行政效率低落，而沉重的稅賦幾乎完全落在農奴身上。這些農奴大多是柏柏人，他們沒有羅馬公民身分，且同時受到羅馬當局、莊園主與地方管理者的三重壓迫，生活狀況相當惡劣。大莊園中的奴隸也多為柏柏人，命運更加悲慘。君士坦丁一世改革後，他們甚至還要承受來自教會的剝削，情況雪上加霜。

西元三一三年，基督教取得合法地位。不久後，教會開始接受土地捐贈，公開聚斂財富。君士坦丁一世曾將努米底亞的皇家莊園和西爾塔（Cirta）等地的七筆產業收入（總計約四千枚金幣），連同當地的農奴與奴隸，一併賜給非洲教會。教會所擁有的土地享有免稅和司法自治的特權，幾乎成為「國中之國」。

阿哥尼斯提派最早是從多納徒教派中分裂而來。西元四世紀初，北非的正統基督教會出現分裂，形成反對派——多納徒教派。**在羅馬化最深的阿非利加地區，正統教會占優勢；而在努米底亞與茅利塔尼亞，則是多納徒教派比較盛行**。之後，努米底亞與茅利塔尼亞逐漸成為阿哥尼斯提運動的中心。

在思想與組織上，阿哥尼斯提派比多納徒教派更具戰鬥性。他們主張禁慾主義與殉道精神，具體內容包括：放棄定居生活、遠離世俗事務、終生不婚、甘於犧牲殉道、摧毀多神教偶像。該派信徒多為農奴與逃亡奴隸，也包括部分農民，其皆屬於社會最底層、受壓榨最嚴重的群體。

阿哥尼斯提派逐步演變為帶有軍事性質的宗教團體，最終超越宗教範疇，發起反抗奴隸制度的武裝行動。

在叛亂蔓延的地區內，地主無法安穩生活、債主不敢前來收租討債，奴隸主人人自危，甚至被迫取消租稅以保性命。出門乘馬車的奴隸主會被拉下來，換他們幫奴隸趕車，使「奴隸與主人角色互換」。阿哥尼斯提運動企圖以暴力手段，對當時的階級秩序進行徹底顛覆。這讓統治階級大感震驚，就連多納徒教派的上層人士也急忙呼籲「恢復秩序」，甚至與地方民團勾結，在市集公開屠殺阿哥尼斯提派的信徒。

然而，多納徒教派上層的背叛，並未給自身帶來什麼好處。為了爭奪帝位，君士坦丁一世之子君士坦提烏斯二世（Constantius II）[13]對非正統教派展開迫害，意圖爭取正統基督教會的支持，而多納徒教派也成為整肅目標。不得已之下，他們再次與阿哥尼斯提派合作。他們集合於巴蓋城（Bagai），與前來鎮壓的羅馬軍隊展開激烈戰鬥，許多信徒英勇戰死，被俘者也毫不畏懼地

13 全名弗拉維烏斯・尤利烏斯・君士坦提烏斯（Flavius Julius Constantius，西元三一七年八月七日至三六一年十一月九日），羅馬帝國君士坦丁王朝的第二位皇帝，君士坦丁一世的兒子，在位期間西元三三七年至三六一年。

赴義。

西元三六二年，多納徒教派主教帕美尼安（Parmenian）趁著羅馬皇帝尤利安（Julian）[14]剝奪神職人員特權之際，在努米底亞和茅利塔尼亞重新奪回部分教區，恢復阿哥尼斯提活動。他們攻擊正統教會，並殺害其高層人員。然而，尤利安的統治僅維持三年，異教勢力隨即衰退。此後，阿哥尼斯提派與茅利塔尼亞的柏柏部落王宮貴族費爾姆（Firmus）合作，使得反羅馬運動迅速擴展。

為了抗議羅馬的重稅政策與地方官員的剝削暴政，西元三七二年，費爾姆領導茅利塔尼亞的柏柏人發起抗爭。羅馬軍隊迅速前來鎮壓，但部分羅馬士兵在陣前倒戈，使起義軍實力大增。起義軍隨即占領凱撒里亞和伊科西姆（Icosium）等大城市。羅馬將領提奧多西（Theodosius）率兩個軍團前往北非，並利用起義軍缺乏統一指揮的弱點，收買費爾姆的兄弟吉爾頓（Gildon）為內應，逐一擊破起義部隊。西元三七五年，費爾姆兵敗自盡，起義餘眾不久也遭鎮壓。這場失敗，使阿哥尼斯提運動失去一大支撐力量，但他們的抵抗精神仍未熄滅。

西元四世紀末至五世紀初，阿哥尼斯提派依然帶領農奴與逃奴，在北非堅持反對羅馬的壓迫。他們破壞酒窖、奪回債券還給債戶，並「焚毀奴隸契約，使奴隸重獲自由」。當地官員束手無策，稅吏也不敢履行職責。在汪達爾人征服北非之前，阿哥尼斯提運動已使羅馬政權在當地名存實亡。除了非洲的阿哥尼斯提運動，歐洲的高盧也再度出現巴高達叛亂，嚴重動搖了羅馬的統治。色雷斯地區的平民暴動也對帝國造成重大危機。時任羅馬皇帝瓦倫斯（Valens）[15]親自出征，才勉強恢復秩序。然而，不過十年的時間，反羅馬奴隸主的反抗火苗又在多瑙河流域重燃，瓦倫斯不得不再次全力鎮壓。**這一次有許多蠻族參與，尤其是哥德人，他們把亞流教派的教義，視爲反羅馬的思想武器**。西元三七八年，瓦倫斯親率大軍進攻色雷斯，卻在阿德里安堡戰役（Battle of Adrianople）中遭遇慘敗——三十七名將領陣亡、四萬名士兵全軍覆沒，就連皇帝本人也中箭身亡。

為了避免局勢進一步惡化，新任皇帝狄奧多西一世（Theodosius I）[16]決定不再與哥德人正面衝突，改採安撫與分化的策略。他們以優厚待遇收買哥德人，同時集中力量鎮壓色雷斯下層群眾的起事。經過數年戰鬥，羅馬終於將當地的反抗者鎮壓下來。

羅馬經歷一連串危機之後，儘管多任皇帝勵精圖治進行改革，不過，由於沒意識到動亂的真正根源以及改革立場的問題，以致各項改革非但沒給羅馬帶來穩定，還進一步加劇了動盪。羅馬，不得不繼續在各種危機中艱難前行。

---

14 編注：全名弗拉維烏斯・克勞狄烏斯・尤利安努斯（Flavius Claudius Julianus，西元三三一年至三六三年），在位期間西元三六一年至三六三年。由於他對希臘哲學的熱愛，因此有哲學家尤利安（Julian the Philosopher）的稱號。尤利安出生就受洗，在嚴格的基督教育下長大，但後來卻轉向傳統的多神信仰，因而被當時的羅馬教會稱爲背教者尤利安（Julian the Apostate）；他是羅馬帝國最後一位信仰多神教的皇帝。

15 全名弗拉維斯・埃弗利烏斯・瓦倫斯（Flavivs Ivlivs Valens，西元三二八年至三七八年），羅馬帝國東部皇帝，在位期間西元三六四年至西元三七八年。

16 本名弗拉維烏斯・狄奧多西（Flavius Theodosius，西元三四六年至三九五年），也被稱作狄奧多西大帝，在位期間西元三七九年至三九五年，是羅馬帝國狄奧多西王朝的第一位皇帝，也是最後一位統治羅馬帝國全境的皇帝。

Chapter XII

來自東方的「上帝之鞭」

羅馬帝國的內部矛盾，達到前所未有的程度，
同時，也面臨千年難得一見的外部壓力。
匈人勢如破竹，彷彿「上帝之鞭」，
不但重擊蠻族部落，也無情「抽打著」內外交迫的羅馬帝國。

匈人崛起

君士坦丁一世進行改革之後，羅馬帝國內部的矛盾空前加劇，同時也面臨前所未有的外部壓力。這股壓力來自東方——匈奴人（匈人）[1]的進攻，他們的破壞力遠遠超過以往的蠻族侵擾。匈人不只是掠奪財物與土地，更徹底改變局勢，引發一場大規模的蠻族遷徙潮，動搖了羅馬帝國的統治根基。

匈奴人原本居住在蒙古高原，自西元前三世紀末崛起，成為一個強大的遊牧帝國。當時，他們南下與漢朝展開長期對峙，雙方時戰時和，持續了將近三百年的戰略競爭，最後匈奴被擊敗。匈奴內部分裂為南匈奴與北匈奴。南匈奴臣服於漢朝，北匈奴則繼續敵對。到了西漢時期，北匈奴被消滅，南匈奴則成為漢朝的附庸，然而當漢朝衰落時，匈奴又趁勢復興。

漢朝（史稱東漢）復興後，匈奴再次分裂為南匈奴與北匈奴。南匈奴依舊臣服於漢朝，而北匈奴則仍與漢朝對立，並逐步往西遷徙。漢朝無法容忍北匈奴在西域重新崛起，尤其是對絲路構成威脅，因此發動軍事追擊。

到了西元九一年，漢軍徹底擊潰北匈奴軍，迫使北匈奴失去在漠北與西域的生存空間。北匈奴單于僅率少數隨從逃往烏孫，而剩餘的北匈奴勢力相當微弱，幾乎沒什麼影響力了。漢軍未繼續追擊，也未要求烏孫剿滅這些殘部。這些匈奴人後來臣服於烏孫，烏孫也收納了他們。

由於曾經有過輝煌歷史，流亡的匈奴人從未放棄復興的夢想，也無法安於現狀。當時的漠北與西域早已被其他勢力掌控，無法返回；烏孫提供的生存空間又極為有限。思前想後，北匈奴單于決定帶領族人繼續往西遷徙，尋找新的落腳處。在出發之前，他先率領壯丁前往康居，尋找進一步西遷的機會，而年老體弱者則先暫時留在烏孫。

到了南北朝時期，來自鮮卑分支的遊牧民族柔然，在漠北逐漸壯大。他們多次與南方同族的北魏交戰，但未能占到上風，轉而進攻他們的西部鄰國烏孫。烏孫軍力薄弱，無法抵擋柔然的進攻，只能向西遷徙。此時，那些原本留在烏孫的匈奴老弱後裔，已經發展成一支不容小覷的勢力。他們趁勢在烏孫舊地建立了悅般國，統治匈奴人與不願西遷的烏孫人。

匈奴人在悅般國建立復興基地後，與柔然建立友好關係。柔然原本打算吞併烏孫地區，沒想到卻被匈奴人捷足先登，占據了這片土地，這讓柔然難以容忍悅般國的存在，雙方爆發多次衝突。由於柔然國力強盛，對悅般國長期施壓，匈奴人意識到若繼續對抗，將有滅亡危機，因此被迫再次西遷，去尋找早期遷徙的同族。

北匈奴單于率軍進入康居，與當年郅支單于戰敗後留在康居的匈奴後裔會合，勢力逐漸壯大。在康居定居一段時間後，發現當地的資源與空間仍不足以支撐匈奴的復興大業，便繼續西遷。悅般國的匈奴人聽聞同胞已西遷，也緊跟其後。多年後，這兩支匈奴後裔在阿蘭（又作奄

1 編注：目前沒有確鑿證據證明「匈奴人」與「匈人」（Huns）是完全相同的種族，部分學者推測匈人是匈奴西遷後的後裔，或是融合部分匈奴人的部族，因此，認爲兩者頂多有間接關聯或文化傳承，不宜視爲相同民族。由於本書是講述羅馬帝國的歷史，因此會使用「匈人」爲主，唯有在描述漢朝與北方遊牧民族的關係時，使用「匈奴人」。

蔡、闔蘇、阿蘭聊）會合。

阿蘭位於康居以北約一千公里，約在今日的頓河（Don River）以東、高加索山脈（Caucasus Mountains）以北的地區。該地為丘陵與草原交錯、水草豐茂，非常適合遊牧生活，且當地風俗與康居類似，對匈人[2]而言是理想的生存之地。匈人如魚得水，實力迅速壯大。

阿蘭人是典型的遊牧民族，住在四輪或六輪的大篷車中，擅養戰馬，擁有超過十萬的騎兵，國力並不弱。起初他們並不把人數不多的匈人放在眼裡，但匈人在當地站穩腳步後，很快意識到要復興匈人民族，征服阿蘭是必經的一步。

經過長時間準備，到了西元三七四年，匈人從頓河以東發動攻擊，攻打阿蘭。阿蘭人完全沒料到匈人敢主動出擊，只能倉皇應戰。在頓河草原上，阿蘭軍和匈人軍展開大決戰。

阿蘭軍自信滿滿，認為憑著他們龐大的戰車部隊和兵力優勢，可以輕鬆擊敗匈人軍。他們的戰車原是為對抗希臘—馬其頓方陣、羅馬方陣、帕提亞方陣及薩珊王朝方陣所設。然而，他們沒想到的是，匈人早在六百多年前，就憑藉輕騎兵的靈活性與機動力，讓中原對手不得不放棄戰車，改採「胡服騎射」的戰術。

匈人軍並未如阿蘭人預期的展開正面衝突，而是在阿蘭軍完成陣形後，突然展開側翼包抄，讓阿蘭的戰車完全派不上用場。阿蘭軍從未見過這種打法，面對匈人輕騎兵的猛烈衝擊，很快就潰不成軍。混戰中，阿蘭王戰死，少數阿蘭軍逃往東哥德（Ostrogoths），大多數人則投降匈人。

匈人將阿蘭人納入軍隊中，進行整編與訓練。由於遊牧民族間的文化相近，又崇尚強者，阿蘭人戰敗後也甘願歸順匈人，很快成為匈人軍的主力之一。**隨著西遷過程中不斷有遊牧部族加入，讓匈人軍的實力暴增，其中阿蘭人的加入尤其重要。**

巴拉米爾（Balamir）[3]隨即率領匈人軍渡過聶伯河（Dnieper River），向阿蘭西邊的鄰居——東哥德發動攻擊，其藉口是東哥德收容了敗逃的阿蘭殘兵。

當時東哥德位於黑海北岸，是由日耳曼人所建立的龐大遊牧政權。其東為阿蘭，西為西哥德（Visigoths），但無論是阿蘭或西哥德，都不敢輕易侵犯東哥德。東哥德軍事強盛，不斷征伐，征服了周邊多個小部落。

匈人軍開始進攻東哥德，而東哥德方面，事先毫無準備；雪上加霜的是，過去曾被東哥德征服的許多部落也趁機反叛，使得東哥德陷入內憂外患的困境中。匈人軍見狀發動猛烈攻勢，東哥德軍接連戰敗，最終在隔年全線潰敗。東哥德王厄爾曼納里克（Ermanaric）戰敗後自盡，其子維

2 編注：由於從這段開始，所描述的匈奴人已經是混合多個中亞民族的後裔，所以此後會以「匈人」來稱呼。

3 編注：又可拼作 Balamber 或 Balamir，傳說中的匈人領袖，被部分歷史學者認為是歐洲匈人帝國（Hunnic Empire）早期的統治者，可能是阿提拉（Attila）的祖先，但有些學者認為巴拉米爾是否真實存在不可考，因為他的名字主要來自古典文獻，而這些文獻中混合了傳說與歷史。

提米利斯（Vithimiris）也被匈人殺害。一部分東哥德人投降匈人，另一部分則繼續往西逃亡，投靠西哥德。而那些趁勢反叛東哥德的部落，也不得不順勢歸附匈人。

匈人征服東哥德，在歐洲引發劇烈震撼。歐洲各族對匈人既憎恨又恐懼，人人自危。匈人軍接著趁勢進攻西哥德。西哥德人眼見匈人軍接連擊敗阿蘭與東哥德，軍隊愈來愈龐大，又聽逃來的東哥德人描述匈人的可怕戰力，頓時喪失抵抗的勇氣。

一開始，西哥德人試圖倚賴聶斯特河（Dniester River）的天險固守，但很快就遭受挫敗。匈人僅留下少數部隊在河對岸作勢進攻，而主力部隊則趁夜從上游偷渡聶斯特河，從側翼出其不意地攻擊西哥德軍。西哥德軍被突如其來的夾擊打得措手不及，軍心潰散，恐慌之中逃離自己的村落與田園。此時，西哥德人徹底喪失抵抗意志，匈人軍幾乎可說是如入無人之境，甚至出現一、兩名匈人騎兵就能屠村的情況。

西哥德的迅速崩潰，使整個族群變成了難民；他們橫渡多瑙河，逃入羅馬帝國尋求庇護。雖然西哥德王阿塔納里克（Athanaric）先前曾與東羅馬皇帝瓦倫斯達成協議，不得擅自渡河，但眼下保命要緊，顧不得舊約。於是，西哥德的部落首領菲列德根（Fritigern）率領族人越過多瑙河，請求瓦倫斯允許他們通過，前往色雷斯的山谷定居。

然而，瓦倫斯此時也擔心匈人軍壓境，便趁西哥德人困境之際，設法將他們納為軍事工具來對抗匈人。雙方經過討價還價，最終達成協議——西哥德人可以進入羅馬領土，但必須交出武器，並被安置在邊境省分，一旦羅馬遭遇攻擊，便要作為兵力協防。

西元三七六年的春夏之際，一無所有的西哥德難民過河進入羅馬境內。他們所迎來的，是地方官員表面上的熱情接待，因為原本承諾提供的糧食、土地與住房早已被貪污瓜分，取而代之的是一連串陰險詭計。西哥德人終於忍無可忍，起身反抗羅馬的壓迫，雙方爆發全面衝突。失去一切的西哥德人四處劫掠以求生存。瓦倫斯親自率軍鎮壓，結果卻在西元三七八年八月九日於阿德里安堡戰役中大敗身亡。

西哥德人與羅馬交戰時，匈人軍並未立即尾隨追擊，而是抓住機會，掌控從烏拉山脈至喀爾巴阡山脈（Carpathian Mountains）之間廣大的草原地帶，建立起一個足以讓匈人復興的戰略基地。隨後，他們穿越喀爾巴阡山口進入今日的匈牙利地區，征服周邊日耳曼部落，並在當地建立首都。匈人的西遷到此告一段落，終於在歐洲實現復興夢想，擁有了穩固的根據地。

西遷後的匈人，與當年漠北的匈人已有所不同。他們以鬆散的部落形式分布在各個占領區，有時聯合、有時分裂，甚至單獨遷徙或與敵人結盟，難以維持長久一致的行動力。

當西哥德人陸續渡過多瑙河時，也有少部分匈人跟隨而入，因此，羅馬當局被迫默許這些匈人留在境內。

匈人軍隊在潘諾尼亞與下默西亞（Lower Moesia）安營駐守，由於他們需要時間整合之前投降的阿蘭人與東哥德人，因此一段時間內相對低調，並未發起大規模戰事。隨著匈人控制南俄羅斯的草原地帶，他們的人口迅速增加。即使如此，他們依舊不會貿然發動大戰。當匈人想要採取軍事行動時，總是先派出小規模部隊對鄰近國家進行突襲，以試探對方的軍力與反應。待掌握充分情報後，他們再全面升級戰事。許多敵人面對匈人軍時，往往毫無招架之力。

聰明反被聰明誤

西哥德的領土被匈人占領後，他們渡過多瑙河，進入羅馬帝國尋求生存空間。有趣的是，當西哥德人與羅馬人衝突升高時，匈人堅定站在西哥德人一邊，經常派出小規模部隊協助西哥德人。在阿德里安堡戰役中，匈人的小隊人馬及時趕到戰場，幫助西哥德人打敗羅馬軍。

這場戰役讓匈人獲益良多。雖然他們只帶回少量戰利品，但匈人首領一點也不在意，因為他意識到原來龐大又富裕的羅馬帝國竟然如此不堪一擊。在他看來，羅馬的財富終將屬於他們的，只不過是暫時由羅馬人代為保管罷了，等他們想要時，直接帶兵去取就可以了。

羅馬的重裝步兵打不過西哥德的重裝騎兵，而西哥德的重騎兵又敵不過匈人的輕騎兵。但為了防禦匈人的輕騎兵，羅馬竟選擇與西哥德人妥協，想借助他們的重騎兵對抗匈人。問題是，羅馬皇帝似乎沒認清一個殘酷的現實：如果西哥德的重騎兵真能擋得住匈人，他們又為何要放棄自己的家園，千里迢迢來羅馬當毫無保障的難民？

羅馬皇帝這種不夠高明的決策，注定了羅馬悲劇性的命運。從西元三九五年開始，匈人軍連年進犯色雷斯地區，並進行掠奪。透過這樣的搶掠，他們不斷壯大實力，當實力夠強時，就展開大規模的進攻。面對匈人的攻勢，羅馬皇帝狄奧多西一世束手無策，甚至在西元三九五年將羅馬一分為二，分成東羅馬與西羅馬。

羅馬皇帝的做法讓匈人一頭霧水，所以接下來幾年，他們並未對東、西羅馬發動全面戰爭。直到西元四〇〇年，匈人首領烏單（Uldin）[4]率軍大舉進入東羅馬。不過這次他們不是以侵略者的身分，而是以「朋友」的名義前來，因為東羅馬內部有人請他們「幫忙」。

當時東、西羅馬的皇帝是親兄弟——東羅馬皇帝阿卡狄奧斯（Flavius Arcadius Augustus）[5]與西羅馬皇帝霍諾留（Flavius Honorius Augustus），但實權分別掌握在哥德人魯菲努斯（Flavius Rufinus）和汪達爾人斯提里科（Flavius Stilicho）[6]手中。由於伊利里庫姆地區的歸屬問題，東

4 編注：匈人的早期君主，他的統治年代大約相當於東羅馬皇帝阿卡狄奧斯和狄奧多西二世（Theodosius II）的在位期間。他是日後匈人君主盧阿（Rua）之父，也是阿提拉的祖父。

5 他曾與父皇狄奧多西一世同朝執政（西元三八三年至三九五年），狄奧多西一世臨死前，把帝國分與二子。阿卡狄奧斯（西元三七七年一月一日至四〇八年五月一日在世，西元三九五年至四〇八年在位）負責治理東部，他的弟弟霍諾留（西元三八四年九月九日至四二三年八月十五日在世，西元三九五年至四二三年在位）則得到西部，自此，羅馬帝國東西分裂爲兩個國家。

6 出身於蠻族，是汪達爾人與羅馬人的混血，爲古羅馬帝國末期重要的軍事統帥。他在狄奧多西一世去世前，依遺詔被任命爲帝國攝政，輔佐年幼的霍諾留。儘管名義上是全帝國的攝政，但實際上他僅能掌控西羅馬帝國的政務與軍事。在他的主政期間，曾成功抵禦日耳曼人對萊茵河一帶的進犯。西元四〇二年，他在波倫提亞（Pollentia，位在今義大利西北部）一役中擊敗西哥德人。同年，他也平定了諾里庫姆與雷蒂亞地區人民的叛變。西元四〇五年，他再次擊退由哥德人、斯維比人（Suebi）與勃根地人聯合發動的攻勢，使得西羅馬帝國局勢暫時穩定。

西羅馬之間爆發矛盾，魯菲努斯與斯提里科互不相讓。

當匈人軍進攻東羅馬邊境時，斯提里科趁機率領西羅馬軍隊進入東羅馬，而魯菲努斯則慫恿阿卡狄奧斯做出激烈反應。斯提里科只好將西羅馬軍交由部將——哥德人蓋納斯（Gainas）指揮，自己返回羅馬。蓋納斯率西羅馬軍抵達君士坦丁堡，魯菲努斯看到「自己人」領軍前來，便鬆懈了戒心。在他與阿卡狄奧斯出城勞軍時，蓋納斯突然砍下魯菲努斯的頭顱，實質掌握東羅馬政權。

哥德人信奉基督教亞流教派，而亞流教派被信奉正統基督教派的東羅馬人視為異端。蓋納斯在君士坦丁堡不受歡迎，再加上他與東羅馬皇后不合，導致從皇室到民間都對他，以及他帶來的西羅馬軍充滿敵意。

隨著仇恨升溫，最終爆發動亂。蓋納斯率領的部隊遭君士坦丁堡的民眾屠殺，他本人也倉皇逃亡。他逃到多瑙河下游，投奔匈人，希望他們能幫助他重返君士坦丁堡。出人意料的是，匈人首領烏單一開始熱情地接待蓋納斯，卻轉身將他的頭顱砍下，派人送到君士坦丁堡獻給阿卡狄奧斯。烏單本想伺機搶掠東羅馬，但他認為時機尚未成熟，不如先順手除掉東羅馬的敵人，裝出友好姿態，讓對方放下戒心。與此同時，烏單也與西羅馬結盟。原來，東哥德王拉達蓋蘇斯（Radagaisus）率領四十萬大軍攻入西羅馬，一路直奔羅馬城，聲稱要焚毀羅馬、殺死元老來祭神。西羅馬皇帝被迫向匈人求援，希望可以一起聯手對抗東哥德軍。

經過一番談判，西羅馬皇帝與烏單達成協議——只要烏單率匈人軍在佛羅倫斯（Florence）

附近擊敗拉達蓋蘇斯軍，就可以帶走所有戰利品。烏單成功擊潰拉達蓋蘇斯的部隊，順勢大肆搶掠，然後率軍返回潘諾尼亞地區。

經過幾年來刻意示好，讓東羅馬放下警戒後，烏單認為時機成熟，於是，在西元四〇八年親率大軍進攻東羅馬。不過，其實東羅馬並未掉以輕心，反而在這段期間暗中整備軍力，養精蓄銳。他們初期對匈人軍示弱，沒有正面交戰，反而伺機進行伏擊。結果匈人軍在滿載而歸的途中遭到突襲，損失慘重，烏單本人也險些喪命。

這一仗，讓匈人遭遇重大挫敗。烏單從此收手，再也沒派兵進攻東羅馬，東羅馬也因此享有十多年的和平。烏單之後，由烏單之子奧克塔（Octar）接任匈人首領。他率軍進攻萊茵河流域的勃根地，卻慘敗戰死，其後，由烏單的另一個兒子盧阿繼任匈人領袖。

盧阿改變了進攻方向，連續派遣匈人軍隊侵入東羅馬境內的色雷斯和馬其頓行省。東羅馬無力應對，長期遭受戰事騷擾，終於難以為繼。西元四三一年，狄奧多西二世被迫答應每年向匈人繳納三百五十磅黃金，並允許匈人前往幾個指定城鎮進行互市貿易，以換取匈人軍不再進犯。

東羅馬屈服求和之後，匈人內部爆發內訌。盧阿的統治不得人心，一些匈人不滿他高壓的領導方式，紛紛逃往東羅馬。東羅馬藉此機會，獲得更多關於匈人內部的情報——原來匈人的部落聯盟相當鬆散，重點是，盧阿在部族中的威望並不穩固，而這正是東羅馬分化匈人的大好時機。於是，他們派出使者，試圖拉攏一些對盧阿統治不滿的鄰近部落。這些部落陸續與東羅馬簽訂合約——東羅馬支付他們保護費，這些部落則承諾協助東羅馬對抗任何敵人。

當時，由盧阿領導的匈人對東羅馬來說，就像懸在頭頂上的一把利劍，隨時都可能發動攻擊。東羅馬與反對盧阿的匈人部落簽訂協定，實際上等於與匈人內部的叛亂勢力裡應外合，共同對抗盧阿。這讓盧阿無法忍受，也使東羅馬陷入更大的麻煩之中。

西元四三二年，盧阿派人要求東羅馬皇帝宣布與那些部落簽訂的條約無效。狄奧多西二世擔心盧阿會發動戰爭，於是匆忙派使者前往解釋，企圖安撫匈人，蒙混過關。然而，當東羅馬使者抵達匈人邊境時，卻得知盧阿已經去世，由布列達（Bleda）和阿提拉共同繼任為匈人的領袖，實行雙主共治。原本只需與一位統治者談判，如今變成兩人。使者原本以為談判會變得更加複雜，結果卻出乎意料的順利。

西元四三五年，在馬古斯（Margus）[7]附近的草原上，布列達與阿提拉會見東羅馬使者，進行談判。這場談判非常簡短，兩人幾乎沒讓東羅馬使者開口，便直接宣讀條約內容，並強迫他們簽署。根據匈人方面的要求，條約內容幾乎像是一道道命令：

一、所有匈人前領袖盧阿要求引渡的匈人叛徒，東羅馬必須立即逮捕並交給匈人，且要公開處死兩位躲藏在君士坦丁堡的匈人部落王子。

二、廢除東羅馬與其他匈人部落之間所有先前訂立的協議，承認只有布列達與阿提拉擁有訂立條約的權力。

三、將原本每年支付給匈人的保護費加倍，因為匈人現在有兩位統治者。

四、東羅馬必須在多瑙河岸邊設立市場，供匈人取得所需物資。

五、如果東羅馬的俘虜從匈人手中逃脫，每逃一人，東羅馬就必須賠償匈人八枚金幣。

布列達和阿提拉氣勢洶洶，嚇得東羅馬使者根本不敢反駁，只能全盤接受。條約簽訂後，阿提拉特地邀請東羅馬使者觀看匈人軍隊對斯基泰與日耳曼部落進行屠殺的「軍事演習」，以此展現暴力威懾。這麼做的目的，是要讓東羅馬不敢違反條約，避免他們陽奉陰違。

東羅馬的離間計不但沒有奏效，反而淪爲被勒索的對象。那些反抗匈人統治的部落，最終也無法將東羅馬當作避風港。布列達與阿提拉隨後以軍事行動逐一征服這些部落，重新鞏固統治。

西元四四四年，布列達去世，阿提拉成為匈人的唯一統治者。此時，匈人的勢力範圍南至裏海南岸、接近地中海地區，北至北海（North Sea）與波羅的海（Baltic Sea），東到頓河，西抵高盧與大西洋沿岸。從小亞細亞到多瑙河、萊茵河流域的蠻族，皆俯首於匈人的馬蹄之下。

這些被征服的民族紛紛向匈人進貢財物、送上壯丁以示臣服。匈人後裔向西遷徙至歐洲，似乎實現了他們復興的夢想。

7 編注：爲今波扎雷瓦茨（Požarevac），塞爾維亞境內城市。

阿提拉的上帝之鞭

阿提拉統一了西遷至歐洲的匈人，使匈人勢力在歐洲前所未有地強大起來。

阿提拉不只好戰，更是擅長戰爭的軍事天才。凡是可以透過外交威脅或軍事壓力達成目標，他絕不會貿然開戰。阿提拉奉行匈人一貫的機動戰傳統——戰事順利時發動猛烈攻勢，一旦局勢不利，則迅速撤退，從不做無謂的拼殺。

阿提拉深信自己是世上最偉大的君主。他曾對羅馬人說：「在羅馬遼闊的疆域裡，沒有任何堡壘或城市是安全或難以攻下的。只要我想，隨時可以把它們從地表上抹去。」羅馬曾是橫跨歐、亞、非三洲的超級強權，昔日戰無不勝，敵人無不俯首稱臣。但在阿提拉面前，羅馬人變得低聲下氣，歐洲人提起他也膽戰心驚，給他取了個綽號叫「上帝之鞭」（Scourge of God）。

在匈人一連串的進攻與勒索之下，東羅馬聲名掃地，財政也瀕臨崩潰。當阿提拉發現從東羅馬撈不到更多好處後，便將矛頭轉向波斯薩珊王朝。當時薩珊王朝正值強盛，匈人與波斯交戰激烈，卻無法取勝，最後只能撤軍。對戰波斯失利後，阿提拉決定轉而向東羅馬討回損失。他率軍攻下位於多瑙河一帶的君士坦提亞堡（Constantia）[8]，驅逐甚至屠殺城內的東羅馬商人，將他們的財物悉數據為己有。

東羅馬使者戰戰兢兢地詢問阿提拉，為何攻占君士坦提亞堡。阿提拉回應說：「馬古斯的主教進入匈人領地後，褻瀆了匈人的王族墓地，還偷走了國王的寶藏！東羅馬必須立刻逮捕這名竊賊主教和他的同黨，並歸還贓物！」

阿提拉明明無故毀約開戰，卻反過來倒打一耙，施壓勒索。當時的東羅馬皇帝狄奧多西二世不肯妥協，派遣使者拒絕阿提拉的要求。阿提拉見狄奧多西二世不從，立刻命匈人軍大肆掠奪馬古斯周邊地區。這種實際威脅，逼得馬古斯主教不得不主動派人與阿提拉談判，並提出解決辦法——開城投降，自己則偷偷逃離。**對匈人軍而言，搶掠財物才是最直接的戰爭目的**。阿提拉見主教願意交出城池，自然樂意接受。這樣既方便搶劫，又可迅速突破東羅馬的邊境防線，而放走主教對匈人而言毫無損失。

東羅馬的妥協反而招致更大災難。阿提拉接連兩次率軍大規模進攻東羅馬，東羅馬軍被迫應戰，卻連輸三場大戰，讓匈人軍占領了七十座城池。更令東羅馬驚恐的是，匈人輕騎兵一路深入至達達尼爾海峽與溫泉關，甚至威脅到首都君士坦丁堡。

面對如此危急的情勢，狄奧多西二世動員全城人力，於六十日內加固城牆。但即便城牆再高再厚，君士坦丁堡軍民面對匈人軍的來勢洶洶，毫無戰意，投降論調四起。儘管狄奧多西二世口口聲聲說寧可戰死也不投降，但首都軍民始終不敢出城迎戰，只能眼睜睜看著城外的東羅馬軍被匈人殲滅。

所幸君士坦丁堡的城牆極其堅固，而匈人軍一向不擅長攻堅作戰，這點從未改善。阿提拉率

8 編注：此為今日德國與瑞士邊境的城市康士坦茲（Konstanz）的古名。

軍長期圍城，卻始終找不到突破口。雙方僵持下去對誰都沒好處，於是重啟談判。

西元四四八年，東羅馬與匈人簽訂和約，結束戰爭。當時的東羅馬處於被動挨打的局勢，加上軍隊毫無士氣，因此條約內容幾近投降。主要條款如下：

一、東羅馬要割讓從多瑙河南岸至色雷斯十五天路程範圍內的土地給匈人，並負責撤離當地居民。

二、東羅馬支付六千磅黃金作為戰爭賠償，且每年還要再繳納兩千一百磅黃金作為保護費。

三、東羅馬要立即釋放所有被俘的匈人，並交還曾為東羅馬作戰的匈人及其附屬部族，同時以每人十二枚金幣贖回被匈人俘虜的東羅馬人。

慘敗的狄奧多西二世根本無力討價還價，只能照單全收。條約簽訂後，那些曾協助東羅馬的蠻族人覺得遭到背叛而心生怨恨；被割讓地區的居民也被迫離鄉背井，造成許多家庭支離破碎。有不少人拒絕遷移，而這又激怒了阿提拉。他要求狄奧多西二世給個交代，狄奧多西二世只好一面解釋，一面耐心勸導民眾搬離。

為了避免再次被攻擊，狄奧多西二世派出使節團與阿提拉談判。使節團從君士坦丁堡出發，西行十三天、跋涉千里後抵達新邊境，再渡過多瑙河進入匈人境內。匈人百般刁難，使節團費盡周折才見到阿提拉。幾日談判後，阿提拉終於顯示出所謂的「寬宏與慷慨」，願意讓東羅馬以較低價格贖回部分東羅馬的俘虜。

然而，就在此時，使團中藏有刺客的突發事件，再次讓東羅馬陷入困境。原來東羅馬的權臣克里薩菲烏斯（Chrysaphius）教唆使者艾德孔（Edecon）刺殺阿提拉，並承諾給予大量黃金。艾德孔一開始答應，後來卻反悔，向阿提拉坦白，試圖保命。阿提拉讓他照原計畫行動，並命匈人軍密切監視。當艾德孔從另一位東羅馬官員維吉拉斯（Vigilas）父子手中收到黃金時，匈人軍隨即現身，將兩人逮捕帶到阿提拉面前。在一番威脅下，維吉拉斯坦承一切。

維吉拉斯跪求饒命，而阿提拉同意讓他以兩百磅黃金贖罪。隨後，他派遣使者帶著克里薩菲烏斯的黃金前往君士坦丁堡，向狄奧多西二世「討個說法」。匈人使者將金袋掛在脖子上，直闖皇宮，怒聲質問克里薩菲烏斯是否還認得這個錢袋，接著傳達阿提拉的最後通牒——立刻將克里薩菲烏斯的人頭獻上，否則就毀滅你的帝國。

狄奧多西二世嚇呆了，立刻做出回應。但不是處死克里薩菲烏斯，而是召集最高規格的使團，帶著能湊出的所有禮物前去求饒。這支使團包括兩位貴族執政官、一位財政長官和一位大將——東羅馬從未派遣過這麼高級的使節代表。

東羅馬貴族匍匐在地乞求寬恕，這讓阿提拉的虛榮心得到極大滿足，心情大好，加上使團帶來的厚禮，便決定赦免狄奧多西二世、維吉拉斯，甚至連克里薩菲烏斯也一併赦免。隨後，阿提拉再次展示所謂的大度與慷慨——保證遵守和約、釋放大量俘虜，甚至主動放棄多瑙河南岸大片領土。實際上，這些地區早已被匈人軍洗劫一空，村莊與居民幾乎全毀，即使歸還，對東羅馬也毫無實質利益。

東羅馬與匈人的衝突，就此暫時平息。

西元四五〇年，狄奧多西二世去世，由其姊普爾喀麗亞（Aelia Pulcheria）繼位。她即位後，處決克里薩菲烏斯，並與元老院議員馬爾西安（Marcian）[9]成婚，兩人共同統治早已破敗不堪的東羅馬。馬爾西安推翻過去委曲求全的國策，拒絕再以財物向匈人求和。當時國庫早已空虛，他認為應該將金錢用於整頓軍隊，因為若沒有軍餉，這些蠻族傭兵根本不會效命作戰。於是，馬爾西安派遣使者阿波羅尼亞斯（Apollonius）前去向阿提拉傳達此一訊息——東羅馬不會再繳保護費了，因為東羅馬根本沒錢了，就算你打過來，也是一場空。

阿提拉發現這位新皇帝比之前那位甘為奴僕的狄奧多西二世要強硬得多。他審時度勢，考量當前局勢，認為東羅馬早被掏空，再逼下去恐怕會同歸於盡，不如暫且放過，等它將來東山再起時再伺機宰割，於是，阿提拉意外地答應了阿波羅尼亞斯的要求，東羅馬自此不再需要繳交保護費。匈人暫時放過東羅馬，而東羅馬也開始慢慢走出困境。

9 編注：東羅馬帝國皇帝，在位期間西元四五〇年至四五七年，狄奧多西王朝最後一位統治者，其在位期間的東羅馬相對和平穩定，與當時戰亂頻繁的西羅馬形成強烈對比。

Chapter XIII

蠻族大舉入侵西羅馬

匈人西進，引發一場政治巨變。

各族部落陸續湧入羅馬疆域，匈人緊跟在後。

就在這場危機之際，羅馬分裂為東羅馬與西羅馬。

西羅馬為了自保而拆除長城防線，

不久後便走向滅亡，成為各方勢力角逐的戰場。

自毀長城的代價

匈人自東方一路西征，迫使接近羅馬的各個蠻族部落紛紛展開大規模遷徙——東哥德人、西哥德、汪達爾人、法蘭克人（Franks）、盎格魯人（Angles）、撒克遜人（Saxons）、勃根地人等族群，接連被迫離開原居地，遷入羅馬帝國境內，以躲避匈人的軍事威脅。**這場大遷徙，使原本就處在困境中的羅馬帝國雪上加霜。**

當時負責管理東部的羅馬皇帝瓦倫斯應對不當，還採取了倉促且不理智的策略，加劇了羅馬與這些蠻族部落之間的矛盾。本來效忠羅馬、為帝國防衛盡忠的蠻族將領們，為了族人的生存，決定背離羅馬。他們雖然打不過匈人，卻對羅馬瞭若指掌，反而更有信心對抗昔日的盟友。

瓦倫斯背信忘義，對哥德人言而無信，最終喪命沙場。後來，狄奧多西一世趁哥德首領菲列德根去世、內部陷入不穩之際，改採懷柔政策，大幅讓步，才透過締結和約的方式結束戰爭。不過，哥德人與羅馬人之間的仇恨早已種下，並未真正解除，羅馬的危機依然存在。

西元三九五年，羅馬正式分裂為東羅馬帝國與西羅馬帝國。這一年，對哥德人與羅馬人來說，局勢都發生了劇烈變化。西哥德人選出新首領亞拉里克（Alaric）[1]，他審時度勢後決定趁亂報復，為當年羅馬人落井下石一事討回公道。在羅馬分裂的混亂之際，亞拉里克率軍橫掃馬其頓和希臘。

東羅馬皇帝阿卡狄奧斯束手無策，試圖透過封官加爵安撫亞拉里克，好讓他不再繼續進攻東羅馬。為此，在西元三九七年，阿卡狄奧斯任命亞拉里克為伊利里庫姆行省的總督。

沒想到，這項任命反而助長了亞拉里克的野心。他以總督的名義，下令收繳伊利里庫姆境內所有羅馬人的武器、糧食及物資，藉此壯大西哥德軍的力量。不久之後，亞拉里克不再滿足於做個行省總督，而是打算在義大利建立自己的國度，甚至稱帝為王。四年後，亞拉里克率領西哥德人進軍義大利，意圖奪取西羅馬的領土，實現建國夢。他們從伊利里庫姆出發，翻越阿爾卑斯山，直攻義大利行省。

當時西羅馬的統治極不得人心，亞拉里克一路進軍，沿途許多受壓迫的奴隸與農奴紛紛加入西哥德軍。由於未遭遇有組織的抵抗，西哥德軍輕而易舉地占領了義大利北部。局勢危急，西羅馬皇帝霍諾留沒有做出有效的抵抗，而是逃往拉溫納避難。此時，擔任西羅馬攝政的汪達爾人斯提里科火速召回駐守不列顛和萊茵河邊境的羅馬軍團，準備阻擊西哥德人、挽救戰局。

斯提里科是羅馬傭兵隊長之子，為汪達爾人與羅馬人的混血。西元三八五年，他被任命為皇帝親兵總指揮，西元三九三年晉升為羅馬軍事總司令。羅馬分裂後，他留在西羅馬，並掌握實

1 編注：即亞拉里克一世（Alaric I），西哥德王國國王，在位期間西元三九五年至四一〇年；一般認爲，他是西哥德王國的締造者。

權。西元三九八年，他的女兒瑪麗亞（Maria）嫁給西羅馬皇帝霍諾留，到了西元四〇〇年，斯提里科更成為西羅馬的執政官與攝政者。霍諾留面對危機時選擇逃亡，而掌握實權的斯提里科則義無反顧地留下，試圖扭轉局勢。

斯提里科並未急於迎戰西哥德人，而是命令羅馬軍隊占領要地、實施堅壁清野的策略，等待反擊時機。到了西元四〇二年，他判斷時機成熟，親率西羅馬軍與西哥德人在波倫提亞展開決戰。在這場戰役中，羅馬軍全力投入，雖未徹底擊潰敵軍，但成功奪下西哥德人的軍營，大大提振了士氣。

不久後，亞拉里克捲土重來，率軍進攻伊特魯里亞。斯提里科再度迎戰，不過雙方還未開戰便展開談判。亞拉里克見勝算不大，答應率軍撤出義大利行省。然而，他並未信守承諾。隔年，也就是西元四〇三年，亞拉里克又率軍攻擊義大利，並圍攻維洛納（Verona）。斯提里科早有準備，立即迎戰。經過激戰，西羅馬軍大獲全勝，西哥德人潰敗，亞拉里克只得率殘軍北逃。

儘管斯提里科成功擊退西哥德人，但西羅馬的危機仍未解除。西元四〇五年的下半年，異教徒拉達蓋蘇斯率領大批日耳曼人（主要是東哥德人）進攻佛羅倫斯。面對來勢洶洶的攻擊，斯提里科毫不猶豫率軍應戰。在他的鼓舞下，羅馬軍拼死奮戰，擊退敵軍，迫使他們退至菲耶索萊（Fiesole）。接著，斯提里科先切斷敵軍在菲耶索萊的補給線，然後發動全面攻擊，最終將這批日耳曼人徹底殲滅。

經過一段時間整頓後，西元四〇七年，斯提里科率西羅馬軍吞併伊利里亞行省，並封鎖義大利所有港口，禁止東羅馬的艦隊出入。西羅馬暫時掌控了對抗蠻族入侵的戰略要地，也稍微緩解了來自蠻族部落的軍事壓力。

斯提里科挫敗強敵，讓西羅馬從危機中暫時穩定，為此，元老院替他舉行了盛大的凱旋式。不過，隨著斯提里科的權勢日益壯大，不但引起政敵的忌恨，也讓皇帝備感威脅。他的功勞甚至超越了皇帝，成為皇帝霍諾留眼中的夢魘。西元四〇八年八月，霍諾留下令將斯提里科處死，這一決定，震驚了整個西羅馬帝國及各蠻族部落。

斯提里科曾在關鍵時刻挽救西羅馬、護送霍諾留返回羅馬城，堪稱有再造之恩，卻因內部權力鬥爭，最終遭到霍諾留的背叛而喪命。在許多西羅馬官員與將領心中，斯提里科就像一位守護神。他的死嚴重打擊了羅馬皇帝霍諾留的威信。斯提里科麾下的三萬名汪達爾士兵憤怒至極，帶著武器和裝備投奔西哥德首領亞拉里克，請求他帶領部族再度入侵義大利，為斯提里科報仇。這些曾協助抵抗西哥德人入侵的汪達爾人，如今卻成為西哥德攻打西羅馬的幫手。霍諾留的衝動決策，為西羅馬帶來嚴重災難。

汪達爾人主動提供協助，讓亞拉里克欣喜若狂。他一直想進攻西羅馬，但過去受到斯提里科的軍事壓制，始終無法實現。如今斯提里科已死、西羅馬內部四分五裂，斯提里科的舊部又主動投靠並請求出兵，對亞拉里克而言，這是千載難逢的良機。

一個月後，亞拉里克率西哥德軍再次翻越阿爾卑斯山，沿著亞得里亞海南下至溫布利亞平原，直逼羅馬城。他還派兵搶占奧斯蒂亞港，切斷羅馬城的糧食供應。羅馬城遭到包圍，陷入饑荒，而霍諾留則躲在拉溫納城中，對羅馬的困境不聞不問。羅馬城內的居民對皇帝徹底失望。為了求生，他們只好向亞拉里克求和，繳納了五千磅黃金與三萬磅白銀，以換取西哥德撤軍。

收下贖金後，亞拉里克率軍撤離羅馬城，但並未離開義大利行省，而是北上包圍拉溫納，向霍諾留提出要求，要求西羅馬割讓威尼西亞（Venetia）[2]、伊斯特里亞（Istria）、諾里庫姆與達爾馬提亞（Dalmatia）等行省，作為西哥德的建國之地。

這項要求幾乎等同於西羅馬滅國，霍諾留斷然拒絕。亞拉里克憤怒至極，準備率軍再次攻城。就在此時，東羅馬帝國派遣四千名援軍趕到。亞拉里克不願同時與西、東兩羅馬帝國開戰，只好率軍撤退。霍諾留因此暫時解除了危機。

西元四一〇年，亞拉里克再度率軍南下，圍困羅馬城。這次，他不再接受財物，而是決心攻下羅馬。自從西元前三九〇年高盧人攻陷羅馬以來，已有八百年沒有外族成功攻入這座被稱為「永恆之城」的羅馬。亞拉里克希望率軍攻下它，藉由掠奪財富來提高聲望。

此時西羅馬陷於內外交迫，在昏庸無能的皇帝統治下，羅馬軍民早已陷入絕望，特別是下層民眾，根本無力死守城池。亞拉里克認為他們不會拼死防衛——這一判斷果然沒錯。

在西哥德軍圍城期間，羅馬城內的奴隸與底層自由民也發動起義。西元四一〇年八月二十四日午夜，奴隸們打開薩拉里亞城門，讓西哥德軍進入。亞拉里克帶領軍隊在城中連續洗劫六天，宣洩長期積累的不滿。

掠奪羅馬之後，亞拉里克為了取得更多糧食與土地，率軍南下布魯提伊紮營。此時義大利各地爆發奴隸、佃農與貧農起義，生產遭到破壞，糧食歉收，而這也是亞拉里克撤離羅馬城的原因之一。可惜在布魯提伊，他仍無法解決糧食問題，於是準備橫渡地中海，進軍糧食豐富的北非行省，在阿非利加建立國家。但就在即將出發前，亞拉里克染病，到達康森蒂亞（Consentia）[3]後就病逝了。亞拉里克死後，由他的弟弟阿陶爾夫（Ataúlfo）繼任西哥德首領。阿陶爾夫認為西哥德人已疲憊不堪，橫渡地中海攻打北非風險太高，便放棄計畫，轉而與霍諾留談和。雙方和解後，霍諾留授予阿陶爾夫「將軍」頭銜，並負責安置西哥德人。

如何安置西哥德人？霍諾留決定「以蠻制蠻」，將他們安置在已被汪達爾人等部族瓜分、羅馬無法掌控的西班牙與高盧地區。他認為，若西哥德人與當地其他蠻族交戰，不論誰勝誰敗，最終都能削弱羅馬的敵人，讓西羅馬得利。

西元四一二年，阿陶爾夫率軍進入南高盧，在當地巴高達運動的支持下，迅速占領亞奎丹（Aquitaine），隨後越過庇里牛斯山，攻入西班牙。西元四一九年，亞拉里克的孫子狄奧多里克一世（Theodoric I）成為西哥德首領，他以土魯斯（Toulouse）[4]為首都，建立西哥德王國（Visigothic Kingdom），結束了西哥德人近半世紀的大遷徙，在南高盧與西班牙建立政權。亞拉里克當年建國的願望，終於由其孫實現。

2 編注：即爲今日的威尼斯（Venice）。
3 編注：爲今日義大利南部卡拉布里亞（Calabria）大區科森扎省的科森扎市（Cosenza）的古名。
4 編注：位在法國西南部的城市。

當西哥德人瓜分西羅馬領土之際，同為哥德族的東哥德人也沒閒著，加入大規模掠奪行動。他們的目標是東羅馬的達契亞行省，不過他們的行動，往往受匈人與東羅馬的影響。

西元四五一年，東哥德人隨匈人王阿提拉遠征高盧。匈人帝國瓦解後，東哥德人恢復獨立。在東羅馬皇帝馬爾西安的允許下，他們定居於潘諾尼亞。但是，東哥德人並未就此安定。不久之後，他們又開始掠奪巴爾幹半島。西元四七〇年，東哥德人攻占辛吉杜努姆（Singidunum）[5]與納伊蘇斯（Naissus）；西元四七一年，狄奧多里克大帝（Theodoric the Great）被推舉為東哥德的首領。他接受東羅馬封號，積蓄實力，準備進軍陷入混亂的西羅馬。

西元四八八年，狄奧多里克大帝率東哥德軍進入義大利。他以東羅馬軍事長官的身分，獲得不少西羅馬貴族支持。東哥德人在義大利攻城掠地，經過四年的戰爭，他們擊敗了羅穆路斯·奧古斯都（Romulus Augustulus）[6]手下的日耳曼近衛軍長官奧多亞塞（Odoacer）[7]，占領拉溫納，並宣告建都於此，建立東哥德王國（Ostrogothic Kingdom）。過去曾效忠羅馬的東、西哥德人，最終都反過來報復羅馬皇帝在其危機時期的背棄與壓迫，在西羅馬境內奪得立足之地，建立國家。

蠻族人趁火打劫

哥德人對西羅馬帝國的打擊，不僅是在其境內劃地自立，還發揮了帶頭作用，鼓舞其他蠻族部落進一步入侵西羅馬，為西羅馬的崩潰打開了缺口。

當初，亞拉里克率領西哥德軍隊進軍義大利時，斯提里科緊急從不列顛與萊茵河沿岸調回駐軍應對，使西羅馬帝國西部與北部邊境出現權力真空，而這正好讓汪達爾人與其他日耳曼部落趁勢大舉湧入高盧地區。

在萊茵河一帶原本就有部署大量的西羅馬軍，這對汪達爾人和其他日耳曼部落的進犯發揮了嚇阻的作用，讓他們不敢貿然出手，但當西羅馬軍隊撤走、邊境形同敞開大門時，這些蠻族當然不會錯過這個機會。西元四〇六年，汪達爾人與阿蘭人越過萊茵河，攻入高盧。當時，西羅馬軍忙於應對西哥德軍，根本無暇顧及遠方的高盧。汪達爾人迅速集結兵力，擊潰僅有的駐軍。接著，開始肆無忌憚地劫掠，將積壓許久的怒火和仇恨一併宣洩。

在高盧劫掠了兩年後，西元四〇九年，汪達爾人、斯維比人與阿蘭人穿越庇里牛斯山，轉而

---

5 編注：位在今日塞爾維亞首都貝爾格勒（Beograd）內。

6 西羅馬帝國的最後一位皇帝，在位期間西元四七五年十月至四七六年九月。

7 他是義大利歷史上第一位日耳曼人出身的統治者，自西元四七六年至四九三年實際掌握義大利的統治權。他早年以傭兵身分加入羅馬軍隊，並在西元四七五年帶領軍隊反叛西羅馬帝國的權臣歐瑞斯特斯（Orestes）。西元四七六年，他推翻了西羅馬帝國的最後一位皇帝羅穆路斯·奧古斯都，象徵著西羅馬帝國的終結，這一事件常被視爲古典時代的結束與中世紀的開端。奧多亞塞雖然名義上承認東羅馬皇帝芝諾（Flavius Zeno）的宗主權，但自稱爲「義大利的國王」，因此實際上獨立統治義大利。他鞏固了在義大利的統治地位，並展開一系列軍事行動，包括：征服達爾馬提亞、擊敗魯吉人（Rugii）以及從汪達爾人手中奪回西西里島的部分控制權。西元四九三年，東哥德人國王狄奧多里克大帝奉東羅馬皇帝之命入侵義大利。最終奧多亞塞被狄奧多里克大帝誘騙至和談宴席中遭刺殺，結束其統治。

侵略西班牙，很快就控制了整個伊比利半島。他們在當地劃地而治——斯維比人占據西北部的加利西亞（Galicia），阿蘭人占據西部地區，其餘部分則落入汪達爾人手中。

西羅馬皇帝霍諾留得知西班牙被三族瓜分後，也無可奈何，只能默許汪達爾人、斯維比人與阿蘭人瓜分高盧與西班牙。當時亞拉里克率軍將霍諾留圍困於拉溫納，而攝政斯提里科已被處死，霍諾留自身難保，哪裡還有能力照顧高盧與西班牙？就算他想出兵，也根本無兵無將可派。最後，誠如前述，霍諾留實行「以蠻制蠻」的政策，安排西哥德人進駐原被蠻族占據的西班牙，意圖讓他們與汪達爾人、斯維比人、阿蘭人互相牽制。阿陶爾夫也希望借助皇帝的合法授權，為西哥德人尋找落腳之地。後來，西哥德人陸續占領了亞奎丹、西班牙，最後由亞拉里克之孫狄奧多里克一世建立西哥德王國，定都土魯斯。

狄奧多里克一世持續發動戰爭，經過十年激戰，到了西元四二五年，汪達爾人與阿蘭人被迫退守到伊比利半島南端的卡塔赫納（Cartagena）與塞維亞，斯維比人也退往西北隅。儘管此時西哥德已建國，但名義上仍為西羅馬的臣屬，並獲得西羅馬皇帝的支持，因此，他們對其他蠻族展開無情追擊，不容對方在高盧與西班牙立足。

在西班牙，西哥德人勢如破竹，但汪達爾人則日益陷入困境，此時汪達爾的首領貢德里克（Gunderic）病逝，改由蓋薩里克（Gaiseric）繼任。他深謀遠慮，意志堅定，深知唯有另闢蹊徑才能擺脫困局，所以，他決定離開西班牙，尋找西羅馬統治薄弱的新據點。

蓋薩里克將目光轉向西羅馬在北非的幾個行省。當時西羅馬內亂不斷，各地烽火連連，皇帝自身難保，根本無暇顧及非洲。西哥德人立志在西班牙與高盧稱霸，不可能遠征非洲追擊汪達爾人。因此，蓋薩里克決定率部南下，占領非洲行省。

西元四二九年五月，蓋薩里克率八萬名汪達爾人從塔里法（Tarifa）出發，橫渡直布羅陀海峽（Strait of Gibraltar），在北非的澤烏吉塔納（Zeugitana）附近登陸。果不其然，西哥德人並未追擊。汪達爾人一踏上非洲，就受到當地反西羅馬的阿哥尼斯提運動的熱烈歡迎，大量奴隸與農奴也加入汪達爾軍，實力大增。

非洲總督伯尼法斯（Bonifacius）得知汪達爾人登陸，急忙率軍迎戰卻慘敗，退守希坡城（Hippo）[8]。蓋薩里克圍攻該城十個月，因缺乏攻城器械無法攻克，雙方陷入僵局。於是，蓋薩里克改轉攻其他地區，連戰連勝後再回頭攻陷希坡城。

兩年後，除了迦太基城等城市外，西羅馬在非洲的其他行省皆落入汪達爾人之手。瓦倫提尼安三世（Valentinian III）[9]不得不面對現實，轉而選擇與汪達爾人議和，以保留部分領土，伺機反攻。西元四三五年，雙方在希坡城簽訂協議，汪達爾人成為西羅馬盟友，每年納貢，西羅馬則

---

8 編注：今阿爾及利亞境內安納巴（Annaba）的古名。

9 西羅馬帝國皇帝。西元四一九年七月二日出生於拉溫納，其父爲君士坦提烏斯三世（Constantius III，皇帝），叔父是霍諾留（皇帝），堂兄爲狄奧多西二世（皇帝）。西元四三七年，他迎娶了狄奧多西二世之女利西尼亞·尤多克西亞（Licinia Eudoxia，生於西元四二二年）爲妻，兩人育有一女普拉西狄亞（Placidia）。西元四二五年十月二十三日起，他即位爲西羅馬帝國皇帝，由其母加拉·普拉西提阿（Galla Placidia）擔任攝政。西元四五四年，其重要的軍事統帥埃提烏斯（Flavius Aetius）被殺。隔年，瓦倫提尼安三世在羅馬遭人暗殺，結束其統治。

承認他們在非洲的統治地位。儘管在戰場上落敗，西羅馬在談判桌上仍保有優勢。然而，議和從來不是蓋薩里克的最終目標，他要的是在非洲建立自己的國家。與西羅馬議和，只是爭取時間與合法性，趁機整頓占領地。

瓦倫提尼安三世未能看清蓋薩里克的真正意圖，只獲得「表面」的勝利。西元四三九年，蓋薩里克撕毀協議，突襲並占領迦太基。自此，羅馬在非洲六百年的統治正式告終。蓋薩里克隨即宣布建立汪達爾王國（Vandal Kingdom），定都迦太基，並建立海軍，與西羅馬分庭抗禮。對於這一突變，瓦倫提尼安三世無力反制，只能默認現實。

在此期間，不只汪達爾人奪占西羅馬領土，法蘭克人也趁勢分一杯羹。

法蘭克人分為「濱海」與「濱河」兩支。自三世紀起便經常侵襲羅馬在高盧的行省，掠奪土地與財富。到了四世紀末，濱海法蘭克人被納為同盟者，定居在埃斯考河（Escaut River）[10]與默茲河（Meuse River）下游；濱河法蘭克人則落腳在萊茵河與默茲河之間。

西元四二〇年，在巴高達運動的聲援下，法蘭克人大規模南下，以蠶食方式擴張領土，最終在西羅馬滅亡後成為勢力最大的蠻族國家之一。此時，勃根地人也已占據高盧東南角。他們原本居住在波恩霍姆島（Bornholm），後遷至奧得河口（Oder River）一帶；到了四世紀時，他們進入高盧，並在西元四三六年，在龔特爾（Gundahar）的率領下移居至隆河流域定居。

法蘭克人、勃根地人等部落接連進攻，使西羅馬至五世紀中葉時，高盧一帶已四分五裂——西南部的亞奎丹與南部的普羅旺斯（Provence）落入西哥德王國之手；東南部的隆河與索恩河（Saône River）流域歸屬勃根地王國；西部的阿摩里卡（Armorica）被從不列顛渡海而來者占據；僅剩高盧中部從羅亞爾河（Loire River）到索姆河（Somme River）與默茲河上游仍歸西羅馬，但因與主體隔絕，形同孤島，實際上已成獨立勢力。西哥德人首先發難，汪達爾人等其他蠻族則趁勢瓜分。西羅馬無力挽回頹勢。不久後，曾與西羅馬結盟的匈人也再次進攻，更大的災難隨之而來。

一念之差決定時代格局

在匈人大舉進攻之前，羅馬已經分裂為東羅馬和西羅馬。匈人擔心若發動戰爭，會促使東西羅馬聯手抵抗，於是沒有立刻開戰，而是選擇展現友善姿態。他們對東羅馬表示友好，同時與西羅馬結盟，甚至一度出兵協助西羅馬對抗東哥德人。

10 編注：此爲法語譯名，另有英語譯名爲斯海爾德河（Scheldt）。

西元四〇五年，東哥德首領拉達蓋蘇斯率領由日耳曼、薩馬提亞和凱爾特（Celtic）部落組成，號稱四十萬人的聯軍進攻西羅馬，直逼羅馬城。他揚言要焚毀羅馬城，將元老院成員獻祭給神祇。這支軍隊原本是匈人的附庸，因此面對危險局勢，西羅馬皇帝立刻向匈人首領烏單求援。雙方經過協商，達成協議——烏單率匈人軍在佛羅倫斯附近攔截，並殲滅拉達蓋蘇斯的軍隊，西羅馬軍隊則在前線支援。烏單信守承諾，迅速擊敗敵軍，且並未藉機擴大對西羅馬的入侵。

到了盧阿擔任匈人首領時，西羅馬曾派遣軍事統帥埃提烏斯[11]前往匈人那裡做人質，以建立友好關係。**埃提烏斯聰明機敏，不僅與盧阿關係良好，還與匈人的勇將布列達及阿提拉結爲好友**。日後，埃提烏斯介入西羅馬皇位爭奪戰，說服盧阿派出六萬匈人士兵支持羅馬軍團將領約安尼斯（Joannes）[12]。雖然約安尼斯敗北，但埃提烏斯靠著匈人勢力，逼迫攝政王加拉．普拉西提阿任命他為高盧駐軍總司令。他也不忘報答匈人，與盧阿、布列達和阿提拉持續保持良好關係。在這段期間，匈人也很少騷擾西羅馬。

然而，僅靠私人關係無法真正維護西羅馬的安全。西元四五〇年，埃提烏斯已是西羅馬最高軍事將領，但日子過得並不輕鬆。當時皇帝瓦倫提尼安三世昏庸無能，政事全由皇太后加拉．普拉西提阿掌控，而她與埃提烏斯彼此不合，互相掣肘，導致政局混亂。埃提烏斯心生不安，對西羅馬的未來感到憂慮。此時，匈人已將東羅馬逼至經濟與軍事雙重困境，再也榨不出什麼利益了，於是將目標轉向西羅馬。阿提拉發現西羅馬內部矛盾重重，認為出兵的時機已到，便寫信給瓦倫提尼安三世，表示希望迎娶其姊姊奧諾莉亞公主（Justa Grata Honoria）。

奧諾莉亞十六歲時，由於與宮廷侍從私通懷孕，被母親加拉．普拉西提阿送往君士坦丁堡軟禁十年。她在那裡聽聞阿提拉的威名，遂設法將一枚戒指送給他，暗示願意嫁給他。阿提拉視此為進軍西羅馬的絕佳藉口。

他向瓦倫提尼安三世正式提親，並表示聘禮不需太多，只要西羅馬一半的土地和人口即可。瓦倫提尼安三世再怎麼昏庸，也不可能接受這樣的條件，回信表示「這樁婚事不合法」。在母親加拉．普拉西提阿的授意下，奧諾莉亞被流放。

阿提拉非但不生氣，反而很高興，因為這正好給了他發動戰爭的理由。他立即集結號稱五十萬人的聯軍，準備進攻西羅馬。這支聯軍包括阿蘭人、撒克遜人、東哥德人、勃根地人與赫魯利人（Heruli），在匈人的訓練下，他們如狼似虎。

瓦倫提尼安三世終於意識到戰爭無法避免，開始加緊備戰。埃提烏斯雖然與加拉．普拉西提阿關係惡劣、與阿提拉有舊交情，但此時國難當前，他毫不遲疑，積極招募凱爾特人、法蘭克人、勃根地人等部落加入西羅馬軍，準備迎戰匈人。

阿提拉對外宣稱此番出征是為了協助西羅馬對抗西哥德人，藉此混淆視聽，但埃提烏斯深

---

11 西羅馬帝國末期最重要的軍事統帥，在皇帝瓦倫提尼安三世在位期間，擁有實際掌控國政的一切權力。他曾率軍成功擊退匈人、法蘭克人、勃根地人與哥德人等多個蠻族勢力，因而被後世尊稱爲「最後的羅馬人」。

12 編注：西羅馬皇帝霍諾留皇帝逝世後，時任東羅馬狄奧多西二世對是否公布叔父的死訊猶豫不決，因而在皇位空缺之時，這位羅馬將領被擁立爲西羅馬皇帝（在位期間西元四二三年至四二五年）。

知他在打什麼如意算盤。既然阿提拉假稱要討伐西哥德人，那就索性請西哥德一起對付匈人。於是，他派阿維圖斯（Eparchius Avitus）[13]去說服西哥德首領狄奧多里克一世與西羅馬聯手抗敵。兩人過去多有恩怨，為打動對方，阿維圖斯特別強調西哥德與匈人的宿仇，想要激起他們的仇恨情緒；同時也以基督教之名，號召他們保護信仰，免受異教徒匈人的侵害。西哥德人信奉基督教，自然難以拒絕。

經過一番遊說，狄奧多里克一世同意與西羅馬結盟，共同抵抗匈人。接著，西羅馬人用相同策略說服其他曾被匈人侵擾的蠻族。沒多久，他們組成一支由西羅馬人、西哥德人、法蘭克人、萊提人（Laeti）、阿摩里卡人（Armoricans）、布列塔尼人（Bretons）、撒克遜人、勃根地人、薩馬提亞人、阿蘭人與利普里安法蘭克人（Ripuarian Franks）等組成的多國聯軍，交由埃提烏斯統一指揮。

埃提烏斯率領多國聯軍搶先一步抵達奧爾良（Orléans），攔住了匈人聯軍的前進腳步。儘管匈人攻下重鎮梅斯（Metz），但因未能奪下奧爾良，雙方陷入僵持。阿提拉聽說埃提烏斯已率軍抵達前線，心中一驚。他們彼此熟知，如果繼續對峙於堅城之下，對匈人軍極為不利。

經過深思熟慮，阿提拉決定讓匈人軍退回塞納河（Seine River），並在適合騎兵作戰的沙隆平原（Châlons Plains，史稱沙隆戰役）布陣，準備與西羅馬聯軍決一死戰。當匈人軍撤退，埃提烏斯和西哥德王狄奧多里克一世等人率軍緊追不捨。西羅馬聯軍前鋒不斷攻擊匈人後衛。正如阿提拉所料，雙方終於在沙隆平原展開一場大決戰。

開戰前，狄奧多里克一世的兒子多里斯蒙德（Thorismund）[14]率軍搶占了中央高地。匈人軍試圖奪回該地但佯攻失敗。阿提拉命令巫師占卜。結果預示，主要敵手將會死亡，而匈人將遭遇敗績。雖然阿提拉篤信神明，但他不願就此撤退，於是對軍隊隱瞞了對匈人不利的部分占卜內容，親自發表訓話：「我將親自擲出第一支標槍，誰若不照我這樣做，必死無疑！」

在阿提拉的激勵下，匈人軍士氣大振，自信滿滿地列陣準備迎戰。阿提拉親率匈人本軍居中，兩翼則由傭兵部隊構成——右翼是格皮德人（Gepids）首領阿爾達里克（Ardaric）率領的聯軍，左翼則是東哥德人。此時，西羅馬聯軍對戰局信心不足——曾與阿提拉密謀的桑吉班（Sangiban）所率領的阿蘭軍被安排在正中、埃提烏斯率西羅馬軍位於左翼，狄奧多里克一世與西哥德軍在右翼，多里斯蒙德及其部隊則據守中央高地。

西元四五一年六月二十日，一場決定歐洲歷史走向的「世界大戰」在沙隆平原爆發。雙方先以弓箭、標槍與投石器展開激烈互射，接著，阿提拉率中央部隊猛攻西羅馬聯軍中軍。桑吉班無法投降，又不敢逃走，只得硬著頭皮迎戰。不久後，阿蘭軍就被匈人軍衝散了。

隨後，阿提拉將重兵轉向西哥德軍。正在指揮作戰的狄奧多里克一世，竟被東哥德人安德基斯（Andages）投擲的標槍刺死。匈人軍將此視為應驗了占卜的預言。站在高地上的多里斯蒙德見

13 西羅馬帝國元老院議員，後來在西元四五五年至西元四五六年短暫當過西羅馬帝國的皇帝。

14 西哥德國王。西元四五一年，其父狄奧多里克一世在沙隆戰役陣亡後，由他成為西哥德王國國王。西元四五三年，多里斯蒙德被殺，其兄弟狄奧多里克二世繼承了王位。

父王戰死，悲憤之下他率軍衝下山坡復仇，東哥德軍隨即陷入混亂。

阿提拉的中央部隊推進過快，與兩翼脫節，形成孤軍深入的態勢。西羅馬聯軍趁勢將其包圍，戰局急轉直下。阿提拉見勢不妙，趁夜幕降臨時命軍隊以戰車圍成圓陣自保。接著，他將隨身財寶與馬鞍堆放在陣中心並宣布，若戰敗，就放火自焚。他這麼做是為了激勵將士拼死作戰，以爭取反敗為勝。

激戰持續到翌日清晨，雙方死傷慘重。多里斯蒙德與埃提烏斯會合後，找到他父親狄奧多里克一世的遺體，並於戰場上舉行葬禮。葬禮結束後，西哥德人將多里斯蒙德以盾牌高舉，推舉他為新王。他上任後的第一道命令是：「殲滅阿提拉！」

怒火中燒的西哥德軍如海嘯般衝向阿提拉營地。阿提拉毫無懼色，下令軍中號手、鼓手奏起戰樂，匈人軍則以箭雨還擊，數次擊退西哥德軍的衝鋒。

西羅馬將領隨即召開會議，決議圍困阿提拉的部隊——不是讓他餓死，就是逼他接受屈辱的投降條件。不過，他們相信，以阿提拉的性格，必定寧死不降。儘管西哥德人決意除掉阿提拉，埃提烏斯卻另有盤算。他認為，一旦阿提拉死去，西哥德將崛起為新霸主，如此一來，對西羅馬的威脅更大。倒不如放阿提拉一馬，讓他牽制西哥德人，以保護西羅馬的安全。於是，埃提烏斯對多里斯蒙德說：「你那些留守後方的兄弟知道你父王戰死後，會不會有其他想法？」多里斯蒙德一聽，心中一驚。他擔心那些不可靠的兄弟會趁機瓜分西哥德王國首都土魯斯的財寶，甚至可能發動兵變奪位，於是，他放棄擊殺阿提拉的念頭，轉身率軍撤退。

阿提拉見敵軍突然四散，不敢冒然追擊，擔心是誘敵之計。直到數日後確認敵人確實已撤，他才下令後撤。阿提拉退回萊茵河流域休息，重振旗鼓，旋即開始策劃攻打義大利行省。他打算先擊潰埃提烏斯，再一一對付其他敵人。西元四五二年，阿提拉率軍翻越阿爾卑斯山，進攻義大利。當時埃提烏斯已與西哥德翻臉，於是西哥德袖手旁觀，不願出兵援助。埃提烏斯也沒料到阿提拉會在這麼短時間內再度集結大軍，因此毫無準備，結果慘敗。

匈人軍長驅直入，抵達亞得里亞海的沿岸重鎮阿奎萊亞（Aquileia）。此時，西羅馬軍才開始堅決抵抗。雖然匈人軍不擅長攻城，但他們用重金收買了大量西羅馬技工，又驅使數萬戰俘與被擄百姓去破壞城牆。不過，三個月過去了，阿奎萊亞仍未失守。久攻不下，匈人軍怨聲四起，阿提拉也無計可施，只好準備撤退。就在此時，他看到一隻老鸛帶著幼鳥飛離塔樓上的巢，如同樹倒鳥飛。他認為那塔已搖搖欲墜，便下令猛攻。果然塔樓崩塌，匈人軍一舉攻入，阿奎萊亞城陷落。

阿提拉下令屠城，並縱火將整座城市焚毀。趁士氣高昂，他又陸續攻下阿爾提努姆（Altinum）、康科迪亞（Concordia）、帕多瓦（Patavium）等沿海城市，接著轉戰內陸，占領維辰札（Vicenza）、維洛納、貝加莫（Bergamum）等地，所到之處，無不劫掠焚燒，化為廢墟。西羅馬遭到匈人軍的瘋狂蹂躪。各地消息傳來，尚在西羅馬控制下的區域人人自危。米蘭與帕維亞為求自保，主動向匈人投降，在交出所有財物後，換得全城百姓性命的保證。

阿提拉饒過這些投降的城市，率軍繼續南下，目標直指羅馬城。曾經放過阿提拉的埃提烏斯此時無計可施。眼看羅馬這座「永恆之城」即將陷落，關鍵時刻，羅馬教宗良一世（Pope Leo I）

挺身而出，願代表市民前去說服阿提拉撤軍。皇帝瓦倫提尼安三世大為欣喜，立即派羅馬市長特里西提亞斯（Memmius Aemilius Trygetius）與教宗一同前往。

在波河，阿提拉接見了教宗良一世等一行人。良一世苦口婆心地勸說他放過羅馬，並提起西元四一〇年西哥德王亞拉里克攻陷羅馬後旋即暴斃，表示這座城市受到上帝的庇護。

當時匈人軍已是強弩之末，加上東羅馬援軍即將抵達、義大利各地飢荒瘟疫橫行，連匈人營中也出現病例。阿提拉審時度勢，見好就收，所以便要求西羅馬交出大筆財物，然後就率軍撤離羅馬。臨走前阿提拉還放話，若不交出奧諾莉亞公主，他還會回來！但上天沒給他機會。隔年（西元四五三年），阿提拉在新婚之夜暴斃。後來，他那些來自不同族裔妻子所生的兒子們爭權內鬥。此外，更令西羅馬人開心的是，西元四五五年，阿提拉親信、格皮德首領阿爾達里克率領格皮德人、東哥德人、斯維比人、赫魯利人與阿蘭人反叛，在涅當河（Nedao River）一役擊潰匈人軍。阿提拉長子艾拉克（Ellac）與三萬匈人兵戰死，阿提拉王廷成為戰利品，其餘蠻族也紛紛瓜分匈人遺產。

強敵匈人雖不存在，但西羅馬並未因此獲勝。西元四五五年瓦倫提尼安三世死後，西羅馬皇帝頻繁更替——直到西元四七六年滅亡為止，短短二十二年間就更換了九位皇帝。

政局動盪，蠻族侵略不斷，西羅馬皇帝只能大量徵召日耳曼人為傭兵，其結果，幾乎每任皇帝都淪為傭兵的傀儡。最後，傭兵將領嫌更換皇帝太麻煩，於是在西元四七六年，在東羅馬的支持下，日耳曼人奧多亞塞自立為王，廢黜年僅六歲的西羅馬皇帝羅穆路斯·奧古斯都，西羅馬帝國在動盪中畫下句點，結束了八十多年的苦撐歲月。

Chapter XIV

遍地羅馬皇帝夢

西羅馬帝國雖然滅亡，但「羅馬皇帝」這個頭銜，
卻成爲蠻族政權爭相競逐的象徵，
這場持續八百餘年的爭奪，不僅延續了帝國的政治遺產，
也深刻影響了歐洲近代的格局演變。

名存實亡的「羅馬皇帝」

西羅馬帝國在內憂外患中掙扎了八十多年，而它滅亡之後所留下的影響，卻綿延超過八百年。入侵西羅馬的蠻族部落，相較之下遠不如西羅馬文明。在西羅馬的故地上，這些部落陸續建立了西哥德王國、東哥德王國、勃根地王國和倫巴底王國（Kingdom of the Lombards）等政權，興衰交替、遷徙不定，在經濟、政治和文化上都缺乏突出成就，也無法擺脫西羅馬的影響。

雖然西羅馬帝國不復存在，但它的精神卻始終深深影響著這片土地上的各個民族與國家，這樣的「西羅馬影子帝國」持續了將近八百年。

查理曼帝國（Carolingian Empire）是第一個以西羅馬繼承者自居的「影子帝國」，其統治者樂於以「羅馬帝國的繼承人」自稱，並一直致力於「恢復羅馬帝國」。

查理曼帝國源自法蘭克王國。西元四八六年，也就是西羅馬滅亡後的第十年，法蘭克部落首領克洛維一世（Clovis I）在萊茵河口一帶宣布建立法蘭克王國，並趁著西羅馬滅亡的機會，占領了高盧的大部分地區。克洛維一世相當有遠見，打出「羅馬帝國繼承人」的旗幟，率領法蘭克人皈依羅馬基督宗教。

法蘭克人與高盧的羅馬人因共同的宗教信仰，在思想與觀念上較為契合，而這為他們與當地的羅馬教會，以及世俗領主建立合作關係打下了基礎。克洛維一世的子孫接續登位，史稱墨洛溫王朝（Merovingian Dynasty）。

從西元七世紀起，法蘭克王國逐漸陷入分裂與內戰，國王的權力被掌管宮廷事務的宮相（Maior domus）[1]奪去。西元六一三年起，奧斯特拉西亞（Austrasia）[2]的大封建領主蘭登．丕平（Pepin of Landen）[3]家族世襲宮相職位。西元六八七年，丕平二世（Pepin of Herstal）[4]憑藉強大勢力擊敗高盧北部的紐斯特里亞（Neustria）和東南部的勃根地諸侯，重新統一法蘭克王國。

查理．馬特（Charles Martel）[5]擔任宮相期間，法蘭克王國面臨阿拉伯人占領伊比利半島的軍事威脅。西元七三二年，他在普瓦捷（Poitiers）一役中率軍擊潰阿拉伯軍，之後連戰皆捷，將敵軍逐回庇里牛斯山以南。

查理．馬特實行**軍事采邑制**——將土地分封給下屬，但條件是必須提供騎兵服役。即使是教會和修道院擁有的土地，也須履行相應義務；後來這被**視爲西歐封建制度的濫觴，同時此舉大幅提升法蘭克王國的實力**。查理．馬特的兒子矮子丕平（Pepin the Short）[6]繼任宮相後，更進一步

1 編注：這是歐洲中世紀早期的官職，西元七世紀至八世紀間法蘭克王國都有此官。名義上他是掌管宮廷政務以及輔佐君王的親近官員，但後來逐漸演變成掌握實權的人。

2 編注：指的是法蘭克王國墨洛溫王朝的東北部領土，範圍包括今日的法國東部、德國西部、比利時、盧森堡和荷蘭。

3 蘭登．丕平（西元五八〇年至六四〇年），又被稱爲丕平一世（Pippin I）或老丕平（Pippin the Elder），雖然他並未建立一個王國，但被視爲丕平家族的始祖。他促成丕平家族與梅斯地區貴族的聯盟，爲家族日後的崛起鋪路，最終讓加洛林王朝（Carolingian Dynasty）統治了法蘭克人。

4 編注：他是蘭登．丕平的外孫。

5 編注：他是丕平二世的私生子，又被稱爲鐵錘查理。

6 編注：又稱丕平三世，是加洛林王朝的創建者，在位時間爲西元七五一年至七六八年。

干預義大利事務，保護羅馬教宗免受倫巴底王國的侵犯。西元七五一年，在教宗的支持下，丕平廢黜徒具虛名的墨洛溫王朝國王，建立加洛林王朝，並於西元七五六年將亞平寧半島的中部土地「獻給」羅馬教宗，自此形成教宗國。

西元七六八年矮子丕平去世時，將領地分給兒子查理與卡洛曼（Carloman）。三年後，查理獨掌政權，史稱查理大帝（Charles-le-magne）或查理曼（Charlemagne）。查理曼應教宗哈德良一世（Pope Hadrianus I）[7]的請求，率軍越過阿爾卑斯山進攻倫巴底王國。經過一年多的征戰，在西元七七四年成功兼併該國，並親自兼任國王。隨後進入羅馬，獲教宗賜予「羅馬人長老」（Patrician of the Romans）的稱號。查理曼重申其父對教宗獻土的承諾，實際上卻控制了大部分的義大利地區。不過這一戰之後，查理曼也因此燃起了「恢復羅馬帝國」的雄心。

自西元七七二年起，查理曼率軍東進越過萊茵河，進攻尚處部落狀態、從未接受羅馬或教會統治的日耳曼蠻族之一的薩克森。薩克森人頑強抵抗，戰爭持續了三十三年，歷經十八場大規模的戰役。查理曼採取屠殺、強制遷徙等手段，最終征服該地，確立封建制度與基督宗教的統治。

查理曼曾發布敕令，在薩克森各地興建教堂，要求全民納什一奉獻、貢獻土地與僕役、參加宗教儀式。違反教規、不忠於國王、侵犯封建領主或持續信仰原始宗教者，皆會被判處死刑。**征服薩克森之役讓西歐封建制度開始向中東歐擴展，也使歐洲經濟與文化重心從地中海沿岸轉向大陸內部。**

在進行薩克森戰爭的同時，查理曼也命法蘭克軍多次翻越庇里牛斯山攻打阿拉伯軍。經過二十餘年，查理曼終於在庇里牛斯山以南建立西班牙邊防區，並提供西班牙北部兩個臣屬的基督教小國軍事上的支持。

西元七八七年，查理曼進軍巴伐利亞（Bavaria），廢黜當地公爵，將其納入直接統治。隨後，他繼續東征，征服易北河（Elbe River）以東的斯拉夫部落，並向多瑙河下游的阿瓦爾汗國（Avar Khaganate）發動戰爭。這個由柔然人所建立的遊牧政權曾經一度強盛，但經過八年的戰爭後，最終被法蘭克人消滅，法蘭克軍也因此獲得大量財富。接著，查理曼透過數次小規模戰事，先後征服尼德蘭（Netherlands）、建立抵抗北歐人入侵的丹麥邊防區（Danish March）、鞏固多瑙河流域的奧地利邊防區（Austrian March），以及在高盧西北設置布列塔尼邊防區（Breton March）。法蘭克王國勢最強盛時，曾與阿拉伯人及東羅馬帝國爭霸地中海，迫使貝內文托公國（Duchy of Benevento）稱臣，並控制了科西嘉島與薩丁尼亞島。

查理曼在位四十六年，親征五十餘次戰役，重塑了歐洲局勢。他建立的陸地帝國北臨北海與波羅的海，西接大西洋，南至地中海，取代羅馬帝國環地中海的格局，成為歐洲的新霸主。高盧、日耳曼與義大利地區整合為一體，勢力遍及西班牙人與斯拉夫人的地區。在這個帝國內，蠻族與羅馬人、基督徒與異教徒之間的界線日漸模糊，世俗與教會的封建統治體系也逐步成形。

7 教宗哈德良一世（?至西元七九五年十二月二十五日），西元七七二年至七九五年擔任教宗。他是在羅馬的法蘭克派（Frankish faction）的支持下，當選爲教宗。

立下如此功業後，查理曼不再滿足於「蠻族國王」的頭銜，他對「羅馬皇帝」（Emperor of the Romans）的渴望日益強烈。西元七九九年，羅馬城的貴族砍傷了教宗良三世（Pope Leo III）[8]，而良三世請求查理曼救援。為此，查理曼立即率軍進入羅馬城。羅馬城的貴族望風而逃，但查理曼派出軍隊將他們抓住。最後，在教宗的請求下，查理曼把那些貴族或處以死刑，或處以終身禁錮。查理曼替教宗復仇，教宗也予以回報。

西元八〇〇年聖誕節，在羅馬的聖彼得大教堂（St. Peter's Basilica），**查理曼受加冕爲「羅馬人的皇帝」**（Emperor of the Romans），**取得「羅馬帝國繼承人」與「羅馬基督宗教保護者」的地位**。不久，東羅馬皇帝與阿拉伯帝國哈里發（Caliph）[9]也相繼承認他的皇帝身分。

查理曼晚年時，法蘭克王國的擴張已達極限，面對北歐維京人（Vikings）的進攻和地中海沿岸阿拉伯人的侵襲都已無還擊之力。此外，各地封建領主與教會高層貪婪掠奪土地與財富，不僅使農民破產，也嚴重損害查理曼的統治權威。他多次發布敕令譴責封建主的掠奪行為，但成效甚微，地方各封建主再也不願聽命於皇帝。

西元八一四年，查理曼逝世後，他的子孫不僅未能繼承其「羅馬皇帝」的理想，反而為了個人利益相互爭鬥，將帝國分裂為多個部分。他的繼任者「虔誠者路易」（Louis le Pieux）[10]的能力與權威遠不如查理曼，遭貴族與教會勢力的牽制。

西元八一七年，虔誠者路易被迫提前將帝國劃分給三位兒子——洛泰爾一世（Lothair I）[11]、丕平（Pépin）和路易（Louis）；由長子洛泰爾一世保留皇帝稱號和對另兩個王國的最高統治權。

當時，皇帝的頭銜已不如實際領土來得具有吸引力。後來，虔誠者路易希望再劃出一部分領土給其幼子禿頭查理（Charles le Chauve）[12]時，引發洛泰爾一世的不滿與反叛。父子之間爆發戰爭，內亂持續多年，直至西元八四〇年虔誠者路易去世。

西元八四二年，統治東部的日耳曼人路易（Louis le Germanique）[13]與統治西部的禿頭查理聯手對抗兄長洛泰爾一世，並簽訂《斯特拉斯堡誓言》（Serments de Strasbourg），迫使洛泰爾一世求和。

---

8 他是平民出身的羅馬教宗。

9 哈里發是伊斯蘭教的宗教及世俗的最高統治者的稱號，是阿拉伯語中 khalīfah 的音譯，意思是繼承者、代理者。

10 虔誠者路易（西元七七八年四月十六日至八四〇年六月二十日），也稱爲路易一世（Louis I）。法蘭克國王、羅馬人的皇帝（西元八一四年一月二十八日至八四〇年六月二十日在位），他在位時延緩了法蘭克王國的分裂。

11 洛泰爾一世（西元七九五年至八五五年九月二十九日），是虔誠者路易的長子。義大利國王（西元八一八年至八五五年在位）；神聖羅馬皇帝（西元八四〇年至八五五年在位）。

12 禿頭查理（西元八二三年六月十三日至八七七年十月五日），路易一世的四兒子。西法蘭克加洛林王朝國王（西元八四三年至八七七年在位）；神聖羅馬皇帝，也稱爲查理二世（Charles II），在位期間西元八七五至八七七年。

13 日耳曼人路易（西元八〇六年至八七六年八月二十八日），他是虔誠者路易的三兒子。巴伐利亞公爵（西元八一八年至八五五年在位）；東法蘭克國王（西元八四〇至八五五年在位）。

西元八四三年，三兄弟簽訂《凡爾登條約》（Traité de Verdun），正式將法蘭克王國一分為三：

‧**東法蘭克王國**（Regnum Francorum Orientalium）由日耳曼人路易統治，包含大多數日耳曼部族區域，如薩克森、阿勒曼尼亞（Alemannia）、圖林根（Thuringia）、巴伐利亞與卡林西亞（Carinthia）等地，**後來發展爲德意志**。

‧**西法蘭克王國**（Regnum Francorum Occidentalium）由禿頭查理統治，範圍涵蓋原高盧地區及勃根地、亞奎丹、加斯科尼（Gascogne）與西班牙邊境地區，**最終演變爲法國**。

‧**中法蘭克王國**（Regnum Francorum Centralium）則由洛泰爾一世統治，為夾在東西法蘭克之間的狹長地帶，包括菲士蘭（Frisia）、洛林、阿爾薩斯（Alsatia）、普羅旺斯、倫巴底等地，並擁有對教宗國及南方的貝內文托與斯波萊托的宗主權，名義上保留「皇帝」稱號。

西元八五五年，洛泰爾一世去世，中法蘭克王國再度被瓜分為三部分，分別是：長子路易二世（Louis II）繼承義大利與皇帝頭銜；次子獲得洛林（Lorraine），史稱洛泰爾二世；幼子則得普羅旺斯，史稱普羅旺斯的查理。西元八七〇年，洛林統治者去世後，日耳曼人路易與禿頭查理召開「墨爾森會議」（Traité de Meerssen）瓜分洛林。前者取得亞琛（Aachen）、科隆（Colonia）、特里爾、美因茲（Mainz）與阿爾薩斯，後者則獲得洛林西部。

此後，三個法蘭克王國開始長期遭受諾曼人（Normans）、阿拉伯人與馬扎爾人（Magyars）的侵擾，無暇顧及帝國統一。皇帝稱號成為權力鬥爭的籌碼，在三國之間流轉，誰勢力強誰就自稱皇帝。西元八七七年，禿頭查理以皇帝身分頒布《基爾希敕令》（Capitulary of Quierzy），承認封建領主可不經皇帝或國王許可，就能將領地世襲，標誌著封建制的合法化。

西元八八七年，查理曼帝國最後一位得到普遍承認的皇帝胖子查理（Charles le Gros）[14]，在面對諾曼人入侵時束手無策，最終遭到罷黜。西法蘭克的加洛林王朝延續至西元九八七年，後被卡佩王朝（Capetian Dynasty）取代；東法蘭克的加洛林王朝則於西元九一一年結束，由薩克森王朝（Saxon Dynasty）[15]取而代之。

既不神聖，也不羅馬，更非帝國

西元九六二年，薩克森王朝第二代國王鄂圖一世（Otto I）被羅馬教宗封為「羅馬皇帝」，「神聖羅馬帝國」（Holy Roman Empire）由此正式登上歷史舞臺。

這個帝國從西元九六二年建立到一八〇六年滅亡，共延續了八百四十四年。它是個多民族的歐洲帝國，以德意志人（Germans）為主體，疆域橫跨今日的奧地利、瑞士、盧森堡、荷蘭、法國

14 編注：又稱爲查理三世。

15 編注：又稱爲奧托王朝（Ottonian Dynasty）。

東南部、義大利北部、西西里島、捷克、匈牙利以及波蘭的西部和北部。對歐洲多個國家，尤其是德意志、義大利及東歐地區的歷史留下深遠的影響。

神聖羅馬帝國的主要民族是德意志人——這是對中歐日耳曼部落的統稱，他們住在萊茵河兩岸，分為薩克森、巴伐利亞、施瓦本（Swabians）和法蘭克尼亞（Franconians）四大部族。到了九世紀後半，他們各自形成了四個公爵領地，並成為東法蘭克加洛林王朝的一部分。

到了西元八八八年，加洛林王朝的東法蘭克已經分裂成法蘭西（France）、德意志、義大利、勃根地、洛林等數個獨立地區。儘管如此，建立強大帝國並繼承「皇帝」稱號的觀念仍深植人心——人人都渴望復興像羅馬那樣強盛的帝國。

西元九一一年，法蘭克尼亞公爵康拉德一世（Conrad I）[16]自稱為德意志國王（King of Germany），但實際勢力只局限在自己的公國，並不受其他貴族擁戴。相較之下，薩克森公爵亨利一世（Henry I）因善於策略，被稱為「捕鳥者亨利」（Henry the Fowler），他先逼圖林根部族結盟，再伺機讓康拉德一世讓位，自立為薩克森與法蘭克尼亞國王，並由美因茲大主教（Archbishop of Mainz）為他加冕。

西元九二八年，亨利一世把洛林的伯爵頭銜與領地授予當地主教，讓教會成為王權的工具，開創了王權操控教權的先例。作為德意志國家的奠基者，他為後世的帝國打下了基礎。

亨利一世去世後，鄂圖一世[17]繼位，在亞琛加洛林王朝的舊皇宮舉行加冕典禮。根據傳統，繼任國王須先獲得四大公爵同意，再由全體德意志民眾認可。然而，鄂圖一世登基初期即遭公爵們反叛。面對危機，他以武力征伐與聯姻為手段，逐一平定包括洛林在內的五大公國，將其公爵改任為王室的軍官、大臣與近衛長等職位，使他們轉變為自己的封臣與部屬。

鄂圖一世延續父親控制教會的策略。為了壓制巴伐利亞公爵，他直接任命巴伐利亞地區的主教，並賦予其司法權。**這開啟了教會高層擁有世俗統治權的先例，也確立了由世俗君主任命主教的原則，爲日後的主教敍任權之爭埋下伏筆。**

為了鞏固與擴張領土，鄂圖一世不惜東西兩面開戰；令人意外的是，此時神聖羅馬帝國的氣勢正盛，所以對外戰事頻頻取勝。西線上，他以武力壓制西法蘭克王國，並在西元九五〇年迫使勃根地歸附，劃定其與普羅旺斯的邊界。東線上，他派軍占領易北河與奧得河之間一半斯拉夫人的領地，並掌控波希米亞（Bohemia），而這引發了與馬扎爾人的戰爭。

西元九五五年，馬扎爾人為了改善生存環境，動員全部騎兵圍攻奧格斯堡（Augsburg）。同

16 康拉德一世（西元八九二年至九一八年）。東法蘭克國王，在位期間西元九一一年至九一八年。

17 鄂圖一世（西元九一二年十一月二十三日至九七三年五月七日），亨利一世的兒子。德意志國王（西元九三六年至九七三年五月七日在位）；薩克森王朝的首位神聖羅馬帝國皇帝（西元九六二年二月二日至九七三年五月七日在位），他是當時歐洲大陸最有實力的國王。

年的八月十日，鄂圖一世與五大公爵率軍在萊希河（Lech River）附近出擊，在波希米亞軍隊的協助下徹底擊潰馬扎爾軍。戰勝後，鄂圖一世乘勝挺進。西元九六八年，他在馬德堡（Magdeburg）建立大主教區，統轄易北河以東的斯拉夫地區，使基督教勢力更深入地拓展至東歐地區。

從西元九一五年起，義大利四分五裂。南部服從東羅馬帝國，北部則由地方勢力割據、戰亂不止。西元九五一年，鄂圖一世自稱為義大利國王，其吞併意圖昭然若揭。不過，他當時主要關注的並非在義大利。西元九六一年，羅馬教宗與當地勢力爭鬥失利，向鄂圖一世求援。鄂圖一世隨即率軍占領北義大利，並於西元九六二年二月二日在羅馬的聖彼得大教堂受教宗加冕為皇帝。憑其內政與軍功，他被尊稱為「鄂圖大帝」（Otto the Great）。

鄂圖一世前去羅馬城加冕為「羅馬皇帝」後，神聖羅馬帝國的薩克森王朝與法蘭克尼亞王朝的八位皇帝，都陷入同樣的惡性循環：前任皇帝南征義大利、赴羅馬加冕，耗盡國力後回國；新皇即位，又得對抗國內貴族叛亂及外敵侵略；好不容易穩住局勢，又再次奔赴羅馬加冕。他們之所以不惜代價前往羅馬，不外乎是為了證明自己是合法的「羅馬皇帝」。

神聖羅馬帝國兩朝的八位皇帝都秉持一貫政策，就是對羅馬教宗與本國教會採取「既利用又控制」的策略。亨利二世（Henry II）把伯爵領地及其司法權授予主教；一一四六年，教宗追封他為聖人。亨利三世（Henry III）[18]則將匈牙利納入基督教體系，並把東正教勢力從維也納（Vienna）附近驅逐至貝爾格勒。

歷代皇帝都堅持自己擁有主教敘任權。他們推動並利用十一世紀起的羅馬法復興運動，對抗日益壯大的教宗勢力。例如，康拉德二世（Conrad II）[19]宣布，在帝國所有領地上（包括羅馬城）審理案件時必須依據羅馬法而非教會法。一〇七五年，皇帝亨利四世（Henry IV）與教宗格列哥里七世（Pope Gregory VII）展開敘任權爭奪。雖然後來在一一二二年簽訂了《沃姆斯宗教協定》（Concordat of Worms），但雙方的衝突仍持續下去。

鄂圖一世打著「羅馬皇帝」的旗號提升了帝國聲望，不但有助於在歐洲各國中爭取主導權，也利於對本國教會的掌控。儘管西羅馬帝國早已滅亡，其影響卻深植人心，幾百年後仍有君主視「羅馬皇帝」加冕為榮，並借此稱號達成政治目的。

從鄂圖一世開始，神聖羅馬帝國皇帝同時擁有日耳曼國王的全部權力，並一直握有任命主教的權力。教會是帝國的支柱之一，許多高級神職人員來自貴族家庭，身兼公職，參與決策；皇帝則從教會領地獲取資源與軍力。鄂圖一世及其後代廣泛授予主教「特恩權」（privilegium fori），即將大片土地與行政、司法權一併賜予教會。例如，亨利三世曾罷黜三位出身羅馬貴族的教宗，並任命班貝格（Bamberg）的主教蘇特格爾（Suidger，後稱為克萊孟二世〔Pope Clement II〕）和圖勒（Toul）的主教為教宗，完全掌控了羅馬教廷（Roman Curia）。由於皇帝授予主教的特恩權

18 亨利三世（一〇一六年十月二十八日至一〇五六年十月五日），康拉德二世的兒子，法蘭克尼亞王朝國王，羅馬人的國王。

19 康拉德二世（西元九九〇年至一〇三九年）。法蘭克尼亞王朝首位羅馬人的國王（一〇二四年九月八日至一〇三九年六月四日在位）和神聖羅馬帝國皇帝（一〇二七年三月二十六日至一〇三九年六月四日在位）。他於一〇二四年當選爲國王，開始法蘭克尼亞王朝在德國的統治。

範圍過廣，導致教會封建主統治大量農村，且他們的領地往往靠近新興城市。**他們爭權奪利、奢靡放縱，經營商業與放高利貸，與世俗封建主毫無差別。**

教士世俗化並非德意志獨有，法國、義大利等地，無不皆然。歷任教宗也多貪圖享樂、買賣聖職、行徑敗壞，這使得教會威信大減，對世俗權力的依賴日益加深。這雖有助皇帝控制教會，卻也激起教會內部的改革呼聲，促使他們希望藉強化組織來擴張勢力。對此，羅馬教宗便透過支持改革派勢力來打擊皇帝權力。

教宗與皇帝的權力之爭，很快成為神聖羅馬帝國政治的核心，其發展也深刻影響了日後歐洲數百年的歷史走向。

教權與政權之爭

基督教會因腐化墮落，無法有效鞏固統治，引發部分僧侶與世俗封建主的憂慮。教會內部逐漸興起改革運動，包括：主張整頓教規，禁止神職人員結婚，追求清貧與脫俗；反對世俗封建主控制教會，提倡教會獨立，反對由世俗敘任與出售教會職位；要求調整教會與國家的關係，強調教權高於王權，以重振教宗的權威。

位於勃根地的克呂尼修道院（Cluny Abbey）率先推動教會改革。改革運動迅速從法國擴展至義大利，最終形成克呂尼改革派（Cluniac Reforms）。該派由一群具有政治野心的修道士組成，致力於加強教會組織，使教會成為強大的政治力量。

克呂尼改革派與教會世俗化進行抗爭，主張應遵循聖本篤（St. Benedict）的修道傳統。各地紛紛響應，對教會不滿的人士也予以支持。羅馬教廷對世俗政權干預教會的作為早感不滿，其中，法蘭克尼亞諸帝[20]的權勢擴張，尤其讓教廷感到不安與恐懼。教宗積極支持克呂尼改革派，以削弱世俗皇帝的權力。

自教宗良九世（Pope Leo IX）[21]起，羅馬每年召開宗教會議，並將決議與教宗指示傳達到各地，以提高教廷的威信。紅衣主教的權力逐漸擴大，最終能決定羅馬教廷的政策。

一〇五八年，教宗尼閣二世（Pope Nicholas II）[22]接受克呂尼修士希爾德布蘭（Hildebrand）的建議，與義大利南部的諾曼人結盟，共同對抗德意志皇帝。一〇五九年，羅馬教廷在拉特朗大殿（Lateran Basilica）舉行會議，宣布將選舉教宗的大權授予紅衣主教，排除羅馬貴族與德意志皇帝在教宗選舉中的影響。

---

20 這是對日耳曼法蘭克尼亞王朝諸位國王的統稱，包括康拉德二世、亨利三世、亨利四世與亨利五世（Henry V）。他們於十一世紀至十二世紀初相繼登基，並在神聖羅馬帝國的歷史上扮演關鍵角色。

21 教宗良九世（西元一〇〇二年至一〇五四年），在位期間一〇四九年至一〇五四年。他是德意志皇帝亨利三世的表兄弟，也是狂熱的克呂尼派修士。在任教宗期間，教權得到進一步增強，他曾下令改組教廷，宣布所有教產都屬於教宗，且應向羅馬教廷納稅。

22 教宗尼閣二世（西元九九一年至一〇六一年），在位期間一〇五八年至一〇六一年。

在米蘭，教會改革運動引起軒然大波。米蘭的修士封建主敵視改革，反對駐米蘭的教宗使節召開宗教會議。德意志皇帝亨利四世也趁機介入，他打破由教宗主持授職儀式的慣例，於一〇七二年親自任命大主教，將指環與牧杖授予被教宗拒絕承認、反對改革運動的大主教候選人。一〇七三年，希爾德布蘭當選教宗，即教宗格列哥里七世[23]，這使得教宗與皇帝的衝突更加激烈。一〇七五年，格列哥里七世發布《教宗訓令》（Dictatus Papae），充分展現其政治野心。該訓令禁止君王與貴族行使神職任命權，並宣稱「唯有教宗一人具有敘任主教的權力」、「唯有教宗一人有權制定新法律，決定教區劃分與設立新教區的權力」，並聲明「教宗有權廢黜皇帝」、「所有君王都應親吻教宗的腳」。一〇七五年十二月，格列哥里七世警告亨利四世，若不服從教宗命令，將被逐出教會。

亨利四世將教宗格列哥里七世的行動，視為公開宣戰。他毫不示弱，一〇七六年一月，亨利四世在沃姆斯（Worms）召集德意志主教會議，指控格列哥里七世是透過狡詐手段與金錢收買登上教宗寶座，並濫用權力，行為放蕩等。在大多數德意志主教同意下，亨利四世宣布廢黜教宗格列哥里七世。

亨利四世宣布廢黜教宗，而格列哥里七世也採取相同手段反擊。一〇七六年，復活節前夕大齋期期間召開的宗教會議上，格列哥里七世以德意志局勢不穩為由，發布敕令，宣布廢黜亨利四世，革除其教籍，解除臣民對亨利四世效忠的誓約。在德意志反對亨利四世的諸侯，立即響應羅馬教廷，展開反亨利四世的行動。

一〇七六年夏，施瓦本公爵魯道夫（Rudolf of Swabia）、巴伐利亞公爵韋爾夫（Welf of Bavaria）、卡林西亞公爵貝托爾德（Berthold of Carinthia）等在烏姆（Ulm）集會，公開商討選舉新皇帝。然而，在烏姆的集會上，更多貴族主張，只要亨利四世尊重大封建主的自主，他們仍可承認其為皇帝。

格列哥里七世見情勢不利，準備撤回對亨利四世的廢黜與放逐令，但前提是，亨利四世必須對教宗讓步。一〇七六年十月，在特雷布爾（Trebur）召開的諸侯會議上，諸侯們出現意見分歧。多數主張由教宗作為仲裁者，調解國王與諸侯之間的衝突；以施瓦本公爵魯道夫為首的激進派，則要求廢黜皇帝，並宣稱若亨利四世一年內仍未獲赦免，將不再承認其為皇帝。

亨利四世陷入孤立，既不願接受教宗仲裁，又急於擺脫被放逐的處境，最終不得不向教宗低頭。一〇七七年一月，亨利帶著少數隨從前往卡諾莎（Canossa）的教宗居所，在冰雪中赤足披氈等候三日，懇求赦免。格列哥里七世最終赦免亨利四世，亨利四世方得返回德意志。**這場「卡諾莎之行」**（Walk to Canossa）**象徵羅馬教廷的權力達到顛峰**。然而，亨利四世也從中獲利，使國內反對派諸侯失去另立國王的理由。回國後，他迅速拉攏巴伐利亞低階貴族、施瓦本多數的高階貴族，以及萊茵各城市的支持，將魯道夫等反對派趕往薩克森一帶。

教宗格列哥里七世見雙方對立加劇，便見機插手，挑撥內戰。這場內戰延續三年，直到一〇

23 教宗格列哥里七世（約一〇二〇年至一〇八五年），在位期間一〇七三年至一〇八五年。

八〇年，見魯道夫取得優勢，教宗格列哥里七世立即為魯道夫加冕，並再次宣布廢黜亨利四世。但局勢很快就逆轉了。亨利四世在戰場擊敗並殺死魯道夫，瓦解反對派，與教宗的衝突遂轉為直接對抗。勝利後，亨利四世集中兵力對付教宗。一〇八一年，亨利四世發兵進攻羅馬城，欲強迫教宗屈服。教宗的軍隊武裝抵抗，雙方陷入拉鋸。

羅馬城被圍了兩年，亨利四世未能攻下，但堅持不撤軍。於是，格列哥里七世向義大利南方的諾曼人求援，但對方遲遲不出兵。一〇八四年，亨利四世終於攻陷羅馬。格列哥里七世倉皇逃往南方的薩萊諾（Salerno），後於隔年病逝。

攻占羅馬城後，亨利四世另立教宗克萊孟三世（Antipope Clement III）[24]。此時，原本袖手旁觀的諾曼人終於出兵，但為時已晚。亨利四世已擁立新教宗並班師回國。不過，諾曼人仍趁機進入羅馬城，大肆劫掠三日，並放了一把火；這次大火，三分之一的羅馬城被燒毀。

不久，改革派重新集結。一〇八八年，他們推舉教宗烏爾班二世（Pope Urban II）[25]為新教宗，並聯合德意志南部的諸侯一起反抗亨利四世。一〇九〇年，亨利四世再次攻打羅馬，企圖廢黜烏爾班二世。未料，亨利四世之子康拉德（Conrad）倒向教宗一方，聯合倫巴底各城市與韋爾夫公爵，封鎖其父親的退路。一〇九七年，亨利四世被困於威尼西亞，最終與韋爾夫人妥協方得返國。

一〇九八年，康拉德被加冕為德意志國王，史稱亨利五世[26]。他擔心王位不保，於是便與貴族達成協議，承諾親政後將不再打壓貴族，並尊重其特權。

一一〇四年夏，巴伐利亞公爵反叛亨利四世，薩克森也出現叛亂徵兆。亨利五世也投入反對陣營，成為諸侯領袖，並俘虜父親。亨利五世不忍殺父，後來亨利四世逃至洛林，並試圖東山再起但力不從心，於一一〇六年辭世。

亨利五世要求教宗承認其全部主教敘任權並加冕他為皇帝，但教宗巴斯加二世（Pope Paschal II）[27]則堅持，除非放棄教宗的敘任權，否則不能為其加冕。對此，亨利五世非常生氣，在一一一〇年，他率軍再度進入羅馬，囚禁教宗及紅衣主教團，以迫使教宗讓步——同意皇帝可任命主教與修道院長。為求釋放，教宗被迫加冕亨利五世。不久，教宗巴斯加二世反悔了，他在一一一二年召開拉特朗會議，推翻先前協議，不承認亨利五世的皇帝地位。亨利五世再度出兵，驅逐巴斯加二世，另立教宗加理多二世（Pope Callixtus II）[28]。

此後，由於亨利五世意圖削弱諸侯勢力、擴大王權，美因茲大主教與薩克森公爵為首的反

24 教宗克萊孟三世（一〇二九年至一一〇〇年），在位期間一〇八〇年至一一〇〇年。
25 教宗烏爾班二世（一〇四二年至一〇九九年），在位期間一〇八八年至一〇九九年。
26 亨利五世（一〇八一年至一一二五年），在位期間一一〇六年至一一二五年。
27 義大利籍教宗，在位期間一〇九九年至一一一八年。
28 教宗加理多二世（約一〇六五年至一一二四年十二月十三日），在位期間一一一九年至一一二四年。

對派重新聯合。一一二一年，雙方達成妥協，若皇帝再次進攻諸侯，諸侯可聯手反抗；諸侯也允諾在教宗與皇帝之間進行調停。一一二二年，教宗加理多二世與亨利五世簽署《沃姆斯宗教協定》，結束長達數十年的敘任權之爭。協議規定：

- 在德意志，主教由教士選舉，若出現爭議，皇帝可介入；當選主教由皇帝授予象徵世俗權力的權杖，再由教會授予象徵宗教權力的指環與牧杖。
- 在義大利與勃根地，教會先授予宗教權力，六個月後皇帝才可授予世俗權力。

這場敘任權之爭，本質上是皇帝與教宗爭奪教區土地與稅收控制權，最終以雙方妥協告終。

失去號召力的「羅馬皇帝」

鄂圖一世打著「羅馬皇帝」的名號，是為了加強皇權。但隨著經濟發展，貴族勢力愈來愈龐大，地方貴族逐漸對皇帝的集權感到不滿，也對「羅馬皇帝」這個頭銜不再心存敬畏。

當神聖羅馬帝國蘇普林堡王朝（Supplinburg Dynasty）的皇帝洛泰爾二世（Lothair II of Supplinburg）[29]過世前，已將王位傳給自己的女婿。但各地公爵與主教擔心強勢皇權會持續下去，於是另立性格懦弱的霍亨斯陶芬家族（Hohenstaufen）康拉德三世（Conrad III）[30]為皇帝。

康拉德三世並不甘於做個傀儡皇帝，因此與韋爾夫家族展開長期激烈的鬥爭，然而，一直打到他去世都沒有結果。他無暇處理義大利事務，也未曾親赴羅馬接受加冕，這使「羅馬皇帝」的稱號顯得更加空洞。

一一五二年三月四日，康拉德三世的姪子腓特烈一世（Frederick I）[31]即位，而他就是赫赫有名的巴巴羅薩（Barbarossa，意思是「紅鬍子」），因此也被稱為紅鬍子腓特烈（Federico Barbarossa）。他畢生致力於恢復「羅馬皇帝」的威信，東征西討，試圖重現鄂圖一世時期的強盛與榮耀。腓特烈一世才幹出眾，野心勃勃，但所面對的局勢十分嚴峻。國內貴族勢力愈來愈大，對皇權的尊重逐漸消失；對外則是英國與法國已經鞏固王權，國力日增。更關鍵的是，教宗已經與皇帝平起平坐，境內的教會貴族往往服從教宗而不聽令於皇帝，形成新的對立勢力。

腓特烈一世審時度勢，認為要恢復「羅馬皇帝」的權威、鞏固地位、震懾敵人，關鍵在於掌控義大利、壓制教宗。只要能制服教宗，藉由實力宣示皇帝對教宗的敘任與管理權，國內不服的貴族與境外的野心勢力也將不得不低頭。畢竟，多數歐洲國家與封侯都深受羅馬帝國影響，信仰

29 洛泰爾二世（一〇七五年至一一三七年十二月三日），蘇普林堡王朝唯一的羅馬人的國王，在位期間一一二五至一一三七年；神聖羅馬帝國皇帝，在位期間一一三三年六月四日至一一三七年十二月三日。

30 康拉德三世（一〇九三年至一一五二年二月十五日），神聖羅馬帝國皇帝，在位期間一一三八年至一一五二年。

31 腓特烈一世（一一二二年至一一九〇年），神聖羅馬帝國皇帝，是霍亨斯陶芬王朝首位羅馬人的國王，在位期間一一五五年六月八日至一一九〇年六月十日，也是德意志歷史上著名的政治家、軍事家。

基督教，一旦教宗的至高地位屬於「羅馬皇帝」之下，對內對外的征伐就更具正當性了。

一一五三年，腓特烈一世親率大軍進入羅馬，強硬地要求教宗替他加冕為「羅馬皇帝」。教宗不甘被削權，在加冕一事上百般推託拖延，直到一一五五年六月十八日才勉強為他加冕。這讓腓特烈一世深切感受到教宗的掣肘。於是，他於一一五七年正式在「帝國」頭銜中加上「神聖」（Holy）一詞，以抗衡教宗所稱的「神聖教廷」（Holy See）。

不僅如此，腓特烈一世還仿效鄂圖一世，企圖操控教宗的敘任權。一一六一年，羅馬城中出現「由教會選出的教宗」與「皇帝冊立的教宗」對峙的局面。一一六五年，腓特烈一世擁立的教宗巴斯加三世（Pope Paschal III）頒布詔書，承認神聖羅馬帝國具有與法蘭克王國加洛林王朝同等的性質、地位與權力，這形同承認查理曼與鄂圖一世「皇權高於教權，也高於各國王權」的原則。這場政教之爭達到高峰，皇帝暫時占了上風。

加冕為「羅馬皇帝」後，腓特烈一世全力恢復與強化皇帝的權威。他一生總共發兵六次進攻義大利，所到之處搶掠焚毀、屠城不斷。雖然敗戰連連，但他仍屢戰屢敗、屢敗屢戰，直到筋疲力盡為止。

一一六六年的羅馬之戰與一一七六年的萊尼亞諾戰役（Battle of Legnano），腓特烈一世率領的菁英騎士幾乎全軍覆沒，而他自己則隻身逃亡，甚至連軍旗與個人盾牌都被敵軍俘獲。這場慘敗之後，他不得不簽署條約，放棄對北義大利諸城的一切主張，並承認由教會選出的教宗才是唯一合法的。

不過腓特烈一世並未放棄夢想，仍嘗試各種手段挽回局面。他安排兒子亨利六世（Henry VI）[32]透過聯姻，在一一九四年併吞西西里王國（Kingdom of Sicily），但此舉為時已晚。因為在一一七九年，羅馬教廷又制定新的教宗選舉制度，將「全體一致同意」改為「三分之二多數決」，這讓皇帝利用自己親信的大主教破壞選舉的策略徹底失效，腓特烈一世也就此喪失反擊教宗的機會。

另外，腓特烈一世「以外戰解內憂」的策略最終也適得其反。長年戰事讓各地公爵兵強馬壯、自成一格，同時，他們反對腓特烈一世在義大利戰敗後草草撤軍。韋爾夫家族的獅子亨利公爵（Henry the Lion）[33]趁勢向東北擴張，控制了萊茵河下游地區，並占領呂貝克（Lübeck）、梅克倫堡（Mecklenburg）與波美拉尼亞（Pomerania），成為腓特烈一世的心頭大患。

一一八〇年，腓特烈一世援引日耳曼部族傳統與封建領主制度，強行分割獅子亨利公爵的領地給自己人。他從巴伐利亞劃出奧地利公爵領地（Duchy of Austria），從薩克森劃出西發里亞公爵的領地（Duchy of Westphalia），又將呂貝克收歸直屬皇權。腓特烈一世動作極快，讓獅子亨利

---

32 亨利六世（一一六五年十一月至一一九七年九月二十八日），腓特烈一世的兒子、神聖羅馬帝國皇帝，在位期間一一九〇年至一一九七年。

33 獅子亨利公爵（一一二九年至一一九五年八月六日），德意志諸侯和統帥。他的封號有：薩克森公爵（稱亨利三世〔Henry III, Duke of Saxony〕，一一四二年至一一八〇年在位）和巴伐利亞公爵（稱亨利十二世〔Henry XII, Duke of Bavaria〕，一一五六年至一一八〇年在位）。他以和神聖羅馬帝國皇帝腓特烈一世的衝突著稱於世。

公爵根本來不及反抗，就喪失大片領地。腓特烈一世的皇權雖暫時穩固，但霍亨斯陶芬家族與韋爾夫家族的對抗並未止息，新劃出的公國領地很快又成了分裂的溫床。

一一九〇年，腓特烈一世在參與十字軍東征途中去世。「最強大的教宗」英諾森三世（Pope Innocent III）[34]於此時登場，趁機重創皇權，讓神聖羅馬皇帝的地位大幅衰落。

一一九七年，亨利六世去世後，由菲利普（Philipp von Schwaben）[35]繼位。然而，獅子亨利公爵的次子奧托・韋爾夫（Otto of Welf）[36]在英國的支持下也自稱為王。

一一九八年六月，神聖羅馬帝國爆發內戰。一二〇五年，教宗英諾森三世為菲利普加冕。一二〇八年，奧托・韋爾夫謀殺菲利普後登上皇位。一二一二年，亨利六世之子腓特烈二世（Friedrich II）也宣稱自己是皇帝。為了爭奪正統地位，他們在英國與法國的各自支持下對峙，爆發一場長達四年的「代理人內戰」。

在這段期間，「羅馬皇帝」稱號的聲望大幅下滑，幾乎失去了所有尊嚴與號召力。為了保住這個名存實亡的皇位，腓特烈二世決定向教宗低頭，試圖討好對方，並承諾服從。教宗英諾森三世見神聖羅馬帝國皇帝已表現出臣服態度，因此，於一二一五年宣布廢黜奧托・韋爾夫的皇位，轉而承認腓特烈二世為皇帝。霍亨斯陶芬王朝竟落到必須依靠教宗來終結內戰，以此來延續王朝的地步。

然而，腓特烈二世其實並非真心屈服於教宗，而是選擇暫時退讓，等待機會反攻義大利，對抗教宗的壓制。為此，他不惜向國內的教會與世俗大貴族做出重大讓步，以換取支持。一二二〇年四月，腓特烈二世在法蘭克福頒布《教會公侯特權法令》（Constitution for the Archbishops）；到了西元一二三二年四月再發布《公侯特權法》（Statutum in favorem principum）。這兩項詔令授權教會與世俗大貴族自行在其領地內建設城堡與城市，並擁有設關、徵稅、鑄幣、司法等完整主權，甚至稱他們為「一邦之君」。

不過，腓特烈二世始終未能認清一點——他試圖恢復「羅馬皇帝」的權威，以及對抗教宗的政策，與大貴族的根本利益背道而馳。換言之，**即使他讓步再多，也不可能眞正獲得這些大貴族的支持**。一二四九年，倫巴底地區的城邦與教宗結盟，共同對抗腓特烈二世。在福薩爾塔戰役（Battle of Fossalta）中，腓特烈二世的軍隊大敗，其子與三千名士兵被俘。翌年十月，腓特烈二世帶著失望與悲傷離世。自此，重返羅馬、重建「羅馬皇帝」威望的道路徹底中斷。

儘管如此，腓特烈二世的後代依舊執著不放。一二六八年八月二十三日，在塔利亞科佐

---

34 英諾森三世（一一六一年二月二十二日至一二一六年七月十六日），羅馬天主教教宗（一一九八年一月八日至一二一六年七月十六日在位）。他在位期間，教宗的權勢達到頂峰，並積極參與歐洲各國的政治鬥爭，曾迫使英國、丹麥、葡萄牙、瑞士等國王稱臣。

35 菲利普（一一七七年至一二〇八年六月二十一日），羅馬人的國王（一一九八年至一二〇八年在位）、施瓦本公爵，「紅鬍子」腓特烈一世的幼子。

36 奧托·韋爾夫（一一七五年至一二一八年五月十九日），也稱爲布倫瑞克的鄂圖四世（Otto IV von Braunschweig），菲利普的對立國王。西元一一九八至一二〇八年在位爲羅馬人的國王；西元一二〇九年加冕爲神聖羅馬帝國皇帝；於一二一五年被腓特烈二世廢黜。

戰役（Battle of Tagliacozzo）中，霍亨斯陶芬家族最後的男性後裔——年僅十六歲的康拉丁（Conradin）[37]所率領的七千名騎士全軍覆沒。小康拉丁被俘後，在那不勒斯被處死。隨著他的死亡，霍亨斯陶芬家族宣告滅絕，神聖羅馬帝國在歐洲的影響力也隨之瓦解，「羅馬皇帝」的稱號自此跌落至歷史最低點。

無論是法蘭克王國的加洛林王朝，還是神聖羅馬帝國的薩克森王朝，都自認為是羅馬的合法繼承者，都試圖以「羅馬皇帝」的名義控制教權，打造一個統一的歐洲帝國來延續西羅馬帝國的榮光。但兩個王朝歷代皇帝耗費數百年的努力，最終皆以失敗告終。

他們之所以失敗，並不是因為「羅馬皇帝」的名號沒有吸引力，而是因為歐洲各國的封建制度基本上已經定型，農業與手工業的生產水準也明顯提升。在這樣的背景下，皇帝一心想恢復中央集權，而地方的公侯為了維護自身利益，選擇與教宗結盟，或明或暗地反對皇帝的統一夢想。因此，自西羅馬帝國滅亡以來，歐洲所有試圖恢復「羅馬帝國」的努力，最終都無法成功。

37 康拉丁（一二五二年三月二十五日至一二六八年十月二十九日），康拉德四世（Conrad IV of Germany）的兒子，曾任施瓦本公爵（一二五四年至一二六八年），霍亨斯陶芬王朝最後一代君主。

Chapter XV

強敵環伺的帝國復興之路

東羅馬帝國雖位處四戰之地，
卻因多重內政與外交因素，在西羅馬滅亡後仍延續千餘年。
懷抱重建帝國榮光的夢想，東羅馬的歷任皇帝
不僅多次嘗試收復西方故土，也長期與東方的波斯薩珊王朝交戰，
其歷史充滿了悲壯與英雄氣息。

查士丁尼一世的偉大夢想

西元四七六年，西羅馬帝國滅亡。西羅馬滅亡後，東羅馬皇帝理所當然地認為自己是羅馬帝國唯一的繼承者，理應以收復西羅馬故土為己任。在歷任東羅馬皇帝中，有不少皇帝都有這樣的想法，其中最明顯的是查士丁尼一世（Justinian I）[1]。

查士丁尼一世的復辟理想帶有宗教狂熱的色彩，攻擊性極強。當時西羅馬的故地已被日耳曼蠻族瓜分，而這些蠻族人普遍信奉基督教的亞流教派。亞流教派主張基督是上帝所創造的人，而非真正的神，因此不能與上帝同等，同時也反對教會過度擁有財富，特別是土地。東羅馬作為舊羅馬帝國的一部分，首都君士坦丁堡則是羅馬正統教會在東方的重鎮。亞流教派與羅馬正統教義之爭，也被視為蠻族國家對抗羅馬宗教權威的象徵。**對東羅馬而言，要復興帝國，就無法迴避宗教問題。**

自西元四世紀以來，基督教成為羅馬的國教，皇帝也被視為正統基督教的保護者。查士丁尼一世是堅定的正統信徒，也是東方正統教會的庇護者與最高主教。他立志要剷除蠻族國家、收復西羅馬的失土，重新建立一個在政治與宗教上統一的羅馬帝國。

為了實現統一的目標，查士丁尼一世的所有經濟與宗教政策都以收復西部領土為核心。他和前任皇帝徹底改變過去奢侈的宮廷生活，推行節約，積蓄財富，充實國庫，以應軍費之需。為了籌措軍費，查士丁尼一世甚至不惜任用酷吏、施行苛政，進行繁重的賦稅。他命令卡帕多奇亞的約翰（John the Cappadocian）[2]主管財政，這個人既不敬神也不憐憫世人，甚至對民眾家中每個瓶罐都不放過，為國家搜刮了大量財富。

為增加收入，查士丁尼一世實施專賣制度，將高利潤的絲綢貿易納入國營，並增收一種附加的土地稅。這使得一年的國庫收入達到三千磅金幣，而查士丁尼一世將其全部用於軍費支出。

查士丁尼一世的宗教政策也展現出高度的務實性。他主張「皇帝與教宗合一」，認為國家元首既是皇帝也是教會領袖，擁有最高的世俗與神聖權力。他積極保護教會利益，打擊異教信仰，甚至在西元五二九年關閉新柏拉圖主義者在雅典創辦的學園。儘管他大力支持教會，也給予許多特權，但他始終認為自己有干涉教務的權力，並將教會視為國家的附庸與政治工具。這樣的立場與西方羅馬教皇主張「教權高於皇權」的理念相左。

查士丁尼一世表面上努力和以羅馬教皇為首的西方教會修好，實際上是為了籠絡他們，以便在「收復失土」的過程中獲得當地教會的支持。

西元五二八年，查士丁尼一世下令編纂法典，完成了《民法大全》（Corpus Juris Civilis，又

1 查士丁尼一世（約西元四八三年五月十一日至五六五年十一月十四日），全名弗拉維烏斯．彼得．塞巴提烏斯．查士丁尼（Flavius Petrus Sabbatius Iustinianus），東羅馬帝國（拜占庭帝國）皇帝，在位期間西元五二七年至五六五年。在位期間，他收復了許多失土，創造了東羅馬帝國第一次黃金時代，幾乎恢復了昔日羅馬帝國的輝煌，因而被後世尊為查士丁尼大帝。

2 查士丁尼一世時期的酷吏、財政大臣。

稱為《查士丁尼法典》）。這部法典充滿對古羅馬帝國的緬懷與讚頌，並明確認可皇帝的專制地位——皇帝是唯一的立法者、唯一有權解釋法律者，被稱為「至高無上，至聖至明」。

此外，查士丁尼一世也推動內政改革，賦予行省總督「軍政合一」的權力，大大加強中央對地方的掌控與壓榨，元老院和城市議會的政治影響力則大幅降低。中央集權與專制君權的建立，讓他得以貫徹政治主張，並為實現恢復舊羅馬帝國的理想而奮鬥終生。

要收復西羅馬的土地，東羅馬還得處理與東邊鄰國——薩珊王朝的關係。薩珊王朝取代帕提亞（安息帝國），成為絲路中段的另一個強權。東羅馬擋住了薩珊王朝西進的道路，而薩珊則成為東羅馬來自東方的威脅。雙方實力相當，長期對峙，誰也無法徹底消滅對方。

薩珊王朝是查士丁尼一世實現復興夢想的最大障礙，但他從未將其當作真正的戰略對手。他僅希望在自己收復西部失土的期間，薩珊不要來攪局。這種戰略心態導致東羅馬在對薩珊王朝的多場戰爭中常常未戰即和、接受不平等條件，屢次失去戰略先機。

波斯薩珊王朝於西元二二四年建國，兩年後消滅帕提亞，占據其故地，成為羅馬帝國的東方鄰國。起初，薩珊對羅馬的實力心懷畏懼，刻意避免軍事衝突。羅馬自身也因內亂和外患不斷，無暇顧及東方。薩珊趁機征服周邊小國，壯大實力，並掌控絲綢之路的中段。

羅馬帝國分裂後，東西羅馬都遭到蠻族侵擾，而薩珊王朝也壯大起來，伺機向西擴張。西元四八八年，喀瓦德一世[3]登基為波斯皇帝。他志向高遠，崇尚武力，立志效法祖先，以軍事手段擴張領土，建立世界性的波斯帝國，並傳播祆教（Zoroastrianism）。波斯皇帝同樣兼具政教合一的權威。薩珊王朝的擴張不只是為了掠奪財富與土地，也意圖強制輸出文化與宗教。

喀瓦德一世先是率領由波斯人、匈人與阿拉伯人組成的聯軍，征服上美索不達米亞與亞美尼亞。當時，西部強鄰東羅馬並未出兵干預，因此，喀瓦德一世又於西元五〇二年率軍包圍東羅馬的阿米達城（Amida）。這場戰爭打得極其艱苦，雙方鏖戰八十天，波斯軍連破東羅馬軍的反擊後才終於攻陷城池。

當時，東羅馬正遭到東哥德人的進攻，時任東羅馬皇帝阿納斯塔修斯一世[4]無力與波斯長期作戰。東羅馬幾乎未動員主力軍隊，僅以駐軍應對；薩珊也因受到阿瓦爾人（Avars）進犯，被迫撤軍。雙方實力與精力都不足以持續戰鬥，於是戰爭便草草透過談判結束。西元五〇五年，雙方簽訂和約，東羅馬支付一千磅黃金贖回阿米達城，維持原有邊界。這是東羅馬與薩珊王朝之間第一次大規模戰爭，雖然沒有決出勝負，但雙方都不認為自己輸了。

3 喀瓦德一世（西元四七三年至五三一年九月十三日），波斯薩珊王朝皇帝，在位期間西元四八八年至五三一年。

4 阿納斯塔修斯一世（約西元四三〇年至五一八年），東羅馬帝國皇帝，在位期間西元四九一年至五一八年。他完善帝國財政體系，充實國庫，在內政外交上都有所建樹。

西元五二七年八月，查士丁一世（Justin I）[5]去世，查士丁尼一世繼位。當時的東羅馬正處於內外交迫的局面。查士丁尼一世確立了政治目標，力圖「收復」西部領土，恢復羅馬帝國。他隨後推出一連串政策與改革，目的在於強化國力，為實現這一宏願做準備，而清除西征的後顧之憂，成了當務之急。

早在五二七年，查士丁尼一世就任命貝利撒留（Flavius Belisarius）[6]為東羅馬軍東方戰線的統帥，負責奪取高加索通往黑海的出海口，確保東羅馬人得以參與東方貿易，同時鞏固對小亞細亞的統治權。貝利撒留的體力驚人，性格堅毅，勇敢機警，具備大將之風，且與查士丁尼一世私交甚篤。他上任後，立刻專注於兩件事——整頓軍紀、提升部隊戰力；強化防禦，在尼西比斯修築要塞，鞏固邊境防線。

薩珊王朝皇帝喀瓦德一世獲悉東羅馬的軍事部署後，搶先發動攻勢，於西元五二八年對東羅馬宣戰。他派遣將領扎基西斯（Zacharias）率領三萬波斯軍猛烈進攻貝利撒留所率的東羅馬軍。當時貝利撒留手下僅兩萬五千人，且部隊由東羅馬人與蠻族士兵混編而成，不論兵力或戰力均居劣勢。扎基西斯率軍猛攻，很快占據上風，擊敗東羅馬軍。首戰失利後，貝利撒留冷靜分析雙方兵力對比與戰場形勢，判斷在敵強我弱的情況下應主動撤退，集中兵力，待波斯軍戰線拉長、兵力分散後再出奇制勝。於是，他下令全軍撤退，退守達拉城集結兵力。

此時，喀瓦德一世命令波爾澤斯（Perozes）接替扎基西斯。由於初戰告捷且推進順利，波爾澤斯錯估情勢，輕視年輕的貝利撒留，認為他膽怯無能、東羅馬軍不堪一擊，達拉城不費吹灰之力即可攻下。於是，波爾澤斯在西元五三〇年率領四萬名精銳波斯軍直奔達拉城，圖謀速戰速決，立下戰功。對此，貝利撒留指揮東羅馬軍利用城防工事與波斯軍周旋。他在城內部署大量兵力，在城外開闊地帶挖設縱橫交通壕，作為掩護以支援待命騎兵出擊。與此相對，波爾澤斯剛愎自用、極度輕敵，認為東羅馬軍很快就會潰敗。

交戰爆發後，波斯軍猛烈進攻，東羅馬軍一度節節敗退，中軍動搖。危急時刻，貝利撒留下令兩翼伏兵騎兵發起突擊，出其不意地從側後夾擊波斯軍。在突襲衝擊下，波斯軍陣形潰散，軍心大亂，全軍潰敗。波爾澤斯見勢不妙，棄軍逃跑。波斯士兵丟棄武器，四散逃亡。此役，波斯軍陣亡五千人，另有八千人被俘。

西元五三一年，波斯軍渡過幼發拉底河，從敘利亞沙漠發動進攻。貝利撒留率兩萬東羅馬軍前往救援。波斯軍多次發動攻勢，均被貝利撒留巧妙擊退。在這種戰果之下，東羅馬軍中逐漸出現驕傲自滿的情緒。當時貝利撒留尚未滿二十六歲，部分將領因其年輕，對他的指揮權頗有異議，導致軍中難以形成統一的行動。貝利撒留原先計畫以拉鋸戰消耗波斯軍的戰力，但一些急於立功的部將不遵守命令，擅自行動，雙方在卡利尼庫姆（Callinicum）[7]附近展開決戰。然而交戰

---

5 查士丁一世（西元四五〇年二月二日至五二七年八月一日），東羅馬帝國皇帝，在位期間西元五一八年至五二七年，查士丁尼王朝的創建者，爲查士丁尼一世的舅父。

6 貝利撒留（約西元五〇五年至五六五年），他是東羅馬帝國皇帝查士丁尼一世麾下的名將，北非和義大利的征服者。

7 編注：今日位在敘利亞境內拉卡（Raqqa）的古名。

過程中，東羅馬軍右翼的阿拉伯人部隊臨陣脫逃，造成整體軍陣陷入危機。關鍵時刻，在貝利撒留的激勵下，左翼步兵背水作戰，死守幼發拉底河岸，成功抵擋波斯騎兵的攻勢，並在夜間巧妙渡河撤退，成功脫困。雖然波斯軍贏得卡利尼庫姆之戰，但貝利撒留所率的東羅馬主力軍大致安然無恙。

西元五三一年秋，喀瓦德一世去世，薩珊王朝陷入王位繼承爭鬥，政局動盪，此時對東羅馬來說正是反擊薩珊王朝的絕佳時機，但查士丁尼一世因專注於恢復西羅馬故地，正集中兵力進攻非洲的汪達爾王國，所以急於結束與薩珊王朝的戰爭。於是，他抓住這一有利時機，主動向薩珊王朝求和。西元五三二年，雙方簽訂和平協議，東羅馬撤出達拉城，並支付波斯一千磅黃金。

同年，查士丁尼一世與薩珊的新任波斯皇帝霍斯勞一世（Khosrow I）[8]簽訂《永久和平條約》（Treaty of Eternal Peace），東羅馬以名義上支付「邊境防衛費」為由，向薩珊王朝支付一萬一千磅黃金。這項和約奠定了查士丁尼一世的東方政策基本方針——對波斯以防禦為主，即便需以金錢換取和平，也必須避免東線戰爭，以確保西線征服戰爭所需的兵力。

這又是一場未分勝負便結束的戰爭，也是查士丁尼一世選擇用金錢換得和平的戰爭。波斯軍雖在人數與戰力上占有優勢，但在貝利撒留機智指揮下，東羅馬軍以少勝多、以弱勝強，對波斯軍造成重大打擊。

儘管戰爭以查士丁尼一世接受不利條件作結，但他從未將薩珊王朝視為東羅馬的致命威脅。

成功收復西羅馬故地

東羅馬對薩珊王朝的一再退讓，是希望集中力量收復西羅馬的舊地，重建昔日的羅馬帝國。在西羅馬舊地中，查士丁尼一世的進攻目標是汪達爾王國與東哥德王國。

當時，汪達爾王國和東哥德王國內部動盪，社會矛盾激烈。日耳曼蠻族的統治階層背棄以往的軍事民主傳統，逐漸轉變成新興的封建領主，與本族平民之間的衝突日漸加劇。對此，他們加快對當地羅馬人土地的掠奪，以轉移內部矛盾。同時，由於宗教和族群的差異，也讓蠻族與當地羅馬人之間的衝突進一步惡化。

蠻族政權不穩，使查士丁尼一世認為收復西羅馬舊地的時機已經來臨。**西元五三三年，東羅馬軍進攻北非的汪達爾王國，揭開了收復西部領土戰爭的序幕。**

早在西元四三九年，汪達爾人就由蓋薩里克率領，從西班牙跨海進軍北非，占領迦太基，建立了汪達爾王國。西元四七六年西羅馬滅亡時，蓋薩里克與東羅馬簽訂和約，使兩國之間維持多年和平。汪達爾人信奉基督教亞流教派，對境內信奉正統基督宗教的羅馬人毫不寬容，甚至沒收他們的財產，將他們關入監獄或賣為奴隸。一些北非的正統基督徒和元老貴族逃到君士坦丁堡，

8 霍斯勞一世（約西元五一三年至五七九年），被尊稱爲阿努希爾萬（Anushirvan，意爲不朽的靈魂），波斯薩珊王朝皇帝，在位期間西元五三一年至五七九年。

懇請查士丁尼一世出兵收復失土、驅逐蠻族與異端，以保障基督徒的安全。

還沒等到查士丁尼一世出兵，汪達爾新王希爾德里克（Hilderic）[9]——他是西羅馬皇帝瓦倫提尼安三世的外孫，就派使者前往君士坦丁堡表示友好，並下令停止對羅馬人進行宗教迫害。查士丁尼一世接受了他的善意，兩人私下關係良好，查士丁尼一世甚至勸他歸順東羅馬。然而，查士丁尼一世的期望落空了。不是因為希爾德里克拒絕，而是汪達爾的政局發生劇變。西元五三〇年，蓋利默（Gelimer）率領汪達爾貴族發動政變，廢黜希爾德里克，自立為王。東羅馬要求交出希爾德里克，送至君士坦丁堡，卻遭到拒絕。

為此，查士丁尼一世判斷征服北非的時機已經成熟，便決定與薩珊王朝談和，轉而進攻汪達爾。他認為這場戰爭師出有名，教會、大臣與民眾都會支持他收復失地。但實際上，多數人並不視這場戰爭為收復之舉，而是侵略行動，因此反對聲浪激烈。卡帕多奇亞的約翰曾詳細向查士丁尼一世陳述遠征北非的風險與困難，但他一意孤行，堅決要收復西部舊土，還特地從東方戰線召回貝利撒留，授權他全面指揮進攻汪達爾的行動。

西元五三三年六月，貝利撒留率領約一萬六千名東羅馬士兵從君士坦丁堡出發，進軍北非。雖然兵力不多，但貝利撒留久經沙場，作戰謹慎果斷，成功躲避汪達爾海軍，並於迦太基以南約兩百四十公里處出其不意地成功登陸。

當時蓋利默尚未做好戰爭準備，甚至已派主力艦隊前往薩丁尼亞鎮壓叛亂。得知東羅馬軍進攻，他立即處決希爾德里克，率軍迎敵。

西元五三三年九月十三日，雙方在今突尼西亞的阿德底斯姆（Ad Decimum）爆發激戰。戰初，汪達爾軍一度占上風，但蓋利默因兄弟戰死而情緒崩潰，棄指揮而去，軍隊隨之混亂。貝利撒留抓住機會整軍反攻，大獲全勝。蓋利默率殘軍退至努米底亞，貝利撒留則不予追擊，直取迦太基。九月十五日，東羅馬軍順利攻下迦太基。貝利撒留預測汪達爾軍將反攻，立即加強防禦工事，儲備糧草。十二月，汪達爾軍果然大舉反攻，結果再度敗於貝利撒留之手。隨後，東羅馬軍展開追擊。至西元五三四年初，汪達爾王國滅亡。

征服汪達爾之後不久，查士丁尼一世趁勝發動對東哥德王國的戰爭。

東哥德國王狄奧多里克大帝[10]曾與東羅馬及羅馬城元老院維持不錯的關係。但在他晚年，東哥德貴族藉武力與特權侵占羅馬元老的財產，使得雙方衝突日益升高，友誼破裂。狄奧多里克大帝死後，由阿塔拉里克（Athalaric）[11]繼位，但實權掌握在王太后阿瑪拉松塔（Amalasuintha）[12]手中。她自小接受羅馬教育，穿著打扮與羅馬貴婦相似，是親羅馬派的代表。但軍事貴族對她頗不以為然，並要求國王與武士一同學習武藝。

---

9 希爾德里克（約西元四六〇年至五三三年），汪達爾國王，在位期間西元五二三年至五三〇年。

10 狄奧多里克大帝（西元四五四年至五二六年八月三十日），東哥德王國（其疆域大部分位於今日的義大利）的建立者，在位期間西元四九三年至五二六年。從西元五一一年開始，他還是西哥德王國的攝政。

11 阿塔拉里克（西元五一六年至五三四年十月二日），東哥德國王，在位期間西元五二六年至五三四年。

12 阿瑪拉松塔（西元四九五年至約五三五年四月三十日），狄奧多里克大帝的第三個女兒，在狄奧多里克大帝去世後，出任東哥德王國攝政，掌管國事。

西元五三四年，阿塔拉里克因酗酒過量而死，阿瑪拉松塔陷入政治危機。為求自保，她偷偷派遣使者到君士坦丁堡表達願意將義大利交還東羅馬。接著，她立狄奧達哈德（Theodahad）[13]為東哥德國王，企圖繼續控制政局。未料狄奧達哈德奪權後，先囚禁再殺害了她。

查士丁尼一世得知此消息後，認為義大利將再次失去，便趁機對東哥德用兵。東羅馬使節前往交涉，表明不達目的決不罷休。狄奧達哈德提出近似投降的和談條件，但查士丁尼仍予以拒絕，下令開戰。

西元五三五年九月，東羅馬軍占領達爾馬提亞；十二月，貝利撒留率八千人登陸西西里島，東哥德軍幾無抵抗便投降。隔年六月，東羅馬軍進入義大利，包圍那不勒斯。義大利的多數羅馬人傾向支持東羅馬，除了少數元老貴族之外。

東哥德國王狄奧達哈德文弱無能，面對戰爭驚慌失措，甚至試圖祕密投降。那不勒斯陷落後，東哥德人廢黜並處死狄奧達哈德。西元五三六年十一月，東哥德人擁立維蒂吉斯（Witiges）[14]為王。為了鞏固地位，維蒂吉斯娶了阿瑪拉松塔之女馬塔溫莎（Mataswintha）為王后，並率主力北上至拉溫納對抗東羅馬的盟軍法蘭克人，同時防止羅馬城叛變。

事實上，當時法蘭克人已經同意與東哥德議和，不僅如此，維蒂吉斯還強迫羅馬城居民宣誓效忠東哥德，並將大批元老作為人質押至拉溫納，導致羅馬人更加不滿。西元五三六年十二月，貝利撒留率軍進攻羅馬，教宗與居民主動開城投降，東哥德守軍則不戰而退。維蒂吉斯大驚，匆忙調整策略，展開反攻。

自西元五三七年二月至西元五三八年三月，東哥德軍圍攻羅馬長達一年多。雖然號稱有十五萬人，但多為騎兵，缺乏攻城經驗與器械，反觀貝利撒留早已備戰，補強城牆，儲糧備箭。東羅馬兵擅長射箭，從而給攻城的東哥德軍極大殺傷。東哥德軍進攻了一年多，都無法踏進羅馬城一步。最後，維蒂吉斯竟下令處死作為人質的元老，喪失爭取民心的機會；貝利撒留則趁機鼓舞軍民堅守。東哥德軍久攻不下，糧草與士氣漸失，又遭疫病侵襲，只得求和停戰三個月，對此，貝利撒留表面上同意，實則祕密尋求援軍。不久東羅馬援軍到達，同時，又傳出王后馬塔溫莎有意倒戈並嫁給某位東羅馬將領，於是維蒂吉斯驚慌撤軍。

這次圍攻失敗，讓東哥德元氣大傷。維蒂吉斯雖繼續抵抗，但終究不敵貝利撒留。西元五四〇年，東羅馬軍攻占拉溫納並俘虜維蒂吉斯，東哥德軍殘餘的軍隊則退守波河以北。

正當東羅馬準備徹底剿滅東哥德軍時，薩珊王朝在背後突襲。波斯國王霍斯勞一世於西元

13 狄奧達哈德（約西元四八〇年至五三六年十二月），狄奧多里克大帝的姪子，東哥德國王，在位期間西元五三四年至五三六年。

14 維蒂吉斯（?-至西元五四二年），狄奧多里克大帝的外孫女婿，東哥德國王，在位期間西元五三六年至五四〇年。他結束了阿馬立王朝（Amal Dynasty）的統治，成爲一位無王族血統的軍事統治者。

五四〇年撕毀和約，攻入東羅馬的敘利亞、亞美尼亞與伊比利亞，兵鋒直抵黑海沿岸。

查士丁尼一世一邊調派軍隊抵禦敵人，一邊著手與薩珊王朝談判求和。西元五四五年，查士丁尼一世以五千磅黃金的代價，與薩珊王朝簽訂為期五年的停戰協議。隨後，東羅馬繼續動用精銳部隊進攻東哥德。

然而，東羅馬剛在義大利站穩腳步，便開始對當地的羅馬人展開壓迫。貝利撒留已奉召返回君士坦丁堡，接著，查士丁尼一世派遣財政專使前往拉溫納。財政專使是查士丁尼一世新設立的職位，專門負責管理新占領區的稅收，同時，這項職務允許從徵稅中提取十二分之一作為個人薪俸。查士丁尼一世所派來的這位財政專使以貪婪搜括財富聞名，他積極推行以苛刻著稱的東羅馬稅制，引發義大利各階層的普遍不滿，一時之間民心盡失。

東哥德國王托提拉（Totila）[15]趁著東羅馬失去民心的時機，率領東哥德軍隊向南進軍。東哥德軍節節勝利，於西元五四三年收復那不勒斯，並於西元五四五年底包圍羅馬城。

托提拉一方面在軍事上重創東羅馬軍，另一方面，在政治上試圖爭取義大利羅馬人的支持。他推行一系列與查士丁尼一世「恢復帝國」政策背道而馳的政治與社會經濟改革。他公開呼籲義大利羅馬人一同驅逐「東羅馬入侵者」，並嚴明軍紀，宣布廢除佃農對地主以及自由農對東羅馬當局的義務。這些措施成功贏得不少義大利中下階級羅馬人的支持。

東哥德軍第二次包圍羅馬城的行動，整整持續了一年，期間哥德軍內部團結穩固。儘管查士丁尼一世重新派遣貝利撒留率軍赴義大利作戰，卻因忌憚將領坐大，不願授予他全面的軍事指揮權。東羅馬軍各部缺乏統一指揮，以致無法有效地配合作戰。

托提拉並未強攻羅馬，而是切斷糧道，嚴密封鎖城外交通，並清除附近的東羅馬軍隊。羅馬城內糧食短缺日益嚴重，援軍遲遲未至，人心惶惶。到了西元五四六年十二月，在內應協助下，東哥德軍成功攻入羅馬城。托提拉對堅決抗拒東哥德、不肯投降的元老貴族大加斥責，並沒收他們的財產。不過不久後，他就率軍撤出羅馬。

之後，托提拉多次向查士丁尼一世提出和談，但查士丁尼一世始終拒絕與東哥德王國議和。待他與薩珊王朝的關係稍有緩和之後，又招募了三至四萬名新兵支援義大利的戰事。

西元五五二年，東羅馬軍在塔吉納（Taginae）大舉擊敗東哥德軍，托提拉戰死。西元五五四年，納爾塞斯（Narses）[16]率東羅馬軍殲滅東哥德殘軍，並將法蘭克軍趕回阿爾卑斯山以北，至此查士丁尼一世征服義大利的夢想終於達成。

同一年，位於西班牙的西哥德王國爆發內戰。阿塔納吉爾德（Athangild）[17]推翻國王阿吉拉（Agila），自立為王，並請求查士丁尼一世派兵支援。查士丁尼一世藉機出兵，占領了西班牙東南部的多座城市。

15 托提拉（?-至西元五五二年），東哥德王國的倒數第二任國王，在位期間西元五四一年至五五二年。
16 納爾塞斯（約西元四七八年至約五七三年），東羅馬帝國宦官、軍事家，主要成就是征服義大利的東哥德王國及擊敗來犯的法蘭克人，被後世稱爲「哥德人之槌」。
17 阿塔納吉爾德（約西元五一七年至五六七年十二月），西哥德國王，在位期間西元五五四年至五六七年。

恢復舊羅馬帝國的榮光，是查士丁尼一世畢生的政治理想。汪達爾王國與東哥德王國先後被殲滅，北非與義大利相繼納入東羅馬版圖，他的人生目標似乎已經實現。但可惜的是，他的理想與努力背離了歷史發展的潮流，因此這份雄心壯志終究無法真正成功。他不僅未能重建舊羅馬帝國，反而讓東羅馬陷入瀕臨崩潰的境地。

西部戰爭耗盡東羅馬大量的財力與兵力。當年阿納斯塔修斯一世留下的三十二萬磅黃金，到了查士丁尼一世時已全部揮霍殆盡。財政收支無法平衡，他只好加緊對百姓的剝削，先後新增了十八種稅收。但是，到了查士丁尼一世晚年，國庫依然破產。

為了確保西部戰爭的軍費供應，自西元五四五年與波斯議和後，查士丁尼一世大幅裁減東部駐軍，並長期拖欠軍餉，使得東羅馬本土的防禦力量顯著下降。

西元五六二年，東羅馬被迫與波斯薩珊王朝簽訂屈辱的《五十年和約》（Fifty-Year Peace Treaty）[18]——東羅馬每年得向薩珊王朝支付三萬索利都斯（solidus）[19]的黃金作為「補貼」。當東羅馬軍在北非與義大利征戰並不斷宣揚勝利時，斯拉夫人與保加爾人（Bulgars）卻聯手攻擊巴爾幹半島，一路打到亞得里亞海、科林斯灣（Gulf of Corinth）與愛琴海沿岸，威脅東羅馬核心地區的安全。

在東方的讓步，並未換來西方的穩定。東羅馬對北非與義大利的統治並不穩固。在北非，柏柏人頻繁襲擊東羅馬軍；在義大利，沉重的賦稅引發民怨，再加上東羅馬的希臘文化傳統與義大利的拉丁文化格格不入，也助長當地的反東羅馬情緒。查士丁尼一世不得不讓義大利當地擁有一定的自治權。

東羅馬國力已大幅衰退，無法再派駐大軍防守新占領的地區。西元五六八年，倫巴底人入侵義大利北部，之後更往南擴張，東羅馬在義大利僅保有數座設防城市及其周邊的狹小地區。與此同時，東羅馬本土面對波斯與斯拉夫人的威脅也愈來愈嚴峻。

查士丁尼一世晚年體弱多病，沉溺於神學辯論，既無心也無力處理政務。東羅馬國勢衰弱、民窮困頓、內外動盪不安。西元五六五年，在全國上下怨聲載道之中，查士丁尼一世逝世。他留給繼承者的，並不是他一生致力於恢復的統一帝國，而是一個搖搖欲墜、危機四伏的國家。

輕易求和的代價

為了收復西羅馬的舊領地，查士丁尼一世多次不惜忍受屈辱、割讓領土、支付鉅額賠款，積極主動與薩珊王朝進行和談，好將軍事主力集中投入在西方戰場。在查士丁尼一世眼中，收復西羅馬的舊土不僅能帶來大片領地和豐富財富，更有助於強化他作為基督教正統信仰捍衛者的地位

18 編注：又稱爲《達拉條約》（Treaty of Dara）。
19 這是東羅馬帝國的貨幣單位。

與權威。

雙方停戰後，波斯國王霍斯勞一世趁和平時期致力於國內穩定，推動一連串在政治、經濟與軍事上的改革。透過這些措施，他鞏固了皇位與中央集權的統治，進一步強化了國家的整體實力。霍斯勞一世是一位野心勃勃的統治者，他推動改革的最終目的是增強國力，以發動對外侵略，擴展帝國版圖。就在改革初見成效時，他得知東羅馬軍隊已征服汪達爾王國，並正對東哥德王國發動進攻時，感到極度不安，擔心東羅馬勢力壯大將對薩珊王朝造成威脅。

西元五三九年底，東哥德國王維蒂吉斯派遣使者向霍斯勞一世求援，請求波斯與東哥德一起從東西兩面夾擊東羅馬。霍斯勞一世見機可乘，先慫恿阿拉伯酋長們對東羅馬發動攻擊，隨後又以支援這些阿拉伯人為藉口，撕毀與東羅馬的和平協議，正式對其宣戰。

西元五四〇年春天，霍斯勞一世親率波斯軍自泰西封出發，再沿著幼發拉底河西岸北上。東羅馬軍措手不及，且在幼發拉底河沿線防禦的兵力薄弱，根本無法與來勢洶洶的波斯軍對抗。波斯軍勢如破竹，迅速擊潰東羅馬軍，造成其重大損失。

霍斯勞一世先平定了小城蘇拉（Sura）的反抗，接著進軍希拉波利斯（Hierapolis）、哈爾基斯（Chalcis）等城市，在勒索到鉅額贖金後，再率軍直撲敘利亞首府安條克。他下令波斯軍團包圍安條克，並親自指揮攻城。在猛烈的進攻下，東羅馬守軍死傷慘重，大批士兵從側門突圍逃走，安條克最終淪陷。為了懲罰東羅馬，霍斯勞一世命令部隊在安條克城內大肆燒殺掠奪——教堂與民居被洗劫焚毀，居民遭到屠殺，或被擄往波斯淪為奴隸。

隨後，他又率軍進攻地中海東岸地區。波斯軍勢如破竹，取得一連串勝利讓他獲得無數戰利品。霍斯勞一世的自信與傲慢不斷膨脹，開始輕視東羅馬的軍力，甚至誤以為小亞細亞與君士坦丁堡已近在咫尺，唾手可得。

面對如此嚴峻的局勢，查士丁尼一世驚恐萬分，緊急召回貝利撒留，命他率軍迎戰波斯軍。西元五四一年，貝利撒留風塵僕僕返抵君士坦丁堡，尚未換下軍裝，便立即趕赴敘利亞戰線。但他剛完成戰略部署，還來不及實施，便因家庭糾紛被查士丁尼一世召回君士坦丁堡，無奈暫時離開前線。波斯軍趁虛而入，再次發動攻勢；東羅馬軍士氣低落，無心戀戰，節節後退。

西元五四二年，貝利撒留重返前線時，東羅馬軍已退守至希拉波利斯。他隨即投入重建防線的工作，鼓舞士兵士氣，重整軍隊。不久，他就在希拉波利斯與幼發拉底河之間建立起一道新的防線。霍斯勞一世深知貝利撒留膽識過人、謀略高超，眼見東羅馬軍備戰充分，不願與其正面交鋒，於是轉變策略，率軍北上劫掠黑海的北岸地區。

當時鼠疫正肆虐東羅馬境內，一則錯誤流傳的消息[20]使查士丁尼一世與貝利撒留之間產生嫌

20 當時，黑死病（很可能是鼠疫）流行於歐洲大陸，也在東羅馬肆虐，導致君士坦丁堡的居民大量死亡，最多時一天有近萬人死亡，因此又被稱爲「查士丁尼大瘟疫」（Plague of Justinian）。同時，黑死病也威脅到交戰雙方，兩軍因此不得不休戰。留在前線的貝利撒留利用休戰，整訓軍隊，而有個消息傳到前線，說查士丁尼一世死於黑死病，因此，有個部將趁機勸說貝利撒留利用手中兵權奪取帝位。有人密報給遠在君士坦丁堡的查士丁尼一世，說貝利撒留想取而代之，兩人因此產生嫌隙。

隙。查士丁尼一世擔憂貝利撒留功高震主，便將他召回君士坦丁堡，沒收其財產，解除親衛隊，並撤銷他一切的職務。

得知貝利撒留被撤職後，霍斯勞一世認為機不可失，於是在西元五四三年派遣波斯軍隊進軍亞美尼亞，殲滅了前來反攻的三萬名東羅馬士兵。到了西元五四四年，他再次親率波斯軍進攻上美索不達米亞，並圍困其首府埃德薩長達數月之久。儘管波斯軍一再發動攻城，但因埃德薩地勢險要、城牆堅固，遲遲無法攻下。最後霍斯勞一世只得下令撤退，率軍返回尼西比斯。

由於撤換貝利撒留的決策，查士丁尼一世費了一番工夫才重新穩住戰線。然而，他並未反省自身錯誤，反倒急於抽身，以便全力應對義大利的東哥德問題，於是，查士丁尼一世積極主動尋求與薩珊王朝停戰。西元五四五年，在薩珊軍進攻受挫後，雙方達成為期五年的停戰協議。協議內容規定，薩珊王朝需將所占領土歸還東羅馬，東羅馬則需支付波斯五千磅黃金作為補償。

查士丁尼一世面對薩珊王朝的兩次戰事，皆未能獲勝，再加上他固執自負、缺乏自省，注定即使未來再次對戰薩珊，也難有勝算——就算勝利送上門，他也未必接得住。

兩年後，雙方為爭奪黑海東岸、位於高加索通道的富庶小國拉齊卡（Lazica）又再度開戰。該地自波斯帝國解體後，曾被本都國併吞，而後隨著本都敗給羅馬，拉齊卡雖名義上歸屬東羅馬，實則始終維持獨立，不過東羅馬積極滲透該地。西元五二二年，拉齊卡遭伊比利亞人侵犯，為尋求庇護，拉齊卡國王扎特一世（Tzath I）親赴君士坦丁堡受洗，並迎娶一位東羅馬女子。

當初拉齊卡人民對東羅馬軍隊的到來相當歡迎，認為他們會帶來安全和保障，然而現實卻令人失望。東羅馬軍紀律鬆散，時常騷擾與掠奪當地百姓，甚至干預內政，讓國王淪為傀儡。深感被羞辱的拉齊卡人只好向波斯薩珊國王霍斯勞一世求援，而他對此求助欣然接受。

西元五四七年，霍斯勞一世以討伐斯基泰人為藉口，祕密率八萬大軍進入伊比利亞。拉齊卡人將波斯軍視為「救星」，主動擔任嚮導協助開路。扎特一世甚至跪拜於霍斯勞一世面前表達感謝，並宣誓效忠波斯。波斯軍進入拉齊卡後，霍斯勞一世即指揮進攻佩特拉城的要塞。儘管東羅馬守軍奮力抵抗，但最終仍無法抵擋波斯軍一波波的猛攻——城牆被毀，剩餘守軍只得投降，佩特拉失守。

拉齊卡人原本期待波斯帶來和平，沒想到事與願違。霍斯勞一世將他們視作奴隸，強迫勞役，甚至企圖逼迫他們改信祆教，還密謀暗殺扎特一世，打算將整個族群遷往偏遠沙漠。驚恐萬分的拉齊卡人於西元五四九年，轉而求助於查士丁尼一世。

查士丁尼一世認為，奪回拉齊卡的機會來了，便派遣達基斯特（Dagisthaeus）率八千兵力攻打佩特拉，試圖將薩珊勢力逐出黑海沿岸。然而，佩特拉地勢險要，波斯軍還加固了城防，頑強死守，使得東羅馬軍久攻不下。戰況危急之際，波斯將領梅爾美勞斯（Mermeróēs）率三千兵力殺入城中支援。為加快戰事，查士丁尼一世派遣名將貝薩斯（Bessas）接掌指揮。貝薩斯到前線後仔細研究戰況，擬定新戰略。

西元五五一年，東羅馬集結五萬大軍展開新一輪攻城。他們先用需要四十人搬運的巨大衝撞槌攻擊城牆，再用鐵鉤鬆動磚石，製造突破口。波斯軍則從城上潑灑硫磺和瀝青混合的燃燒劑，再射出大量的箭。貝薩斯身先士卒鼓舞士氣，而梅爾美勞斯則拼死守城。雙方激戰數月，最激烈時有六千名東羅馬兵同時架雲梯登城，戰場喊殺聲、金鐵撞擊聲不絕於耳。波斯軍傷亡慘重，防守部隊幾乎全滅。東羅馬最終奪回佩特拉。佩特拉之戰後，雙方在高加索山區展開長達六年的拉鋸戰。東羅馬居於主動，多次小勝。波斯則不斷補充兵力，規模一度達到七萬人。

西元五五四年，波斯軍攻打阿卡約波利斯（Archaeopolis）失利後撤退，但不久又重整旗鼓，進占伊比利亞，使得戰局漸漸轉向對波斯有利。連番敗績讓東羅馬軍士氣低落，戰線節節後退。

西元五五五年，波斯任命納喬拉甘（Nachoragan）為新統帥。他自負輕敵，結果反被數萬名受圍困、陷入絕境的東羅馬軍把握了時機反擊，一舉殲滅萬餘名波斯軍。納喬拉甘狼狽逃回波斯後遭處決。

面對戰場劣勢，霍斯勞一世決定暫緩戰事，撤軍休整。東羅馬重新控制拉齊卡，扎特一世再次向東羅馬宣誓效忠，但不久後便被處死了。這場戰爭雙方互有勝負，最後仍以和談收場。西元五六二年，東羅馬與波斯締結和約——波斯放棄拉齊卡的領土要求，東羅馬則每年支付一萬八千磅黃金作為補償，協議有效期為五十年。儘管東羅馬收復了拉齊卡，卻依然照樣破財。這次和談與以往不同，是東羅馬在西線勝利、東線陷入膠著之下達成的。查士丁尼一世接受條件的決定，讓人難以理解。

查士丁尼一世最大的夢想是收復西羅馬的舊土。他從未真正將薩珊王朝視為長遠戰略對手。即便薩珊多次發動戰爭，他始終以賠款方式草草了結。然而，戰爭的龐大開銷與鉅額賠款讓東羅馬的國庫逐漸枯竭，為彌補這筆天文數字的財政赤字，查士丁尼一世加重百姓的稅賦，導致民怨高漲，社會矛盾日益嚴重，階級的衝突對立不斷發生。統治階級內部也因利益分歧，逐步分裂瓦解。東羅馬早已成為外強中乾的空殼，昔日輝煌的帝國風貌，已一去不復返。

打贏波斯，阿拉伯人卻在後

查士丁尼一世和薩珊王朝打了三次仗，戰果有贏有輸，但每次最後都匆匆以花錢換和平的方式結束戰爭。事實上，每當停戰時，薩珊王朝的國力也差不多被耗光，沒力氣再繼續打下去。整體來說，東羅馬的經濟實力稍勝一籌，如果堅持打到底，只要戰略不出錯，最終贏面其實非常大。後來，東羅馬皇帝希拉克略（Flavius Heraclius）[21]的奮戰就證明了這一點。

21 全名弗拉維烏斯・希拉克略（約西元五七五年至六四一年二月十一日），東羅馬皇帝，在位期間西元六一〇年至六四一年，東羅馬希拉克略王朝（Heraclian Dynasty）的創建者。

西元五六五年一月，查士丁尼一世過世，由查士丁二世（Justin II）[22]繼位。當時面對的是財政困難、官僚腐敗、軍事無力，以及國內民眾抗爭不斷的局面，查士丁二世立刻調整對外政策，試圖靠改革來挽救帝國衰敗的情勢。不過，查士丁二世既沒有查士丁尼一世那樣的耐性，也沒能像喀瓦德一世一樣順利改革。

西元五七一年，查士丁二世下令停止向薩珊王朝支付年金。霍斯勞一世以查士丁二世撕毀協議、拒絕支付年金為由，率領波斯軍攻打達拉城。經過五個月激戰，達拉城失守。波斯軍在索取四萬磅黃金後撤退，雙方暫時停戰。

查士丁二世原以為東羅馬國力已恢復，沒想到薩珊王朝的復原速度更快，一樣能主動進攻。戰事失利後，查士丁二世在國內外聲望一落千丈，對強敵毫無對策，終日鬱鬱寡歡，最後精神失常而亡。西元五七八年，提比略二世（Tiberius II Constantine）[23]繼任皇帝。為了集中力量對付薩珊王朝，他對東羅馬帝國其他方面採取守勢，甚至花了大筆金錢與阿瓦爾人和解。這個策略並不高明，很快便遭遇慘敗。面對滿目瘡痍的局勢，提比略二世無力回天，於西元五八二年在悲嘆中辭世。同年，莫里斯（Flavius Mauricius Tiberius Augustus）[24]依遺詔繼位。莫里斯在位期間，歷史給了東羅馬一個機會。可惜的是，他沒能把握這個機會，實現東羅馬的永久翻身，反而因施政失敗，最後死於兵變。

西元五七九年，波斯國王霍斯勞一世去世，由荷姆茲四世（Hormizd IV）[25]繼位。此後，薩珊王朝內部出現動亂，巴比倫、蘇薩、達爾馬提亞等地陸續發生叛亂，阿拉伯等地也拒繳賦稅；

外部方面，西邊有老對手東羅馬，東邊則有可能隨時發動攻擊的突厥（Turks），內憂外患同時爆發。西元五八九年，駐紮在亞塞拜然的波斯將領巴赫拉姆．楚賓（Bahram Chobin）率領部分貴族叛變，殺死荷姆茲四世，自立為王。荷姆茲四世的兒子霍斯勞二世（Khosrow II）[26]逃到東羅馬，向莫里斯尋求庇護。

這是個天賜良機，只是莫里斯想得太簡單。他以為只要幫霍斯勞二世奪回皇位，薩珊王朝就不會再跟東羅馬開戰，兩國就能達成永久和平。於是，莫里斯答應霍斯勞二世的請求，派將領納爾塞斯率七萬名東羅馬軍出征。東羅馬軍在幼發拉底河畔擊潰波斯軍，並於西元五九一年攻入泰西封，殺死巴赫拉姆．楚賓，協助霍斯勞二世復位。

霍斯勞二世繼位初期，為了表達感謝，對東羅馬做出重大讓步，把一大部分的亞美尼亞和一半的伊比利亞割讓給東羅馬，雙方還簽訂了《永久和平協定》。不過，霍斯勞二世其實是個有才幹且充滿野心的人，他藉助東羅馬勢力登上王位，並非真心想和東羅馬長久和平，而是為了爭取

22 查士丁二世（約西元五二〇年至五七八年十月五日），查士丁尼一世的姪子及養子，東羅馬帝國皇帝，在位期間西元五六五年至五七八年。
23 全名提比略二世．君士坦丁（約西元五三五年至五八二年八月十四日），查士丁二世的養子，東羅馬帝國皇帝，在位期間西元五七八年至五八二年。
24 全名弗拉維烏斯．莫里斯．提比略．奧古斯都（約西元五三九年至六〇二年），在位期間西元五八二年至六〇二年。
25 荷姆茲四世（約西元五四〇年至五九〇年六月），霍斯勞一世的兒子，薩珊王朝皇帝，在位期間西元五七八年至五九〇年。
26 霍斯勞二世（約西元五七〇年至六二八年二月二十八日），薩珊王朝皇帝，在位期間西元五九一年至六二八年。

時間處理內部問題、鞏固權位、擴張勢力、增強國力。

與東羅馬和解之後，霍斯勞二世一方面派兵反擊突厥，鞏固東部邊疆，另一方面，則是穩定國內政局，積蓄國力。

上天給了機會，但莫里斯卻做出天真又愚蠢的決定，不但浪費了東羅馬一次崛起的機會，還為帝國帶來災難。西元六〇二年，東羅馬發生兵變，莫里斯眾叛親離，最終被殺。福卡斯（Flavius Phocas Augustus）[27]登基，但遭到元老貴族、大地主、行政官員和高階軍官的全面反對，東羅馬爆發內戰，以致行政體系幾乎完全癱瘓。

波斯國王霍斯勞二世以「替莫里斯復仇」為名，於西元六〇六年率領波斯軍進攻東羅馬。東羅馬將領科門蒂奧盧斯（Comentiolus）在戰場上陣亡，達拉城也被攻陷。霍斯勞二世趁勢大舉攻城掠地，四處搶奪財物，如入無人之境。西元六〇八年，波斯軍一路攻下卡帕多奇亞、比提尼亞與加拉太，另一支部隊攻占迦克墩（Chalcedon），隨即與阿瓦爾人、斯拉夫人聯手，朝東羅馬首都君士坦丁堡進軍。福卡斯完全無力應對，毫無頭緒。內戰內行、外戰外行的元老貴族、大地主和行政官員發動政變，將福卡斯囚禁，擁立非洲行省總督希拉克略為新皇帝。

西元六一〇年，希拉克略率艦隊挺進君士坦丁堡。他們在達達尼爾海峽擊敗支持福卡斯的部隊，順利進入城內，下令處決福卡斯，並宣布自己登基為東羅馬皇帝。

希拉克略的皇位並不好坐。雖然內戰結束，但波斯軍已兵臨城下，東羅馬的生存岌岌可危。希拉克略想盡辦法要挽救帝國。他任命普利斯庫斯（Priscus）為東部戰線統帥，派西奧多魯斯（Theodorus）率軍駐守奇里乞亞山口——這是戰略重鎮。結果西元六一一年，普利斯庫斯與希拉克略決裂，甚至圖謀叛變，以致東部戰線幾乎形同虛設。

另一方面，霍斯勞二世擺出準備攻打君士坦丁堡的姿態，但實際上，卻集中力量掠奪東羅馬各行省。波斯軍蹂躪小亞細亞後，於西元六〇九年攻入敘利亞，西元六一一年攻陷安條克。當地的猶太人視波斯軍為「解放者」，積極配合反抗東羅馬的政權。西元六一三年，波斯將領沙赫爾巴拉茲（Shahrbaraz）率軍攻陷大馬士革，接著又進軍耶路撒冷。東羅馬守軍誓死防守，經過八十多天的激戰，終究寡不敵眾，耶路撒冷失守。西元六一六年，沙赫爾巴拉茲又率軍進攻埃及，攻下亞歷山卓城；到了西元六一九年，埃及整個淪陷。

與此同時，另一支波斯軍挺進小亞細亞，直抵博斯普魯斯海峽，再次威脅君士坦丁堡的安全。波斯所到之地，從本都沿岸、安塞拉一直到羅德島，許多城市都不戰而降。東羅馬幾百年來奪下的土地，在短短幾年內幾乎全部被波斯奪回。埃及、阿拉伯、巴比倫、敘利亞、美索不達

27 全名弗拉維烏斯・福卡斯・奧古斯都（西元五四七年至六一〇年十月五日），東羅馬帝國皇帝，在位期間西元六〇二年至六一〇年。

米亞、亞美尼亞和米底等地，都先後歸附薩珊王朝，波斯的版圖達到史上最鼎盛的巔峰。西元六一七年，波斯軍再度攻陷迦克墩，霍斯勞二世聯合阿瓦爾人、斯拉夫人等蠻族，共同進攻君士坦丁堡。

君士坦丁堡被圍，糧道中斷、軍費短缺、士氣低落、疫病流行，城內陷入一片混亂。希拉克略束手無策，甚至打算遷都至迦太基，後來是主教塞爾吉烏斯一世（Sergius）極力勸阻，希拉克略才打消念頭，決定留下來，誓言戰鬥到底。他號召各階層團結一致，與波斯軍決一死戰。見皇帝下定戰鬥到底的決心，東羅馬各階層空前團結起來。在各方支持下，希拉克略推動三項重大軍事改革：首先，建立軍區制度，將地方的軍政大權交由軍事總督，迅速轉入戰時體制；其次，實施軍事屯田制，把土地分給軍人，結合兵役與封建義務，強化軍隊的經濟基礎；最後，動用大量的教會資產，結合宗教力量，以「聖戰」為號召，激起全民對抗波斯這一「異教徒」政權的士氣。

為了爭取時間訓練軍隊，希拉克略主動向霍斯勞二世提議休戰，但霍斯勞二世拒絕，反而增兵圍攻君士坦丁堡，試圖逼希拉克略投降，而這反而更激起城內軍民的抗戰意志。

西元六二〇年，沙赫爾巴拉茲從埃及率軍趕到迦克墩，加入圍攻君士坦丁堡的軍事行動。波斯軍試圖乘船橫渡博斯普魯斯海峽，從海上攻入首都。東羅馬艦隊奮力阻擊，波斯軍死傷四千多人，依然無法成功渡海。

眼見戰況不利，霍斯勞二世提出苛刻的休戰條件——東羅馬每年需向波斯進貢兩千他連得[28]金銀、一千件絲織衣物、一千匹馬和一千名美女。希拉克略表面上同意，但以準備不及為由請求延後納貢。雙方達成暫時休戰協議。希拉克略抓緊休戰機會，大幅強化陸軍與海軍戰力。西元六二一年，他以二十萬磅黃金的代價與阿瓦爾人講和，解決背後威脅，為日後與薩珊王朝決戰做好準備。

一切準備就緒後，西元六二二年，希拉克略下定決心與波斯軍決一死戰。他先將太子留在君士坦丁堡，把後事託付給主教和元老貴族，然後抱著必死的決心，親自率領東羅馬軍主動出擊。他的目的是將戰爭引向遠離首都的地區，打算犧牲自己所率的部隊與波斯軍決戰，來挽救東羅馬帝國。這一決定既是迫於現實的無奈，也承載著在絕境中尋求生機的希望。

希拉克略帶領東羅馬軍避開正面的波斯軍，乘著軍艦從意料之外的方向，在小亞細亞南端的伊蘇斯港（Issus）登陸。這裡曾是亞歷山大大帝大破波斯國王大流士三世的古戰場。希拉克略選擇在這裡登陸，是為了激勵士氣，希望將士能一鼓作氣擊敗敵軍。

駐紮在迦克墩的波斯軍得知東羅馬軍在伊蘇斯港登陸後，大為震驚。為了保住補給線，一支波斯部隊緊急趕往伊蘇斯。希拉克略率軍迎擊，雙方在卡帕多奇亞交戰。戰鬥開始後，東羅馬軍奮勇作戰，人人爭先，擊潰了波斯軍，並乘勝收復小亞細亞東部地區。

初戰告捷，東羅馬軍士氣大振。西元六二三年，希拉克略又率軍從小亞細亞北部的特拉比松港（Trebizond）登陸；在擊退波斯軍後，占領了拉齊卡。在拉齊卡，東羅馬軍獲得來自高加索山區蠻族傭兵的支援，軍力進一步增強。不久後，他們又奪取亞美尼亞，進軍米底，占領塔爾蘇

28 在蘇美與巴比倫的度量衡系統中，一他連得等於六十明那（mina），一明那等於六十舍克勒（shekel）。

斯城。不過，連續的勝利沒有讓希拉克略失去冷靜，他理智地分析情勢，果斷地下令軍隊停止進攻，原地整補，招募新兵與補給糧草，壯大實力，避免過早與波斯軍主力決戰。接下來兩年內，東羅馬軍穩紮穩打，逐步進攻波斯軍，收復小亞細亞的西部地區，實力持續增長。與此同時，波斯軍卻節節敗退，漸漸失去優勢。戰場上的失利與大量傷亡，使他們陷入困境。為了補充兵力，波斯國王霍斯勞二世下令大量徵兵，甚至打破傳統，強行徵召平民加入軍隊。

西元六二六年，霍斯勞二世制定新的進攻計畫。根據計畫，波斯軍兵分兩路，一路由五萬人組成，進攻亞美尼亞，牽制希拉克略的主力；另一路則由沙赫爾巴拉茲率領，從南方穿越小亞細亞，到迦克墩與阿瓦爾人會合，企圖迅速攻下君士坦丁堡。如果這一計畫得以成功，東羅馬將面臨滅亡。希拉克略識破波斯軍的行動後，迅速調整戰略。他把軍隊分成三支，分別是：一支橫渡黑海，援救君士坦丁堡；一支由他的兄弟狄奧多爾（Theodore）率領，在亞美尼亞牽制敵軍；第三支是主力部隊，由希拉克略親自指揮，作為機動部隊，視戰局發展再決定行動。

西元六二六年八月，八萬名阿瓦爾軍圍攻君士坦丁堡。經過十天激戰，被城中的東羅馬軍擊退。敗退的阿瓦爾軍企圖渡海與波斯軍會合，卻遭到東羅馬艦隊的猛烈攻擊。在海陸夾擊之下，阿瓦爾軍潰敗北逃，元氣大傷，從此無力再戰。失去阿瓦爾人的協助後，波斯軍已難以攻陷君士坦丁堡。在亞美尼亞，狄奧多爾指揮的東羅馬軍同樣取得勝利，重返米底。希拉克略抓住時機，派出一支精銳部隊，經由米底與亞述，直奔波斯首都泰西封。同時，他親自率主力部隊從拉齊卡出發，沿著底格里斯河南下。兩軍相互策應。這是東羅馬與薩珊王朝四百多年來首次大規模進攻波斯本土。

面對東羅馬軍的大舉進攻，霍斯勞二世不得不應戰。他將國內僅剩的兵力集結，組成一支軍隊，由將軍拉赫扎德（Rhahzadh）率領，與東羅馬軍決戰。他對拉赫扎德說：「要不勝利，要不戰死，我把選擇的權力交給你。」同時，霍斯勞二世緊急派使者前往迦克墩，召喚沙赫爾巴拉茲帶軍回援，但使者在途中被東羅馬軍俘虜，以致沙赫爾巴拉茲的軍隊無法及時回波斯支援。

西元六二七年十二月十二日，東羅馬軍與波斯軍在古城尼尼微附近爆發決戰。戰鬥從清晨激戰至中午仍未分勝負。希拉克略親自上陣，率軍猛烈攻擊；士兵見主帥親自衝鋒，士氣大振，拼死作戰。戰場上喊殺聲震天。波斯軍損失慘重，拉赫扎德戰死。傍晚時，波斯軍才勉強穩住陣腳，主動撤退，準備另覓時機再戰。之後，波斯軍嘗試反擊。希拉克略見其來勢洶洶，決定避戰，趁夜率軍經小道急行軍，直奔霍斯勞二世所在的波斯副都達斯塔吉德城（Dastagird）。得知東羅馬軍來襲，霍斯勞二世驚慌失措，一方面下令拆除護城河上的木橋，另一方面再次召喚沙赫爾巴拉茲回援。但東羅馬軍行軍迅速，霍斯勞二世的防備全無效果，只好棄城逃亡。

希拉克略率軍進入達斯塔吉德城，掠奪離宮[29]中的財寶與積蓄，焚毀宮殿，然後繼續向泰西封推進。但不久後，希拉克略察覺時機不利——天氣嚴寒、大雪紛飛，同時，沙赫爾巴拉茲的軍隊也即將返回，如果遭遇泰西封守軍頑抗，東羅馬軍恐怕會被前後夾擊，滅於城下。於是，希拉

29 指都城之外，皇帝居住的地方。

克略下令撤退至米底整軍，並派人前往泰西封，提出和談。

希拉克略愈打愈冷靜，反觀霍斯勞二世則愈戰愈固執。連連戰敗讓他怒火中燒，明知國庫空虛、兵源不足，仍拒絕希拉克略提出的談和要求，發誓決戰到底。在國家面臨崩潰的關頭，西元六二八年，一部分波斯貴族聯合沙赫爾巴拉茲發動政變，霍斯勞二世被捕入獄。之後，由謝羅埃（Shiroe）即位，是為喀瓦德二世（Kavad II）。

西元六三一年，喀瓦德二世的繼任者[30]與東羅馬議和。條約規定，波斯歸還歷代侵占的東羅馬領土、無條件釋放俘虜、歸還自耶路撒冷搶走的「真十字架」（True Cross）、返還所有掠奪財物，並賠償相當的軍事費用。

多年來，東羅馬總是以賠償換取和平，但這次在希拉克略浴血奮戰下，成功扭轉君士坦丁堡被圍的劣勢，不僅反攻成功、攻陷達斯塔吉德，還包圍泰西封，迫使波斯薩珊王朝簽下割地賠款的條約，前所未有地結束戰爭。自此之後，薩珊王朝再無能力對東羅馬發動戰爭。西元六五一年，在東羅馬與薩珊結束戰爭僅二十年後，薩珊王朝被阿拉伯人所滅。東羅馬擺脫薩珊這個強敵，卻不得不面對更強大的新敵人——阿拉伯帝國。

30 喀瓦德二世在位僅數月便因病去世，之後，他年僅七歲的兒子阿爾達希爾三世（Ardashir III）繼位，卻在西元六三〇年去世。接著繼位的是卑路斯二世（Peroz II），但卑路斯二世在西元六三一年即退位。隨後荷姆茲六世（Hormizd VI）登基，但在位不到一年，薩珊王朝的皇位又傳給了女王阿扎米杜赫特（Azarmidokht）。阿扎米杜赫特之後，王位落在伊嗣俟三世（Yazdegerd III）手中，他在西元六四二年被俘，最後於西元六五一年去世。

Chapter XVI

君士坦丁堡的運氣

東羅馬既幸運，也悲壯；既承載命運之寵，也飽受歷史之苦。
它曾戰勝強鄰薩珊王朝，卻旋即遭遇迅猛崛起的阿拉伯帝國；
與阿拉伯鏖戰數世紀未得喘息，又迎來塞爾柱帝國的壓境。
歷經重重劫難，東羅馬總能在劫後餘生中站穩腳步，
屢敗屢戰，最終一次次成爲倖存的勝利者。

老天賜予的好運

經歷數百年激戰後，東羅馬帝國總算擊敗波斯薩珊王朝，但還來不及享受戰後的好處，就得面對更強大的新對手——阿拉伯帝國。

阿拉伯帝國是一個政教合一的國家。西元六三二年，穆罕默德（Muhammad）創立宗教並建立國家，統一整個阿拉伯半島。就在前一年，即西元六三一年，被戰爭拖得筋疲力竭的東羅馬與薩珊王朝簽下停戰協議。阿拉伯帝國的崛起正好坐收漁翁之利——這兩個強鄰打了幾百年，彼此早已元氣大傷，現在輪到他們來「收割」戰果。

阿拉伯帝國抓準時機出兵，完全不給東羅馬和薩珊王朝重整旗鼓的機會，兵分兩路展開攻勢。一支阿拉伯軍隊迅速奪取東羅馬位於巴勒斯坦、敘利亞和埃及等地的領土，另一支則趁勢向東大舉進攻薩珊王朝。

這兩個多年征戰、彼此重創的「老牌帝國」，最終竟被新興的阿拉伯勢力打得土崩瓦解。東、西兩路的阿拉伯軍都大獲全勝；西線的阿拉伯軍接連擊敗東羅馬軍，勢如破竹，奪下東羅馬在亞洲與非洲三分之二的疆土。

隨後，阿拉伯哈里發歐瑪爾（Umar ibn al-Khaṭṭāb）[1] 根據局勢重新評估，準備下一步部署。他衡量情勢後，決定暫時停止對東羅馬的進攻，轉而集中精銳，徹底殲滅薩珊王朝。這是因為在先前東征的過程中，當時哈立德（Khalid ibn al-Walid）[2] 率軍支援敘利亞之際，薩珊王朝的軍隊趁機在幼發拉底河橋頭一舉殲滅當地駐守的阿拉伯軍。這場慘敗震驚了歐瑪爾，他認為，雖然薩珊王朝已走向衰落，但依舊擁有強大的軍力，若不徹底摧毀它，不只首都希拉（Hillah）[3]難保，更會留下無窮後患。相比之下，當時東羅馬軍已經喪失反擊能力。

歐瑪爾的這個決定，讓東羅馬暫時得到喘息機會。東羅馬軍趁機收集殘餘兵力，穩固國內政局，準備東山再起。不過，阿拉伯帝國沒讓他們等太久。西元六三七年五月三十一日，在卡迪西亞一戰（Battle of al-Qadisiyyah）中，波斯軍慘敗，阿拉伯軍乘勝追擊，相繼攻下泰西封、胡哲斯坦（Khuzestan）、摩蘇爾等重要城市。在接下來的納哈萬德戰役（Battle of Nahavand）中，波斯軍再度大敗，傷亡超過十萬人。薩珊王朝最後一位君主伊嗣俟三世[4]逃往中亞避難，阿拉伯軍趁勢吞併薩珊全境。此時，阿拉伯帝國的國力已經比五年前要強上數十倍。

戰後，一部分的阿拉伯軍持續追擊波斯薩珊王朝的殘餘勢力，主力部隊則轉向西線擴張。東羅馬的處境愈來愈困難，但為求生存，只能硬著頭皮應戰。

1 全名歐瑪爾・賓・哈塔卜（西元五八四至六四四年十一月三日），被稱爲歐瑪爾一世（Umar I），阿拉伯哈里發，在位期間西元六三四至六四四年。

2 全名哈立德・本・瓦利德（西元五九二年至六四二年），出身於麥加的古萊什（Quraysh）部落，是阿拉伯帝國早期最著名的軍事將領之一。因其驍勇善戰，獲得穆罕默德的讚譽，賜予「安拉之劍」的稱號（Saifullah，意爲「眞主之劍」）。

3 編注：位在今日伊拉克境內。

4 伊嗣俟三世（西元六二四年至六五一年），他是波斯薩珊王朝的末代君主，霍斯勞二世之孫，在位期間西元六三四年至六四二年。

在薩珊王朝滅亡前，東羅馬雖然已失去大部分亞洲與非洲的領土，但耶路撒冷仍在其控制中。然而到了西元六三八年，薩珊亡國後，阿拉伯軍趁勝攻陷耶路撒冷；西元六三九年攻擊美索不達米亞；西元六四〇年則攻下凱撒里亞，使得小亞細亞大片領土落入阿拉伯軍之手。

差不多同一時間，另一支阿拉伯軍發動對埃及的進攻，而當地的科普特人（Copts）選擇向阿拉伯軍投降。在亞歷山卓主教居魯士（Cyrus of Alexandria）的主持下，雙方簽訂《亞歷山卓港條約》（Treaty of Alexandria），規定東羅馬軍須於西元六四二年九月前，全面撤出埃及。然而，阿拉伯人幾乎原封不動地沿用東羅馬的行政與稅收制度，繼續把埃及當成貢獻財富的資源地，讓埃及人極度失望與不滿。

西元六四四年，阿拉伯將領阿姆魯．本．阿斯（Amr ibn al-As，後簡稱阿姆魯）被調離埃及。東羅馬皇帝君士坦斯二世（Constans II）[5]認為奪回埃及的時機到了，便暗中籌劃反攻。西元六五四年，他任命亞美尼亞人曼努埃爾（Manuel the Armenian）為統帥，率領三百艘戰艦，一舉奪回亞歷山卓港，駐守當地約一千名阿拉伯士兵被全部殲滅。阿拉伯哈里發震驚之餘，又派阿姆魯率軍進攻埃及，並在西元六四六年初奪回亞歷山卓港。東羅馬苦心經營十年的戰果，瞬間化為烏有。

不久之後，阿姆魯又率阿拉伯軍沿北非海岸西進，相繼攻下昔蘭尼加（Cyrenaica）與利比亞，將東羅馬在北非的領地悉數吞併。

更令東羅馬不安的是，阿拉伯的敘利亞總督穆阿維亞（Muawiyah）建立了一支阿拉伯艦隊，親自率隊進入地中海。自西元六四九年至六五四年間，阿拉伯艦隊相繼攻下賽普勒斯、羅得、科斯等島嶼，掌握了東地中海的制海權，從海路嚴重威脅到東羅馬首都君士坦丁堡的安全。

西元六五五年，君士坦斯二世親自率東羅馬艦隊出戰，試圖解除海上威脅。雙方在呂基亞（Lycia）[6]的近海展開激戰。交戰時，阿拉伯軍把戰艦牢牢拴在東羅馬的戰艦上，使之不能自由行動；然後，他們在甲板上兵刃相交，血肉相搏。這種戰術曾在古羅馬與迦太基於西西里的海戰中出現過，其結果如出一轍——被綁住的東羅馬艦隊慘敗殆盡，海面血流成河。此役過後，東羅馬徹底喪失東地中海的制海權，阿拉伯艦隊成為該海域的新霸主，隨時可以對君士坦丁堡發動攻擊。然而，就在這危急時刻，東羅馬意外迎來轉機——阿拉伯帝國爆發內戰。對此，穆阿維亞不願花太多力氣對東羅馬用兵，而是專注爭奪哈里發之位。於是他主動提出和談，並同意向東羅馬進貢，以換取暫時停戰。

5 君士坦斯二世（西元六三〇年至六六八年），綽號「大鬍子」，東羅馬皇帝，在位期間西元六四一年至六六八年，在位時東羅馬帝國的埃及和東部諸省皆落入阿拉伯人手中。

6 編注：呂基亞位於今土耳其西南部海岸的地區。

東羅馬虛驚一場，得以喘息，儘管實際戰敗，卻彷彿「不戰而勝」，因為在失敗情況下簽下停戰協議，戰敗方還拿到戰勝方的進貢，這場和談極不尋常。阿拉伯帝國給予的和平只是短暫的權宜之計，是「先安內再攘外」的策略，其終極目標仍是消滅東羅馬。穆阿維亞簽訂和約、主動賠款，只是為了穩住東羅馬，使其不趁亂干預阿拉伯內部的爭權。

西元六六一年，穆阿維亞在內戰中獲勝，登基為哈里發，定都大馬士革，史稱穆阿維亞一世（Muawiyah I）[7]。待政權穩定後，他立即著手策劃進攻君士坦丁堡，準備一舉滅亡東羅馬。

西元六六八年，東羅馬屬地亞美尼亞爆發叛亂。穆阿維亞一世認為有機可乘，便派軍前往支援叛軍，試圖趁機奪取亞美尼亞。不過，東羅馬行動迅速，在阿拉伯軍抵達前就已平定叛亂，重新掌控局勢，阿拉伯軍的意圖未能實現。此事之後，穆阿維亞一世察覺東羅馬軍實力已有所回升，便命令原本要前往亞美尼亞的部隊改向西進，奪取與君士坦丁堡隔海相望的迦克墩，作為進攻君士坦丁堡的前進基地。阿拉伯軍出其不意地發動攻擊，迅速占領迦克墩。

西元六六九年春，穆阿維亞一世又派他的兒子雅季德（Yazid）率軍趕往該地。這是阿拉伯軍第一次親眼望見君士坦丁堡，他們對於奪下這座城市充滿了渴望。不過，此時東羅馬軍的戰鬥力遠比前幾年強。阿拉伯軍每次進攻，都遭到東羅馬陸軍與海軍聯手反擊，屢屢受挫。阿拉伯軍在海峽對岸堅持了幾個月，最後仍不得不於夏季時無功而退。

穆阿維亞一世不甘心失敗，持續派兵進攻君士坦丁堡。這次，穆阿維亞一世指揮的阿拉伯軍不僅占領了迦克墩城，還奪下馬爾馬拉海上的重要港口——基齊庫斯，並在當地設立阿拉伯艦隊的基地。自西元六七三年起，阿拉伯艦隊每年春天都會從基齊庫斯出發，駛入君士坦丁堡的近海作戰，而到了冬季，則返回原地休整過冬。

對此，東羅馬皇帝君士坦丁四世（Constantine IV）[8]精心安排防禦，多次運用「希臘火」（Greek fire）[9]成功擊退阿拉伯軍的攻勢。阿拉伯艦隊在城下連遭挫敗，最終穆阿維亞一世不得不放棄對君士坦丁堡的進攻，命軍隊撤回小亞細亞。返程途中，阿拉伯艦隊遭遇風暴，幾乎全軍覆沒，穆阿維亞一世一生苦心經營的戰略就此功敗垂成。

在小亞細亞的陸地作戰中，阿拉伯軍同樣屢戰屢敗。穆阿維亞一世評估後認為對東羅馬的戰爭已無取勝希望，於是下令停止戰事，轉而尋求與東羅馬和談。深陷危機的東羅馬自然樂於接受這場和平。西元六七八年，阿拉伯帝國與東羅馬簽訂為期三十年的停戰協議，雙方正式結束戰爭。

7 全名穆阿維亞・本・艾比・蘇富揚（Muʿāwiya ibn Abī Sufyān，西元六〇二年至六八〇年五月六日），是阿拉伯奧瑪亞王朝（Umayyad Caliphate）的創建者及第一位哈里發，在位期間西元六六一年至六八〇年。

8 君士坦丁四世（約西元六五二年至六八五年），君士坦斯二世的長子，東羅馬皇帝，在位期間西元六六八年至六八五年。

9 東羅馬帝國發明的一種可以在水上燃燒的液態燃燒劑，爲早期熱兵器，主要應用於海戰中，「希臘火」、「希臘火藥」或「羅馬火」是阿拉伯人對這種恐怖武器的稱呼，而東羅馬人自己則稱之爲「海洋之火」、「流動之火」、「液體火焰」、「人造之火」和「防備之火」等。

幾年後，穆阿維亞一世去世，阿拉伯帝國再度爆發內部紛爭。在內亂結束之前，阿拉伯帝國暫時無力對東羅馬發動戰爭。直到西元七一五年，雄心勃勃的蘇萊曼一世（Sulayman I）[10]即位為哈里發，局勢才出現劇變。他開始籌劃大規模進攻君士坦丁堡，圖謀徹底消滅東羅馬。

蘇萊曼一世不惜耗費龐大人力與物資，全力備戰。他任命麥斯萊麥（Maslama ibn Abd al-Malik）為阿拉伯軍統帥，率領海陸聯軍出征君士坦丁堡。陸軍由騎兵與駱駝兵組成，兵力達十二萬，自小亞細亞的阿拜多斯（Abydos）橫渡博斯普魯斯海峽，進入歐洲大陸，再從色雷斯發動進攻；海軍方面出動一千八百艘戰艦，運送八萬名步兵，另配有二十艘大型戰艦，每艘載有一百名重裝步兵，作為登陸作戰的主力。

當時，東羅馬也剛剛結束內亂，利奧三世（Leo III the Isaurian）[11]繼位為皇帝。出身小亞細亞軍人的他，臨危不亂，展現出優異的軍事才能，靈活運用地形與時機反制來犯之敵。他先利用金角灣（Golden Horn）[12]灣內的水流優勢，派東羅馬艦隊出奇制勝，突襲阿拉伯海軍，摧毀其二十多艘戰艦；接著，開啟金角灣口的防禦鐵鍊，誘使阿拉伯艦隊入港，再突然施放希臘火，重創阿拉伯海軍。

在陸戰方面，利奧三世成功策反巴爾幹半島上的保加利亞人，使保加利亞軍協助東羅馬對抗阿拉伯軍。在敵軍面臨嚴冬、糧食短缺及瘟疫橫行之際，利奧三世把握時機發動反攻，重挫對方。僅在阿德里安堡一役中，阿拉伯陸軍就損失了兩萬兩千人。

西元七一八年春，來自埃及與北非的兩支阿拉伯艦隊奉命前來增援，結果因艦上基督徒倒戈，雙雙被東羅馬艦隊擊潰。面對接連失利，歐瑪爾二世（Umar II）[13]果斷下令撤軍，終止進攻君士坦丁堡的行動。然而回軍途中，阿拉伯艦隊又遭風暴襲擊，一千八百艘戰艦中，僅五艘戰艦返抵敘利亞港口，其餘皆全數沉沒。

此役之後，阿拉伯軍暫時喪失進攻東羅馬的能力，東地中海制海權也重新落入東羅馬手中。東羅馬人成功抵禦阿拉伯人圍攻，士氣大振，對未來的防禦信心倍增。

轉守為攻的馬其頓王朝

阿拉伯軍在進攻君士坦丁堡失敗後，儘管小規模衝突仍時有發生，但與東羅馬的大規模軍事行動明顯減少。事實上，這也與當時東羅馬帝國無力展開大規模反攻有關。

10 編注：全名蘇萊曼．本．阿布都馬立克（Sulayman ibn Abd al-Malik，西元六七四年至七一七年九月二十一日），在位期間西元七一五年至七一七年。

11 史稱伊蘇里亞的利奧三世（約西元六七五年至七四一年六月十八日），東羅馬皇帝，伊蘇里亞王朝（Isaurian dynasty）的創立者，在位期間西元七一七年至七四一年。

12 編注：它是土耳其城市伊斯坦堡的一個天然峽灣。

13 全名歐瑪爾．本．阿卜杜拉．阿齊茲（西元六八二年至七二〇年），歐瑪爾一世的外孫，阿拉伯哈里發，在位期間西元七一七年至七二〇年。

在希沙姆（Hisham）[14]登基為哈里發後，阿拉伯軍對小亞細亞的攻勢再次加劇。然而，希沙姆最終不敵利奧三世。西元七三九年，在阿克洛伊農戰役（Battle of Akroinon）中，利奧三世率領東羅馬軍隊擊潰阿拉伯軍，取得決定性的勝利，迫使敵軍撤離小亞細亞，返回大馬士革與敘利亞。自此，阿拉伯軍對小亞細亞乃至東羅馬核心地區的威脅遂告解除。

此役過後，東羅馬的信心與實力皆有所恢復。西元七四一年，利奧三世去世，由他的兒子君士坦丁五世（Constantine V）[15]繼位。他計畫率軍收復敘利亞，然而當時東羅馬內部的階級與民族矛盾極為嚴重，使他不得不先處理國內問題，方能轉而對抗阿拉伯帝國。

君士坦丁五世率軍反攻阿拉伯帝國，雖未能如秋風掃落葉般迅速取勝，卻步步為營，穩紮穩打，不斷深入敵境——西元七四六年，東羅馬收復賽普勒斯；西元七五二年，又奪回亞美尼亞，顯現出罕見的復興氣象。反觀阿拉伯帝國，則逐漸陷入應接不暇的防守狀態。

西元七六二年，阿拉伯帝國將首都從大馬士革遷至巴格達（Baghdad），統治中心隨之東移。後來，阿拔斯王朝（Abbasid Dynasty）平定內亂，鞏固政權後，再次對東羅馬發動戰爭，小亞細亞與亞美尼亞成為主要戰場。然而，此時的阿拉伯帝國與東羅馬皆面臨嚴重的內部矛盾，導致戰事雖然頻繁但仍規模有限，阿拉伯軍略居劣勢，敗績遠較以往為多。

西元七七八年，哈里發馬赫迪（al-Mahdi）[16]親率阿拉伯軍進攻安納托力亞，但是，在卡拉曼馬拉斯城（Germanikeia）遭利奧四世（Leo IV）[17]所率的東羅馬軍擊敗。然而，東羅馬並未善加利用此一戰果，導致戰場形勢迅速逆轉。兩年後，東羅馬爆發內亂，阿拉伯軍趁機進攻，迫使東羅馬軍隊屈辱求和。

西元七八〇年，馬赫迪與他的兒子哈倫・拉希德（Harun al-Rashid）共同率領一支由敘利亞人、美索不達米亞人與呼羅珊人（Khorasanis）組成的聯軍，為雪前恥再次進攻安納托力亞。當時東羅馬皇帝為年幼的君士坦丁六世（Constantine VI）[18]，其母伊琳娜（Irene of Athens）[19]擔任攝政。伊琳娜主張反對聖像破壞運動（Iconoclasm），而大多數軍事貴族則堅決支持破壞聖像。伊琳娜擔憂軍事貴族勢力坐大，威脅到她的政權，因此採取打壓政策。就這樣，內訌導致君士坦丁堡再次遭到阿拉伯軍圍攻。

阿拉伯軍在戰場上連連得勝，於西元七八二年推進至博斯普魯斯海峽附近。伊琳娜無力組織

---

14 全名希沙姆・本・阿卜杜拉－馬利克（Hisham ibn Abd al-Malik，西元六九一年至七四三年），阿拉伯哈里發，在位期間西元七二四年至七四三年。

15 君士坦丁五世（西元七一八年七月至七七五年九月十四日），東羅馬皇帝，在位期間西元七四一年至七七五年。

16 馬赫迪（西元七四〇年代至七八五年七月二十四日），阿拉伯帝國阿拔斯王朝的第三代哈里發，在位期間西元七七五年至七八五年。

17 利奧四世（西元七五〇年一月二十五日至七八〇年九月八日），人稱「哈扎爾人利奧」（the Khazar），東羅馬皇帝，在位期間西元七七五年至七八〇年。

18 君士坦丁六世（西元七七一年一月十四日至八〇二年），東羅馬皇帝，在位期間西元七八〇年至七九七年。

19 伊琳娜出生於希臘，自幼深受希臘古典文化的薰陶，認爲基督教的聖像崇拜活動理所當然、無可非議。而東羅馬皇帝利奧四世及其多位前任皇帝則一貫奉行「破壞聖像運動」。由於信仰立場的不同，伊琳娜決心走與之相反的路線，恢復聖像崇拜。

東羅馬軍有效抵抗，遂與阿拉伯人簽訂停戰協定。協議規定，阿拉伯軍同意停戰三年，東羅馬須每年向阿拉伯帝國繳納七萬至九萬丁那（dinar）[20]作為貢金，分兩次支付。此一協定，斷送了東羅馬的復興動能，使其重回被強鄰宰割的境地。然而，此事尚未結束，未來東羅馬的恥辱將更為嚴重。

西元七九七年，東羅馬爆發宮廷政變。伊琳娜廢黜君士坦丁六世，自立為皇。這時的哈里發哈倫·拉希德[21]認為進攻時機成熟，因此發兵攻擊以弗所與安卡拉等安納托力亞上的重鎮。為了鞏固統治，女皇伊琳娜不願妥協，繼續打壓軍事貴族的勢力，而在面對阿拉伯軍進攻時，毫無抵抗就選擇屈辱求和。這使東羅馬軍隊，尤其是軍事貴族感到極度屈辱。

西元八〇二年，東羅馬再次發生政變，女皇伊琳娜被廢。隔年，大貴族尼基弗魯斯一世（Nikephoros I）[22]即位。令人驚訝的是，尼基弗魯斯一世對阿拉伯帝國雖採取較強硬立場，卻處事專斷。他宣布廢除伊琳娜與阿拉伯人簽訂的屈辱協定，拒絕繼續納貢，並以侮辱性言辭要求哈倫·拉希德退還已收取的貢金。此舉表面上振奮人心，實則招致災禍。對此，哈倫·拉希德勃然大怒，決意以軍事行動懲戒東羅馬，親赴兩河流域的拉卡城坐鎮指揮。果不其然，東羅馬慘遭重創，安納托力亞被阿拉伯軍肆意蹂躪。西元八〇六年，哈倫·拉希德率十三萬五千名阿拉伯大軍越過托魯斯山脈[23]，攻陷赫拉克利亞與蒂亞娜（Tyana），並擺出準備攻打君士坦丁堡的態勢。

形勢危急，眼見君士坦丁堡再度面臨圍困，尼基弗魯斯一世與伊琳娜如出一轍，立刻求和。其實哈倫．拉希德也未準備長期圍城，見其懲戒目的已達，便接受和談，要求東羅馬恢復原定貢金，每年繳納；除此之外，東羅馬皇室成員也須繳納人頭稅。**這是前所未有的恥辱——皇族向外國繳納人頭稅，象徵淪爲附庸。**在世界史上，戰敗求和的事例不少見，但皇室需向敵國繳人頭稅者，幾無先例。然而，直到西元八〇九年哈倫．拉希德去世，東羅馬的情況才略有改善。

西元八一三年，馬蒙（al-Ma'mun）[24]繼任哈里發。為了鞏固權威，他再度破壞邊境和平，頻繁出兵侵犯小亞細亞。

這一次，東羅馬皇帝吸取前車之鑑，改變策略，以堅守條約為基礎，主張防禦，並積極儲

20 貨幣單位，丁那這個名稱是來自於羅馬帝國一種被稱爲第納里烏斯（denarius）的銀幣。
21 哈倫．拉希德（西元七六三年三月十七日至八〇九年三月二十四日），阿拉伯阿拔斯王朝第五任哈里發，在位期間西元七八六年至八〇九年。
22 尼基弗魯斯一世（西元七五〇年至八一一年七月二十六日），綽號「財務帳房」（the Logothete），原爲伊琳娜女皇所任命的財政大臣，後自立爲東羅馬皇帝，在位期間西元八〇三至八一一年。
23 位於今土耳其南部的山脈，是古代兵家爭奪的戰略要地。
24 編注：馬蒙（西元七八六年九月十四日至八三三年八月九日），哈倫．拉希德的次子，阿拉伯帝國阿拔斯王朝的第七代哈里發，在位期間西元八一三年至八三三年，與其父哈倫並稱爲阿拔斯帝國最著名的兩位哈里發。他在位時主要的貢獻是對文化和藝術的贊助，並開展了阿拉伯和世界歷史上著名的「百年翻譯運動」，進而使得阿拔斯文化和整個阿拉伯伊斯蘭文化進入了鼎盛時期。

備國力，避免輕啟戰端，並盡可能不激怒哈里發馬蒙。事實證明，此策略頗為奏效。直至西元八三三年馬蒙逝世，阿拉伯軍並無重大斬獲。東羅馬軍靈活應對，有效消耗敵軍戰力。

西元八三七年，波斯地區爆發反抗阿拉伯帝國的巴貝克（Babak）起義。東羅馬迎來反攻契機。經過十二年隱忍，東羅馬終於等到雪恥時刻。狄奧斐盧斯（Theophilos）[25]趁勢進攻敘利亞，並加強東西防線。東羅馬軍主動出擊，攻陷幼發拉底河上的薩莫薩塔（Samosata）[26]與茲巴特拉（Zibatra）[27]等要塞城鎮，取得數十年來最為輝煌的戰果。

阿拉伯帝國無法容忍「附庸國」東羅馬趁火打劫。西元八三八年，哈里發穆阿台綏姆（al-Mu'tasim）[28]親率阿拉伯精銳大軍反擊，深入安納托力亞。同年七月，雙方於哈里斯河展開決戰。穆阿台綏姆激勵阿拉伯士兵浴血奮戰，最終東羅馬軍潰敗。

哈里發穆阿台綏姆趁勢包圍安卡拉與阿莫里烏姆（Amorium），並揚言要進攻君士坦丁堡。儘管情勢險峻，但東羅馬最終都能化險為夷——此次戰事由於阿拉伯帝國內部爆發叛亂，穆阿台綏姆抽調主力對東羅馬作戰，以致無意間給了阿拉伯國內反抗勢力壯大的機會。穆阿台綏姆途中得知叛亂擴大後，意識到平定內亂迫在眉睫，不得不急速回師巴格達。

東羅馬軍把握此一天賜良機，立刻展開反攻。西元八四一年，狄奧斐盧斯趁阿拉伯內亂之機，並獲西班牙摩爾人（Moors in Spain）聲援，出兵占領馬拉提亞（Malatya），迫使穆阿台綏姆求和。

這是東羅馬與阿拉伯長期對抗中，少數以戰勝者身分達成和約的案例。當然，雙方依然敵意深重，所謂的和平並未真正實現，邊境衝突時有發生。阿拉伯軍在一年內對東羅馬發動三次進攻，穆阿台綏姆此舉有二目的：一是讓阿拉伯軍時刻保持作戰能力，隨時應戰；二是奪取戰利品，補充軍需物資。

隨著時間推移，阿拉伯軍對東羅馬的攻擊逐漸轉向以劫掠財物為主。阿拉伯帝國不再如以往般銳不可當地擴張領土，而東羅馬帝國因此逐漸迎來難得的轉機。接下來的二十多年中，東羅馬與阿拉伯的實力對比發生了變化。阿拉伯軍在與東羅馬軍的交戰中基本上喪失了優勢。而由於東羅馬內部政局不穩，加上巴爾幹半島後方局勢動盪，東羅馬在對阿拉伯的戰爭中採取較為保守的策略，並未發動大規模反攻，而是步步為營，積小勝為大勝。

西元八五一年至八五三年間，東羅馬軍隊在埃及登陸，攻占杜姆亞特（Damietta）；西元八五六年，攻克阿米達，俘虜一萬名阿拉伯士兵；西元八五九年，東羅馬皇帝米海爾三世（Michael III）親自出征小亞細亞東部，獲得勝利，重建安卡拉和尼西亞，並修復了小亞細亞的防

25 狄奧斐盧斯（西元八一三年至八四二年一月二十日），東羅馬帝國皇帝，在位期間西元八二九年至八四二年，阿莫利王朝（Amorian dynasty）的創立者米海爾二世（Michael II）的兒子。統治期間是拜占庭「毀壞聖像運動」最後的高潮，這時期也是穆斯林文化對拜占庭影響最強烈的時期。

26 編注：今薩姆薩特（Samsat）的古名，位在土耳其東南部。

27 編注：位於現今土耳其東南部的古代城市，但今日確切遺址位置尚未完全確定。

28 穆阿台綏姆（西元七九四年至八四二年一月五日），阿拉伯阿拔斯王朝第八代哈里發，哈倫·拉希德之子、馬蒙之弟，在位期間西元八三三年至八四二年。他在兄長馬蒙死後即位成為哈里發。

線。這些勝利讓東羅馬軍士氣大振，戰鬥意志明顯增強。

這一時期，東羅馬總體上仍十分謹慎，對阿拉伯帝國採取一邊作戰一邊談判的策略，雙方皆未取得明顯突破，小亞細亞戰區的軍事均勢也未出現重大改變。直到西元八六三年，一場關鍵性戰役，才真正改變了雙方的攻守態勢。

西元八六三年，阿拉伯將領奧馬爾・阿克塔（Umar al-Aqta）率軍進攻安納托力亞，攻占黑海港口城市阿瑪斯拉（Amasra），並洗劫了帕夫拉戈尼亞。東羅馬將領佩特羅那斯（Petronas）[29]率軍迎戰。西元八六三年九月三日，雙方在阿瑪斯拉附近爆發決戰。阿拉伯軍大敗，奧馬爾・阿克塔戰死，東羅馬軍取得決定性勝利。

在此之前，東羅馬在與阿拉伯的戰爭中多處於守勢，東羅馬軍的目標是生存，而阿拉伯軍則意在征服。但阿瑪斯拉戰役之後，戰爭中雙方的角色徹底翻轉。

西元八六七年，東羅馬帝國進入馬其頓王朝（Macedonian Dynasty）時期。馬其頓王朝的歷任皇帝在軍事上轉守為攻，其軍事目標是驅逐並消滅阿拉伯軍。此時，阿拉伯帝國的阿拔斯王朝由於國內階級衝突、政治紛爭及教派分裂日益激化，已逐漸走向瓦解。帝國廣大疆域上出現許多相對獨立的小王國，哈里發的實權蕩然無存，已無法控制地方政權。東羅馬趁勢一一擊破這些地方勢力，著手收復失地並進一步擴張領土。

就這樣，東羅馬軍展開對小亞細亞和敘利亞的進攻與「光復」。西元八七二年，東羅馬皇帝巴西爾一世（Basil I）[30]成功平定小亞細亞多年的農民起義，解除後顧之憂，隨後向幼發拉底河流域進軍。雖未能攻占馬拉提亞的要塞，但成功從阿拉伯軍手中奪回薩莫薩塔和茲巴特拉，並掌握托魯斯山脈邊緣地區的控制權。

隨後，巴西爾一世積極發展海軍，圖謀奪回阿拉伯軍掌握的地中海制海權。西元八七五年，他派軍占領義大利南部的巴里（Bari），於地中海建立立足點。此外，巴西爾一世藉著神聖羅馬帝國皇帝路易二世與義大利貝內文托公國之間的矛盾，而成為貝內文托的宗主。此外，他還成功阻止阿拉伯軍對達爾馬提亞、希臘與伯羅奔尼撒沿岸的進攻，反而攻占塔蘭托與卡拉布里亞等地區的義大利城市。

尼基弗魯斯二世（Nikephoros II）[31]即位後，多次派軍進攻小亞細亞與敘利亞。西元九六五年，東羅馬艦隊奪取賽普勒斯；西元九六六年，尼基弗魯斯二世出兵攻打安條克，但未成功；西元九六八年，他再次南下敘利亞，沿著海岸一一攻下重要要塞；西元九六九年，東羅馬攻陷安條

29 編注：他是東羅馬皇帝米海爾三世的叔叔。
30 巴西爾一世（約西元八一一年至八八六年八月二十九日），東羅馬帝國皇帝，在位期間西元八六七年至八八六年，馬其頓王朝的建立者。
31 尼基弗魯斯二世（約西元九一二年至九六九年），東羅馬帝國皇帝，在位期間西元九六三年至九六九年。

克，數月後，阿勒頗酋長國（Emirate of Aleppo）的首領賽義夫・道拉（Sayf al-Dawla）被迫求和。東羅馬收復敘利亞部分領土，並使另一部分地區承認其宗主權。

西元九七四年，東羅馬軍持續南下，占領大馬士革，然而在耶路撒冷城下，遭埃及法提瑪哈里發國（Fatimid Caliphate）的軍隊擊退，南進勢頭受挫。從此，雙方邊界在此區穩定下來，維持相對平衡。

西元九九五年，東羅馬在敘利亞的盟友哈姆丹（Hamdanid）遭埃及法提瑪軍攻擊，向東羅馬求援。東羅馬皇帝巴西爾二世（Basil II）再度親率東羅馬軍進入敘利亞，並大獲全勝。西元九九九年，東羅馬與法提瑪哈里發國簽訂十年和平協議。東羅馬的東部邊界擴展至幼發拉底河與北敘利亞一帶，收復了三百多年前被阿拉伯帝國占領的領土。

隨著陸地戰事趨緩，東羅馬與阿拉伯勢力的爭奪重心轉向地中海。過去，阿拉伯軍曾接連占領地中海的數個重要島嶼與港口，掌握制海權。阿拉伯帝國瓦解後，各地小規模海盜勢力在地中海橫行，嚴重威脅貿易安全。受阿拉伯海盜侵擾的拉古薩人（Ragusans）與東羅馬結盟，在亞得里亞海共同對抗海盜。

一〇三二年，拉古薩與東羅馬的聯合艦隊在亞得里亞海擊潰阿拉伯海盜。一〇三四至一〇三五年間，該聯合艦隊持續在地中海作戰，對安納托力亞和北非沿岸的阿拉伯海盜造成重創，確保了地中海的貿易安全。至此，面對東羅馬的勢力，阿拉伯已處於全面守勢，幾無還手之力。

東羅馬先前擊敗薩珊王朝的歷史場景，彷彿再度重演。東羅馬耗費數百年，歷經無數苦難，終於戰勝阿拉伯帝國，似乎有望收復失土，實現復興羅馬帝國的夢想，然而，卻又不得不面對來自東方突厥人與西方諾曼人的新一波進攻。

擋不住的突厥鐵騎

東羅馬帝國和阿拉伯帝國激戰了數百年，最終，阿拉伯帝國因內部矛盾而分裂為許多小國。不過，贏家不是東羅馬，而是那些曾被阿拉伯征服的中亞突厥人（Turkic peoples）。就在東羅馬逐步從阿拉伯帝國手中收復失土時，中亞的突厥人開始向西亞擴張，東羅馬因此不得不面對新的敵人。突厥的發源地位於葉尼塞河（Yenisei River）上游，經過多代遷徙後，逐步擴散到貝加爾湖（Lake Baikal）以南到蒙古以北，以及從吉爾吉斯（Kyrgyzstan）草原西移至鹹海（Aral Sea）與裏海一帶。

突厥人擅長騎射與冶金，性格剽悍好戰，逐水草而居，以狩獵為生，早期曾隸屬於匈奴。西元五世紀上半期，北亞的突厥人依附於柔然，而中亞的突厥人則建立了卡帕多奇亞王國（Kingdom of Cappadocia），與波斯薩珊王朝接壤。

西元五五五年，北亞突厥人滅掉柔然，建立突厥汗國。在東部，他們驅逐契丹人，使其疆域擴展至大興安嶺；在北部，併吞結骨[32]，勢力進一步深入北亞；在南部，攻取吐谷渾，占據青海地區，征服塞外草原，勢力直逼中國長城一帶。之後，他們與中原的北周、北齊、隋朝以及唐朝爭戰多年。在西部，突厥與中亞突厥人建立的嚈噠[33]為鄰。

嚈噠多次進犯薩珊王朝，掠奪土地，對薩珊王朝造成極大壓力。突厥積極西進，多次擊敗嚈噠，進入其領地。薩珊王朝長年受嚈噠壓制，因此看見嚈噠遭到突厥攻擊時，便決定與突厥聯手報仇雪恥，於是波斯國王霍斯勞一世與突厥締結婚盟。

從西元五六三年到五六七年間，突厥與薩珊王朝各自出兵，對嚈噠進行夾擊。正值此時，嚈噠內部爆發酋長叛變事件，從而使得突厥與薩珊王朝聯手順利滅掉嚈噠，嚈噠君主被殺，並共同瓜分其領土。雙方協議以烏滸河（Oxus River）[34]為界，突厥取得北岸領土，薩珊王朝收復南岸，包括巴爾赫（Balkh）[35]在內的區域。

突厥占據中亞後，國力達到巔峰。自西元六世紀中葉起的數十年間，突厥統一了自北亞至中亞草原地帶的所有遊牧民族，建立起一個橫跨東至遼東灣、西至裏海、南至青海、北達貝加爾湖的突厥帝國。當時突厥與東羅馬之間仍隔著薩珊王朝，雙方尚未有直接接觸，更遑論戰爭。

突厥的崛起改變了歐亞大陸的局勢。突厥滅掉粟特後，控制了絲綢之路，其影響力大幅提升。不久之後，突厥與薩珊王朝因爭奪絲綢之路的貿易權發生衝突，突厥人在交易上受到薩珊王朝的欺壓。

突厥的西北邊陲鄰近東羅馬。當時東羅馬與薩珊王朝為宿敵，兩國長期交戰。因此，突厥決定直接與東羅馬建立貿易往來，並與東羅馬聯手對付薩珊。西元五六七年，突厥使節抵達君士坦丁堡，向查士丁二世遞交突厥可汗的國書；東羅馬則派使者隨行返回突厥，實地了解其情況。

不久，突厥與東羅馬建立了貿易關係。突厥另闢一條商路，繞過裏海北部，將絲綢等貨品直接運往東羅馬，同時，兩國在政治上結為聯盟。在突厥的推動下，東羅馬加緊對薩珊王朝的軍事行動，而突厥也大舉出兵，東西兩方同時攻擊，使薩珊王朝腹背受敵，難以招架。不久，薩珊王朝從嚈噠手中收復的烏滸河南岸領土再度落入突厥之手。

雖然突厥疆域廣大，但統治體系極為分散。名義上，西突厥屬於東突厥的管轄範圍，維持統一局面。然而，東突厥可汗實際掌控的範圍僅限於其王庭所在地的東部地區，對遙遠的西部難以施力，西突厥因此具備高度獨立性。西元五八二年，阿波可汗脫離東突厥，投靠西突厥，導致突厥內部爆發混亂，讓突厥正式分裂為東、西兩部分。東突厥管轄蒙古高原至烏拉山一帶的北方地

32 編注：此爲今日的吉爾吉斯。結骨是魏晉南北朝至隋代的古稱。
33 編注：嚈噠人被東羅馬帝國史學家稱爲「白匈」，他們也曾自號匈人。嚈噠人是漢代大月氏人的後裔，起源於中國塞北。
34 編注：即阿姆河，它是中亞地區最長的內流河。在中國史書，如：《魏書》、《隋書》、《新唐書》、《舊唐書》中，稱其爲烏滸河。
35 編注：巴爾赫古城是今阿富汗境內最古老的一遺址。

區，西突厥則控制阿爾泰山至錫爾河之間的地區，形成對峙局面。

東突厥長年戰亂不斷，橫徵暴斂，民生困苦，百姓怨聲載道。敕勒部[36]中的薛延陀[37]與回紇部紛紛起義，擺脫附庸地位。東突厥陷入內憂外患之中，政治與經濟危機並存。

西元六二九年，唐朝將領李靖率軍討伐東突厥。隔年正月，唐軍滅亡東突厥，活捉突厥頡利可汗。與此同時，在東突厥滅亡前的幾年，薩珊王朝與東羅馬正展開生死決戰。

東突厥滅亡後，控制西域廣大地區的西突厥仍繼續存在了一段時間。到了西元六四〇年，唐軍攻陷高昌，與西突厥接壤。自此，雙方衝突頻繁，西突厥多次進攻唐朝邊境，但勢力逐步被削弱。西元六五一年，西突厥將領阿史那攝圖奪取政權，自稱沙缽略可汗。同年，薩珊王朝被阿拉伯人滅亡。阿史那攝圖自恃實力強大，數度東征唐朝。西元六五七年，唐將蘇定方率軍擊敗西突厥，俘虜沙缽略可汗，西突厥也宣告滅亡。

西元七五一年，在怛羅斯[38]，勢力已擴展至中亞的阿拉伯軍隊與中國唐朝軍隊爆發決戰。當時受雇於唐軍的葛邏祿人[39]突然叛變，導致阿拉伯聯軍以約十五萬至二十萬壓倒性的兵力，擊敗了高仙芝所率領的兩萬名唐朝精銳部隊。高仙芝率領剩下的數千人撤退返回中原。阿拉伯軍並未趁勝追擊，而是把握時機鞏固其在中亞的霸權。

後來，阿拉伯軍主將阿布．穆斯林（Abu Muslim）因戰功卓著，導致功高震主而被殺，副將齊亞德．伊本．薩里（Ziyad ibn Salih）也遭到處決，餘下的部隊隨即爆發叛亂，導致呼羅珊（Khurasan）[40]陷入混亂。阿拉伯帝國忙於平定內亂，而唐朝也因為爆發安史之亂，無力收復西域。自此，東西方兩大強權再也沒有發生大規模戰爭。

西元八世紀中期，阿拉伯軍遠征中亞時，俘虜了一批突厥人作為奴隸。自九世紀中期起，這些突厥奴隸開始被編入禁衛軍，規模逐漸擴大，勢力也日益強大，最後形成尾大不掉的局面。後來，連廢立哈里發的權力也落入突厥軍官手中。在中亞和波斯故地，許多突厥人皈依伊斯蘭教，取得擔任傭兵的資格，從而使得突厥奴隸紛紛加入傭兵行列。

當阿拔斯王朝的哈里發權力逐漸旁落後，阿拉伯所屬的波斯故地開始出現分裂局勢，陸續建立了薩曼王朝（Samanid Dynasty）與白益王朝（Buyid Dynasty）。薩曼王朝的突厥奴隸禁衛軍首領阿爾普特勤（Alp-Tegin）屢建戰功，逐步升任為呼羅珊總督。西元九六二年，阿爾普特勤因與新任國王不合，率領突厥軍向東南遠征，攻下加茲尼城（Ghazni），自立為王，史稱加茲尼王朝

36 編注：中國北方的種族之一。
37 編注：薛延陀是西元七世紀由鐵勒部落聯合而形成的部落國家，其骨幹爲部落，以「薛」與「延陀」二部組成。
38 編注：怛羅斯的確切位置尚未完全確定，但大致在今帕米爾高原以西、吉爾吉斯與哈薩克的相鄰邊境塔拉茲（Talas）地區。
39 編注：中亞古代遊牧突厥語民族之一。
40 呼羅珊是中古時期的地理名稱，位於西南亞，是一個古代地區名。大部分地區位於今日伊朗境內，另有一部分分布於阿富汗的赫拉特（Herat）一帶，以及土庫曼斯坦境內的莫夫（Merv）地區。呼羅珊一名在波斯語中意爲「太陽升起的地方」。

（Ghaznavid Dynasty）。

當時，突厥人開始從中亞向西遷移，加茲尼王朝則接納他們進入領地。突厥人很快就深入阿拉伯帝國的腹地，其中，塞爾柱突厥人就是較早進入阿拉伯核心地區的一支。西元九七〇年，突厥烏古斯部族（Oghuz Turks）的酋長塞爾柱（Seljuk）率部從中亞北部草原遷至錫爾河下游。他們不久後接受遜尼派伊斯蘭教，並進入呼羅珊地區。一〇三七年，塞爾柱的孫子圖格魯勒・貝格（Togrul beg）與恰格勒・貝格（Chaghri Beg）率軍向中亞擴張。他們擊敗加茲尼王朝軍隊後，乘勝征服中亞大片地區。一〇四三年，他們進入米底，並於一〇四八年起進攻東羅馬的屬國亞美尼亞，與東羅馬軍隊發生衝突。

塞爾柱突厥人並未將東羅馬視為主要對手，他們的重點仍是攻打阿拉伯帝國。一〇五五年，圖格魯勒・貝格率軍進入巴格達，迫使哈里發封他為阿拉伯帝國的攝政，賜號「蘇丹」（Sultan），意為「東方與西方之王」。從此，阿拉伯的哈里發淪為塞爾柱帝國（Seljuk Empire）蘇丹的傀儡。然而，塞爾柱帝國並未將統治中心設於巴格達，而是以伊斯法罕為基地，持續對東羅馬屬國亞美尼亞以及小亞細亞發動進攻。

就在塞爾柱帝國於西亞擴張之際，東羅馬的馬其頓王朝進入盛世，其趁阿拉伯阿拔斯王朝衰弱之機，收復了小亞細亞各省與敘利亞北部，並併吞了東亞美尼亞王國[41]。這原本是東羅馬數百年來難得的復興契機，但隨著塞爾柱突厥人的進攻而被摧毀。

當時，東羅馬北方邊境面臨佩切涅格人（Pechenegs）[42]的威脅，導致多數軍力被調往君士坦丁堡、色雷斯等重鎮防備。對此，塞爾柱突厥軍趁亞美尼亞地區的東羅馬守軍兵力空虛之際發動進攻。從一〇八四年起，儘管圖格魯勒・貝格率軍自托魯斯山脈一路席捲至狄奧多西城一帶，橫越約六百里的邊界地帶，但到了亞美尼亞仍遭到頑強抵抗，未能成功攻下。

一〇六三年，阿爾普・阿爾斯蘭（Alp Arslan）[43]繼任蘇丹，決定大舉進攻東羅馬。一〇六四年，一支龐大的塞爾柱騎兵部隊攻占亞美尼亞與喬治亞（Georgia），並越過幼發拉底河，掠奪敘利亞、奇里乞亞和卡帕多奇亞地區。當地的東羅馬守軍多為外族傭兵，僅靠薪水作戰。他們一旦遇上塞爾柱騎兵，察覺難以取勝，便傾向保命撤退，毫無戰意。

面對危局，一〇六七年，東羅馬攝政皇太后歐多西亞（Eudokia Makrembolitissa）[44]選擇羅曼努斯・戴奧真尼斯（Romanos Diogenes）為丈夫，並於一〇六八年冊立他為共治皇帝，史稱羅曼努斯四世（Romanos IV）[45]，與原任皇帝米海爾七世・杜卡斯（Michael VII Doukas）[46]共同執

---

41 東亞美尼亞王國（Kingdom of Eastern Armenia）指的是位於亞美尼亞東部的領土政權。相對地，亞美尼亞西部過去則長期由東羅馬帝國所統治，並以狄奧多西城（Theodosiopolis，爲今日土耳其境內艾斯倫〔Erzurum〕的古名）作爲其統治中心。

42 編注：佩切涅格人是西突厥烏古斯人的一支。

43 塞爾柱帝國第二任蘇丹，首任蘇丹圖格魯勒・貝格的姪子，在位期間一〇六三年至一〇七二年。

44 編注：她是君士坦丁十世（Constantine X Doukas）的遺孀。

45 羅曼努斯四世（約一〇三〇年至一〇七二年），東羅馬皇帝，在位期間一〇六八年至一〇七一年。

46 米海爾七世（約一〇五〇年至一〇九〇年）是君士坦丁十世的長子，君士坦丁十世去世時由於其年幼，由母親歐多西亞攝政。羅曼努斯四世的共治皇帝，在位期間一〇七一年至一〇七八年。

政。顯然，皇太后改嫁並立新皇，是為了穩定政局，準備與塞爾柱軍決一死戰。

與塞爾柱的小亞細亞之爭

羅曼努斯四世組織軍隊抵禦塞爾柱軍的入侵。一〇六八年，他親自率領東羅馬軍隊從卡帕多奇亞南下，在北敘利亞獲得一些勝利。一〇六九年，他再度率軍進攻亞美尼亞。面對多支小規模騷擾的塞爾柱突厥軍隊，他無法取得決定性勝利，於是決定將戰線引向更東方的地區。

一〇七〇年，羅曼努斯四世派遣曼紐爾．科穆寧（Manuel Komnenos）率軍東征，意圖收復失土，從而進攻塞爾柱帝國。這種戰略，正是他們祖先當年在圍困中擊敗薩珊王朝時所採用的方式，羅曼努斯四世期望此次也能重演成功。然而，曼紐爾．科穆寧的東征以失敗收場，反而導致幼發拉底河流域的曼齊克特（Manzikert）[47]落入塞爾柱人手中。

眼見東羅馬主動出擊，塞爾柱蘇丹阿爾普．阿爾斯蘭大為震怒，下令將原本分散在各地的突厥軍隊集結，尋求與東羅馬決一死戰的機會。為了爭取時間，他向羅曼努斯四世提議和談，但遭到拒絕。羅曼努斯四世不願向塞爾柱突厥人妥協，因此展開四次軍事行動，意圖奪取曼齊克特與阿赫拉特（Ahlat），作為進攻塞爾柱的基地。

一〇七一年春，在為軍隊備妥補給後，羅曼努斯四世親率軍隊進攻曼齊克特。當時，東羅馬軍對外號稱十萬人，但組成相當複雜——有從卡帕多奇亞和佛里幾亞臨時徵召的後備軍；有來自東羅馬歐洲屬地與盟邦的軍隊，如：馬其頓人、保加利亞人、烏迪人（Udis）和摩爾多瓦人（Moldavians）等；還有來自西歐的法蘭克人與諾曼人的傭兵。其中，烏迪人與摩爾多瓦人皆屬突厥系民族。除了一些蠻族指揮官外，羅曼努斯四世的政敵安德洛尼卡・杜卡斯（Andronikos Doukas）也在軍中。他的父親是拜占庭貴族約翰・杜卡斯（John Doukas）[48]，長期對皇位懷有野心，並在宮廷中具有重要影響力。雖然羅曼努斯四世的軍隊人數不少，但軍心渙散，內部矛盾重重，將領之間也缺乏協調與合作。

一〇七一年夏，羅曼努斯四世率軍進入狄奧多西，並在當地兵分兩路，一路進攻阿赫拉特，一路進攻曼齊克特。他本人親率主力奪下曼齊克特後，打算與進攻阿赫拉特的部隊會合，於是先派出一支部隊前往支援阿赫拉特的攻勢，最終成功攻占該城。

阿爾普・阿爾斯蘭提出的議和建議遭到拒絕後，立即命令塞爾柱軍自北敘利亞北上迎敵。當時，塞爾柱軍約有四萬人。他們抵達阿赫拉特城外時，駐守該地的東羅馬傭兵聞訊潰逃，使得塞爾柱軍輕鬆占領阿赫拉特，繼續北上。

47 編注：爲今日土耳其馬拉茲吉特（Malazgirt）的古名。此役史稱曼齊克特戰役（Battle of Manzikert），在這場戰事中蘇丹阿爾普・阿爾斯蘭取得決定性勝利並俘獲東羅馬皇帝羅曼努斯四世，使安納托力亞和亞美尼亞地區的統治權轉移到塞爾柱人手中，被後世視爲基督與伊斯蘭文化在當地消長的分水嶺。

48 編注：他是米海爾七世・杜卡斯（Michael VII Doukas）的叔父，也是杜卡斯家族的實質領袖。

由於情報傳遞不及時，羅曼努斯四世並不知道阿赫拉特的傭兵已潰逃，也不了解塞爾柱軍的行動路線，對敵情完全一無所知。一〇七一年八月十九日，在曼齊克特城外，東羅馬軍與塞爾柱軍意外相遇，雙方在準備不足的情況下倉促開戰。這場戰鬥沒有嚴密的戰術部署，全靠雙方士兵的戰力與心理素質硬拼。東羅馬軍多為重步兵與重騎兵，但因出征倉促，訓練不足，加上部隊複雜，無法有效發揮戰力。反觀塞爾柱軍雖然人數劣勢，但其主力軍為機動性高的輕騎兵與馬弓手，射程遠、機動靈活、殺傷力強。

戰爭初期，東羅馬軍展開進攻，塞爾柱軍則採守勢，邊戰邊退，伺機反擊。傍晚時分，羅曼努斯四世察覺戰局異常，懷疑有詐，便下令收兵。塞爾柱軍判斷時機已成熟，立刻停止撤退，由馬弓手猛烈攻擊東羅馬軍的後方部隊，迫使其分兵應對，使得戰場形勢急轉直下。此時，東羅馬後衛指揮官安德洛尼卡·杜卡斯散布軍隊已敗的謠言，導致軍心動搖，兩翼與後衛迅速瓦解，使得中軍孤立無援、陣形大亂。塞爾柱軍趁勢全面反攻，羅曼努斯四世身負重傷並遭俘，被迫簽下屈辱條約。條約規定，羅曼努斯四世可以返回本國，但需向塞爾柱繳交贖金，以及東羅馬每年需向塞爾柱進貢，同時也必須釋放所有塞爾柱戰俘。

雖然條約未要求割地，但東羅馬軍已全線潰敗，失去保護亞美尼亞與小亞細亞的能力。對塞爾柱人來說，這些毫無防備的土地無需經過談判，只要他們想要，唾手可得。然而，這份條約最終並未實施。羅曼努斯四世戰敗後，在貴族支持下，共治皇帝米海爾七世·杜卡斯宣布廢黜其皇位。既然簽署條約的皇帝不具正當性，條約自然也被視為無效。至於羅曼努斯四世本人，則在返回君士坦丁堡的途中悲慘身亡。

東羅馬藉由廢黜羅曼努斯四世的方式，否認條約的合法性。對阿爾普．阿爾斯蘭而言，這無異於賴帳。他原本打算動用武力逼使東羅馬履行條約，卻在一〇七二年過世，未能如願。曼齊克特戰役所簽下的條約也就隨之作廢。塞爾柱人對該條約其實也不甚在意。他們並未因此憤怒，反而在缺乏任何約束的情況下，更加肆無忌憚地劫掠並蹂躪小亞細亞，逐步在當地定居，使該地日益突厥化。這意味著他們已從掠奪式戰爭，轉向蠶食式的占領與定居。

一〇七七年，塞爾柱蘇丹任命統領小亞細亞的將領蘇萊曼．伊本．庫塔爾米什（Suleiman ibn Qutalmish）以尼西亞為中心，建立了羅姆蘇丹國（Sultanate of Rûm）。「羅姆」出自阿拉伯語，是東方人對小亞細亞的稱呼，發音與「羅馬」相近，其實就是指羅馬。突厥人將「羅馬」作為國名，與東羅馬帝國互別苗頭，以爭奪對小亞細亞的統治權，這使得當地人對塞爾柱軍的反抗明顯減弱。羅姆蘇丹國迅速擴張，很快奪下伊科尼姆（Iconium）[49]，其統治範圍從北方的黑海到南方的地中海，西部勢力仍在擴張中，成為東羅馬的重大威脅。

阿爾普．阿爾斯蘭去世後，由他的兒子馬立克沙（Malik Shah）[50]繼任蘇丹，此後塞爾柱帝國進入鼎盛時期。一〇九一年，馬立克沙將都城遷至巴格達，在聚禮日[51]的祈禱儀式中，蘇丹與哈里

49 編注：爲今日土耳其境內科尼亞（Konya）的古名。

50 馬立克沙（一〇五三年八月八日至一〇九二年十一月十九日），塞爾柱突厥蘇丹，在位期間一〇七二年至一〇九二年。

51 又稱爲主麻日，指的是穆斯林於星期五正午過後到當地清眞寺舉行集體禮拜。

發並列，以彰顯政教合一的地位。當時的塞爾柱帝國，其疆域東起中亞並與中國接壤，西至敘利亞與小亞細亞，南達阿拉伯海，北到基輔（Kyiv）與俄羅斯邊界，是當時最強大的軍事帝國之一。

不過，塞爾柱帝國的繁盛並未持久。一〇九二年，馬立克沙與維齊爾[52]尼札姆·穆勒克（Nizam al-Mulk）[53]相繼過世，隨後蘇丹的諸子爭奪王位，皇族內部發生激烈鬥爭，地方軍事封建勢力割據稱霸，同時，伊斯瑪儀派（Ismailism）[54]中的支派阿薩辛派（Order of Assassins）[55]在波斯與敘利亞建立多個堡寨，並發動暗殺行動，對抗塞爾柱軍隊，導致帝國陷入分裂。

塞爾柱帝國分裂後，以巴格達、大馬士革、科尼亞、摩蘇爾、迪亞巴克爾（Diyarbakir）等城市為中心，出現多個小型的塞爾柱蘇丹王朝。羅姆蘇丹國也趁勢在小亞細亞宣告獨立。各地王朝彼此混戰，進一步削弱了塞爾柱帝國其抵抗外敵的能力。

好運氣又降臨到東羅馬身上，東羅馬軍趁此機會展開反攻。一〇九六年，第一次十字軍東征進入小亞細亞，東羅馬藉此良機收復了安納托力亞西岸的領土，成功將羅姆蘇丹國限制在內陸地區。大約在一一一〇年前後，塞爾柱軍再次逼近博斯普魯斯海峽。時任東羅馬皇帝阿萊克修斯一世（Alexios I Komnenos）[56]積極整軍備戰，自一一一〇年至一一一五年，他幾乎每年派遣軍隊攻擊塞爾柱人，且戰果顯著。

一一一六年，阿萊克修斯一世在安納托力亞半島中西部的菲羅梅隆（Philomelion）率軍大勝塞爾柱軍，迫使對方議和。在一一一七年簽訂的和約中，塞爾柱人被迫放棄整個安納托力亞沿海地區[57]，退守東部，雙方以錫諾普、安卡拉與菲羅梅隆一線為邊界。這場勝利是東羅馬歷史上難得的轉捩點。

阿萊克修斯一世死後，其子約翰二世（John II Komnenos）[58]繼位，繼續對抗塞爾柱人。他展現出傑出的軍事指揮能力，將東羅馬東方邊界推進至小亞美尼亞（Cilician Armenia）[59]，南方邊界與十字軍控制的安條克公國（Principality of Antioch）相接。

取得連番勝利後，約翰二世信心滿滿地率軍進攻幼發拉底河流域，試圖重建東羅馬在該地的

---

52 維齊爾（Vizier），指高級的行政顧問及大臣（有時涉及宗教），爲穆斯林君主如哈里發及蘇丹工作，相當於宰相。

53 尼札姆·穆勒克（一〇一八年四月十日至一〇九二年十月十四日），塞爾柱帝國著名政治家，伊斯蘭學術文化的贊助者，蘇丹馬立克沙的首相，掌管著塞爾柱帝國的實權。

54 伊斯蘭教什葉派（Shia Islam）的主要支派之一。

55 編注：伊斯蘭教當中的一個異端教派，是一個祕密的暗殺組織。英語中「刺客」（assassin）一詞即源自阿薩辛派，因此其也稱爲「刺客教派」。

56 阿萊克修斯一世（一〇四八年或一〇五六年至一一一八年八月十五日），東羅馬皇帝，在位期間一〇八一年到一一一八年。

57 此處指安納托利亞北部、西部和南部。

58 約翰二世（一〇八七年九月十三日至一一四三年四月八日），東羅馬皇帝，在位期間一一一八年至一一四三年，被譽爲「好人約翰」，是東羅馬科穆寧王朝（Komnenos Dynasty）最偉大的皇帝。

59 此處指奇里乞亞地區。

勢力。不過，他未能如願。一一四三年，他在奇里乞亞山區狩獵時，意外身中毒箭死亡。

一一四三年，曼努埃爾一世（Manuel I Komnenos）[60]繼位。他自幼崇尚西歐文化，成年後迎娶安條克公主為妻，熱衷與近東十字軍國家的貴族交往，並積極介入西方事務，特別是義大利。曼努埃爾一世登基不久，小亞細亞的局勢急轉直下，塞爾柱軍趁機入侵，不斷攻擊西部地區。

一開始，曼努埃爾一世並未展開大規模反擊，只是加強邊境防禦，而塞爾柱軍步步為營，逐步蠶食安納托力亞西部。一一四七年，曼努埃爾一世率軍反攻羅姆蘇丹國，直抵伊科尼姆城下。不過，在得知敵軍援兵即將抵達後，他僅命軍隊在城郊搶掠一番便急速撤軍，未敢進攻城池。羅姆蘇丹軍察覺東羅馬皇帝畏懼，遂設伏反擊。在東羅馬軍撤退途中，兩路突厥軍交叉攻擊——一路緊追不捨，另一路預先占據有利地形埋伏。東羅馬軍潰敗，損失慘重。

隨後，第二次十字軍東征即將進入小亞細亞的消息傳來，令東羅馬與塞爾柱雙方都感到相當震驚，於是立即議和停戰，因為雙方都對十字軍即將進入安納托力亞感到不安。第一次東征之後，東羅馬與十字軍間的矛盾已公開化。曼努埃爾一世多方設法要讓十字軍國家服從東羅馬的統治，包括外交與軍事手段，但成效有限；十字軍國家不願服從，且經常侵擾東羅馬領內的居民。

一一六一年，東羅馬與羅姆蘇丹國建立短暫的友好關係。曼努埃爾一世邀請蘇丹訪問君士坦丁堡，並給予高規格接待；羅姆蘇丹則暫時接受「東羅馬皇帝至上」的原則。但到了一一七〇年，雙方關係再次惡化。

一一七六年，曼努埃爾一世親自領軍反擊羅姆蘇丹國。他率軍深入羅姆境內，但在密列奧塞法隆（Myriokephalon）山谷的要塞中，陷入塞爾柱軍所設下的埋伏包圍。東羅馬軍被困狹長山谷，進退維谷，山上盡是伏兵，無法展開反擊，幾乎是被動挨打。激戰之後，山谷內屍橫遍野，軍心大潰[61]。曼努埃爾一世孤身逃離戰場，但精神大受打擊，從此一蹶不振。

戰後，東羅馬與羅姆蘇丹國再度簽訂和約，東羅馬同意拆除部分防線，並承認突厥人在小亞細亞的定居權。自此以後，東羅馬東部邊界再也沒任何實質防禦，小亞細亞逐步成為突厥人的永久領土。

60 曼努埃爾一世（一一一八年十一月二十八日至一一八〇年九月二十四日），東羅馬帝國科穆寧王朝皇帝，在位期間一一四三年至一一八〇年。

61 編注：此役史稱密列奧塞法隆戰役（Battle of Myriokephalon）。

Chapter XVII

帝國殘陽如血

諾曼人於西西里建國後，將矛頭指向東羅馬。
東羅馬一度擊退強敵，卻未能阻止歷史的洪流。
隨著突厥人的再次崛起，一場關乎生死的決戰無法避免。
此役之後，曾經輝煌的帝國終於傾覆，
永遠沉沒在歷史的浪潮中。

決戰巴爾幹半島

在東羅馬與突厥人激戰至後期時，來自西方的諾曼人也趁機對東羅馬落井下石。

在日耳曼部落南遷的同時，北歐維京人也向南移動，進入法蘭克人的疆域，並與當地居民融合，逐漸形成獨特的諾曼文化，這些人被稱為諾曼人。其中一支諾曼人橫越英吉利海峽（English Channel），征服不列顛，建立了諾曼第王朝；另有一支諾曼人則南下亞平寧半島南部，後來建立了西西里王國。

到了西元八世紀至九世紀期間，南下的諾曼人逐漸崛起，並開始對外擴張。他們刻意避開當時的強權，在亞平寧半島東部沿地中海地區，緩慢蠶食地盤，壯大自身，累積實力。諾曼人在沉潛中默默發展了幾百年，積蓄實力。

到了十一世紀，諾曼人看到東羅馬、威尼斯人、拉古薩人以及阿拉伯海盜在地中海激戰不休，雖然東羅馬與威尼斯在戰事中取得勝利，卻也元氣大傷。因此，諾曼人認為奪取地中海控制權的時機已到——只要擊敗虛弱不堪的東羅馬，他們就能成為地中海的新霸主。

一〇五九年，羅貝爾．吉斯卡爾（Robert Guiscard）[1]率領諾曼軍隊奪取普利亞與卡拉布里亞。教宗尼閣二世趁勢冊封羅貝爾．吉斯卡爾為普利亞公爵（Duke of Apulia）。嚐到甜頭後，羅貝爾．吉斯卡爾從一〇八一年至一〇八五年間不斷發動對東羅馬的侵略。他將普利亞政務交由幼子羅傑（Roger Borsa）處理，自己則與長子博希蒙德一世（Bohémond de Tarente）率艦隊橫渡亞得里亞海，目標是奪取位於巴爾幹半島西岸的重要港口——都拉齊翁。

都拉齊翁港是巴爾幹半島的西部門戶，著名的軍用道路埃格納提亞大道（Via Egnatia）就是從此地東行，經塞薩洛尼基，直達君士坦丁堡，戰略地位極為重要。東羅馬皇帝巴西爾二世曾以都拉齊翁港為中心設立軍區，專責防禦西方勢力。羅貝爾．吉斯卡爾意圖占領此港，作為進攻君士坦丁堡的前哨。

當時，東羅馬的科穆寧王朝剛剛建立，國內百廢待舉，國際局勢也不樂觀。一〇五四年，東西教會正式決裂，東羅馬因此被西方基督教世界孤立；一〇七一年，曼齊克特戰役失利，讓東羅馬在小亞細亞失去立足點；同年，亞平寧半島上的巴里也被諾曼人攻陷；佩切涅格人在巴爾幹與多瑙河流域持續進逼。東羅馬難以單靠軍力對抗諾曼人，只得訴諸外交，向威尼斯與神聖羅馬帝國求援。

然而，神聖羅馬帝國的亨利四世正陷入與教宗的激烈衝突。受到教宗挑撥，神聖羅馬帝國的貴族頻頻反叛，使得亨利四世無暇他顧，難以提供東羅馬實質援助。反觀威尼斯人，則趁機與東羅馬結盟。最後，雙方達成協議，當東羅馬與諾曼人交戰時，威尼斯將派艦隊支援；作為回報，東羅馬給予威尼斯在小亞細亞、東地中海與黑海的貿易特權。

1 編注：羅貝爾．吉斯卡爾（約一〇一五年至一〇八五年七月十七日）是諾曼人的英雄人物。雖然西西里王國於他在世時尚未成立（一一三〇年才建立），但他奠定了王國的基業，是實際上的開國始祖。

諾曼人與威尼斯人的距離相近，諾曼勢力若掌控亞得里亞海與愛奧尼亞海的制海權，將嚴重阻礙威尼斯人在東西地中海的中介貿易。因此，聯合東羅馬對抗諾曼人符合威尼斯人的長遠利益。此時，博希蒙德一世率領五十艘戰艦駛近科孚島（Corfu）[2]。東羅馬軍隊防備鬆懈，諾曼人輕易奪取科孚島，並朝著都拉齊翁進軍。

都拉齊翁是東羅馬在西方的另一個門戶，城防堅固，由將軍喬治．帕里奧洛格斯（George Palaiologos）指揮防守，守軍則由戰鬥力強悍的阿爾巴尼亞人（Albanians）與馬其頓人所組成。羅貝爾．吉斯卡爾率軍長途跋涉，還未正式展開攻城戰，就遇上意想不到的天災。都拉齊翁守軍未戰即得勝，士氣大振。

依照以往經驗，希臘海域五月間氣候溫暖宜人。然而，羅貝爾．吉斯卡爾率艦接近亞得里亞海岸時，竟然突遇暴風雪。巨浪狂風肆虐，驚雷轟鳴，諾曼艦船被拍打至岩石上撞得粉碎，殘骸與士兵屍體、武器裝備四散海面。羅貝爾．吉斯卡爾在災難中倖存，被迫上岸紮營，搭設臨時帳篷，召集殘兵，派人尋找糧草與裝備。此時，威尼斯艦隊趁勢發動攻擊。諾曼人迅速集結反擊。在首日交戰中，博希蒙德一世指揮諾曼艦隊作戰，表現得非常出色，讓雙方戰況勢均力敵。入夜後，威尼斯艦隊將戰艦排成新月形陣列，停泊待命。

第二天，威尼斯艦隊充分發揮艦艇的機動靈活、弓箭與投槍命中率高，並運用希臘火的優勢，在海戰中取得上風。諾曼艦隊被擊敗，損失慘重。一些殘存艦艇逃離至岸邊，但仍被威尼斯人砍斷纜繩拖走。都拉齊翁的東羅馬守軍又趁機出擊，突襲諾曼人的陸上營地，奪取大量糧草與軍備，將物資運回城內，緩解了都拉齊翁守軍的困境。諾曼人失去海上優勢，與島嶼之間的聯繫也被切斷，以致補給線中斷，同時，營區內傳出疫病，導致成千上萬的士兵染疫身亡。

儘管如此，羅貝爾．吉斯卡爾依然沉著指揮，持續圍攻都拉齊翁城，並派人返回普利亞與西西里徵調援軍。都拉齊翁城內軍民堅決防守，毫不退縮。羅貝爾．吉斯卡爾命人推來一座可容納五百士兵的攻城塔接近城牆，東羅馬守軍則以火攻燒毀攻城塔，成功挫敗諾曼人的攻勢。

在都拉齊翁城，東羅馬守軍與諾曼軍僵持不下。東羅馬皇帝阿萊克修斯一世抓緊時間平定國內局勢，並在六個月內從歐洲各地集結出一支由馬其頓人、亞美尼亞人、瓦良格人（Varangians）[3]、突厥人及英格蘭人（Englishmen）所組成的傭兵團前往戰場，與威尼斯艦隊共同對都拉齊翁形成水陸夾擊之勢。

諾曼軍被夾在東羅馬陸軍與威尼斯海軍艦隊之間，陷入重圍。隨著激烈戰事展開，諾曼軍逐漸被擠壓至海邊的一處三角地帶——當地一條河流匯入海中，切斷退路，右翼瀕臨海岸，左翼依

2 編注：此爲英語譯名，若依照希臘文翻譯，譯爲克基拉島（Kérkyra）。

3 他們是西元八世紀至十世紀出現在東歐平原上的一支維京人，原居住在北歐的斯堪地那維亞半島（Scandinavia），後逐漸沿著商路來到東歐平原，活躍在當地的商路上。

山，前方是一片開闊地形，進可求生，退則全軍覆沒。對此，諾曼軍焚毀殘存船艦與物資，下定決心要與東羅馬—威尼斯聯軍背水一戰。

一〇八一年十月十八日，雙方於都拉齊翁城外展開決戰。阿萊克修斯一世一心求勝，未聽從部將勸告，貿然下令聯軍向諾曼軍發動攻擊，這一不理智的決定，錯失了唾手可得的勝利。

拂曉前，東羅馬—威尼斯聯軍展開全面進攻。阿萊克修斯一世指示東羅馬軍兵分兩路，進攻諾曼陣地，輕騎兵部署於平原，弓箭手列為第二線。瓦良格人擔任前鋒。戰鬥初期，這支傭兵所使用的戰斧重創了羅貝爾·吉斯卡爾率領的諾曼軍，諾曼軍中的卡拉布里亞人（Calabrians）與倫巴底人一度試圖倒戈，但因河道被毀無法脫身。為防止都拉齊翁城守軍反擊，諾曼軍已主動拆除河上的橋梁。

海岸布滿戰艦，諾曼艦隊也無法撤退。在最為危急的時刻，羅貝爾·吉斯卡爾的妻子希克蓋塔（Sikelgaita）身先士卒，衝向東羅馬—威尼斯聯軍，她的英勇果決，鼓舞了全軍士氣。約一萬五千名諾曼士兵奮力衝鋒，對東羅馬—威尼斯聯軍造成巨大損失，為戰局帶來一線希望。

羅貝爾·吉斯卡爾抓住戰機，**在瓦良格人衝鋒後、東羅馬軍側翼出現空隙之際，率領八百名騎兵直插敵陣，橫衝直撞，斬將殺敵。最終，諾曼軍擊敗兵力為其五倍的東羅馬—威尼斯聯軍，徹底扭轉戰局**。諾曼騎士僅傷亡三十餘人，卻斬殺敵軍五、六千人，其氣勢猛烈，震懾敵軍。

關鍵時刻，東羅馬皇帝阿萊克修斯一世的優柔寡斷顯露無遺。他在戰場上不幸受傷之後，便下令東羅馬軍撤退突圍，都拉齊翁城再次陷入諾曼軍的圍攻之中。

數月後，諾曼軍經冬季休整，重整旗鼓。一〇八二年二月，一支諾曼突擊隊以繩梯攻入都拉齊翁城，成功攻陷這座西方要塞，打開東羅馬的西方門戶。

攻陷都拉齊翁後，諾曼軍持續東進，越過伊庇魯斯山區，進入色薩利地區，東羅馬面臨潰敗危機。奇妙的是，天命再度眷顧東羅馬。正當羅貝爾．吉斯卡爾準備進一步發動進攻時，得知義大利後方局勢有變，只得急忙返國，留下其子博希蒙德一世繼續指揮。

這一次，阿萊克修斯一世作出一個英明睿智的決策。他趁機重組軍隊，並在拉里薩與博希蒙德一世所率的諾曼軍決戰。為求制勝，他針對諾曼軍擅長騎戰而步戰較弱的特點，命部隊專射敵軍坐騎腿部，瓦解諾曼騎兵優勢，最終一舉獲勝。

拉里薩之戰的結果是博希蒙德一世大敗，只得率殘兵狼狽撤回義大利。阿萊克修斯一世也藉此役洗刷其「軍事無能」的污名，使得東羅馬軍隊士氣大增。

儘管戰敗，諾曼軍對東羅馬－威尼斯聯軍並不服氣。一〇八四年至一〇八五年間，羅貝爾．吉斯卡爾展開第二次遠征，再度挑戰東羅馬。在亞得里亞海上，諾曼艦隊與東羅馬－威尼斯聯合艦隊激戰三次。諾曼艦隊起初失利，但後來逆轉戰局，重創聯軍，使其傷亡逾一萬三千人。

翌年春天，羅貝爾．吉斯卡爾率諾曼艦隊乘勝南下，攻擊希臘沿岸及愛奧尼亞海諸島。諾曼艦隊的海戰優勢逐漸顯現，迫使阿萊克修斯一世不得不準備加派兵力，以面對可能的持久戰。然而，一〇八五年七月，羅貝爾．吉斯卡爾不幸染病身亡，諾曼軍遠征功虧一簣，被迫撤回義大利。阿萊克修斯一世尚未出兵增援，便因對手意外去世而坐收勝果。

外交失誤的亡國序曲

羅貝爾・吉斯卡爾死後，諾曼人對東羅馬帝國的進攻一度中止。六十年之後，魯傑羅二世（Roger II of Sicily）[4]再度率領諾曼軍進攻東羅馬。在這段期間，魯傑羅二世經營數十年，成功統一義大利南部與西西里島。一一〇三年聖誕節，羅傑二世加冕稱王，西西里王國正式誕生。

對東羅馬來說，西西里王國是極大的威脅。由於歷史背景，東羅馬一直視整個地中海為理所當然的勢力範圍。自一〇五四年東西教會大分裂（East–West Schism）以來，教宗依賴西歐各國君主的支持，開始公然輕視東羅馬皇帝，導致東西教會徹底分裂——基督宗教正式分為東方的東正教（希臘正教會）與西方的天主教（羅馬公教會）。

東羅馬皇帝拒絕承認西西里王國的合法性，並千方百計聯合歐洲其他強權對抗西西里。西西里王國的突然崛起，也讓一向意圖稱霸歐洲並染指義大利的神聖羅馬帝國皇帝難以接受。於是，**神聖羅馬帝國與東羅馬帝國結盟，以共同對抗西西里王國。魯傑羅二世則以教宗為後盾，與東羅馬及神聖羅馬帝國對峙。**

一一四四年，信奉伊斯蘭教的塞爾柱突厥攻滅了由十字軍建立、信奉基督宗教的埃德薩伯國（County of Edessa）。此舉震撼西歐的封建領主，一些好戰派藉機將事件宗教化，號召發動戰爭。原本是兩個國家的衝突，被擴大成兩大宗教的戰爭，以致全面的大規模戰爭不可避免。

在法蘭西國王路易七世（Louis VII of France）[5]和修士伯爾納鐸（Bernard of Clairvaux）的

鼓動下，西方騎士組成第二次十字軍東征，遠征塞爾柱突厥。這支軍隊需經過東羅馬境內。雖然基督宗教已分裂，信仰東正教的東羅馬與信仰天主教的西方騎士在信仰上互不對盤，但雙方在對抗塞爾柱突厥的立場基本上一致。東羅馬雖未實際參與第二次十字軍東征，但同意讓其借道。

一一四七年，第二次十字軍東征分為海陸兩路，準備在君士坦丁堡會合。神聖羅馬帝國皇帝康拉德三世率領騎士團由巴爾幹半島陸路先抵達。當時，康拉德三世是東羅馬的政治盟友，東羅馬皇帝曼努埃爾一世熱情接待，並派船協助其軍隊渡海進入小亞細亞。

當法蘭西國王路易七世率法國騎士由海路抵達君士坦丁堡時，康拉德三世的部隊已被塞爾柱軍打敗。然而，為防止西方軍隊滋擾百姓，曼努埃爾一世隱瞞真相，謊稱康拉德三世大獲全勝，誘使法軍渡海。法軍缺乏戰場資訊，結果慘遭重創。

路易七世對曼努埃爾一世的欺瞞，感到極為憤怒，但當時選擇隱忍。就在此時，魯傑羅二世派遣將領安條克的喬治（George of Antioch）率領七十艘諾曼艦隊駛入亞得里亞海，攻下科孚島，並沿亞得里亞商路進入愛奧尼亞海，攻占雅典、底比斯（Thebes）與科林斯，瘋狂劫掠東羅馬土地。

諾曼艦隊在海上行動期間，巧遇返航途中的法王路易七世，得知戰場消息後迅速轉向，突襲

4 魯傑羅二世（一〇九五年十二月二十二日至一一五四年二月二十六日），羅貝爾・吉斯卡爾的姪子，西西里國王，在位期間一一〇三年到一一五四年。

5 路易七世（一一二〇年至一一八〇年九月十八日），法蘭西王國卡佩王朝的第六位國王，在位期間一一三七年至一一八〇年。

君士坦丁堡近郊。一些諾曼士兵甚至登陸港區，闖入御花園摘果子，還向皇宮方向射箭挑釁。當時曼努埃爾一世正在塞薩洛尼基布署防務，得知消息後相當震怒，下令嚴懲。因此，諾曼艦隊在回航途中，遭遇東羅馬－威尼斯聯合艦隊的攔截。在敵軍猛烈進攻下，諾曼艦隊被分隔開來，逐一被擊敗，共損失十九艘戰艦。一一四九年，在威尼斯的支援下，東羅馬成功收復科孚島。

戰後，魯傑羅二世轉而以外交手段對抗東羅馬。他煽動神聖羅馬帝國內部的貴族發動內戰，也慫恿巴爾幹地區的塞爾維亞人（Serbs）進攻東羅馬。法王路易七世也鼓吹發動第三次十字軍東征，懲罰「背叛朝聖者」的希臘人。魯傑羅二世見狀，趁機拉攏法王。教宗一向對神聖羅馬帝國與東羅馬的義大利政策存有戒心，因此毫不猶豫地支持魯傑羅二世。

就這樣，形成了兩大對立陣營——一方是神聖羅馬帝國、東羅馬與威尼斯；另一方是路易七世、教宗、魯傑羅二世與塞爾維亞人。雙方關係緊張，一觸即發。然而，路易七世籌劃的新一輪十字軍遠征，因遭國內騎士反對而失敗；一一五二年，康拉德三世去世。魯傑羅二世與曼努埃爾一世各自失去一位重要盟友。

一一五四年，魯傑羅二世去世。曼努埃爾一世見機出兵，派將領喬治·帕里奧洛格斯率領水陸兩棲軍進攻義大利。他利用諾曼人的內部矛盾，以武力與外交威脅手段迅速奪取普利亞地區的多座城市，使安科納（Ancona）至塔蘭托一帶重歸東羅馬之手。

曼努埃爾一世迫不及待地宣稱自己擊敗了「阿爾卑斯山外的蠻族人」，並積極展開外交攻勢，試圖讓義大利北部城市與教宗承認他的權威；同時，他也介入羅馬教宗與神聖羅馬皇帝的爭端，試圖藉「恢復東西教會合一」之名取代神聖羅馬皇帝地位，重溫「地中海羅馬帝國」的舊夢。不過，盟友看穿曼努埃爾一世的野心，紛紛轉向。其中，腓特烈一世公開反對東羅馬插手義大利事務，威尼斯人也倒向西西里新王古列爾莫一世（Guglielmo I of Sicily）[6]。由於盟友背離，東羅馬在布倫迪西姆戰敗，此後接連失利，最終全面潰退。東羅馬所奪領土，又重新落入諾曼人手中。

一一五八年，在教宗的斡旋下，東羅馬與西西里簽訂為期三十年的休戰條約，正式放棄對義大利的領土與權利主張。締結和約後，曼努埃爾一世為緩解財政壓力，也為報復威尼斯人失信，開始削減其商業特權。此外，他採取「以夷制夷」策略，於一一六九年與一一七〇年分別給予熱內亞（Genoa）與比薩（Pisa）商業優惠，以牽制威尼斯。東羅馬與威尼斯的關係持續惡化。到了一一七一年，曼努埃爾一世下令沒收所有威尼斯人的財產，東羅馬與威尼斯徹底決裂。

一一七一年，威尼斯代表與教宗、神聖羅馬皇帝，以及威尼斯與倫巴底諸城邦聯盟召開會

6 古列爾莫一世（一一三一年至一一六六年五月七日），西西里王國第二任國王，在位期間一一五四年至一一六六年，綽號「惡人」，是前任國王魯傑羅二世的第四子。

議，組成反東羅馬同盟。

一一八〇年，曼努埃爾一世去世，由其年幼的兒子繼位，皇后安條克的瑪麗（Maria of Antioch）攝政。一一八二年，君士坦丁堡爆發民變，瑪麗母子被推翻，改由安德洛尼卡一世（Andronikos I Komnenos）[7]繼位。

反東羅馬的勢力持續凝聚。一一八四年，神聖羅馬皇帝腓特烈一世與西西里國王古列爾莫二世（Guglielmo II of Sicily）締結聯姻協定。一一八六年，西西里國的女王儲科斯坦察（Constance）[8]嫁給神聖羅馬帝國皇儲亨利六世，兩國形成緊密同盟。東羅馬所面臨的威脅日益強大。

為此，新任東羅馬皇帝安德洛尼卡一世積極展開外交行動，試圖瓦解反東羅馬帝國的聯盟。首先，他設法爭取威尼斯的諒解。一一八五年，東羅馬與威尼斯進行談判。安德洛尼卡一世下令釋放在一一八二年於君士坦丁堡暴動中被捕的威尼斯人，並分期賠償他們的損失。另外，他也頻頻向教宗示好，還在君士坦丁堡為天主教徒興建華麗的教堂。此外，安德洛尼卡一世還與埃及蘇丹達成協議，計畫在巴勒斯坦和敘利亞分割土地與勢力範圍。

一一八五年六月，西西里國王古列爾莫二世對愛奧尼亞海沿岸、希臘與巴爾幹半島發動全面攻勢。儘管諾曼艦隊攻擊都拉齊翁，但由於當地民眾飽受東羅馬政府壓迫，以致對來犯者幾乎沒有抵抗，諾曼人便輕而易舉地攻下了這座城市。

接著，為配合陸軍進攻塞薩洛尼基，諾曼艦隊於八月十五日抵達該城。在此之前，他們沿途攻下了科孚島、凱法利尼亞島（Cephalonia）與札金索斯島（Zakynthos）等地，完成對塞薩洛尼基的包圍。

塞薩洛尼基城防鬆懈，東羅馬援軍又遲遲未到。諾曼人僅用十天就順利地攻破城牆，進入城中後大肆蹂躪，屠殺、搶掠、縱火，毫無人性可言。隨後，他們繼續東進，直逼君士坦丁堡。

當諾曼人兵臨城下時，君士坦丁堡城內民心惶惶，且普遍認為是安德洛尼卡一世的外交政策失敗，導致帝國陷入危機。一一八五年九月十二日，安德洛尼卡一世被廢黜，由伊薩克·安吉洛斯（Isaac Angelos）登基為帝，史稱伊薩克二世（Isaac II Angelos）[9]。

此時，諾曼艦隊已集結於君士坦丁堡外圍，一支陸軍也自陸路逼近，整座城市幾乎成為唾手可得之地。新皇帝伊薩克二世束手無策，情勢十分緊張。

---

7 安德洛尼卡一世（約一一一八年至一一八五年九月十二日），約翰二世的姪子、阿萊克修斯一世的孫子，東羅馬帝國皇帝，在位期間一一八三年至一一八五年。

8 又被稱爲科斯坦察一世（一一五四年十一月二日至一一九八年十一月二十七日），她是西西里諾曼王朝諸王的女繼承人，西西里國王魯傑羅二世的女兒。一一九四年至死爲西西里女王，同時，作爲神聖羅馬帝國皇帝亨利六世的妻子，她在一一九一年至一一九七年間爲神聖羅馬皇后。

9 伊薩克二世（一一五六年九月至一二〇四年一月），東羅馬帝國安格洛斯王朝（Angelos Dynasty）的第一位皇帝，一一八五年至一一九五年以及一二〇三年至一二〇四年在位。

然而，連連獲勝的諾曼人因驕傲自滿而輕忽敵人。他們不將東羅馬軍隊放在眼裡，繼續在各地劫掠財物、濫殺平民。本來因重稅而不支持東羅馬皇帝的各地百姓，眼見外敵暴行，紛紛放棄前嫌，空前一致地支持東羅馬軍隊。受到激勵的東羅馬士兵，士氣高漲。東羅馬將領阿萊克西奧斯·布拉納斯（Alexios Branas）把握時機，發動全面反攻。

經過長途行軍的諾曼軍隊早已疲憊不堪，又爆發瘟疫，損失慘重。加上驕兵自滿，他們未能爭取當地民眾支持，面對東羅馬軍的反攻，迅速潰敗。

在莫西諾波利斯城（Mosynopolis）與德米特里澤斯城（Demetrizes）的戰役中，諾曼軍遭受重創，被迫撤出塞薩洛尼基、色薩利、科孚等地。雖然凱法利尼亞島與札金索斯島仍在諾曼人的控制之下，尚未收復，但東羅馬在這場戰爭中取得決定性勝利，不僅粉碎諾曼人長達百年的侵擾，也為東羅馬帝國贏得難得的和平。

此戰之後，東羅馬迎來近一個世紀的安定局勢。

君士坦丁堡的陷落

一百多年後，東羅馬再次面對一個強敵，最終也因此滅亡，這個對手就是鄂圖曼圖土耳其人（Ottoman Turks）所建立的鄂圖曼帝國。

鄂圖曼土耳其人是突厥族的一支，原本在呼羅珊一帶過著遊牧生活。十三世紀時，為了逃避蒙古騎兵的入侵，他們輾轉遷徙到小亞細亞半島，歸附羅姆蘇丹國，並皈依伊斯蘭教。羅姆蘇丹安排他們駐紮在薩卡里亞河（Sakarya River）畔，負責防守邊界，以抵禦東羅馬的侵擾。

一二八八年，奧斯曼．加齊（Osman Ghazi，後簡稱奧斯曼一世）[10]被任命為埃米爾（Emir）[11]。他為人勇猛，有戰略眼光，也有雄心壯志，主張對外擴張。他首先設法吞併其他突厥埃米爾的領地，接著積極征服小亞細亞。當時東羅馬長期受內憂外患所苦，早已外強中乾，只能勉強維持對小亞細亞西北角的控制，政權也極為脆弱。由於東羅馬一直實施高額賦稅政策，小亞細亞的民眾對其並無真正的忠誠。

奧斯曼一世深入分析情勢，在吞併周邊部落後，攻占了位於今土耳其埃斯基謝希爾（Eskişehir）西南方的卡拉恰希薩爾堡（Karacahisar Castle），並設為首府。一三〇〇年，他自稱蘇丹，宣告建立鄂圖曼帝國。為增強軍隊戰力，奧斯曼一世以「聖戰」（Jihad）理念鼓舞戰士，吸收來自各地的聖戰者、冒險者與其他突厥部族加入。他們也吸引了許多信奉伊斯蘭教的商人、牧民及手工業者前來

---

10 鄂圖曼帝國的締造者，他領導鄂圖曼土耳其人開創了鄂圖曼王朝。奧斯曼一世出身於一支源自中亞的突厥部落，但建立的是以土耳其語與伊斯蘭文化爲核心的鄂圖曼土耳其帝國。儘管在奧斯曼一世的統治時期，初生的鄂圖曼只是位於安納托力亞地區的一個小國家，但在他去世後的幾個世紀裡，鄂圖曼逐步演變成一個橫跨歐亞非三洲的強大帝國，其國祚直到第一次世界大戰結束後的一九二三年才宣告終結。

11 即信奉伊斯蘭教部落的酋長。

支持。

一三〇一年，土耳其軍隊占領比提尼亞平原，之後逐步蠶食整個小亞細亞。一三一七年，奧斯曼一世率軍進攻布爾薩（Bursa）。布爾薩是小亞細亞西北部的戰略要地，城垣堅固，防守森嚴。經過九年圍攻，鄂圖曼軍於一三二六年迫使布爾薩城投降，並定都於此。同年，奧斯曼一世逝世，由奧爾汗・加齊（Orhan Ghazi）[12]繼位為蘇丹。從此，這個土耳其政權被正式稱為鄂圖曼帝國。

奧爾汗英勇有為、目光遠大，持續推動軍事擴張。一三三一年，他從東羅馬手中奪取尼西亞，一三三七年又攻下靠近君士坦丁堡的尼科米底亞。不到十年間，鄂圖曼帝國便完全占領整個小亞細亞。奧爾汗也重視政務，積極整頓軍隊與政治制度。他重編軍隊，建立常備軍，規定各地獲得封地的貴族需提供兵力，同時組建正規軍。他也命令對軍官與士兵進行長期、嚴格的訓練，內容包括：軍事理念、戰技、閱讀寫作、儀態與體能等。

當時，東羅馬已經淪為二流國家，領土大幅縮減，政局四分五裂、內鬥不斷，戰亂頻仍。一三二一年，皇帝安德洛尼卡二世（Andronikos II）[13]取消了孫子安德洛尼卡三世（Andronikos III）的繼承權，祖孫交戰，局勢難解[14]。直到一三二八年，安德洛尼卡三世才成功繼位，結束內戰。

一三四一年，安德洛尼卡三世去世後，由十一歲的約翰五世（John V Palaiologos）[15]登基。不過，約翰六世・坎塔庫澤努斯（John VI Kantakouzenos）在色雷斯自立為皇帝，與約翰五世分庭抗禮，再度引發內戰。雙方爭奪皇位，不惜向外國求援。一三四四年，約翰六世・坎塔庫澤努斯將女兒狄奧多拉．坎塔庫澤娜（Theodora Kantakouzene）嫁給奧爾汗，以換取鄂圖曼的軍事支援。奧爾汗藉機派出六千名重裝騎兵渡過達達尼爾海峽，協助其爭奪皇位。

一三四九年，應約翰六世．坎塔庫澤努斯之請，奧爾汗又派出兩萬騎兵對抗塞爾維亞的入侵。透過這樣的軍事合作，鄂圖曼勢力逐步深入東南歐。一三五四年，鄂圖曼軍趁機占領博斯普魯斯海峽歐洲岸邊的加里波利半島（Gallipoli）。東羅馬試圖聯合塞爾維亞軍隊逼迫鄂圖曼軍退回亞洲，卻未能成功。約翰六世．坎塔庫澤努斯與奧爾汗決裂，但為時已晚，加里波利半島已成為鄂圖曼進軍歐洲的前進基地。

一三五九年，穆拉德一世（Murad I）[16]繼位為蘇丹，繼續向色雷斯推進。鄂圖曼展開猛烈攻勢，東羅馬多座重鎮接連陷落。一三六一年，阿德里安堡失守，土耳其人大批渡過達達尼爾海峽，並在當地定居。一三六七年，穆拉德一世宣布遷都阿德里安堡。不久後，鄂圖曼軍完全占領色雷斯，切斷君士坦丁堡與整個巴爾幹半島的聯繫，使東羅馬陷入前所未有的孤立狀態。

---

12 奧爾汗．加齊（一二八一年至一三六二年三月），鄂圖曼帝國的第二位君主，在位期間一三二六年至一三二九年。

13 安德洛尼卡二世（一二五九年三月二十五日至一三三二年二月十三日），東羅馬皇帝，在位期間一二八二年至一三二八年。

14 編注：史稱兩安德洛尼卡戰爭，也稱爲「一三二一至一三二八年拜占庭內戰」。

15 約翰五世（一三三二年六月十八日至一三九一年二月十六日），他是安德洛尼卡三世的兒子，東羅馬皇帝，在位期間一三四一年至一三九一年，曾被約翰六世和安德洛尼卡四世（Andronikos IV Palaiologos）篡位過。

16 穆拉德一世（一三二六年六月二十九日至一三八九年六月十四日），鄂圖曼帝國第三任君主，在位期間一三六二年至一三八九年，是鄂圖曼帝國首位以蘇丹爲頭銜的君主。

此時，東羅馬只剩下君士坦丁堡一隅。一三六三年，約翰五世被迫向鄂圖曼帝國求和，承認鄂圖曼對色雷斯的主權，並自貶為附屬國。

儘管東羅馬淪落至此，若當時的皇帝足夠有作為，仍不是完全沒有復興的可能。鄂圖曼的擴張引發巴爾幹各民族的強烈抵抗，雙方在當地激戰超過半世紀，鄂圖曼才得以控制除君士坦丁堡與伯羅奔尼撒半島部分區域以外的大部分巴爾幹地區。若東羅馬能把握時機，在這段期間積蓄實力，翻身仍有希望。

事實上，在鄂圖曼帝國征服巴爾幹多數地區之後，上天確實給了東羅馬一次復興的機會。當鄂圖曼軍席捲東南歐、逼近君士坦丁堡之際，中亞的帖木兒帝國（Timurid Empire）崛起。這兩個同樣好戰的突厥帝國終於爆發衝突。

一四〇二年七月二十日，雙方於安卡拉展開決戰。鄂圖曼慘敗，被迫成為帖木兒的藩屬。帖木兒的軍隊洗劫小亞細亞，恢復塞爾柱諸小國的君主王位，隨後帶著戰利品返回撒馬爾罕。

鄂圖曼軍事慘敗後，引發內部混亂，蘇丹巴耶濟德一世（Bayezid I）[17]被俘身亡。國內爆發王位爭奪戰，諸王子互相爭權，混戰多年。與此同時，農民起義也此起彼落。直到一四一三年，穆罕默德一世（Mehmed I）[18]即位為蘇丹，國內無政府狀態才宣告結束。然而，穆罕默德一世能力平平，在位期間並無特別建樹。

這原本是東羅馬復興的大好機會，遺憾的是，東羅馬的統治者並未把握時機，這也注定了東羅馬離滅亡不遠。歷史曾數度賜予其重生的契機，卻都被錯失；一旦鄂圖曼帝國恢復元氣，東羅馬的歷史也就走到了盡頭。

一四二一年，穆拉德二世（Murad II）[19]繼任為鄂圖曼帝國的蘇丹。穆拉德二世才華橫溢、野心勃勃，立志要徹底滅亡東羅馬帝國，占領君士坦丁堡。為了實現這個目標，他不惜耗費重金鑄造新式的大口徑火炮——臼炮（Mortar），準備各式攻城器械，改編軍制，建造新型戰艦，儲備盔甲、弓箭與彈藥，組建龐大艦隊，籌措糧草，並研擬各種攻城方案。

君士坦丁堡的地勢呈不規則的三角形，北臨金角灣，南靠馬爾馬拉海，東面隔著博斯普魯斯海峽與小亞細亞遙遙相望，只有西側與陸地相連。在歷史上，君士坦丁堡曾多次遭受攻擊，雖然從未被攻陷，但城防官兵從未敢有絲毫鬆懈，因此防禦工事建得極為堅固。西側為最容易受到攻擊之處，因此修築了雙層城牆，外城牆高約七至八公尺，每隔五十至一百公尺設有一座城樓；內

17 巴耶濟德一世（約一三六〇年至一四〇三年三月八日），鄂圖曼帝國第四任的君主，在位期間一三八九年六月十六日至一四〇二年七月二十日。

18 穆罕默德一世（一三八九年至一四二一年五月二十六日），全名穆罕默德．切萊比（Mehmed Çelebi），鄂圖曼帝國第五任的君主，在位期間一四一三年至一四二一年。

19 穆拉德二世（一四〇四年六月十六日至一四五一年二月三日），鄂圖曼蘇丹，在位期間一四二一年至一四五一年。

城牆高十二公尺，並在外城樓中間位置設置約二十公尺高的城樓。城牆外側則有約十八公尺深的護城壕溝。金角灣入口處，東羅馬軍以鐵鍊封鎖港口水域。君士坦丁堡地勢險要、城牆堅固、防守嚴密，雖然只有約八千名傭兵與二十艘戰艦駐守，但也絕非輕易可破。

一四五三年，穆罕默德二世（Mehmed II）[20]繼位，並於同年的四月親自率領十二萬名步兵、兩萬名騎兵、一萬名突擊隊與三百艘戰艦，從陸海兩路直撲君士坦丁堡，誓言要一舉滅亡東羅馬。鄂圖曼陸軍從西面逼近城牆，海軍則在海上配合行動，將君士坦丁堡團團圍困。四月六日，鄂圖曼軍自西線發起攻勢，左翼五萬人，右翼十萬人。穆罕默德二世坐鎮中軍，率領精銳的耶尼切里軍團（Janissaries）[21]，在華麗的帳篷中指揮全局。

這場攻城戰，攸關東羅馬帝國的存亡。儘管東羅馬皇帝過去曾多次錯失復興的機會，但此時已別無選擇，只能親自督軍，與城內守軍全力抵抗。在君士坦丁十一世（Constantine XI Palaiologos）[22]的指揮下，城內烽火連天，箭矢如雨。鄂圖曼軍始終未能越過護城壕溝，雙方在城下陷入膠著。

穆罕默德二世見東羅馬守軍頑強抵抗，意識到傳統的攻城戰術難以奏效，便下令使用重炮轟擊城牆，同時掩護步兵進攻，全面加強攻勢。在震耳欲聾的炮火聲中，數萬名鄂圖曼士兵揮舞大刀與長矛，手持樹枝、滾動大木桶，衝向護城壕，試圖迅速填平壕溝以攻進城內。但東羅馬守軍以密集火力封鎖壕溝，多次擊退來犯之敵。這一役，無論是鄂圖曼帝國，還是氣息奄奄的東羅馬，都傾盡全力，拚死一搏。

攻城久攻不下，穆罕默德二世一方面下令繼續炮擊城牆與輪番佯攻，另一方面命人挖掘地道，穿越護城壕與雙層城牆，企圖直通城內。不過，地道尚未挖通就被東羅馬守軍察覺，並以炸藥將其摧毀。對此，鄂圖曼軍接著發起新一輪攻勢。他們在密集炮火支援下，推出數十輛裝有輪子的活動堡壘，集中火力攻擊聖羅曼努斯門（Gate of St. Romanus）[23]。這種活動堡壘外表用三層牛皮包覆，不怕火燒，裡面則裝有使用滑輪操縱升降的攻城雲梯。鄂圖曼軍企圖利用這種活動堡壘接近城牆，攻入城內。然而，經過多次激戰，城牆仍未被攻破。

與此同時，鄂圖曼海軍的進攻也遭遇挫敗。東羅馬出動四艘熱內亞軍艦，擊沉多艘鄂圖曼軍艦，成功衝破封鎖，駛入馬爾馬拉海，為君士坦丁堡運送大批武器彈藥與糧食。穆罕默德二世大

20 編注：穆罕默德二世（一四三二年三月三十日至一四八一年五月三日），鄂圖曼帝國第七任蘇丹，於一四四四年至一四四六年及一四五一年至一四八一年兩度在位，又被尊稱爲「征服者」蘇丹穆罕默德。

21 編注：即土耳其禁衛軍或蘇丹親兵，是鄂圖曼土耳其帝國的常備軍隊與蘇丹侍衛的統稱。

22 君士坦丁十一世（一四〇五年二月八日至一四五三年五月二十九日），東羅馬帝國的最後一位皇帝，他於一四四九年繼位，直到一四五三年君士坦丁堡陷落時戰死。

23 君士坦丁堡的城門之一，第四軍用城門。今土耳其人稱它爲托普卡比門（Topkapı），意思是大砲之門。

為震怒，鞭笞艦隊司令。隨後，他召集將領，分析局勢、研擬對策。部分將領指出金角灣防線較為薄弱，若能成功突襲該處，東羅馬將陷入被動。不過，金角灣入口有嚴密防守與鐵鍊封鎖，艦隊難以穿越。

穆罕默德二世決定借道由熱內亞商人控制的加拉塔（Galata），派兵潛入金角灣。熱內亞商人見利忘義，貪婪成性。在穆罕默德二世承諾保障他們在加拉塔的特權後，才允許鄂圖曼軍通過。一四五三年四月二十二日，七十艘鄂圖曼輕型艦艇透過滑道自陸路進入金角灣。鄂圖曼軍隨即在灣內搭起浮橋，在岸邊設置炮臺，掌控金角灣，使君士坦丁堡陷入腹背受敵之勢。

鄂圖曼艦隊出現在金角灣後，東羅馬守軍大為震驚，緊急從西線抽調兵力加強防守。儘管形勢日益惡化，但東羅馬守軍依然頑強抵抗，多次擊退進攻者。畢竟，君士坦丁堡是東羅馬的最後命脈，若城破則國亡，因此，死守到底成了唯一選擇。城中軍民拚死奮戰，期盼再一次奇蹟般地挫敗敵軍。

五月二十七日，穆罕默德二世親自檢閱陸海軍，發表總動員演說，鼓舞士氣，號召將士們一鼓作氣攻下君士坦丁堡，並允許他們破城後可任意掠奪。這一番言語，讓鄂圖曼的士兵們士氣高漲。

五月二十九日拂曉，穆罕默德二世下令發動總攻。萬炮齊鳴、火光沖天，炮彈如冰雹般傾瀉至君士坦丁堡。數萬名鄂圖曼軍人扛著雲梯，喊殺震天而來。同時，馬爾馬拉海與金角灣的鄂圖曼艦隊也展開猛烈進攻，雖未能登陸攻入城中，但成功牽制東羅馬的大批兵力，有效配合了西線的進攻。

在西線，穆罕默德二世親自督戰。耶尼切里軍團迅速逼近城牆，在城牆與雲梯上與守軍展開激烈白刃戰。東羅馬守軍拼死抵抗，勉強支撐。不料，位於聖羅曼努斯門以北的一段城牆突然被炸開，鄂圖曼軍如潮水般從缺口湧入城中。君士坦丁十一世試圖召集臨近部隊救援，但為時已晚，守軍已陷入潰散，失去組織抵抗的能力。

君士坦丁十一世見大勢已去，匆忙脫下皇袍，奮力突圍，在混戰中戰死。儘管如此，城內軍民仍與敵軍進行巷戰，一直戰至當晚深夜，君士坦丁堡才被鄂圖曼軍全面占領。倖存的守軍與平民皆遭俘虜，最終被賣為奴隸。

歷時千年的東羅馬帝國，自此滅亡；立國超過兩千兩百年的羅馬帝國其最後一脈，也走入歷史——羅馬帝國正式告終。一四五七年，也就是君士坦丁堡陷落的四年後，穆罕默德二世將首都自阿德里安堡遷至君士坦丁堡，並改名為伊斯坦堡。從那時起直到一九三〇年，伊斯坦堡都是鄂圖曼帝國的首都。

在城破之前，君士坦丁十一世的姪女索菲亞・巴列奧略（Sophia Palaiologina）逃往莫斯科大公國（Grand Duchy of Moscow）。斯拉夫民族視東羅馬帝國為世界的中心，並自詡為羅馬帝國的正統繼承者。後來，莫斯科大公伊凡三世（Ivan III）[24]迎娶索菲亞・巴列奧略，並自稱為沙皇（Tsar），而這個稱號源自「凱撒」的斯拉夫語發音。伊凡三世不只以羅馬皇帝自居，還將東正教定為國教，採用東羅馬的雙頭鷹作為國徽。

從此，羅馬帝國與東羅馬的文明在俄羅斯得以延續，直到一九一七年俄國推翻沙皇制度為止。這樣的傳承使羅馬文明對斯拉夫民族產生深遠的歷史影響。西歐深受西羅馬文化影響，而東歐則深受東羅馬文化影響，直到今日依然如此。

24 編注：伊凡三世（一四四〇年一月二十二日至一五〇五年十月二十七日），莫斯科大公，在位時間一四六二年至一五〇五年；部分史學家認爲他是俄羅斯帝國（Russian Empire）的開創者。

羅馬帝國重要事件年表

西元前七五三年至西元前二一三年

王政時期至共和時期

- 西元前七五三年，羅馬城建立。
- 西元前八世紀至前七世紀，羅馬進入王政時期。
- 西元前五七八年到前五四三年，羅馬王塞爾維烏斯·圖利烏斯推行改革。
- 西元前五一〇年，羅馬人推翻「傲慢王」塔克文，結束王政時期，建立共和政體。
- 西元前四九四年，羅馬平民發動叛亂。
- 西元前四九三年，羅馬與三十個拉丁城邦簽訂《卡西烏斯條約》。
- 西元前四八六年，執政官斯普里烏斯·卡西烏斯提出土地改革法案。
- 西元前三六七年，元老院通過由護民官李錫尼與綏克斯圖斯所提出的《李錫尼—綏克斯圖斯法》。
- 西元前三六六年，綏克斯圖斯當選為第一位平民出身的執政官。
- 西元前三四二年，元老院通過《蓋努克優斯法》，允許同時選出兩位平民出身的執政官。
- 西元前三一二年，監察官阿庇烏斯·克勞狄主持修建阿庇亞大道。

・西元前二九五年，羅馬軍與薩莫奈、高盧等聯軍在溫布利亞的卡美利努姆決戰。
・西元前二八一年，羅馬對塔蘭托人宣戰。
・西元前二八〇年春，伊庇魯斯國王皮洛士率希臘大軍登陸義大利，與羅馬作戰。
・西元前二七五年秋，皮洛士率領敗軍退回伊庇魯斯。
・西元前二六四年，羅馬軍越過墨西拿海峽，開始爭奪西地中海霸權。
・西元前二六〇年，羅馬艦隊在西西里島北面的邁列海岬與迦太基艦隊大戰，最終獲勝。
・西元前二五六年，羅馬執政官雷古盧斯與曼利烏斯率艦隊遠征非洲的迦太基。
・西元前二四一年，羅馬艦隊在埃加迪群島附近，再度擊敗迦太基艦隊。
・西元前二三八年，迦太基爆發傭兵與奴僕叛亂，羅馬趁機占領科西嘉島與薩丁尼亞島，並分別設置行省。
・西元前二一八年春，漢尼拔親率迦太基軍自新迦太基城出發，大舉進攻義大利。
・西元前二一六年夏，羅馬軍在坎尼與漢尼拔軍決戰，慘遭重創。
・西元前二一三年，羅馬軍攻陷敘拉古城，奪得西西里島的控制權。

西元前二一二年至西元前五六年 與馬其頓、迦太基、本都爭奪領土時期

・西元前二一二年，羅馬與埃托利亞同盟結盟，共同對抗馬其頓。

· 西元前二〇九年，羅馬統帥大西庇阿攻克新迦太基城。
· 西元前二〇四年春，大西庇阿率軍遠征北非，攻擊迦太基本土。
· 西元前二〇二年，大西庇阿與漢尼拔在扎馬決戰，前者大獲全勝。
· 西元前二〇三年，馬其頓國王腓力五世派艦隊在愛琴海攻擊羅馬後方。
· 西元前一九七年，腓力五世在庫諾斯克法萊戰敗於羅馬軍。
· 西元前一六八年春，羅馬在迪烏姆勝馬其頓軍。
· 西元前一四九年，羅馬撕毀先前的和約，正式向迦太基宣戰，發動第三次布匿戰爭。
· 西元前一四六年春，羅馬軍在激戰六天六夜後攻陷迦太基城，徹底摧毀其國力。
· 西元前一三七年夏，西西里爆發奴僕叛亂。
· 西元前一三三年，提比略·格拉古當選護民官，推動土地改革法案。
· 西元前一三三年，帕加馬國王阿塔羅斯三世過世，其遺囑是將帕加馬王國贈與羅馬。
· 西元前一三二年初，羅馬元老院派五人使節團前往帕加馬，接收遺產。
· 西元前一三一年，羅馬執政官克拉蘇斯鎮壓帕加馬的叛亂。
· 西元前一二九年，羅馬軍征服帕加馬，設置亞細亞行省。
· 西元前一二六年，羅馬頒布《潘努斯法》，驅逐所有非羅馬城籍的同盟城邦移民。
· 西元前一二五年，護民官弗爾維烏斯·弗拉庫斯提案授與同盟者羅馬公民權，但未通過。
· 西元前一一五年，米特里達梯六世政變登基為本都國王，覬覦亞細亞行省。

・西元前一〇一年，羅馬軍在墨西拿擊敗起義的叛軍。
・西元前一〇〇年，羅馬護民官薩圖爾尼努斯，與軍事領袖馬略聯手強行推動土地法案。
・西元前九一年底，馬爾西人向羅馬宣戰，爆發同盟者戰爭。
・西元前九〇年底，羅馬執政官盧修斯・尤利烏斯・凱撒提出《尤利烏斯法》，賦予忠於羅馬的同盟者公民權。
・西元前八八年，本都王國軍隊占領比提尼亞，並攻入亞細亞行省。
・西元前八七年六月，蓋烏斯・馬略率軍進入羅馬城。
・西元前八六年，羅馬軍在喀羅尼亞擊敗本都軍。
・西元前八四年，蘇拉與米特里達梯六世會談，締結和約。
・西元前八三年，代表元老派的蘇拉，在卡西利農戰勝民主派的領袖諾巴努斯。
・西元前七四年，米特里達梯六世再次對羅馬宣戰，並在迦克墩擊敗羅馬軍。
・西元前七三年春末，斯巴達克斯率七十多名角鬥士發動叛亂。
・西元前七三年，米特里達梯六世敗退，本都軍主力遭殲，羅馬恢復對亞細亞與比提尼亞的控制。
・西元前七一年春，斯巴達克斯在普利亞，敗給克拉蘇的軍隊。
・西元前六三年，米特里達梯六世自盡，本都成為羅馬的附屬國。
・西元前六〇年，凱撒、龐培與克拉蘇組成「前三頭同盟」。

・西元前五六年冬，三人於盧卡城會晤，重新確認政治聯盟的關係。

西元前四九年至西元九六年

羅馬帝國建立時期

・西元前四九年十一月，凱撒率軍返回羅馬城，被選為執政官，實施對平民有利的政策。

・西元前四八年夏，凱撒與龐培在法薩盧斯交戰，龐培軍慘敗。

・西元前四五年，凱撒返回羅馬，被推舉為終身獨裁官、終身護民官與終身監察官，集軍政司法權於一身，成為神聖不可侵犯之人，獲尊稱「元帥」和「祖國之父」。

・西元前四三年十月，安東尼、屋大維與雷比達在波諾尼亞附近會面，組成「後三頭同盟」。

・西元前四二年，安東尼與屋大維在腓立比戰役中，擊敗了布魯圖斯與卡西烏斯。

・西元前三六年九月，屋大維與小龐培在西西里島西北海域交戰，前者獲勝。

・西元前三一年，屋大維出兵討伐安東尼，安東尼戰敗逃往埃及。

・西元前二七年一月十六日，屋大維獲元老院授予「奧古斯都」稱號，建立羅馬帝國。

・西元前二〇年，帕提亞與羅馬談判，弗拉特斯四世歸還卡萊戰役中的俘虜與軍旗，羅馬則釋放其兒子。

・西元前二年，屋大維被羅馬元老院、騎士與民眾一致尊為「祖國之父」，成為羅馬帝國第一個皇帝。

・西元一一四年八月十九日，屋大維去世，由提比略繼承帝位。

・西元四一年，卡利古拉遭刺殺，後由克勞狄烏斯即位。

・西元五四年十月，克勞狄烏斯中毒身亡，尼祿繼位。

・西元五八年，帕提亞國王沃洛吉斯一世，與羅馬爭奪亞美尼亞。

・西元六三年，帕提亞國王提里達底一世訪問羅馬，尼祿為其加冕為亞美尼亞王。

・西元六四年，羅馬城發生大火，尼祿被指責未及時救援。

・西元六九年，維斯帕先建立弗拉維王朝。

・西元七〇年八月，羅馬軍攻陷耶路撒冷，猶太叛軍潰敗。

・西元九六年，圖密善被政變推翻，結束其獨裁統治。

西元二世紀至三世紀

五賢帝時代與東西羅馬四帝共治制

・西元一一四年，圖拉真下令處決亞美尼亞王儲帕克馬西里斯，將亞美尼亞納入羅馬行省。

・西元一一六年春，圖拉真率軍攻陷杜拉歐羅普斯、泰西封、塞琉西亞等城鎮，並征服查拉塞尼王國。

・西元一一六年下半年，圖拉真占領蘇薩，冊封帕薩馬斯帕特為帕提亞國王。

・西元一三一年，哈德良禁止猶太教徒舉行割禮與閱讀律法，並在耶路撒冷建立羅馬神廟。

・西元一世紀三〇年代，拿撒勒人耶穌於巴勒斯坦傳道，被羅馬總督彼拉多釘死於十字架，但在三日後復活、升天。

・西元一九二年，羅馬皇帝康茂德遭元老院與近衛軍政變殺害，塞提米烏斯・塞維魯斯建立塞維魯斯王朝。

・西元一九七年，塞維魯斯率軍進攻美索不達米亞，帕提亞國王沃洛吉斯五世率軍抵抗。

・西元二一二年，卡拉卡拉頒布《安東尼努斯敕令》，賦予全體自由民羅馬公民權。

・西元二一七年，羅馬與帕提亞在尼西比斯爆發激戰，羅馬敗北並被迫割地賠款。

・西元二二四年四月二十八日，在伊斯法罕附近，波斯薩珊王朝的阿爾達希爾一世擊敗阿爾達班四世，建立薩珊王朝。

・西元二二六年，阿爾達班四世陣亡，帕提亞帝國滅亡。

・西元二三五年，馬克西米努斯策動士兵叛變，自立為皇，羅馬進入軍人干政時期。

・西元二三八年三月二十二日，在非洲，戈爾迪安一世及其子戈爾迪安二世被擁立為皇帝，開始「多皇共治」現象。

・西元二四四年，近衛軍長官阿拉伯人菲利普殺害戈爾迪安三世，自立為帝。

・西元二五二年，羅馬皇帝加盧斯與哥德人簽訂屈辱性和約，每年支付大量款項與金銀。

・西元二六〇年，羅馬皇帝瓦勒良率軍抵抗波斯薩珊王朝，結果被俘並受辱為奴。

· 西元二六八年三月，克勞狄二世即位，他與接下來三位繼任者皆為伊利里亞人，合稱「伊利里亞諸帝」。
· 西元二六九年，克勞狄二世擊敗哥德騎兵。
· 西元二七五年四月，奧勒良在準備遠征波斯薩珊王朝的途中，被部下殺害。
· 西元二八四年十一月二十日，戴克里先被軍隊擁立為羅馬皇帝，開始進行全面改革。
· 西元二九二年，戴克里先宣布自己為東部皇帝，任命馬克西米安為西部皇帝，自此羅馬皇權正式分為東西兩半。
· 西元二九三年，實行「四帝共治制」——戴克里先與馬克西米安分別統治東西兩部，並各任命一名副皇帝（凱撒），分別是伽列里烏斯與君士坦提烏斯一世。

西元四世紀至五世紀 君士坦丁一世時期以及匈人進攻羅馬

· 西元三一三年二月，君士坦丁一世與李錫尼聯合頒布《米蘭敕令》，宣布宗教信仰自由，基督教合法化。
· 西元三二五年，君士坦丁一世召開第一次尼西亞公會議，統一基督教信仰的教義。
· 西元三三〇年，君士坦丁一世遷都拜占庭，並將其改名為「新羅馬」，後稱君士坦丁堡。
· 西元三七八年八月九日，東部羅馬皇帝瓦倫斯於阿德里安堡戰役中，中箭身亡，東羅馬軍慘敗於哥德人。

．西元三八五年，斯提里科任羅馬皇帝親衛隊長，並於西元三九三年起出任西羅馬實際的軍事統帥，掌握實權。

．西元三九五年，狄奧多西一世逝世，其遺詔將羅馬帝國分為東西兩部分，分別由其子阿卡狄奧斯（任東羅馬皇帝）與霍諾留（任西羅馬皇帝）繼承。

．西元四〇〇年，匈人首領烏單率軍入侵東羅馬帝國。

．西元四〇二年，斯提里科在波倫提亞與西哥德人作戰。

．西元四〇八年八月，西羅馬皇帝霍諾留下令處死斯提里科，西羅馬政治進一步動盪。

．西元四一〇年八月二十四日午夜，西哥德人首領亞拉里克攻破羅馬城，奴僕與下層民眾開城門響應，羅馬城遭到洗劫。

．西元四三一年，東羅馬皇帝狄奧多西二世被迫每年向匈人繳納三百五十磅黃金，並允許匈人到幾個指定城鎮進行互市貿易。

．西元四三五年，西羅馬與汪達爾人在北非的希波城簽訂協議，承認其地位，汪達爾人成為西羅馬的盟友。

．西元四三九年，汪達爾國王蓋薩里克撕毀協議，占領迦太基城，建立汪達爾王國。

．西元四五一年六月二十日，西羅馬皇帝瓦倫提尼安三世與匈人王阿提拉在沙隆平原交戰，羅馬僥倖獲勝。

・西元四七六年，西羅馬帝國被日耳曼軍事領袖奧多亞塞推翻，西羅馬帝國宣告滅亡。

西元六世紀　東羅馬與波斯的長期戰爭、查士丁尼一世改革時期

・西元五〇二年，波斯國王喀瓦德一世圍攻東羅馬的阿米達城，經過八十天激戰後才攻陷。
・西元五〇五年，東羅馬與波斯薩珊王朝簽訂和約，東羅馬支付一千磅黃金，收回阿米達城，雙方維持原有邊界。
・西元五二八年，查士丁尼一世下令編纂《民法大全》，強調皇帝擁有唯一立法與解釋法律的權力。
・西元五三〇年，東羅馬將領貝利撒留在達拉城擊敗波斯軍。
・西元五三二年，查士丁尼一世與波斯國王霍斯勞一世簽訂《永久和平條約》，東羅馬以代守邊境名義，支付波斯一萬一千磅黃金。
・西元五三三年九月十三日，東羅馬軍在今日突尼西亞的阿德底斯姆擊敗汪達爾軍，取得非洲勝利。
・西元五三四年初，貝利撒留徹底擊潰汪達爾王國，將其領地併入東羅馬帝國。
・西元五三五年九月，東羅馬軍占領達爾馬提亞。
・西元五三六年六月，貝利撒留攻入義大利，圍攻那不勒斯城。

・西元五三六年十二月，東羅馬軍攻占羅馬城。
・西元五四〇年，東羅馬軍占領東哥德首都拉溫納，俘虜其國王維蒂吉斯。
・西元五四五年，查士丁尼一世與波斯薩珊王朝簽訂為期五年的停戰協定，東羅馬得支付五千磅黃金。
・西元五五一年，東羅馬名將貝薩斯率領五萬大軍攻下波斯軍的防守要塞佩特拉。
・西元五五四年，納爾塞斯殲滅東哥德殘餘勢力，完成義大利的再征服。
・西元五五五年，東羅馬軍在阿卡約波利斯突圍反攻，殲滅波斯軍逾萬人。
・西元五六二年，東羅馬與波斯議和，波斯放棄對拉齊卡的領土要求，東羅馬則每年支付一萬八千磅黃金，條約有效年限為五十年。
・西元五六五年，查士丁尼一世去世，結束其長達三十八年的改革與征服時代。
・西元五六七年，突厥使節來訪君士坦丁堡，東羅馬與突厥建立聯繫。
・西元五七一年，查士丁二世停止向波斯支付年金，引發達拉城戰役，波斯取得勝利。
・西元五九一年，東羅馬軍在幼發拉底河畔擊敗波斯軍，占領泰西封。

西元七世紀至十世紀　東羅馬帝國與阿拉伯帝國的長期戰爭

・西元六一〇年，希拉克略率艦隊進入君士坦丁堡，推翻福卡斯並即位。

・西元六一三年，波斯軍攻占大馬士革，隨後進攻耶路撒冷，奪走「真十字架」。
・西元六二二年，希拉克略親率大軍反攻波斯，在小亞細亞連戰皆捷。
・西元六二六年八月，八萬名阿瓦爾軍與波斯聯軍進攻君士坦丁堡；東羅馬成功防禦，擊退敵軍。
・西元六二七年十二月十二日，東羅馬在尼尼微城大勝波斯，扭轉戰局。
・西元六三一年，東羅馬與波斯薩珊王朝議和，波斯歸還東羅馬被占領土與戰俘，並歸還真十字架。
・西元六五五年，君士坦斯二世親率艦隊與阿拉伯艦隊交戰，然而，東羅馬在小亞細亞近海大敗，喪失東地中海的制海權。
・西元六六八年，阿拉伯哈里發穆阿維亞一世趁東羅馬內亂派軍進攻亞美尼亞，但未成功。
・西元六七三年，阿拉伯艦隊進攻君士坦丁堡，東羅馬首次使用「希臘火」成功擊退敵軍。
・西元六七八年，東羅馬與阿拉伯簽訂三十年停戰協議，阿拉伯人承認戰敗並支付貢金。
・西元七一五年，阿拉伯哈里發蘇萊曼一世率十二萬軍隊圍攻君士坦丁堡。東羅馬皇帝利奧三世成功防禦，奪回東地中海的制海權。
・西元七三九年，利奧三世在阿克洛伊農戰役中大破阿拉伯軍，重創其入侵能力。
・西元七七八年，利奧四世在卡拉曼馬拉斯城擊敗阿拉伯軍。

・西元七八二年，東羅馬與阿拉伯帝國簽署停戰協定，東羅馬須每年繳納七萬至九萬丁那貢金，分兩次支付。

・西元八〇六年，阿拉伯帝國阿拔斯王朝的哈里發哈倫・拉希德率十三萬五千名大軍攻入安納托力亞，東羅馬求和。

・西元八三八年七月，在哈里斯河畔，阿拉伯軍和東羅馬軍進行決戰。東羅馬軍敗退。

・西元八四一年，皇帝狄奧斐盧斯趁阿拉伯內訌之機，奪回馬拉提亞。

・西元八六三年九月三日，東羅馬將領佩特羅那斯在帕夫拉戈尼亞附近擊敗阿拉伯軍，其將領奧馬爾・阿克塔戰死。

・西元八六七年，東羅馬帝國進入馬其頓王朝時期，這是東羅馬相對穩定與復興的時期。

・西元八七二年，巴西爾一世從阿拉伯人手中奪回薩莫薩塔和茲巴特拉，穩固東部邊防。

・西元九六五年，東羅馬艦隊奪取賽普勒斯。

・西元九六九年，東羅馬軍攻下安條克。

・西元九七四年，東羅馬軍再占大馬士革。

・西元九九五年，東羅馬皇帝巴西爾二世大舉入侵敘利亞，凱旋而歸。

・西元九九九年，東羅馬與埃及法提瑪哈里發國簽訂十年和約，東羅馬控制幼發拉底河與北敘利亞，奪回三百多年前被阿拉伯帝國占領的領土。

西元一〇六八年至一四五三年　東羅馬晚期的衰退與失地

・西元一〇六八年，羅曼努斯四世即位，與原任皇帝米海爾七世・杜卡斯共治。
・西元一〇七〇年，羅曼努斯四世派曼紐爾・科穆寧東征，企圖收復東部失地。
・西元一〇七一年八月十九日，東羅馬軍在曼齊克特遭塞爾柱突厥軍伏擊慘敗，羅曼努斯四世被俘，且被迫簽下屈辱條約。
・西元一〇八一年十月十八日，諾曼軍與東羅馬軍在都拉齊翁激戰，東羅馬軍戰敗。
・西元一一一六年，東羅馬皇帝阿萊克修斯一世在安納托力亞中西部的菲羅梅隆擊退塞爾柱突厥軍，並迫使敵方議和。
・西元一一四九年，東羅馬艦隊奪回科孚島。
・西元一一五四年，曼努埃爾一世派喬治・帕里奧洛格斯領兵西征義大利，征服普利亞地區數座城市，收復安科納至塔蘭托一帶。
・西元一一五八年，在教宗的斡旋下，東羅馬與西西里王國簽訂三十年休戰條約，同時，東羅馬放棄義大利領土的主張。
・西元一一七六年，曼努埃爾一世在密列奧塞法隆，遭到塞爾柱軍的伏擊慘敗。
・西元一三三一年，鄂圖曼蘇丹奧爾汗奪取尼西亞城。
・西元一三三七年，奧爾汗率軍攻占君士坦丁堡附近的尼科米底亞城。

・西元一三四四年，奧爾汗派六千名重裝騎兵橫渡達達尼爾海峽，協助約翰六世・坎塔庫澤努斯奪取皇位。
・西元一三五四年，鄂圖曼軍占領加里波利半島，在歐洲站穩腳跟。
・西元一三五九年，鄂圖曼蘇丹穆拉德一世進軍色雷斯，接連攻陷多座東羅馬的城鎮。
・西元一四五三年四月，鄂圖曼蘇丹穆罕默德二世率水陸軍包圍君士坦丁堡；陸軍從西方攻擊，海軍則封鎖海面。
・西元一四五三年五月二十九日，君士坦丁堡陷落，最後一位皇帝君士坦丁十一世戰死，東羅馬帝國正式滅亡。
・西元一四五三年五月之後，君士坦丁十一世的姪女索菲亞・巴列奧略逃至莫斯科，嫁給莫斯科大公伊凡三世，莫斯科以羅馬帝國繼承人自居。